中華古籍保護計劃

·成 果·

麗水市圖書館等八家收藏單位

古籍普查登記目錄

全國古籍普查登記目錄·浙江麗水

國家圖書館出版社
National Library of China Publishing House

圖書在版編目(CIP)數據

麗水市圖書館等八家收藏單位古籍普查登記目錄/《麗水市圖書館等八家收藏單位古籍普查登記目錄》編委會編. --北京:國家圖書館出版社,2019.4
（全國古籍普查登記目錄）
ISBN 978 - 7 - 5013 - 6703 - 0

Ⅰ.①麗… Ⅱ.①麗… Ⅲ.①公共圖書館—古籍—圖書館目錄—麗水 Ⅳ.①Z838

中國版本圖書館 CIP 數據核字（2019）第 050868 號

書　　名　麗水市圖書館等八家收藏單位古籍普查登記目錄
著　　者　《麗水市圖書館等八家收藏單位古籍普查登記目錄》編委會　編
責任編輯　趙　嫄

出　　版　國家圖書館出版社（100034　北京市西城區文津街 7 號）
　　　　　　（原書目文獻出版社　北京圖書館出版社）
發　　行　010 - 66114536　66126153　66151313　66175620
　　　　　　66121706（傳真）　66126156（門市部）
E-mail　　nlcpress@ nlc. cn（郵購）
Website　　www. nlcpress. com→投稿中心
經　　銷　新華書店
印　　裝　河北三河弘翰印務有限公司
版　　次　2019 年 4 月第 1 版　2019 年 4 月第 1 次印刷

開　　本　787×1092（毫米）　1/16
印　　張　23. 75
字　　數　465 千字

書　　號　ISBN 978 - 7 - 5013 - 6703 - 0
定　　價　240. 00 圓

《全國古籍普查登記目録》

工作委員會

主　任：周和平

副主任：張永新　詹福瑞　劉小琴　李致忠　張志清

委　員（按姓氏筆畫排序）：

于立仁　王水喬　王　沛　王紅蕾　王筱雯

方自今　尹壽松　包菊香　任　競　全　勤

李西寧　李　彤　李忠昊　李春來　李　培

李曉秋　吳建中　宋志英　努　木　林世田

易向軍　周建文　洪　琰　倪曉建　徐欣禄

徐　蜀　高文華　郭向東　陳荔京　陳紅彦

張　勇　湯旭岩　楊　揚　賈貴榮　趙　嫄

鄭智明　劉洪輝　歷　力　鮑盛華　韓　彬

魏存慶　鍾海珍　謝冬榮　謝　林　應長興

《全國古籍普查登記目録》

序　言

　　全國古籍普查登記工作是"中華古籍保護計劃"的首要任務,是全面開展古籍搶救、保護和利用工作的基礎,也是有史以來第一次由政府組織、參加收藏單位最多的全國性古籍普查登記工作。

　　2007年國務院辦公廳發布《關於進一步加强古籍保護工作的意見》(國辦發〔2007〕6號),明確了古籍保護工作的首要任務是對全國公共圖書館、博物館和教育、宗教、民族、文物等系統的古籍收藏和保護狀況進行全面普查,建立中華古籍聯合目録和古籍數字資源庫。2011年12月,文化部下發《文化部辦公廳關於加快推進全國古籍普查登記工作的通知》(文辦發〔2011〕518號),進一步落實了全國古籍普查登記工作。根據文化部2011年518號文件精神,國家古籍保護中心擬訂了《全國古籍普查登記工作方案》,進一步規範了古籍普查登記工作的範圍、内容、原則、步驟、辦法、成果和經費。目前進行的全國古籍普查登記工作的中心任務是通過每部古籍的身份證——"古籍普查登記編號"和相關信息,建立古籍總臺賬,全面瞭解全國古籍存藏情况,開展全國古籍保護的基礎性工作,加强各級政府對古籍的管理、保護和利用。

　　《全國古籍普查登記工作方案》規定了全國古籍普查登記工作的三個主要步驟:一、開展古籍普查登記工作;二、在古籍普查登記基礎上,編纂出版館藏古籍普查登記目録,形成《全國古籍普查登記目録》;三、在古籍普查登記工作基本完成的前提下,由省級古籍保護中心負責編纂出版本省古籍分類聯合目録《中華古籍總目》分省卷,由國家古籍保護中心負責編纂出版《中華古籍總目》統編卷。

　　在黨和政府領導下,在各地區、各有關部門和全社會共同努力下,古籍普查登記工作得以扎實推進。古籍普查已在除臺、港、澳之外的全國各省級行政區域開展,普查内容除漢文古籍外,還包括各少數民族文字古籍,特别是於2010年分别啓動了新疆古籍保護和西藏古籍保護專項,因地制宜,開展古籍普查登記工作;國家古籍保護中心研製的"全國古籍普查登記平臺"已覆蓋到全國各省級古籍保護中心,并進一步研發了"中華古籍索引庫",爲及時展現古籍普查成果提供有力支持;截至目前,已有11375部古籍進入《國家珍貴古籍名録》,浙江、江蘇、山東、河北等省公布了省級《珍貴古籍名録》,古籍分級保護機制初步形成。

《全國古籍普查登記目録》是古籍普查工作的階段性成果,旨在摸清家底,揭示館藏,反映古籍的基本信息。原則上每申報單位獨立成册,館藏量少不能獨立成册者,則在本省範圍内幾個館目合并成册。無論獨立成册還是合并成册,均編製獨立的書名筆畫索引附於書後。著録的必填基本項目有:古籍普查登記編號、索書號、題名卷數、著者(含著作方式)、版本、册數及存缺卷數。其他擴展項目有:分類、批校題跋、版式、裝幀形式、叢書子目、書影、破損狀況等。有條件的收藏單位多著録的一些擴展項目,也反映在《全國古籍普查登記目録》上。目録編排按古籍普查登記編號排序,内在順序給予各古籍收藏單位較大自由度,可按分類排列古籍普查登記編號,也可按排架號、按同書名等排列古籍普查登記編號,以反映各館特色。

此次全國古籍普查登記工作,克服了古籍數量多、普查人員少、普查難度大等各種困難,也得到了全國古籍保護工作者的極大支持。在古籍普查登記過程中,國家古籍保護中心、各省古籍保護中心爲此舉辦了多期古籍普查、古籍鑒定、古籍普查目録審校等培訓班,全國共1600餘家單位參加了培訓,爲古籍普查登記工作培養了大量人才。同時在古籍普查登記工作中,也鍛煉了普查員的實踐能力,爲將來古籍保護事業發展奠定了良好的基礎。

《全國古籍普查登記目録》的出版,將摸清我國古籍家底,爲古籍保護和利用工作提供依據,也將是古籍保護長期工作的一個里程碑。

國家古籍保護中心
2013 年 10 月

《全國古籍普查登記目録》

編纂凡例

一、收録範圍爲我國境内各收藏機構或個人所藏,産生於 1912 年以前,具有文物價值、學術價值和藝術價值的文獻典籍,包括漢文古籍和少數民族文字古籍以及甲骨、簡帛、敦煌遺書、碑帖拓本、古地圖等文獻。其中,部分文獻的收録年限適當延伸。

二、以各收藏機構爲分册依據,篇幅較小者,適當合并出版。

三、一部古籍一條款目,複本亦單獨著録。

四、著録基本要求爲客觀登記、規範描述。

五、著録款目包括古籍普查登記編號、索書號、題名卷數、著者、版本、册數、存缺卷等。古籍普查登記編號的組成方式是:省級行政區劃代碼—單位代碼—古籍普查登記順序號。

六、以古籍普查登記編號順序排序。

《浙江省古籍普查登記目録》

工作委員會

主　任：金興盛

副主任：葉　菁

委　員：倪　巍　徐曉軍　賈曉東　雷祥雄　劉曉清

　　　　徐　潔　李儉英　孫雍容　張愛琴　張純芳

　　　　樓　婷　金琴龍　陳泉標　鍾世杰　應　雄

　　　　陸深海　吕振興　徐兼明

《浙江省古籍普查登記目録》

編纂委員會

主　編：徐曉軍

副主編：童聖江　曹海花　褚樹青　莊立臻　徐益波

　　　　胡海榮　劉　偉　沈紅梅　王以儉　孫旭霞

　　　　占　劍　孫國茂　毛　旭　季彤曦

統校和編纂工作小組組長：曹海花（浙江圖書館）

統校和編纂工作小組成員：秦華英（浙江圖書館）

　　　　　　　　　　　　呂　芳（浙江圖書館）

　　　　　　　　　　　　干亦鈴（寧波市圖書館）

　　　　　　　　　　　　劉　雲（寧波市天一閣博物館）

　　　　　　　　　　　　周慧惠（寧波市天一閣博物館）

　　　　　　　　　　　　馬曉紅（餘姚市文物保護管理所）

　　　　　　　　　　　　陳瑾淵（溫州市圖書館）

　　　　　　　　　　　　王　昉（溫州市圖書館）

　　　　　　　　　　　　沈秋燕（嘉興市圖書館）

　　　　　　　　　　　　丁嫻明（嘉興市圖書館）

　　　　　　　　　　　　唐　微（紹興圖書館）

　　　　　　　　　　　　丁　瑛（紹興圖書館）

　　　　　　　　　　　　毛　慧（衢州市博物館）

《浙江省古籍普查登記目録》

序　言

浙江文化底藴深厚,書籍刻印歷史悠久,前賢留下的著述浩如烟海,藏書雅閣及私人藏書爲數衆多,古籍資源十分豐富,幾乎縣縣有古籍,是全國古籍藏量較多的省份之一,是中華文化中具有獨特地域特色的重要一脉。保護好這些珍貴的古籍,對促進文化傳承、弘揚民族精神、維護國家統一及社會穩定具有重要作用。同時,加强古籍保護工作,也是加快建設文化大省、文化强省,努力推動文化浙江建設和社會主義文化大發展大繁榮的必然要求。

（一）

爲搶救、保護我國的珍貴古籍,繼承和弘揚優秀傳統文化,國務院辦公廳印發了《關於進一步加强古籍保護工作的意見》(國辦發[2007]6號),全國古籍普查登記工作是瞭解全國古籍存藏情況、建立古籍總臺賬、開展全國古籍保護的基礎性工作。爲認真貫徹落實"國辦發[2007]6號"文件精神,切實加强全省古籍的搶救、保護,浙江省人民政府辦公廳印發《關於進一步加强古籍保護工作的意見》(浙政辦發[2009]54號),提出2009年起要在全省範圍内開展古籍普查登記工作。2012年,浙江省古籍保護工作聯席會議下發《關於印發〈浙江省"中華古籍保護計劃"實施方案〉的通知》(浙文社[2012]30號),提出在"十二五"末基本完成全省古籍普查工作的目標。

試點先行、摸底調查、制定方案,建立制度、統籌指揮,引進人員、有效培訓、壯大隊伍,配置設備、補助經費、保障到位,編製手册、明確款目、統一規則,著録完整、審核到位、保證質量,設立項目、表揚先進,在省委省政府的高度重視及其各部門的大力支持下,在國家古籍保護中心的積極指導和省文化廳的正確領導下,通過以上種種措施,"秉持浙江精神,幹在實處、走在前列、勇立潮頭",全省公共圖書館、文物、教育、檔案、衛生五大系統共計95家公藏單位通力合作,到2017年4月底基本完成了全省的古籍普查登記工作。

通過普查,摸清了全省古籍文化遺産家底,揭示了全省各地區文化脉絡,形成了統一的古籍信息數據庫,建立了一支遍布全省的古籍保護隊伍,爲下一步有針對性地開展古籍保護工作奠定堅實的基礎。鑒於全省在古籍普查和其他古籍保護工作中的突出表現,2014年,浙江圖書館、嘉興市圖書館、雲和縣圖書館獲得"全國古籍保護工作先進單位"稱號,浙江圖書館徐曉軍和曹海花、温州市圖書館王妍、紹興圖書館唐微、平湖市圖書館馬慧、衢州市博物館程勤等6人獲得"全國古籍保護工作先進個人"稱號。

（二）

全國古籍普查登記範圍爲1912年以前産生的文獻典籍。由於近代以來浙江私人藏書相當發達,民國期間也刻印了大量典籍,民國文獻在各藏書單位(尤其是基層單位)所藏歷史文獻中占據了相當大的比重。這些文獻形成了浙江文獻典藏的重要特色,是浙江傳統文化的重要組成部分。爲更加全面地掌握本省歷史文獻文化遺産現狀,浙江省將民國時期傳統裝幀書籍也納入普查範圍。

按照《全國古籍普查登記手册》要求,登記每部古籍的基本項目,必登項目有索書號、題名卷數、著者、版本、册數、存缺卷數,選登項目有分類、批校題跋、版式、裝幀形式、叢書子目、書影、破損狀况等內容。浙江省的古籍普查工作一直高標準、嚴要求,自始至終堅持全國古籍普查登記平臺(以下簡稱"古籍普查平臺")項目全著録,堅持文字信息和書影信息雙著録,登記每部書的索書號、分類、題名卷數、著者、卷數統計、版本、版式、裝幀、裝具、序跋、刻工、批校題跋、鈐印、叢書子目、定級及書影、定損及書影等16大項74小項的信息。

普查統計顯示,截至2017年4月30日,全省95家單位共藏有傳統裝幀書籍337405部2506633册,其中不分卷者計31737部96822册,分卷者計305668部2409811册11433371卷(實存8223803卷):古籍(含域外本)219862部1754943册,不分卷者15777部54901册,分卷者204085部1700042册7934703卷;民國時期傳統裝幀書籍117543部751690册,不分卷者15960部41921册,分卷者101583部709769册3498668卷。

從版本定級來看,全省四級文獻最多,部數、册數數量占比分別爲84.75%、78.69%。三級次之,部數、册數數量占比13.12%、15.96%。一級、二級文獻共計5689部111722册,量雖不多,極爲珍貴,其破損程度較輕,基本都配置了裝具且裝具狀况良好,這是古籍分級保護體系的有力體現。

從文獻類型來看,古籍普查平臺采用六部分類,在傳統的經、史、子、集四部外加上類叢部、新學。從册數來看,全省文獻類叢部數量最多,占比29.40%,這其中很大一部分原因在於民國時期刊印了不少大型叢書。史部、集部、子部、經部分居第二至五位,數量占比分別爲28.98%、18.00%、13.49%、9.24%。新學數量最少,還不到1%。

從版本類型來看,全省古籍版本類型豐富,數量最多的是刻本,部數占比51.01%、册數占比55.03%。部數排在第二至四位的是鉛印本、石印本、抄本,分別占比17.71%、16.58%、5.19%。册數排在第二至四位的是鉛印本、石印本、影印本,分別占比14.27%、12.40%、11.38%,這與將民國時期傳統裝幀書籍納入古籍普查範圍有極大關係。稿、抄本部數占比6.9%、册數占比4.04%,總體占比不是很高,但在一、二級文獻中稿、抄本的比例比較高,一級中部數占比20.49%、册數占比

70.25%，二級中部數占比 13.16%、册數占比 6.57%。

從版本年代來看，全省藏書從南北朝以迄民國，并有部分日本、朝鮮、越南本。其中，元及元以前共計 244 部 3357 册。明、清、民國共計 2486788 册，數量占比 99.21%：明代占比 5.95%、清代占比 63.27%、民國占比 29.99%。日本、朝鮮、越南三國本共計 1877 部 14522 册，部數、册數占比分别爲 0.56%、0.58%。

從批校題跋來看，337405 部文獻中有姓名可考的批校題跋共計 15374 部，其中集部批校題跋最多，占全部批校題跋的 38.73%、占集部文獻的 6.16%。稿本的批校題跋在相對應的版本類型中比例最高，爲 16.18%。且稿本中有多人批校題跋的量最多，多者一部稿本中的批校題跋者達 25 人，如浙江圖書館藏沈蕉青稿本《燈青茶嫩草》三卷中有孫麟趾等 25 人的批校題跋。從各館藏書的批校題跋者來看，有鮮明的館域特色，從一個側面體現了各館的文獻來源。

從鈐印來看，337405 部文獻中有 51509 部有收藏鈐印，各級文獻鈐印比例隨級别的增高而加大，一至四級文獻的鈐印占比分别爲 50.67%、49.38%、26.00%、12.90%。收藏鈐印從一個方面體現了某書的遞藏源流，鈐印多於 1 方者有 24840 部，鈐印多者達 54 方，如寧波市天一閣博物館藏清初毛氏汲古閣影宋抄本《集韻》十卷上鈐毛晉、毛扆、段玉裁、朱鼎煦四人共計 54 方印。

在普查的過程中，我們還利用普查成果積極申報《國家珍貴古籍名録》、評選《浙江省珍貴古籍名録》，建立珍貴古籍分級保護體系。截至目前，全省共有 871 部珍貴古籍入選第一至五批《國家珍貴古籍名録》，有 609 部古籍入選第一至三批《浙江省珍貴古籍名録》。

（三）

普查登記著録工作結束後，省古籍保護中心於 2016 年 6 月成立由浙江圖書館、寧波市圖書館、寧波市天一閣博物館、餘姚市文物保護管理所、温州市圖書館、嘉興市圖書館、紹興圖書館、衢州市博物館 8 家單位的 14 名普查業務骨幹組成的浙江省古籍普查登記目録統校和編纂工作小組，開始全省普查數據的統校和古籍普查登記目録的編纂工作。

浙江省的普查登記目録是將古籍和民國書籍分開的，全省統一規劃，分别出版《浙江省古籍普查登記目録》和《浙江省民國時期傳統裝幀書籍普查登記目録》。根據《全國古籍普查登記目録審校要求》《古籍普查登記表格整理規範》的要求，省古籍保護中心制定《浙江省古籍普查登記目録編纂工作方案》《浙江省古籍普查數據統校細則》，用於指導全省的數據統校和登記目録的編纂。統校和編纂工作程序如下：導出古籍普查平臺上的數據，切分爲古籍、民國兩張表，按照設定的普查編號、索書號、分類、題名卷數、著者、版本、批校題跋、册數、存缺卷這幾項登記目録的出版款目對表格進行整理，整理後按照題名進行排列分給各統校員進行統校，統校結束後的數據按行政區域進行彙總交由分區負責人進行覆核,覆核結束後由省古籍保護中心一一寄給各館進行修改確認,經各館確認後由分區負責人進行最後審定。

在統校的過程中,爲了保證全省數據著録的一致,我們積極利用我國古籍整理研究的重大成果《中國古籍總目》(以下簡稱《總目》),每條書目一一對核《總目》,《總目》收者即標注《總目》頁碼,《總目》未收某版本者標注"無此版本",《總目》未收者標注"無",《總目》所收即浙江某館所藏者特殊標注,《總目》著録與普查信息有差異或一時無法判斷者標注"存疑"。拿浙江圖書館的近7萬條古籍數據來看,據不完全統計,除去複本,《總目》所收即浙江圖書館所藏者有1100多種,《總目》未收某一明確版本者有3200多種,《總目》未收者有8300多種。

全省95家單位中有93家單位有古籍數據,總條數計22萬條左右。根據分區域出版和達到一定條數可以單獨成書的原則,全省的古籍普查登記目錄大致分爲以下26種:浙江圖書館,浙江大學圖書館,浙江省博物館,浙江省中醫藥研究院等四家收藏單位,杭州圖書館,西泠印社社務委員會等十家收藏單位,浙江省瑞安中學等八家收藏單位,寧波市圖書館,寧波市天一閣博物館,寧波市奉化區文物保護管理所等六家收藏單位、舟山市圖書館等二家收藏單位,溫州市圖書館,瑞安市博物館(玉海樓),嘉興市圖書館,平湖市圖書館,嘉善縣圖書館,海寧市圖書館等六家收藏單位,湖州市圖書館等七家收藏單位、常山縣圖書館等二家收藏單位,紹興圖書館,嵊州市圖書館,紹興市上虞區圖書館等八家收藏單位,東陽市博物館,金華市博物館等九家收藏單位,衢州市博物館,台州市黃岩區圖書館,臨海市圖書館,臨海市博物館等六家收藏單位,麗水市圖書館等八家收藏單位。目前全省的古籍普查登記目錄有多種已進入出版流程(爲保障普查編號的唯一性、終身有效性,各館數據以原普查編號從低到高的順序進行排列,由於浙江省古籍普查範圍包括古籍、民國時期傳統裝幀書籍、域外漢文古籍,著録時幾種文獻交替進行,而出版時是分開的,加之古籍普查平臺系統出現的跳號情況,所以會出現普查編號不連貫的情況,特此説明),民國時期傳統裝幀書籍普查登記目錄的編纂亦接近尾聲。普查登記工作和普查登記目錄的編纂爲接下來《中華古籍總目·浙江卷》的編纂打下了良好的基礎。

浙江省古籍普查工作得到了各方的關心和支持。感謝各兄弟省份古籍同行的熱情幫助,感謝李致忠、張志清、吳格、陳先行、陳紅彥、陳荔京、羅琳、王清原、唱春蓮、李德生、石洪運、賈秀麗、范邦瑾等專家學者的悉心指導,藉力於此,普查工作纔得以順利完成。

條數多,分布廣,又出於衆手,儘管工作中我們一直爭取做到最好,但無論是已經著録的古籍普查平臺數據還是即將付梓的登記目錄,都難免存在紕漏,希望業界同仁不吝賜教,俾臻完善。

浙江省古籍保護中心
2018 年 4 月

目　　録

麗水市圖書館古籍普查登記目録

全國古籍普查登記目録·浙江麗水

國家圖書館出版社
National Library of China Publishing House

歌詩編第二

吳絲蜀桐張

愁李憑中國彈箜篌

蘭笑十二門前融冷光二十三絲動紫篁女媧鍊石

補天處石破天驚逗秋雨夢入神山教神嫗老魚跳

波瘦蛟舞吳質不眠倚桂樹露脚斜飛濕寒兔

殘絲曲

垂楊葉老鶯哺兒殘絲欲斷黃蜂歸綠鬢少年金釵

《麗水市圖書館古籍普查登記目錄》
編委會

主　編：季彤曦

編　委：季彤曦　　江永强　　雷紅梅

《麗水市圖書館古籍普查登記目録》

前　言

　　麗水市圖書館館藏古籍大多數爲 20 世紀 80 年代從文化館分館時留存,部分爲單位和個人捐贈以及購買。因館舍簡陋和古籍專業人員的缺乏,加之古籍殘缺嚴重,所以一直以來都未進行系統整理登記。2013 年,我館成立古籍普查工作小組,增强普查力量,制訂了普查計劃和目標,於 2014 年 6 月完成全部館藏古籍普查登記工作,2015 年 4 月,又及時補録了市委宣傳部移交的古籍。

　　經普查,我館共收藏 1912 年以前古籍 508 部 1726 册,其中明代古籍 7 部 30 册,清代古籍 501 部 1696 册。文獻類別涵蓋經、史、子、集、類叢各部類,子部、經部居多。通過普查,我館發現了部分處州府署刻本和地方刊刻本,如:清同治、光緒年間的府署刻本《栝蒼金石志》十二卷《續志》四卷、《滑疑集》八卷、《草木子》四卷等,以及清光緒十六年(1890)松邑城南潘祠下潘世霖刻本《續刻暗室燈注解》二卷、清光緒十八年(1892)雲和箬溪書院刻本《重刻醒世千家詩》二卷,特別是清道光八年(1828)刻本《哀餘問答》一卷(麗水人王尚忠撰),具有一定的地方史料價值。

　　通過本次普查,我館摸清了館藏古籍家底,古籍工作人員又有針對性地對古籍進行修復,加强古籍保護工作。

　　由於專業水平有限,本目録可能還存在疏漏,敬請方家予以指正,不勝感激。

麗水市圖書館

2018 年 2 月

330000－1726－0000001　普 0001　集部/總集類/選集之屬/斷代

皇朝經世文編一百二十卷姓名總目二卷
(清)賀長齡輯　清光緒十五年(1889)上海廣百宋齋鉛印本　十五冊　存七十四卷(一至十四、二十至二十三、三十至四十、四十七至六十一、六十八至七十三、七十九至八十三、九十九至一百十五,總目一至二)

330000－1726－0000002　普 0002　集部/總集類/選集之屬/斷代

皇朝經世文編一百二十卷姓名總目二卷
(清)賀長齡輯　清光緒二十四年(1898)上海宏文閣鉛印本　十二冊　缺六十卷(六十一至一百二十)

330000－1726－0000003　普 0003　經部/叢編

皇清經解一百九十卷首一卷正訛記一卷
(清)阮元輯　清光緒十七年(1891)上海鴻寶齋石印本　八冊　存七十三卷(首,一至十六、七十九至九十、一百三十二至一百四十、一百五十六至一百九十)

330000－1726－0000005　普 0005　集部/別集類/宋別集

宋王忠文公文集五十卷目錄四卷　(宋)王十朋撰　**梅溪王忠文公年譜一卷**　(清)徐炯文編　清雍正六年(1728)唐傳鈺刻鴈就堂印同治十年(1871)補修本　八冊　存三十四卷(十七至五十)

330000－1726－0000006　普 0006　史部/金石類/郡邑之屬

栝蒼金石志十二卷續志四卷　(清)李遇孫輯　(清)鄒柏森校補　清同治十三年(1874)浙江處州府署刻本　二冊　存五卷(一至三、續志一至二)

330000－1726－0000007　普 0007　子部/儒家類/儒學之屬/性理

近思錄集注十四卷考訂朱子世家一卷　(清)江永撰　清咸豐三年(1853)刻本　四冊

330000－1726－0000008　普 0008　史部/史抄類

讀史鏡古編三十二卷　(清)潘世恩輯　清同治十三年(1874)冶城飛霞閣刻本　六冊

330000－1726－0000009　普 0009　集部/別集類/清別集

集虛齋全稿合刻六卷　(清)方棻如撰　(清)朱桓　(清)何忠相編次　清光緒二十年(1894)浙江書局刻本　八冊

330000－1726－0000010　普 0010　子部/醫家類/綜合之屬/通論

羣玉山房重校醫宗必讀十卷　(明)李中梓撰　清光緒九年(1883)羣玉山房刻本　五冊

330000－1726－0000011　普 0011　經部/春秋左傳類/傳說之屬

左繡三十卷首一卷　(清)馮李驊　(清)陸浩評輯　清尺木堂刻本　十四冊

330000－1726－0000012　普 0012　子部/術數類/相宅相墓之屬

地理五訣八卷　(清)趙廷棟撰　清亦西齋刻本　四冊

330000－1726－0000013　普 0013　子部/術數類/占卜之屬

大六壬大全十三卷　(清)郭載騄編　清咸豐七年(1857)同文堂刻本　十三冊

330000－1726－0000016　普 0016　子部/儒家類/儒學之屬/蒙學

重刻醒世千家詩二卷　(清)晦齋學人輯　清光緒十八年(1892)雲和箬溪書院刻本　一冊

330000－1726－0000017　普 0017　子部/儒家類/儒學之屬/勸學

勸學篇二卷　(清)張之洞撰　清光緒二十四年(1898)浙江刻本　一冊

330000－1726－0000018　普 0018　集部/詩文評類/詩評之屬

帶經堂詩話三十卷首一卷　(清)王士禎撰　(清)張宗柟輯　清同治十二年(1873)廣州藏修堂刻本　十一冊　存二十九卷(二至三十)

330000 - 1726 - 0000019　　普 0019　　經 部/
叢編

　　十三經札記二十二卷附十六卷　　（清）朱亦棟
撰　　清光緒四年（1878）武林竹簡齋刻本　　六
冊　　存十六卷（羣書札記一至十六）

330000 - 1726 - 0000020　　普 0020　　子部/宗
教類/道教之屬

　　周易參同契分章註解三卷　　（元）陳致虛撰
（清）傅金銓批　　清道光二十一年（1841）麻城
俞慕純刻本　　一冊　　存一卷（一）

330000 - 1726 - 0000022　　普 0022　　經部/春
秋左傳類/傳說之屬

　　左繡三十卷首一卷　　（清）馮李驊　（清）陸浩
評輯　　清刻本　　七冊　　存十四卷（十七至三
十）

330000 - 1726 - 0000023　　普 0023　　子部/術
數類/相宅相墓之屬

　　陽宅三要四卷　　（清）趙廷棟撰　　清亦西齋刻
本　　二冊

330000 - 1726 - 0000024　　普 0024　　經部/
叢編

　　五經旁訓辨體合訂　　（清）徐立綱輯　　清三益
堂刻文華堂印本　　一冊　　存一種

330000 - 1726 - 0000025　　普 0025　　子部/宗
教類/道教之屬/雜著

　　抱朴子內篇四卷　　（晉）葛洪撰　　清光緒二十
年（1894）經綸元記刻本　　四冊

330000 - 1726 - 0000026　　普 0026　　集部/總
集類/課藝之屬

　　目耕齋讀本初集不分卷二刻不分卷　　（清）徐
楷評註　（清）沈叔眉選刊　　清汲綆齋刻本
清韻階題簽　　二冊

330000 - 1726 - 0000027　　普 0027　　集部/詩
文評類/文評之屬

　　登瀛先路一卷　　（清）溫忠翰撰　　清光緒五年
（1879）東甌道署刻本　　一冊

330000 - 1726 - 0000028　　普 0028　　集部/總
集類/課藝之屬

八銘堂塾鈔初集不分卷二集不分卷　　（清）吳
懋政編　　清光緒十五年（1889）竹素書局刻本
　　七冊

330000 - 1726 - 0000029　　普 0029　　子部/
叢編

　　二十二子（二十二子彙函）　　（清）浙江書局編
　　清光緒元年至三年（1875 - 1877）浙江書局
刻本　　四冊　　存一種

330000 - 1726 - 0000030　　普 0030　　子部/術
數類/占卜之屬

　　六壬眎斯二卷　　（清）葉悔亭輯　　清至德堂刻
本　　二冊

330000 - 1726 - 0000031　　普 0031　　子部/
叢編

　　二十二子（二十二子彙函）　　（清）浙江書局編
　　清光緒元年至三年（1875 - 1877）浙江書局
刻本　　二冊　　存一種

330000 - 1726 - 0000032　　普 0032　　子部/術
數類/占卜之屬

　　梅花易數五卷　　（宋）邵雍撰　　清刻本　　五冊

330000 - 1726 - 0000033　　普 0033　　集部/別
集類/清別集

　　丁心齋時文不分卷續集不分卷　　（清）丁守存
撰　　清同治三年（1864）楚北文秀堂刻本
二冊

330000 - 1726 - 0000034　　普 0034　　史部/地
理類/外紀之屬

　　瀛環志略十卷　　（清）徐繼畬撰　　清同治十二
年（1873）掞雲樓刻本　　八冊

330000 - 1726 - 0000035　　普 0035　　子部/
叢編

　　二十二子（二十二子彙函）　　（清）浙江書局編
　　清光緒元年至三年（1875 - 1877）浙江書局
刻本　　四冊　　存一種

330000 - 1726 - 0000036　　普 0036　　子部/儒
家類/儒學之屬/性理

　　呂語集粹四卷　　（清）尹會一輯　　清道光十二
年（1832）刻本　　一冊

330000－1726－0000037　普 0037　新學/雜著/叢編

西學大成五十六種 （清）王西清　（清）盧梯青編　清光緒二十一年（1895）上海醉六堂書坊石印本　十二冊

330000－1726－0000038　普 0038　子部/儒家類/儒學之屬/蒙學

小學韻語一卷 （清）羅澤南撰　清咸豐六年（1856）浙江書局刻本　一冊

330000－1726－0000039　普 0039　類叢部/叢書類/彙編之屬

邵武徐氏叢書二十三種 （清）徐榦編　清光緒邵武徐氏刻本　二冊　存一種

330000－1726－0000041　普 0041　經部/小學類/文字之屬/說文

說文通訓定聲十八卷分部束韻一卷說雅一卷古今韻準一卷 （清）朱駿聲撰　（清）朱鏡蓉參訂　**行述一卷** （清）朱孔彰撰　清光緒十三年（1887）上海積山書局石印本　八冊

330000－1726－0000045　普 0045　子部/雜著類/雜考之屬

日知錄三十二卷 （清）顧炎武撰　清刻本　四冊　存十四卷（十至十二、十六至十九、二十三至二十九）

330000－1726－0000046　普 0046　經部/四書類/總義之屬/傳說

四書集註（四書章句集註、四書）十九卷 （宋）朱熹撰　清光緒十八年（1892）浙江書局刻本　二冊　存十卷（論語一至十）

330000－1726－0000047　普 0047　經類/傳說之屬

周易本義四卷附圖說一卷卦歌一卷筮儀一卷五贊一卷 （宋）朱熹撰　清光緒十九年（1893）浙江書局刻本　二冊

330000－1726－0000048　普 0048　類叢部/叢書類/彙編之屬

經訓堂叢書二十一種 （清）畢沅編　清乾隆至嘉慶鎮洋畢氏刻本　一冊　存一種

330000－1726－0000049　普 0049　史部/史評類/史論之屬

讀史論署二卷 （清）杜詔撰　清光緒二十九年（1903）鄭慎言堂刻本　一冊

330000－1726－0000050　普 0050　經部/小學類/文字之屬/字書/字典

康熙字典十二集三十六卷總目一卷檢字一卷辨似一卷等韻一卷補遺一卷備考一卷 （清）張玉書等纂修　清道光七年（1827）刻本　四十冊

330000－1726－0000051　普 0051　史部/目錄類/書志之屬/提要

善本書室藏書志四十卷附錄一卷 （清）丁丙輯　清光緒二十五年至二十七年（1899－1901）錢唐丁立中鄂中刻本　十六冊

330000－1726－0000052　普 0052　經部/小學類/文字之屬/字書/字典

康熙字典十二集三十六卷總目一卷檢字一卷辨似一卷等韻一卷補遺一卷備考一卷 （清）張玉書等纂修　清刻本　二十九冊　缺十三卷（寅集上、卯集上中、辰集上中、巳集中下、未集中、申集上、戌集上、總目,檢字,辨似）

330000－1726－0000053　普 0053　子部/雜著類/雜說之屬

草木子四卷 （明）葉子奇撰　清光緒元年（1875）處州府署刻本　二冊

330000－1726－0000054　普 0054　集部/別集類/清別集

滑疑集八卷 （清）韓錫胙撰　（清）宗稷辰重編　清同治十三年（1874）渊江處州府署刻本　一冊　存二卷（一至二）

330000－1726－0000056　普 0056　子部/術數類/相宅相墓之屬

陽宅大成四種 （清）魏青江撰　清乾隆刻本　十冊　存三種

330000－1726－0000057　普 0057　經部/叢編

御纂七經 （清）李光地等纂修　清同治六年

至九年(1867－1870)浙江書局刻本 二十四冊 存一種

330000－1726－0000058 普0058 集部/別集類/清別集

方百川稿一卷 (清)方舟撰 **方椒塗稿一卷** (清)方林撰 清光緒十四年(1888)湖南共賞書局刻本 二冊

330000－1726－0000059 普0059 經部/叢編

御纂七經 (清)李光地等纂修 清同治六年至九年(1867－1870)浙江書局刻本 十冊 存一種

330000－1726－0000060 普0060 經部/四書類/總義之屬

天崇合鈔不分卷 (清)祝松雲輯 清光緒十七年(1891)湖南船山書局刻本 六冊

330000－1726－0000061 普0061 集部/總集類/選集之屬/通代

古文辭類纂十五卷 (清)姚鼐輯 **續古文辭類纂十卷** 王先謙輯 清光緒十六年(1890)上海文瑞樓鉛印本 十冊

330000－1726－0000062 普0062 子部/儒家類/儒學之屬/性理

呂語集粹四卷 (清)陳弘謀評輯 清光緒五年(1879)刻本 四冊

330000－1726－0000063 普0063 子部/術數類/相宅相墓之屬

山洋指迷原本四卷 (明)周景一撰 (清)俞歸璞 (清)吳卿瞻增注 清光緒九年(1883)寧波汲綆齋刻本 四冊

330000－1726－0000064 普0064 經部/易類/傳說之屬

易經精華六卷首一卷末一卷 (清)薛嘉穎撰 清光緒十年(1884)奎照樓刻本(卷首原缺) 清曹德馨題簽 四冊

330000－1726－0000065 普0065 經部/易類/傳說之屬

易經精華六卷首一卷末一卷 (清)薛嘉穎撰

清光緒二年(1876)寧郡簡香齋刻本(卷首原缺) 四冊

330000－1726－0000066 普0066 經部/詩類/傳說之屬

詩經精華十卷 (清)薛嘉穎輯 清光緒二年(1876)浙寧簡香齋刻本 五冊

330000－1726－0000067 普0067 子部/儒家類/儒學之屬/俗訓

人譜一卷人譜類記二卷 (明)劉宗周撰 清光緒三十二年(1906)文明會社石印本 三冊

330000－1726－0000068 普0068 集部/總集類/課藝之屬

新選小題銳鋒初集不分卷 (清)張嶙編次 清道光十九年(1839)純德堂刻本 清韻階題簽 二冊

330000－1726－0000069 普0069 集部/總集類/課藝之屬

新選小題銳鋒二集不分卷 (清)汪世恬編次 清道光二十年(1840)純德堂刻本 清韻階題簽 二冊

330000－1726－0000070 普0070 子部/儒家類/儒學之屬/禮教

五種遺規 (清)陳弘謀輯並撰 清光緒二十一年(1895)浙江書局刻本 八冊 缺三卷(在官法戒錄三至四、從政遺規一)

330000－1726－0000071 普0071 集部/總集類/課藝之屬

詁經精舍課藝七集十二卷 (清)俞樾編 清光緒二十一年(1895)刻本 四冊

330000－1726－0000072 普0072 子部/宗教類/道教之屬

悟真篇三註三卷外集一卷 (宋)薛道光 (宋)陸墅 (元)陳致虛撰 清刻本 二冊

330000－1726－0000074 普0074 子部/術數類/陰陽五行之屬

通德類情十三卷 (清)沈重華輯 清乾隆三十六年(1771)文華堂刻本 七冊 缺一卷(二)

330000 – 1726 – 0000076　普 0076　子部/醫
家類/婦科之屬/產科

達生編不分卷　（清）亟齋居士撰　清咸豐二
年(1852)刻本　一冊

330000 – 1726 – 0000078　普 0078　史部/地
理類/外紀之屬

唐書西域傳注一卷　（清）沈惟賢撰　清光緒
二十四年(1898)刻本　一冊

330000 – 1726 – 0000079　普 0079　經部/詩
類/傳說之屬

詩經集傳八卷　（宋）朱熹撰　清光緒十九年
(1893)浙江書局刻本　四冊

330000 – 1726 – 0000080　普 0080　子部/宗
教類/道教之屬/戒律

太上感應篇註證一卷附重訂陸地仙經一卷
（清）陳勱輯　清光緒十六年(1890)刻本
一冊

330000 – 1726 – 0000082　普 0082　子部/儒
家類/儒學之屬/禮教

元宰必讀書不分卷　（清）彭定求撰　清同治
五年(1866)刻本　一冊

330000 – 1726 – 0000083　普 0083　子部/宗
教類/道教之屬/戒律

陰隲文制藝不分卷　（清）周憲曾　（清）周兆
杰輯　清同治七年(1868)世楷堂刻本　一冊

330000 – 1726 – 0000084　普 0084　史部/傳
記類/總傳之屬/儒林

儒林宗派十六卷　（清）萬斯同撰　清宣統三
年(1911)浙江圖書館刻本　二冊

330000 – 1726 – 0000085　普 0085　新學/礦
務/礦學

銀礦指南一卷圖一卷　（美國）亞倫撰　（英
國）傅蘭雅口譯　（清）應祖錫筆述　清光緒
十七年(1891)江南機器製造局刻本　一冊

330000 – 1726 – 0000086　普 0086　新學/
工藝

冶金錄三卷　（美國）阿發滿撰　（英國）傅蘭
雅口譯　（清）趙元益筆述　清光緒江南機器

製造總局刻本　二冊

330000 – 1726 – 0000087　普 0087　新學/化
學/化學

化學鑑原六卷　（英國）韋而司撰　（英國）傅
蘭雅口譯　（清）徐壽筆述　（清）曹鍾秀繪
清同治十一年(1872)江南機器製造總局刻本
四冊

330000 – 1726 – 0000088　普 0088　集部/總
集類/課藝之屬

**小題正鵠初集不分卷二集不分卷三集不分卷
四集不分卷**　（清）李元度輯　清同治十一年
(1872)山陰姚氏刻本　八冊

330000 – 1726 – 0000089　普 0089　子部/醫
家類/溫病之屬/瘟疫

瘟疫條辨摘要不分卷　（清）呂田輯　清光緒
十五年(1889)浙江書局刻本　一冊

330000 – 1726 – 0000090　普 0090　集部/別
集類/宋別集

蘇東坡詩集注三十二卷失編一卷　（宋）蘇軾
撰　（宋）呂祖謙編　（宋）王十朋集注　**年譜
一卷**　（宋）王宗稷編　清乾隆四十七年
(1782)樂全堂刻本　四冊　存六卷(九至十
二、失編、年譜)

330000 – 1726 – 0000091　普 0091　類叢部/
叢書類/彙編之屬

天壤閣叢書二十種　（清）王祖源　（清）王懿
榮編　清同治至光緒福山王氏刻彙印本　二
冊　存一種

330000 – 1726 – 0000092　普 0092　經部/小
學類/訓詁之屬/爾雅

爾雅正義二十卷　（清）邵晉涵撰　**釋文三卷**
（唐）陸德明撰　清乾隆五十三年(1788)餘
姚邵氏面水層軒刻本　七冊　缺三卷(爾雅
正義一至三)

330000 – 1726 – 0000093　普 0093　新學/醫
學/衛生學

衛生要旨不分卷　（美國）嘉約翰口譯　（清）
海琴氏校正　清光緒九年(1883)益智書會刻

本　一冊

330000－1726－0000094　普0094　子部/宗教類/佛教之屬/經

金剛般若波羅蜜經一卷　(後秦)釋鳩摩羅什譯　清刻本　一冊

330000－1726－0000095　普0095　子部/宗教類/道教之屬/戒律

文昌帝君陰騭文廣義節錄三卷　(清)周夢顔撰　清光緒七年(1881)揚州藏經禪院刻本　一冊　存一卷(一)

330000－1726－0000096　普0096　子部/宗教類/佛教之屬

雲棲法彙二十九種　(明)釋袾宏撰　(明)王宇春等輯　清刻本　一冊　存一種

330000－1726－0000097　普0097　類叢部/叢書類/彙編之屬

漸西村舍彙刊(漸西村舍叢刻)四十四種　(清)袁昶編　清光緒十六年至二十四年(1890－1898)桐廬袁氏刻本　四冊　存一種

330000－1726－0000098　普0098　子部/儒家類/儒學之屬/蒙學

小學六卷　(清)高愈注　**文公朱夫子年譜一卷**　題(宋)李方子撰　清同治十一年(1872)浙江書局刻本　一冊　存二卷(五至六)

330000－1726－0000100　普0100　史部/地理類/方志之屬/郡縣志

[同治]麗水縣志十五卷　(清)彭潤章等纂修　清同治十三年(1874)刻本　六冊　存十一卷(四至十四)

330000－1726－0000101　普0101　子部/叢編

二十二子(二十二子彙函)　(清)浙江書局編　清光緒元年至三年(1875－1877)浙江書局刻本　二冊　存一種

330000－1726－0000102　普0102　集部/別集類/清別集

浮玉山房時文鈔一卷　(清)丁紹周撰　清同治九年(1870)刻本　清韻階題簽　一冊

330000－1726－0000103　普0103　集部/總集類/選集之屬/斷代

增註七家詩七卷　(清)張熙宇輯評　(清)王植桂輯註　清光緒十八年(1892)上海圖書集成印書局鉛印本　四冊

330000－1726－0000105　普0105　集部/別集類/清別集

舊雨草堂時文不分卷　(清)陳康祺撰　清同治九年(1870)刻本　清韻階題簽　二冊

330000－1726－0000106　普0106　子部/醫家類/養生之屬

衛濟餘編十八卷　(清)王纕堂輯　清道光二十二年(1842)大文堂刻本　六冊

330000－1726－0000107　普0107　史部/史評類/史論之屬

明史論四卷　(清)谷應泰撰　清刻本　二冊

330000－1726－0000108　普0108　子部/術數類/命書相書之屬

袁柳莊先生神相全編三卷　(明)袁忠徹撰　清咸豐九年(1859)寧城汲古齋刻本　二冊

330000－1726－0000110　普0110　子部/藝術類/遊藝之屬/聯語

楹聯叢話十二卷續話四卷　(清)梁章鉅輯　清刻本　二冊　存六卷(四至九)

330000－1726－0000111　普0111　子部/醫家類/傷寒金匱之屬/傷寒論

傷寒大成五種　(清)張璐等撰　清嘉慶十七年(1812)思得堂刻本　四冊　存二種

330000－1726－0000112　普0112　集部/別集類/清別集

培遠堂手札節存三卷　(清)陳弘謀撰　清光緒六年(1880)浙江書局刻本　三冊

330000－1726－0000113　普0113　子部/叢編

二十二子(二十二子彙函)　(清)浙江書局編　清光緒元年至三年(1875－1877)浙江書局刻本　八冊　存一種

330000－1726－0000115　普0115　集部/別集類/清別集

重訂方望溪全稿不分卷　（清）方苞撰　清刻本　四冊

330000－1726－0000116　普0116　經部/書類/傳說之屬

尚書離句六卷　（清）錢在培輯解　清刻本　清樟鋆題簽　二冊

330000－1726－0000117　普0117　經部/四書類/總義之屬/傳說

務本堂四書體註合講十九卷圖說一卷　（清）翁復編　清刻本　何炳琦題簽並記　五冊

330000－1726－0000119　普0119　子部/醫家類/綜合之屬/通論

醫方論四卷　（清）費伯雄撰　清同治四年（1865）刻本　二冊

330000－1726－0000120　普0120　集部/別集類/清別集

有正味齋駢文箋注十六卷補注一卷　（清）吳錫麒撰　（清）葉聯芬注　清道光二十年（1840）慈谿葉氏刻本　七冊　存十五卷（一至七、十至十六，補注）

330000－1726－0000121　普0121　子部/儒家類/儒學之屬/經濟

大學衍義四十三卷　（宋）真德秀撰　清同治十一年（1872）浙江書局刻本　八冊　缺八卷（三十四至四十一）

330000－1726－0000122　普0122　子部/術數類/命書相書之屬

增補星平會海命學全書十卷首一卷　（清）水中龍撰　清道光八年（1828）刻本　四冊

330000－1726－0000123　普0123　子部/術數類/相宅相墓之屬

山洋指迷原本四卷　（明）周景一撰　（清）俞歸璞　（清）吳卿瞻增注　清末石印本　一冊

330000－1726－0000124　普0124　類叢部/類書類/通類之屬

三才畧三卷　（清）蔣德鈞輯　**讀史論略一卷**（清）杜詔撰　清光緒八年（1882）鎮江文成堂刻本　三冊

330000－1726－0000125　普0125　史部/職官類/官箴之屬

宦鄉要則七卷　（清）張鑒瀛輯　清光緒十年（1884）三餘堂刻本　四冊

330000－1726－0000126　普0126　子部/術數類/占卜之屬

嚴陵張九儀儀度六壬選日要訣不分卷　（清）張廷楨撰　清經綸堂刻本　四冊

330000－1726－0000127　普0127　子部/宗教類/道教之屬

太上寶筏圖說八卷　（清）黃正元纂　清光緒十八年（1892）上海鴻文書局石印本　八冊

330000－1726－0000132　普0132　新學/礦務/礦學

驗礦砂要法不分卷　（日本）施德明譯　清光緒二十九年（1903）上海廣學會鉛印本　一冊

330000－1726－0000133　普0133　史部/編年類/通代之屬

重訂王鳳洲先生綱鑑會纂四十六卷續宋元紀二十三卷　（明）王世貞撰　（明）陳仁錫訂　清刻本　三十五冊

330000－1726－0000135　普0135　子部/醫家類/方書之屬

時方歌括二卷　（清）陳念祖撰　清刻本　二冊

330000－1726－0000139　普0139　集部/別集類/清別集

集虛齋全稿合刻六卷　（清）方粲如撰　（清）朱桓　（清）何忠相編次　清光緒二十年（1894）浙江書局刻本　四冊　存四卷（大學、中庸、論語、孟子）

330000－1726－0000140　普0140　類叢部/叢書類/彙編之屬

漸西村舍彙刊（漸西村舍叢刻）四十四種（清）袁昶編　清光緒十六年至二十四年（1890－1898）桐廬袁氏刻本　一冊　存二種

330000－1726－0000141 普 0141 經部/四書類/總義之屬/傳說

錦春齋較正字典字韻分章分節四書正文 清錦春齋刻本 一冊 存一種

330000－1726－0000143 普 0143 子部/天文曆算類/曆法之屬

新鎸曆法便覽象吉備要通書二十九卷 （清）魏鑑撰 清刻本 六冊 存十四卷（三至十一、十四至十八）

330000－1726－0000144 普 0144 子部/醫家類/類編之屬

增訂本草備要六卷醫方集解六卷 （清）汪昂撰 清令德堂刻本 六冊

330000－1726－0000145 普 0145 集部/總集類/選集之屬/斷代

國朝凌雲賦選二集箋注十二卷 （清）謝文若輯評 （清）謝春蘭箋注 清刻本 一冊 存一卷（一）

330000－1726－0000146 普 0146 類叢部/叢書類/自著之屬

曾惠敏公遺集四種 （清）曾紀澤撰 清光緒十九年（1893）江南製造總局鉛印本 一冊 存一種

330000－1726－0000150 普 0150 經部/群經總義類/傳說之屬

皇朝五經彙解二百七十卷附五經正文一卷 (清)朱鏡清輯 清光緒十九年（1893）寶文書局石印本 三十二冊

330000－1726－0000151 普 0151 史部/史評類/史論之屬

史論正鵠初集四卷二集四卷三集八卷 （清）王樹敏評點 清光緒二十七年（1901）上海久敬齋石印本 七冊 存七卷（一、四,二集三,三集三至四、七至八）

330000－1726－0000152 普 0152 集部/總集類/選集之屬/斷代

明文明四卷 （清）路德輯 清刻本 二冊 存二卷（三至四）

330000－1726－0000154 普 0154 史部/地理類/方志之屬/郡縣志

[雍正]處州府志二十卷 （清）曹掄彬修 （清）朱肇濟等纂 清雍正十一年（1733）刻本 一冊 存一卷（二十）

330000－1726－0000155 普 0155 經部/易類/傳說之屬

讀易蒐十二卷 （清）鄭賡唐撰 清刻本 二冊 存四卷（五至八）

330000－1726－0000156 普 0156 史部/地理類/方志之屬/郡縣志

[光緒]處州府志三十卷首一卷末一卷 （清）潘紹詒修 （清）周榮椿纂 清光緒三年（1877）刻本 四冊 存五卷（六至九、二十二）

330000－1726－0000157 普 0157 子部/雜著類/雜纂之屬

蕉窗必讀十卷 （清）陳宗泗輯 清同治八年（1869）刻本 一冊 存五卷（六至十）

330000－1726－0000159 普 0159 子部/醫家類/綜合之屬/通論

醫學心悟六卷 （清）程國彭撰 清光緒六年（1880）掃葉山房刻本 四冊

330000－1726－0000160 普 0160 類叢部/叢書類/家集之屬

長洲彭氏家集九種 （清）彭祖賢編 清同治至光緒刻本 一冊 存一種

330000－1726－0000161 普 0161 經部/小學類/文字之屬/字書

翰苑重校字學舉隅不分卷 （清）黃本驥 （清）龍啓瑞撰 清同治十一年（1872）江寧望鶴岡舍刻本 一冊

330000－1726－0000162 普 0162 集部/別集類/清別集

陳太僕制義體要十九卷 （清）陳兆崙輯 （清）孫衣言校補 清光緒二年（1876）敬敷書院刻本 四冊

330000－1726－0000163 普 0163 經部/小

學類/文字之屬/說文

說文通檢十四卷首一卷末一卷　（清）黎永椿撰　清光緒五年(1879)刻本　二冊

330000 – 1726 – 0000164　普 0164　子部/雜著類/雜說之屬

所見集一卷　（清）問心堂輯　清問心堂刻本　一冊

330000 – 1726 – 0000166　普 0166　史部/史抄類

史鑑節要便讀六卷末一卷　（清）鮑東里撰　清光緒二十八年(1902)會文堂刻本　二冊

330000 – 1726 – 0000167　普 0167　子部/醫家類/婦科之屬/通論

濟陰綱目十四卷　（明）武之望撰　（清）汪淇箋釋　**保生碎事一卷**　（清）汪淇輯　清光緒三十三年(1907)掃葉山房石印本　六冊

330000 – 1726 – 0000172　普 0172　集部/別集類/清別集

太鶴山館試帖二卷補抄一卷詩餘一卷賦鈔一卷　（清）端木國瑚撰　清刻本　二冊

330000 – 1726 – 0000173　普 0173　集部/別集類/清別集

綠杉野屋試帖一卷　（清）朱元佑撰　清同治十一年(1872)望三益齋刻本　一冊

330000 – 1726 – 0000174　普 0174　新學/雜著/叢編

學報彙編二編　（清）北洋官報局編　清末北洋官報局鉛印本　一冊　存一種

330000 – 1726 – 0000175　普 0175　經部/小學類/音韻之屬/韻書

詩韻合璧五卷　（清）湯祥瑟輯　**虛字韻藪一卷**　（清）潘維城輯　清光緒十二年(1886)上海公興書局鉛印本　三冊　存三卷（一至二、五）

330000 – 1726 – 0000176　普 0176　集部/總集類/課藝之屬

時墨采新不分卷　（清）杜聯輯　清光緒六年(1880)刻本　四冊

330000 – 1726 – 0000177　普 0177　集部/別集類/清別集

有正味齋尺牘二卷　（清）吳錫麒撰　清光緒二年(1876)西齋別墅刻本　二冊

330000 – 1726 – 0000178　普 0178　子部/宗教類/道教之屬

關聖帝君覺世經一卷　清光緒二十三年(1897)刻本　一冊

330000 – 1726 – 0000179　普 0179　子部/宗教類/道教之屬/戒律

飛鸞警世集不分卷　（清）介石輯　清光緒十年(1884)刻本　一冊

330000 – 1726 – 0000180　普 0180　集部/總集類/課藝之屬

批點詳註七家詩選七卷　（清）張熙宇輯評　（清）張昶註釋　清刻本　四冊

330000 – 1726 – 0000181　普 0181　子部/醫家類/兒科之屬/通論

鼎鍥幼幼集成六卷　（清）陳復正輯　清光緒四年(1878)立言堂刻本　六冊

330000 – 1726 – 0000182　普 0182　子部/儒家類/儒學之屬/蒙學

天崇百篇不分卷　（清）吳懋政評選　清道光六年(1826)小西山房刻本　二冊

330000 – 1726 – 0000186　普 0186　子部/儒家類/儒學之屬/蒙學

續神童詩一卷　（清）戴楣撰　清鎮江打索街善化堂刻本　一冊

330000 – 1726 – 0000187　普 0187　集部/總集類/選集之屬/通代

雞跖賦續刻二十八卷擬古二卷　（清）應泰泉輯　清同治十三年(1874)翠筠山房刻本　十冊

330000 – 1726 – 0000189　普 0189　子部/術數類/命書相書之屬

新刻星平合訂命學須知二卷　（清）胡柏齡錄　清文富堂刻本　二冊

330000－1726－0000190　普0190　史部/政書類/儀制之屬/雜禮

哀餘問答一卷　(清)王尚忠撰　清道光八年(1828)刻本　一冊

330000－1726－0000191　普0191　子部/農家農學類/蠶桑之屬

蠶桑簡明輯說一卷補遺一卷　(清)黃世本撰　清光緒十四年(1888)浙江書局刻本　一冊

330000－1726－0000192　普0192　子部/術數類/占卜之屬

卜筮正宗十四卷　(清)王維德撰　清光緒石印本　二冊　缺五卷(一至三、十三至十四)

330000－1726－0000193　普0193　類叢部/類書類/專類之屬

詩學含英十四卷　(清)劉文蔚輯　清文奎堂刻本　一冊　存三卷(一至三)

330000－1726－0000195　普0195　史部/金石類

寰宇訪碑錄十二卷　(清)孫星衍　(清)邢澍撰　清刻本　二冊　存四卷(九至十二)

330000－1726－0000197　普0197　子部/藝術類/遊藝之屬/聯語

巧對錄二卷　(清)梁章鉅撰　清末石印本　一冊

330000－1726－0000199　普0199　史部/史抄類

史鑑節要便讀六卷末一卷　(清)鮑東里撰　清光緒二十八年(1902)聚奎堂刻本　三冊

330000－1726－0000200　普0200　經部/小學類/訓詁之屬/爾雅

爾雅註疏旁訓四卷　(清)周樽輯　(清)馬俊良增訂　清嘉慶五年(1800)刻本　清王尚廣跋　二冊

330000－1726－0000201　普0201　集部/總集類/選集之屬/通代

頤典齋賦讀本不分卷　(清)許耀編　清咸豐元年(1851)許耀刻本　二冊

330000－1726－0000202　普0202　集部/總集類/選集之屬

吟花館小題采新不分卷　(清)吟花館主人輯　清光緒三年(1877)刻本　三冊

330000－1726－0000203　普0203　集部/總集類/尺牘之屬

續分類尺牘備覽八卷　(清)王振芳輯　清光緒二十四年(1898)上海飛鴻閣石印本　二冊　存二卷(一至二)

330000－1726－0000204　普0204　集部/總集類/選集之屬/通代

賦學正鵠集釋十一卷　(清)李元度輯　清光緒十五年(1889)積山書局石印本　二冊

330000－1726－0000205　普0205　集部/別集類/清別集

紫竹山房制藝全稿　(清)陳兆崙撰　(清)顧一經等評註　清光緒十九年(1893)上海書局石印本　一冊　存一種

330000－1726－0000206　普0206　經部/四書類/總義之屬/傳說

四書合纂大成不分卷　(清)沈祖燕輯　清末石印本　二冊

330000－1726－0000207　普0207　類叢部/類書類/專類之屬

分類詩腋八卷　(清)李楨編　清刻本　四冊

330000－1726－0000208　普0208　子部/醫家類/類編之屬

醫門棒喝二種　(清)章楠撰　清刻本　七冊　存一種

330000－1726－0000209　普0209　集部/別集類/唐五代別集

杜工部五言詩選直解三卷七言詩選直解二卷　(唐)杜甫撰　(清)范廷謀註釋　年譜一卷　(清)范廷謀訂　清雍正范氏稼石堂刻本　二冊　存三卷(三、七言詩選直解一、年譜)

330000－1726－0000210　普0210　經部/周禮類/傳說之屬

周禮節訓六卷　(清)黃叔琳輯　(清)姚培謙

重訂　清刻本　一冊

330000 – 1726 – 0000211　普 0211　集部/別集類/宋別集

呂東萊先生文集二十卷首一卷　（宋）呂祖謙撰　（清）王崇炳輯　清雍正元年（1723）金華陳思臚敬勝堂刻本　六冊　缺五卷（十三至十七）

330000 – 1726 – 0000212　普 0212　史部/政書類/律令之屬/法驗

補注洗冤錄集證四卷檢骨圖格一卷　（清）王又槐輯　（清）李觀瀾補輯　（清）阮其新補注　（清）童濂刪　**作吏要言一卷**　（清）葉鎮撰　（清）朱樁增　清道光二十三年（1843）江都鍾淮刻三色套印本　四冊

330000 – 1726 – 0000213　普 0213　史部/傳記類/總傳之屬/家乘

新纂氏族箋釋八卷　（清）熊峻運撰　清刻本　一冊　存二卷（三至四）

330000 – 1726 – 0000214　普 0214　集部/總集類/選集之屬/通代

瀛奎律髓刊誤四十九卷　（元）方回輯　（清）紀昀勘誤　清刻本　二冊　存六卷（二十一至二十三、四十七至四十九）

330000 – 1726 – 0000215　普 0215　史部/地理類/方志之屬/郡縣志

咸淳臨安志一百卷　（宋）潛說友纂　**校栞咸淳臨安志札記三卷**　（清）黃士珣撰　清道光十年（1830）錢塘汪氏振綺堂刻本（卷六十四、九十、九十八至一百原缺）　三冊

330000 – 1726 – 0000217　普 0217　子部/術數類/相宅相墓之屬

地理五訣八卷　（清）趙廷棟撰　清乾隆五十一年（1786）文奎堂刻本　一冊　存二卷（一至二）

330000 – 1726 – 0000218　普 0218　集部/總集類/選集之屬/斷代

苔岑集賦初集二卷　（清）雷葆廉輯　清同治七年（1868）刻本　二冊

330000 – 1726 – 0000223　普 0223　子部/術數類/相宅相墓之屬

地理辨正疏五卷首一卷末一卷　（清）張心言撰　清光緒三十三年（1907）上海校經山房石印本　四冊

330000 – 1726 – 0000226　普 0226　史部/傳記類/科舉錄之屬

癸卯直墨采真不分卷　（清）京都大學堂評選　清光緒三十年（1904）上海玉麟齋印書處石印本　二冊

330000 – 1726 – 0000228　普 0228　集部/別集類/清別集

有正味齋試帖詳注四卷　（清）吳錫麒撰　（清）吳敬恒注　清刻本　三冊　存三卷（二至四）

330000 – 1726 – 0000229　普 0229　集部/別集類/清別集

曹寅谷制藝不分卷續刻稿不分卷三續稿不分卷　（清）曹之升撰　清同治十二年（1873）味經堂刻本　五冊

330000 – 1726 – 0000231　普 0231　經部/群經總義類/傳說之屬

經解入門八卷　題（清）江藩撰　清光緒十八年（1892）上海凌雲閣石印本　二冊

330000 – 1726 – 0000232　普 0232　經部/小學類/音韻之屬/韻書

增註字類標韻六卷　（清）華綱撰　（清）范多珏重訂　清光緒三年（1877）浙寧簡香齋刻本　二冊

330000 – 1726 – 0000233　普 0233　子部/儒家類/儒學之屬/蒙學

讀書作文譜十二卷父師善誘法二卷　（清）唐彪輯著　清刻本　四冊

330000 – 1726 – 0000237　普 0237　集部/詩文評類/詩評之屬

司空詩品註釋一卷　（唐）司空圖撰　清同治十年（1871）順德堂刻本　一冊

330000 – 1726 – 0000238　普 0238　子部/術

數類/陰陽五行之屬

欽定協紀辨方書三十六卷　（清）允祿　（清）張照等纂修　清乾隆六年(1741)刻本　二十四冊

330000－1726－0000239　普 0239　經部/四書類/總義之屬/傳說

四書朱子本義匯參四十三卷首四卷　（清）王步青輯　清大文堂刻本　二十二冊

330000－1726－0000240　普 0240　新學/史志/別國史

支那新史攬要六卷　（日本）增田貢撰　清光緒二十七年(1901)上海書局石印本　六冊

330000－1726－0000243　普 0243　史部/傳記類/科舉錄之屬/歷科登科錄

[光緒甲辰恩科]會試闈墨不分卷　（清）譚廷闓等撰　清光緒石印本　一冊

330000－1726－0000244　普 0244　集部/總集類/課藝之屬

增廣小題文府不分卷　清末石印本　十冊

330000－1726－0000245　普 0245　集部/總集類/課藝之屬

增廣小題文府不分卷　清末石印本　八冊　存中庸、孟子

330000－1726－0000246　普 0246　經部/四書類/總義之屬/傳說

處郡鄭錦春較正監韻分章分節四書正文四種　清末錦春齋刻本　一冊　存一種

330000－1726－0000248　普 0248　集部/總集類/選集之屬/通代

歷代經濟文編三十二卷　（清）顧炎武輯　清末石印本　五冊　存十三卷(四至十三、三十至三十二)

330000－1726－0000249　普 0249　經部/春秋左傳類/傳說之屬

評點春秋綱目左傳句解彙雋六卷　（清）韓葵重訂　清刻本　四冊　存四卷(二至五)

330000－1726－0000250　普 0250　集部/總

集類/郡邑之屬

金華正學編四卷廣編三卷附編二卷　（清）張祖年輯　清康熙四十四年(1705)笏峙樓刻本　三冊　缺三卷(廣編一至三)

330000－1726－0000251　普 0251　集部/總集類/選集之屬/斷代

元詩選六卷補遺一卷　（清）顧奎光輯　清乾隆十六年(1751)刻本　四冊

330000－1726－0000252　普 0252　集部/總集類/課藝之屬

目耕齋讀本初集不分卷二刻不分卷　（清）徐楷評註　（清）沈叔眉選刊　清汲綆齋刻本清韻階題簽　二冊　存二刻

330000－1726－0000253　普 0253　子部/醫家類/婦科之屬/產科

達生編二卷　（清）亟齋居士撰　清光緒八年(1882)江得標婺州官署刻本　一冊

330000－1726－0000254　普 0254　子部/儒家類/儒學之屬/蒙學

浙寧汲綆齋新增繪圖幼學故事瓊林四卷首一卷　（清）程允升撰　（清）鄒聖脈增補　清光緒二十四年(1898)浙寧汲綆齋鉛印本　四冊

330000－1726－0000255　普 0255　子部/藝術類/遊藝之屬/聯語

楹聯叢話十二卷續話四卷　（清）梁章鉅輯　清道光二十三年(1843)刻本　二冊　存四卷(續話一至四)

330000－1726－0000256　普 0256　經部/春秋左傳類/傳說之屬

左傳史論二卷　（清）高士奇撰　清刻本　一冊

330000－1726－0000257　普 0257　類叢部/叢書類/彙編之屬

經訓堂叢書二十一種　（清）畢沅編　清乾隆至嘉慶鎮洋畢氏刻本　一冊　存一種

330000－1726－0000258　普 0258　類叢部/叢書類/彙編之屬

經訓堂叢書二十一種　（清）畢沅編　清乾隆

至嘉慶鎮洋畢氏刻本 一冊 存一種

330000－1726－0000259 普 0259 子部/儒家類/儒學之屬/禮教

聖諭廣訓直解一卷 （清）世宗胤禛撰 （清）□□直解 清同治元年(1862)江寧布政使吳棠刻本 一冊

330000－1726－0000260 普 0260 子部/儒家類/儒學之屬/禮教/家訓

重定齊家寶要二卷 （清）張文嘉輯 清刻本 一冊 存一卷(二)

330000－1726－0000262 普 0262 史部/地理類/山川之屬/水志

水經注釋四十卷首一卷附錄二卷水經注箋刊誤十二卷 （清）趙一清撰 清乾隆五十一年(1786)趙氏小山堂刻本 五冊 存十卷(十三至十五、十九至二十一,水經注箋刊誤五至六、九、十一)

330000－1726－0000263 普 0263 史部/金石類/總志之屬

金石萃編一百六十卷 （清）王昶撰 清嘉慶十年(1805)青浦王氏經訓堂刻本 二十六冊 存六十一卷(五至七、十七至十九、二十三至三十二、三十八至四十、四十七至四十九、五十四至五十六、五十九至六十四、七十九至八十一、八十五至八十七、九十一至九十三、一百至一百三、一百八至一百十、一百十六、一百十九至一百二十二、一百二十五至一百二十六、一百三十六至一百三十八、一百四十五至一百四十六、一百五十九至一百六十)

330000－1726－0000264 普 0264 類叢部/叢書類/彙編之屬

別下齋叢書初集二十三種 （清）蔣光煦編 清道光十七年(1837)海昌蔣氏別下齋刻本 三冊 存二種

330000－1726－0000265 普 0265 集部/別集類/宋別集

蘇東坡詩集注三十二卷失編一卷 （宋）蘇軾撰 （宋）呂祖謙編 （宋）王十朋集注 **年譜一卷** （宋）王宗稷編 清康熙三十七年

(1698)新安朱從延文蔚堂刻本 三冊 存八卷(一至八)

330000－1726－0000266 普 0266 史部/紀傳類/正史之屬

三國志六十五卷 （晉）陳壽撰 （南朝宋）裴松之注 清古吳書業趙氏刻本 五冊 存二十七卷(一至四、十三至十七、二十八至四十、四十八至五十二)

330000－1726－0000267 普 0267 集部/總集類/選集之屬/通代

四六法海十二卷 （明）王志堅輯 明天啓七年(1627)刻載德堂印本 三冊 存二卷(一、四)

330000－1726－0000268 普 0268 子部/小說家類/雜事之屬

我法集二卷 （清）紀昀撰 清嘉慶二年(1797)刻本 二冊

330000－1726－0000269 普 0269 子部/醫家類/外科之屬/通論

瘍醫大全四十卷 （清）顧世澄撰 清同治九年(1870)顧氏敦仁堂刻本 三十冊 缺十卷(二、四、七至九、十一至十二、三十、三十六至三十七)

330000－1726－0000270 普 0270 經部/四書類/總義之屬/傳說

處郡鄭錦春較正監韻分章分節四書正文四種 清末錦春齋刻本 一冊 存一種

330000－1726－0000271 普 0271 經部/春秋左傳類/傳說之屬

讀左補義五十卷首一卷 （清）姜炳璋輯 清刻本 二冊 存五卷(十九至二十一、二十四至二十五)

330000－1726－0000272 普 0272 集部/別集類/明別集

宋文憲公全集五十三卷首四卷 （明）宋濂撰 清刻本 二冊 存四卷(九至十、三十九至四十)

330000－1726－0000273 普 0273 子部/雜

著類/雜纂之屬

格言聯璧二卷 （清）金纓輯　清光緒三年（1877）蕭山聚奎齋刻本　一冊　存一卷（一）

330000 - 1726 - 0000274　普 0274　經部/叢編

五經味根錄　關蔚煌輯　清光緒二十六年（1900）上海中西書局石印本　七冊　存四種

330000 - 1726 - 0000275　普 0275　類叢部/叢書類/自著之屬

食舊德齋集　（清）劉嶽雲撰　清光緒刻本三冊　存一種

330000 - 1726 - 0000276　普 0276　子部/叢編

二十二子（二十二子彙函）　（清）浙江書局編　清光緒元年至三年（1875 - 1877）浙江書局刻本　二冊　存一種

330000 - 1726 - 0000277　普 0277　經部/群經總義類

四書五經類典集成三十四卷　（清）戴兆春輯　清光緒十四年（1888）同文書局石印本　二十三冊　缺二卷（十六至十七）

330000 - 1726 - 0000278　普 0278　史部/傳記類/總傳之屬/通代

尚友錄二十二卷補遺一卷　（明）廖用賢輯（清）張伯琮補輯　清光緒十六年（1890）上海掃葉山房鉛印本　六冊

330000 - 1726 - 0000279　普 0279　經部/群經總義類/傳說之屬

雪樵經解三十卷附錄三卷　（清）馮世瀛輯清光緒十六年（1890）上海廣百宋齋鉛印本八冊

330000 - 1726 - 0000280　普 0280　集部/總集類/課藝之屬

試帖三萬選十卷類目一卷韻目五卷　（清）鄧雲航編　清光緒十六年（1890）上洋袖海山房書局石印本　十二冊

330000 - 1726 - 0000281　普 0281　類叢部/類書類/通類之屬

增廣策學總纂大成五十六卷目錄一卷　（清）蔡壽祺輯　清光緒十四年（1888）上海大同書局石印本　六冊

330000 - 1726 - 0000282　普 0282　子部/雜著類/雜纂之屬

雲林別墅新輯酬世錦囊初集八卷二集七卷三集二卷四集二卷　（清）鄒景揚編　清光緒二十年（1894）、二十六年（1900）鴻寶齋石印本六冊

330000 - 1726 - 0000283　普 0283　集部/總集類/選集之屬/通代

賦學正鵠集釋十一卷　（清）李元度輯　清光緒十六年（1890）珍藝書局鉛印本　二冊

330000 - 1726 - 0000284　普 0284　類叢部/叢書類/彙編之屬

洋務叢書　清光緒石印本　二冊　存一種

330000 - 1726 - 0000285　普 0285　史部/紀傳類/正史之屬

元史譯文證補三十卷　（清）洪鈞撰　清光緒二十三年（1897）石印本（卷七至八、十三、十六至十七、十九至二十一、二十五、二十八原缺）　四冊

330000 - 1726 - 0000286　普 0286　子部/叢編

時務新書八種　清光緒二十一年（1895）石印本　三冊　存二種

330000 - 1726 - 0000287　普 0287　類叢部/類書類/通類之屬

駢體典林富艷二十八卷　清咸豐二年（1852）刻本　六冊

330000 - 1726 - 0000288　普 0288　集部/總集類/尺牘之屬

分類尺牘三十卷目錄一卷　（清）王虎榜輯清光緒十六年（1890）海上石印本　七冊　缺二卷（十一至十二）

330000 - 1726 - 0000289　普 0289　子部/雜著類/雜說之屬

古學萬花谷八卷　（清）駢瑜堂主人芝園氏

（清）棟省先生輯　清光緒三年（1877）京都琉璃廠刻本　四冊

330000－1726－0000290　普0290　子部/術數類/陰陽五行之屬

奇門遁甲秘笈大全三十卷　（明）劉基校訂
諸葛武侯行兵遁甲金函玉鏡六卷　題（三國蜀）諸葛亮撰　清光緒二十二年（1896）稽古書屋石印本　四冊　存二十四卷（一至六、十三至三十）

330000－1726－0000291　普0291　集部/總集類/郡邑之屬

浙江形勝試帖□□卷二刻不分卷　清光緒元年（1875）刻本　三冊

330000－1726－0000292　普0292　子部/醫家類/類編之屬

陳修園醫書二十八種　（清）陳念祖等撰　清光緒二十九年（1903）上海錦章書局石印本　一冊　存二種

330000－1726－0000293　普0293　集部/總集類/郡邑之屬

分韻浙江形勝詩續刻一卷　清光緒二年（1876）刻本　一冊

330000－1726－0000294　普0294　史部/傳記類/總傳之屬/通代

增廣尚友錄統編二十二卷　（清）應祖錫輯　清光緒二十八年（1902）鴻寶齋石印本　十二冊

330000－1726－0000295　普0295　類叢部/類書類/專類之屬

五經文苑捃華二種八卷　（清）朱迺紱編　清光緒十五年（1889）上海鴻文書局石印本　二冊

330000－1726－0000297　普0297　類叢部/類書類/通類之屬

增廣空策渡津筏一卷　清光緒十三年（1887）上海石印本　一冊

330000－1726－0000298　普0298　類叢部/類書類/專類之屬

集句儷典七卷　（清）朱伯倩撰　清光緒十五年（1889）上海鴻文書局石印本　二冊

330000－1726－0000301　普0301　經部/四書類/總義之屬

還讀軒墨選不分卷　（清）馮可鋑　（清）馮可鏞評輯　清同治七年（1868）慈谿馮氏刻本　二冊

330000－1726－0000302　普0302　集部/總集類/選集之屬/斷代

近九科同館賦鈔四卷　（清）孫欽昂編輯　清光緒六年（1880）上海精一閣鉛印本　二冊

330000－1726－0000303　普0303　經部/叢編

五經鴻裁　（清）薛時雨輯　清同治十二年（1873）雙鳳家塾刻本　一冊　存一種

330000－1726－0000304　普0304　集部/總集類/課藝之屬

泮林擷秀初編不分卷　（清）戴惇禧輯　清刻本　一冊

330000－1726－0000310　普0310　子部/醫家類/外科之屬/外科方

外科正宗十二卷附錄一卷　（明）陳實功撰（清）徐大椿評　清光緒三十一年（1905）上海福記書局石印本　一冊　存六卷（七至十二）

330000－1726－0000312　普0312　子部/術數類/占卜之屬

筮學斷驗四卷　（清）賀湖散人編　清光緒十四年（1888）刻本　二冊

330000－1726－0000314　普0314　子部/醫家類/綜合之屬/通論

醫學三字經四卷　（清）陳念祖撰　清刻本　三冊　存三卷（二至四）

330000－1726－0000315　普0315　子部/醫家類/類編之屬

陳修園二十三種　（清）陳念祖等撰　清刻本　八冊　存七種

330000－1726－0000316　普0316　子部/醫

家類/醫案之屬

臨證指南醫案十卷 （清）葉桂撰 （清）徐大椿評 清刻本 二冊 存二卷（四至五）

330000－1726－0000317 普 0317 史部/政書類/儀制之屬/專志/科舉校規

三場程式一卷 （清）蔣益澧撰 清光緒刻本 一冊

330000－1726－0000318 普 0318 史部/政書類/律令之屬

浙江科場條例一卷 清光緒八年（1882）刻本 一冊

330000－1726－0000319 普 0319 子部/藝術類/書畫之屬/法帖

草書法不分卷 清末刻本 一冊

330000－1726－0000320 普 0320 集部/別集類/清別集

曝書亭集八十卷附錄一卷 （清）朱彝尊撰
笛漁小稿十卷 （清）朱昆田撰 清刻本 三冊 存二十一卷（十八至二十四、五十二至五十八、六十六至七十二）

330000－1726－0000321 普 0321 集部/別集類/清別集

遯夫詩草二卷 （清）朱小唐撰 清繞翠齋木活字印本 清白雲山人跋 二冊

330000－1726－0000322 普 0322 類叢部/叢書類/自著之屬

陸放翁全集六種 （宋）陸游撰 明末海虞毛氏汲古閣刻清初毛扆增刻彙印本 九冊 存一種

330000－1726－0000323 普 0323 子部/儒家類/儒學之屬/禮教

五種遺規 （清）陳弘謀輯並撰 清刻本 一冊 存一種

330000－1726－0000326 普 0326 經部/四書類/總義之屬/傳說

四書左國彙纂四卷 （清）高其名 （清）鄭師成輯 清吻花書屋刻本 一冊 存一卷（一）

330000－1726－0000327 普 0327 經部/四書類/總義之屬/傳說

文奎堂監本四書正文四種 清刻本 一冊 存一種

330000－1726－0000328 普 0328 經部/詩類/傳說之屬

監本詩經全文□□卷 （宋）朱熹撰 清吳文升堂刻本 一冊 存一卷（三）

330000－1726－0000329 普 0329 子部/儒家類/儒學之屬/禮教

五種遺規摘鈔 （清）陳弘謀輯並撰 （清）劉肇紳摘抄 清刻本 三冊 存三種

330000－1726－0000330 普 0330 經部/詩類/傳說之屬

監本詩經全文□□卷 （宋）朱熹撰 清文名堂刻本 一冊 存二卷（四至五）

330000－1726－0000332 普 0332 經部/叢編

十三經古注 （明）金蟠 （明）葛鼐校 明崇禎十二年（1639）永懷堂刻清同治八年（1869）浙江書局校修浙江圖書館補刻本 一冊 存一種

330000－1726－0000333 普 0333 集部/總集類/選集之屬/斷代

唐詩別裁集引典備注二十卷 （清）沈德潛輯 （清）俞汝昌注 清末石印本 一冊 存三卷（十五至十七）

330000－1726－0000334 普 0334 集部/總集類/課藝之屬

大題觀海二集不分卷 （清）點石齋選輯 清末石印本 一冊

330000－1726－0000335 普 0335 子部/農家農學類/總論之屬

農學報三百十五卷 （清）江南農總會編 清光緒石印本 六冊 存五卷（九十四至九十五、一百三十六至一百三十八）

330000－1726－0000336 普 0336 經部/群經總義類/傳說之屬

古經解鈎沉三十卷 （清）余蕭客撰　清刻本
　五冊　存二十卷（六至十三、十九至三十）

330000 – 1726 – 0000337　普 0337　子部/醫
家類/兒科之屬/通論

鼎鍥幼幼集成六卷 （清）陳復正輯　清宣統
三年（1911）上海會文堂石印本　六冊

330000 – 1726 – 0000339　普 0339　經部/四
書類/總義之屬/專著

四書辨證十卷 （清）張椿撰　清刻本　四冊
　存四卷（五至六、八至九）

330000 – 1726 – 0000340　普 0340　經部/四
書類/總義之屬/傳說

四書集註（四書章句集註、四書）十九卷
（宋）朱熹撰　清光緒十八年（1892）浙江書局
刻本　一冊　存一卷（大學）

330000 – 1726 – 0000341　普 0341　集部/總
集類/選集之屬/通代

賦學正鵠十卷 （清）李元度輯　清同治十年
（1871）爽溪書院刻本　六冊

330000 – 1726 – 0000342　普 0342　子部/儒
家類/儒學之屬/蒙學

小學六卷 （清）高愈注　文公朱夫子年譜一
卷 題（宋）李方子撰　清同治十一年（1872）
浙江書局刻本　一冊　存四卷（一至四）

330000 – 1726 – 0000343　普 0343　子部/天
文曆算類/天文之屬

高厚蒙求九種 （清）徐朝俊撰　清嘉慶雲間
徐氏刻本　四冊　存八種

330000 – 1726 – 0000344　普 0344　經部/小
學類/訓詁之屬/爾雅

爾雅正義二十卷 （清）邵晉涵撰　釋文三卷
　（唐）陸德明撰　清乾隆五十三年（1788）餘
姚邵氏面水層軒刻本　一冊　存三卷（爾雅
正義一至三）

330000 – 1726 – 0000345　普 0345　集部/別
集類/唐五代別集

白香山詩長慶集二十卷後集十七卷別集一卷
補遺二卷 （唐）白居易撰 （清）汪立名編訂

白香山年譜一卷 （清）汪立名撰　白香山
年譜舊本一卷 （宋）陳振孫撰　清康熙四十
一年至四十二年（1702 – 1703）汪立名一隅草
堂刻本　一冊　存五卷（十八至二十、後集一
至二）

330000 – 1726 – 0000346　普 0346　集部/總
集類/選集之屬/斷代

槐軒解湯海若先生纂輯名家詩二卷首一卷
（清）夏世欽輯　清刻本　一冊

330000 – 1726 – 0000347　普 0347　集部/總
集類/選集之屬/通代

歷朝賦楷八卷首一卷 （清）王修玉輯　清刻
本　五冊　存七卷（二至八）

330000 – 1726 – 0000348　普 0348　集部/別
集類/清別集

浮玉山房試帖一卷 （清）丁紹周撰　清刻本
　一冊

330000 – 1726 – 0000349　普 0349　集部/別
集類/清別集

二峩草堂遺稿二卷 （清）任承恩撰　清嘉慶
九年（1804）刻本　二冊

330000 – 1726 – 0000350　普 0350　史部/地
理類/總志之屬/通代

讀史方輿紀要詳節二十二卷方輿全圖總說五
卷 （清）顧祖禹撰 （清）蔣錫初輯　清末石
印本　七冊　存十三卷（四至十二、二十一至
二十二,方輿全圖總說一至二）

330000 – 1726 – 0000351　普 0351　子部/儒
家類/儒學之屬/性理

御纂性理精義十二卷 （清）李光地等纂修
清刻本　三冊　存七卷（三至七、十一至十
二）

330000 – 1726 – 0000352　普 0352　經部/群
經總義類/傳說之屬

皇朝五經彙解二百七十卷附五經正文一卷
（清）朱鏡清輯　清末石印本　一冊　存一卷
（五經正文）

330000 – 1726 – 0000353　普 0353　經部/四

書類/總義之屬/傳說

四書朱子本義匯參四十三卷首四卷 （清）王步青輯　清末鉛印本　五冊　存九卷（論語六至七、孟子一至七）

330000－1726－0000355　普 0355　集部/總集類/選集之屬/通代

韻對千家詩四卷 （清）天津文美齋重訂　清光緒十七年（1891）寶興堂刻本　一冊　存二卷（一至二）

330000－1726－0000356　普 0356　集部/總集類/課藝之屬

同館試律約鈔二卷 （清）馮集梧編　清刻本　一冊　缺一卷（二）

330000－1726－0000357　普 0357　子部/雜著類/雜考之屬

義門讀書記五十八卷 （清）何焯撰　（清）蔣維鈞輯　清乾隆三十四年（1769）蔣維鈞刻本　二冊　存十四卷（四書一至六、詩經一至二、左氏春秋一至二、穀梁春秋一、公羊春秋一、史記一至二）

330000－1726－0000358　普 0358　類叢部/類書類/通類之屬

角山樓增補類腋六十七卷 （清）姚培謙輯（清）趙克宜增輯　清咸豐七年（1857）趙克宜角山樓刻十年（1860）重修本　五冊　存十六卷（人部三至七，物部三至五、十一至十二、十八至二十，地部一至三）

330000－1726－0000359　普 0359　子部/藝術類/遊藝之屬/聯語

西湖楹聯四卷 清光緒十五年（1889）暨陽周慶祺知正軒刻本　三冊　缺一卷（二）

330000－1726－0000361　普 0361　集部/別集類/漢魏六朝別集

陶靖節詩集四卷 （晉）陶潛撰　（清）蔣薰評 **附東坡和陶詩一卷** （宋）蘇軾撰　**律陶一卷** （明）王思任撰　**敦好齋律陶纂一卷** （清）黃槐開輯　清刻本　一冊　存三卷（三至四、和陶詩）

330000－1726－0000364　普 0364　子部/儒家類/儒家之屬

孔氏家語十卷 （三國魏）王肅注　清乾隆五十四年（1789）正業堂刻本　二冊

330000－1726－0000368　普 0368　集部/別集類/清別集

培遠堂手札節存三卷 （清）陳弘謀撰　清同治三年（1864）射雕山館刻本　一冊

330000－1726－0000369　普 0369　集部/總集類/選集之屬/通代

古唐詩合解古詩四卷唐詩十二卷 （清）王堯衢注　清刻本　二冊　存六卷（唐詩三至八）

330000－1726－0000370　普 0370　集部/總集類/選集之屬/通代

古唐詩合解古詩四卷唐詩十二卷 （清）王堯衢注　清刻本　一冊　存三卷（古詩二至四）

330000－1726－0000371　普 0371　集部/總集類/選集之屬/通代

古唐詩合解古詩四卷唐詩十二卷 （清）王堯衢注　清刻本　一冊　存三卷（唐詩十至十二）

330000－1726－0000372　普 0372　集部/別集類/清別集

有正味齋詩集十六卷續集八卷駢體文二十四卷續集八卷詞集八卷續集二卷外集五卷續集二卷 （清）吳錫麒撰　清嘉慶十三年（1808）刻本　五冊　存二十三卷（詩集一至四、駢體文一至十九）

330000－1726－0000373　普 0373　子部/醫家類/綜合之屬/通論

羣玉山房重校醫宗必讀十卷 （明）李中梓撰　清光緒九年（1883）羣玉山房刻本　四冊　存七卷（一、三至四、七至十）

330000－1726－0000374　普 0374　集部/別集類/清別集

培遠堂手札節存三卷 （清）陳弘謀撰　清光緒二十五年（1899）浙江官書局刻朱墨套印本　三冊　存二卷（一至二）

330000－1726－0000375　普0375　集部/總集類/選集之屬/通代

古詩源十四卷　（清）沈德潛輯　清康熙刻本
　二冊　存七卷（四至七、十二至十四）

330000－1726－0000377　普0377　集部/總集類/選集之屬/通代

瀛奎律髓刊誤四十九卷　（元）方回輯　（清）紀昀勘誤　清嘉慶五年(1800)侯官李光垣雙桂堂刻本　一冊　存二卷（一至二）

330000－1726－0000378　普0378　經部/小學類/音韻之屬/韻書

詩韻集成十卷附詞林典腋一卷　（清）余照輯
　清末刻本　一冊　存七卷（五至十、詞林典腋）

330000－1726－0000379　普0379　子部/術數類/占卜之屬

嚴陵張九儀儀度六壬選日要訣不分卷　（清）張廷楨撰　清刻本　二冊　存勇部

330000－1726－0000381　普0381　子部/醫家類/方書之屬/單方驗方

增廣驗方新編十六卷　（清）鮑相璈輯　清刻本　二冊　存一卷（十一）

330000－1726－0000382　普0382　子部/醫家類/方書之屬/單方驗方

驗方新編十六卷　（清）鮑相璈輯　清刻本
　一冊　存三卷（二至四）

330000－1726－0000383　普0383　經部/小學類/文字之屬/說文

說文解字注十五卷附六書音韻表五卷　（清）段玉裁撰　**說文部目分韻一卷**　（清）陳煥編
　清嘉慶二十年(1815)刻本　七冊　存六卷（三至五、七、十二、十五）

330000－1726－0000384　普0384　經部/春秋左傳類/傳說之屬

讀左補義五十卷首一卷　（清）姜炳璋輯　清乾隆刻本　八冊　存二十一卷（首，一至三、八至十、十六至十八、二十二至二十三、二十八至三十、三十七至三十九、四十八至五十）

330000－1726－0000385　普0385　經部/春秋左傳類/傳說之屬

讀左補義五十卷首一卷　（清）姜炳璋輯　清刻本　一冊　存二卷（三至四）

330000－1726－0000386　普0386　史部/史評類/考訂之屬

廿二史劄記三十六卷補遺一卷　（清）趙翼撰
　清末石印本　二冊　存十卷（五至九、十五至十九）

330000－1726－0000387　普0387　經部/易類/傳說之屬

周易本義四卷附圖說一卷　（宋）朱熹撰　清末上海廣益書局石印本　一冊　存三卷（二至四）

330000－1726－0000389　普0389　子部/醫家類/兒科之屬/痘疹

增補痘疹玉髓金鏡錄二卷　（明）翁仲仁撰　清宣統二年(1910)上海萃英書局石印本　一冊　存一卷（一）

330000－1726－0000391　普0391　類叢部/叢書類/自著之屬

杭大宗七種叢書　（清）杭世駿撰　清乾隆杭寶仁羊城刻本　一冊　存三種

330000－1726－0000392　普0392　子部/術數類/占卜之屬

入地眼全書十卷　（宋）釋靜道撰　清末刻本
　四冊　存七卷（二至四、七至十）

330000－1726－0000393　普0393　子部/藝術類/書畫之屬/書法書品

隸書字法一卷篆書字法一卷　（清）陳紀書
清鄭漢刻本　一冊

330000－1726－0000394　普0394　史部/傳記類/總傳之屬/仕宦

歷代名臣言行錄二十四卷　（清）朱桓輯　清光緒二十一年(1895)上海宏文閣石印本
八冊

330000－1726－0000395　普0395　子部/術數類/相宅相墓之屬

陽宅大成四種 （清）魏青江撰 清刻本 二冊 存一種

330000－1726－0000396 普0396 子部/術數類/陰陽五行之屬

五行大義五卷 （隋）蕭吉撰 清嘉慶九年（1804）德清許氏刻本 二冊

330000－1726－0000397 普0397 子部/宗教類/道教之屬

關聖帝君全書六卷 （清）彭紹升纂 清刻本 一冊 存三卷（四至六）

330000－1726－0000398 普0398 經部/四書類/總義之屬/傳說

四書集註（四書章句集註、四書）十九卷 （宋）朱熹撰 清慎言堂刻本 二冊 存十卷（論語一至十）

330000－1726－0000399 普0399 史部/地理類/方志之屬/郡縣志

[道光]縉雲縣志十八卷首一卷 （清）湯成烈修 （清）尹希伊 （清）余偉纂 清道光二十九年（1849）刻本 一冊 存三卷（九至十一）

330000－1726－0000400 普0400 子部/儒家類/儒學之屬/蒙學

初學導先集一卷 （清）木犀香館居士編 清光緒二十年（1894）刻本 一冊

330000－1726－0000401 普0401 子部/儒家類/儒學之屬/蒙學

初學導先集一卷 （清）木犀香館居士編 清光緒二十年（1894）刻本 一冊

330000－1726－0000402 普0402 子部/儒家類/儒學之屬/性理

新刊性理彙解大全合奈六卷 （清）王熙祖纂集 清刻本 一冊

330000－1726－0000403 普0403 史部/雜史類/斷代之屬

平浙紀略十六卷 （清）秦緗業 （清）陳鍾英撰 清同治十二年（1873）浙江書局刻本 四冊

330000－1726－0000404 普0404 子部/雜著類/雜說之屬

重刻闇室鐙註解二卷 （清）深山居士撰 清光緒十六年（1890）刻本 一冊 存一卷（一）

330000－1726－0000405 普0405 史部/金石類/郡邑之屬/文字

越中金石記十卷越中金石目二卷 （清）杜春生撰 清道光十年（1830）山陰杜春生詹波館刻本 二冊 存二卷（一、十）

330000－1726－0000406 普0406 史部/史評類/史學之屬

史漢發明彙鈔五卷 （清）傅澤鴻撰 清光緒十八年（1892）刻本 一冊

330000－1726－0000407 普0407 子部/宗教類/其他宗教之屬

聖會史記二卷 （美國）郭顯德譯 清刻本 一冊 存一卷（二）

330000－1726－0000408 普0408 史部/詔令奏議類/詔令之屬

欽定臥碑文暨御製訓飭士子文不分卷 清刻本 一冊

330000－1726－0000410 普0410 類叢部/類書類/通類之屬

新編古今事文類聚前集六十卷後集五十卷續集二十八卷別集三十二卷 （宋）祝穆編 新集三十六卷外集十五卷 （元）富大用編 明嘉靖鄒可張刻本 三冊 存二十卷（新集四至十、二十八至三十六,外集十二至十五）

330000－1726－0000411 普0411 史部/地理類/方志之屬/郡縣志

[同治]麗水縣志十五卷 （清）彭潤章等纂修 清同治十三年（1874）刻本 四冊 存六卷（一、十一至十五）

330000－1726－0000412 普0412 類叢部/類書類/通類之屬

玉海二百四卷附刻十三種六十一卷 （宋）王應麟撰 清刻本 七冊 存二十五卷（通鑑地理通釋一至十四、踐阼篇集解、急就篇一、

周書王會補注、漢制考一至四、姓氏急就篇一至二、六經天文編一至二)

330000－1726－0000413　普0413　史部/傳記類/總傳之屬/家乘

新纂氏族箋釋八卷　(清)熊峻運撰　清刻本　一冊　存二卷(五至六)

330000－1726－0000417　普0417　子部/農家農學類/蠶桑之屬

栽桑摘要□□卷　(清)□□撰　清刻本　一冊　存一卷(飼蠶再錄一)

330000－1726－0000420　普0420　史部/傳記類/總傳之屬/家乘

[江西義寧]劉氏宗譜十一卷　清末天祿祠木活字印本　九冊　缺二卷(一、九)

330000－1726－0000425　普0425　史部/傳記類/總傳之屬/家乘

[浙江麗水]河澗郡俞氏宗譜二卷　(清)俞日都纂修　清道光二十一年(1841)木活字印本　一冊

330000－1726－0000426　普0426　史部/傳記類/總傳之屬/家乘

[浙江麗水]河澗郡俞氏宗譜二卷　(清)俞炳德等纂修　清咸豐六年(1856)木活字印本　一冊

330000－1726－0000427　普0427　史部/傳記類/總傳之屬/家乘

[浙江麗水]河澗郡俞氏宗譜三卷　(清)□□纂修　清同治十三年(1874)木活字印本　一冊

330000－1726－0000429　普0429　史部/傳記類/科舉錄之屬/歷科登科錄

會試闈墨(光緒辛丑壬寅恩正併科)不分卷　清光緒二十九年(1903)上海書局石印本　一冊

330000－1726－0000430　普0430　經部/四書類/總義之屬/傳說

四書正文七卷　清刻本　一冊　存一卷(孟子一)

330000－1726－0000431　普0431　集部/總集類/課藝之屬

紹興府學堂課藝一卷　(清)徐錫麟選　清光緒三十一年(1905)紹興府學堂石印本　一冊

330000－1726－0000432　普0432　子部/醫家類/方書之屬/單方驗方

方書一卷　清末抄本　一冊

330000－1726－0000433　普0433　經部/四書類/總義之屬/傳說

四書便蒙七卷　(宋)朱熹注　清刻本　一冊　存一卷(孟子三)

330000－1726－0000434　普0434　新學/格致總

時務通考三十一卷　(清)王奇英等編　清末石印本　一冊　存一卷(三十一)

330000－1726－0000435　普0435　集部/總集類/尺牘之屬

分類尺牘備覽三十卷續八卷　(清)王虎榜輯　清光緒三十年(1904)上海永記石印本　一冊　存四卷(一至四)

330000－1726－0000437　普0437　集部/總集類/選集之屬/通代

古文辭類纂七十四卷　(清)姚鼐輯　**續古文辭類纂三十四卷**　王先謙輯　清光緒三十三年(1907)上海商務印書館鉛印本　一冊　存七卷(續古文辭類纂十七至二十三)

330000－1726－0000440　普0440　經部/四書類/總義之屬/傳說

四書摭餘說七卷　(清)曹之升撰　清嘉慶十九年(1814)刻本　一冊　存一卷(論語一)

330000－1726－0000441　普0441　史部/史抄類

史鑑節要便讀六卷　(清)鮑東里撰　清末石印本　一冊　存三卷(四至六)

330000－1726－0000442　普0442　子部/天文曆算類/曆法之屬

新鐫曆法便覽象吉備要通書二十九卷　(清)魏鑑撰　清刻本　二冊　存四卷(九至十二)

330000 – 1726 – 0000444　普 0444　經部/儀禮類/傳說之屬

欽定儀禮義疏四十八卷首二卷　（清）朱軾等撰　清刻本　二冊　存二卷（四十五至四十六）

330000 – 1726 – 0000445　普 0445　集部/小說類/長篇之屬

繪圖增像第五才子書水滸全傳十卷七十回首一卷　（元）施耐庵撰　（清）金人瑞評　清末石印本　四冊　存四卷（二至五）

330000 – 1726 – 0000448　普 0448　史部/傳記類/科舉錄之屬/諸貢錄

宣統元年己酉科浙江選拔貢卷不分卷　（清）葉高崧撰　清宣統元年（1909）敬業公司鉛印本　一冊

330000 – 1726 – 0000449　普 0449　集部/總集類/選集之屬/斷代

宋十五家詩選　（清）陳訏編　清刻本　一冊　存一種

330000 – 1726 – 0000451　普 0451　集部/別集類/宋別集

歐陽文忠公全集一百五十三卷附錄五卷（宋）歐陽修撰　附廬陵歐陽文忠公年譜一卷（宋）胡柯編　清刻本　一冊　存一卷（外集二十一）

330000 – 1726 – 0000452　普 0452　史部/職官類/官箴之屬

新吾呂先生實政錄一卷　（明）呂坤撰　清刻本　一冊

330000 – 1726 – 0000453　普 0453　經部/書類/傳說之屬

書經精華六卷　（清）薛嘉穎撰　清光緒二年（1876）寧郡簡香齋刻本　三冊

330000 – 1726 – 0000454　普 0454　經部/群經總義類/文字音義之屬

重校十三經不貳字一卷　（清）李鴻藻輯　清光緒元年（1875）刻本　一冊

330000 – 1726 – 0000456　普 0456　類叢部/

叢書類/自著之屬

㙟軒孔氏所著書七種　（清）孔廣森撰　清乾隆、嘉慶刻嘉慶二十二年（1817）曲阜孔氏儀鄭堂彙印本　一冊　存一種

330000 – 1726 – 0000457　普 0457　經部/四書類/總義之屬/傳說

新訂四書補注備旨十卷　（明）鄧林撰　（清）杜定基增訂　清刻本　三冊　存五卷（大學、中庸、孟子一至三）

330000 – 1726 – 0000458　普 0458　經部/四書類/總義之屬/傳說

四書經註集證十九卷　（清）吳昌宗撰　清刻本　九冊　存十卷（論語一、三、六、九至十，孟子一至二、四至六）

330000 – 1726 – 0000459　普 0459　子部/醫家類/醫案之屬

臨證指南醫案十卷　（清）葉桂撰　（清）徐大椿評　清刻本　八冊　缺二卷（三、十）

330000 – 1726 – 0000460　普 0460　子部/醫家類/綜合之屬/通論

御纂醫宗金鑑內科七十四卷外科十六卷首一卷　（清）吳謙等撰　清刻本　九冊　存十二卷（外科二至三、五至十四）

330000 – 1726 – 0000461　普 0461　經部/小學類/文字之屬/字書/字典

康熙字典十二集三十六卷總目一卷檢字一卷辨似一卷等韻一卷補遺一卷備考一卷　（清）張玉書等纂修　清光緒十九年（1893）上海寶文書局石印本　六冊

330000 – 1726 – 0000462　普 0462　類叢部/叢書類/彙編之屬

經訓堂叢書二十一種　（清）畢沅編　清乾隆至嘉慶鎮洋畢氏刻彙印本　一冊　存二種

330000 – 1726 – 0000463　普 0463　經部/小學類/文字之屬/字書/字典

金石韻府五卷　（明）朱雲輯　明刻朱印本　一冊

330000 – 1726 – 0000464　普 0464　經部/小

學類/文字之屬/字書/字體

隸辨八卷 （清）顧藹吉撰 清刻本 一冊
存一卷（三）

330000－1726－0000465 普 0465 子部/醫
家類/綜合之屬/通論

醫學金鍼八卷 （清）潘霨輯 清光緒四年
（1878）潘氏敏德堂刻本 三冊 存六卷（一
至三、六至八）

330000－1726－0000466 普 0466 子部/醫
家類/方書之屬

重校舊本湯頭歌訣一卷附藥性歌括一卷
（清）汪昂撰 清末石印本 一冊

330000－1726－0000467 普 0467 子部/術
數類/陰陽五行之屬

增廣玉匣記通書六卷 清刻本 一冊 存二
卷（一至二）

330000－1726－0000468 普 0468 子部/醫
家類/兒科之屬/痘疹

慈航痘癥選要二卷 清乾隆五十七年（1792）
同志堂刻本 一冊

330000－1726－0000469 普 0469 子部/醫
家類/傷寒金匱之屬/傷寒論

譔集傷寒世驗精法八卷首一卷 （明）張吾仁
撰 清刻本 四冊 存五卷（一至五）

330000－1726－0000470 普 0470 子部/醫
家類/外科之屬

瘡瘍經驗全書六卷 （宋）竇默撰 （明）竇夢
麟增輯 清大文堂刻本 二冊 存二卷（一、
五）

330000－1726－0000471 普 0471 子部/術
數類/命書相書之屬

星平要訣一卷百年經一卷 清刻本 一冊

330000－1726－0000476 普 0476 子部/醫
家類/喉科口齒之屬/白喉

白喉方一卷 清抄本 一冊

330000－1726－0000477 普 0477 史部/傳
記類/科舉錄之屬/歷科登科錄

**加評直墨采真（癸卯科）□□卷附同年錄□□
卷** 清末石印本 一冊 存一卷（二）

330000－1726－0000478 普 0478 經部/四
書類/大學之屬/傳說

大學章句一卷 （宋）朱熹撰 清刻本 一冊

330000－1726－0000479 普 0479 經部/四
書類/總義之屬/傳說

四書義不分卷 清末石印本 一冊

330000－1726－0000480 普 0480 經部/
易類

易經文捷訣一卷 （清）鴻寶齋主人編 清光
緒十五年（1889）鴻寶齋石印本 一冊

330000－1726－0000481 普 0481 類叢部/
類書類/專類之屬

縮本增選多寶船不分卷 （清）點石齋主人輯
清末上海點石齋石印本 一冊 存梁惠
王、公孫丑

330000－1726－0000483 普 0483 集部/總
集類/選集之屬/通代

歷代經濟文編三十二卷 （清）顧炎武輯 清
末石印本 二冊 存四卷（十五至十六、二十
八至二十九）

330000－1726－0000484 普 0484 子部/醫
家類/方書之屬/歷代方書

醫方捷徑一卷藥性賦一卷 （明）羅必煒撰
清刻本 二冊

330000－1726－0000485 普 0485 經部/禮
記類/傳說之屬

寄傲山房塾課纂輯禮記全文備旨十一卷
（清）鄒聖脉纂輯 （清）鄒廷猷編次 清刻本
一冊 存六卷（六至十一）

330000－1726－0000486 普 0486 集部/總
集類/課藝之屬

江蘇校士錄□□卷 清末石印本 一冊 存
一卷（三）

330000－1726－0000487 普 0487 經部/小
學類/音韻之屬/韻書

字類標韻六卷　（清）華綱輯　（清）王庭槙重訂　清刻本　一冊　存三卷（四至六）

330000－1726－0000488　普0488　集部/總集類/課藝之屬

時文不分卷　清蕭山聚奎齋刻本　一冊

330000－1726－0000489　普0489　經部/詩類/傳說之屬

詩經旁訓辨體合訂四卷　（清）徐立綱輯　清刻本　一冊　存一卷（一）

330000－1726－0000490　普0490　經部/春秋左傳類/傳說之屬

左繡三十卷首一卷　（清）馮李驊　（清）陸浩評輯　清刻本　一冊　存二卷（二十至二十一）

330000－1726－0000491　普0491　經部/小學類/文字之屬/字書

最新官話識字教科書不分卷　壽潛廬編輯　清末上海會文學社石印本　一冊

330000－1726－0000492　普0492　史部/編年類/通代之屬

御批歷代通鑑輯覽一百二十卷　（清）傅恒等撰　清末鉛印本　四冊　存十二卷（一至三、二十六至二十九、五十六至六十）

330000－1726－0000493　普0493　子部/醫家類/醫案之屬

臨證指南醫案十卷　（清）葉桂撰　（清）徐大椿評　清刻本　一冊　存一卷（九）

330000－1726－0000494　普0494　經部/四書類/總義之屬/傳說

四書朱子本義匯參四十三卷首四卷　（清）王步青輯　清刻本　二冊　存四卷（論語七至十）

330000－1726－0000495　普0495　集部/總集類/課藝之屬

增廣大題文初集不分卷　清末石印本　一冊

330000－1726－0000496　普0496　集部/小說類/長篇之屬

增圖續小五義六卷一百二十四回　（清）石玉崑撰　清末鉛印本　一冊　存一卷（五）

330000－1726－0000497　普0497　經部/四書類/總義之屬/傳說

四書集註（四書章句集註、四書）十九卷　（宋）朱熹撰　清刻本　一冊　存三卷（孟子一至三）

330000－1726－0000498　普0498　子部/醫家類/兒科之屬/痘疹

治痘書一卷　（清）應有鳳傳　清光緒二十二年（1896）抄本　一冊

330000－1726－0000499　普0499　子部/醫家類/方書之屬/單方驗方

方書一卷　（清）孫朗軒撰　清抄本　一冊

330000－1726－0000500　普0500　經部/小學類/文字之屬/字書/字典

康熙字典十二集三十六卷總目一卷檢字一卷辨似一卷等韻一卷補遺一卷備考一卷　（清）張玉書等纂修　清刻本　一冊　存一卷（等韻）

330000－1726－0000501　普0501　經部/四書類/總義之屬/傳說

四書讀本十九卷　（宋）朱熹章句　清光緒十三年（1887）刻本　二冊　存二卷（大學、中庸）

330000－1726－0000502　普0502　經部/四書類/總義之屬/傳說

四書集註（四書章句集註、四書）十九卷　（宋）朱熹撰　清末刻本　一冊　存五卷（論語一至五）

330000－1726－0000511　普0511　集部/總集類/選集之屬/斷代

七家詩選（硃批七家詩選箋注）　（清）張熙宇輯評　清刻朱墨套印本　一冊　存二種

330000－1726－0000512　普0512　集部/別集類/清別集

遂園試律詩鈔四卷　（清）趙昀撰　清咸豐十一年（1861）刻本　一冊　存一卷（一）

330000－1726－0000515　普 0515　集部/小說類/長篇之屬

精訂綱鑑廿四史通俗衍義二十六卷四十四回首一卷　（清）呂撫撰　清光緒石印本　一冊　缺二十卷(七至二十六)

330000－1726－0000516　普 0516　子部/藝術類/書畫之屬/畫譜

芥子園畫傳初集六卷二集九卷三集六卷（清）王槩　（清）王蓍　（清）王臬輯　清光緒十四年(1888)上海天寶書局石印本　三冊　存六卷(一至二、二集一至四)

330000－1726－0000520　普 0520　子部/儒家類/儒學之屬

婺學治事文編五卷　（清）繼良輯　清光緒二十九年(1903)孝廉堂刻本　一冊　存一卷(一)

330000－1726－0000521　普 0521　經部/書類/傳說之屬

尚書後案三十卷附後辨一卷　（清）王鳴盛撰　清刻本　一冊　存八卷(四至十一)

330000－1726－0000522　普 0522　集部/別集類/漢魏六朝別集

庾子山集十六卷總釋一卷　（北周）庾信撰（清）倪璠註　**年譜一卷**　（清）倪璠撰　清刻本　一冊　存三卷(七至九)

330000－1726－0000523　普 0523　經部/書類/傳說之屬

書經集傳六卷　（宋）蔡沈撰　清刻本　一冊　存二卷(二至三)

330000－1726－0000524　普 0524　史部/編年類/通代之屬

資治通鑑綱目前編二十五卷　（明）陳仁錫評　清刻本　一冊　存三卷(三至五)

330000－1726－0000525　普 0525　史部/編年類/通代之屬

尺木堂綱鑑易知錄二十卷　（清）吳乘權（清）周之炯　（清）周之燦輯　清光緒十三年(1887)上海點石齋石印本　二冊　存四

(十三至十六)

330000－1726－0000526　普 0526　經部/書類/傳說之屬

書經集傳六卷　（宋）蔡沈撰　清刻本　一冊　存二卷(二至三)

330000－1726－0000527　普 0527　經部/詩類/傳說之屬

詩經增訂旁訓四卷　（清）徐立綱撰　（清）□□增訂　清會賢堂刻本　一冊　存二卷(三至四)

330000－1726－0000528　普 0528　類叢部/類書類/專類之屬

子史精華一百六十卷　（清）吳士玉　（清）吳襄等輯　清刻本　一冊　存四卷(一百四十至一百四十三)

330000－1726－0000529　普 0529　經部/禮記類/傳說之屬

禮記體註大全四卷　（清）徐旦編　清同治三年(1864)紹城聚奎堂刻本　二冊　存二卷(一、四)

330000－1726－0000530　普 0530　集部/總集類/選集之屬

青照樓天崇名文選三卷補編一卷　（清）周元理編　清刻本　一冊　存一卷(論語)

330000－1726－0000531　普 0531　子部/儒家類/儒家之屬

孔子家語十卷　（三國魏）王肅注　清刻本　一冊　存五卷(六至十)

330000－1726－0000532　普 0532　經部/四書類/總義之屬/傳說

四書集註（四書章句集註、四書）十九卷（宋）朱熹撰　清文星堂刻本　一冊　存五卷(論語一至五)

330000－1726－0000533　普 0533　經部/詩類/傳說之屬

御纂詩義折中二十卷　（清）高宗弘曆撰（清）傅恒　（清）陳兆崙等纂　清乾隆二十年(1755)武英殿刻本　一冊　存三卷(一至三)

330000 – 1726 – 0000534　普 0534　經部/四書類/總義之屬/傳說

四書集註 (四書章句集註、四書) 十九卷
(宋)朱熹撰　清刻本　一冊　存二卷(孟子六至七)

330000 – 1726 – 0000535　普 0535　經部/春秋左傳類/傳說之屬

評點春秋綱目左傳句解彙雋六卷　(清)韓菼重訂　清令德堂刻本　一冊　存一卷(四)

330000 – 1726 – 0000536　普 0536　經部/詩類/傳說之屬

詩經集傳八卷　(宋)朱熹撰　清九思堂刻本　一冊　存二卷(四至五)

330000 – 1726 – 0000537　普 0537　經部/詩類/傳說之屬

旁訓辨體合訂毛詩讀本四卷　清三益堂刻本　一冊　存一卷(一)

330000 – 1726 – 0000538　普 0538　史部/紀傳類/正史之屬

漢書一百卷　(漢)班固撰　(唐)顏師古注　清刻本　一冊　存二卷(九十九至一百)

330000 – 1726 – 0000539　普 0539　經部/易類/傳說之屬

易經增訂旁訓三卷　(清)徐立綱撰　清簡香齋刻本　一冊　存二卷(二至三)

330000 – 1726 – 0000540　普 0540　經部/易類/傳說之屬

易經增訂旁訓三卷　(清)徐立綱撰　清墨潤堂刻本　一冊　存一卷(一)

330000 – 1726 – 0000541　普 0541　經部/四書類/總義之屬/傳說

四書集註 (四書章句集註、四書) 十九卷
(宋)朱熹撰　清華發堂刻本　一冊　存五卷(論語六至十)

330000 – 1726 – 0000542　普 0542　經部/禮記類/傳說之屬

禮記增訂旁訓六卷　(清)徐立綱撰　清匠門書屋刻本　一冊　存一卷(三)

330000 – 1726 – 0000543　普 0543　經部/四書類/總義之屬/傳說

四書集註 (四書章句集註、四書) 十九卷
(宋)朱熹撰　清慎詒堂刻本　一冊　存二卷(孟子四至五)

330000 – 1726 – 0000544　普 0544　經部/四書類/總義之屬/傳說

四書朱子本義匯參四十三卷首四卷　(清)王步青輯　清刻本　一冊　存一卷(孟子十三)

330000 – 1726 – 0000545　普 0545　經部/四書類/總義之屬/傳說

四書集註 (四書章句集註、四書) 十九卷
(宋)朱熹撰　清刻本　一冊　存一卷(孟子五)

330000 – 1726 – 0000546　普 0546　子部/術數類/相宅相墓之屬

地理辨正五卷　(清)蔣平階補傳　(清)姜垚辨正　清刻本　一冊　存三卷(一至三)

330000 – 1726 – 0000547　普 0547　史部/傳記類/科舉錄之屬

光緒二十八年補行庚子辛丑恩正併科浙江闈墨不分卷　(清)朱李鑒定　清光緒聚奎堂刻本　一冊

330000 – 1726 – 0000548　普 0548　集部/總集類/課藝之屬

龍山書院課藝四卷　(清)杜聯輯　清刻本　一冊　存一卷(二)

330000 – 1726 – 0000549　普 0549　集部/別集類/清別集

養雲山館試帖四卷　(清)許球撰　(清)王榮枚注　清光緒二十一年(1895)湖南書局刻本　二冊　存二卷(一至二)

330000 – 1726 – 0000550　普 0550　類叢部/叢書類/彙編之屬

岱南閣叢書二十種　(清)孫星衍編　清乾隆至嘉慶蘭陵孫氏刻本　三冊　存一種

330000 – 1726 – 0000551　普 0551　集部/總集類/課藝之屬

目耕齋讀本初集不分卷　（清）徐楷評註
（清）沈叔眉選刊　清來青閣刻本　一冊

330000－1726－0000552　普 0552　經部/四
書類/總義之屬/傳說

酌雅齋四書遵註合講十九卷圖考一卷　（清）
翁復編　清嘉慶二十五年(1820)酌雅齋刻本
一冊　存三卷(大學、中庸,圖考)

330000－1726－0000553　普 0553　經部/春
秋總義類/傳說之屬

春秋四傳管窺三十二卷　（清）張星徽撰　清
乾隆四年(1739)藏書堂刻本　三冊　存三卷
(五至六、十三)

330000－1726－0000554　普 0554　子部/宗
教類/道教之屬/道藏

續刻暗室燈注解二卷　（清）白雲主人輯　清
光緒十六年(1890)松邑城南潘祠下潘世霖刻
本　一冊

330000－1726－0000555　普 0555　經部/
叢編

五經旁訓　（清）徐立綱旁訓　清匠門書屋刻
本　一冊　存一種

330000－1726－0000556　普 0556　經部/
叢編

五經旁訓　（清）徐立綱旁訓　清匠門書屋刻
本　二冊　存一種

330000－1726－0000557　普 0557　經部/詩
類/傳說之屬

詩經集傳八卷　（宋）朱熹撰　清慎詒堂刻本
一冊　存三卷(一至三)

330000－1726－0000558　普 0558　經部/大
戴禮記類/傳說之屬

大戴禮記解詁十三卷　（清）王聘珍撰　清光
緒十九年(1893)盱江書院刻本　二冊　存六
卷(一至六)

330000－1726－0000559　普 0559　經部/四
書類/總義之屬/傳說

四書集註（四書章句集註、四書）十九卷
（宋）朱熹撰　清刻本　二冊　存七卷(論語

六至十、孟子四至五)

330000－1726－0000560　普 0560　子部/儒
家類/儒學之屬/勸學

勸學篇二卷　（清）張之洞撰　清刻本　一冊

330000－1726－0000561　史部/紀
事本末類/通代之屬

繹史一百六十卷世系圖一卷年表一卷　（清）
馬驌撰　清刻本　三冊　存六卷(一百十二、
一百四十四至一百四十六、一百五十九至一
百六十)

330000－1726－0000562　普 0562　經部/四
書類/總義之屬/傳說

四書集註（四書章句集註、四書）十九卷
（宋）朱熹撰　清刻本　二冊　存七卷(論語
一至五、孟子六至七)

330000－1726－0000563　普 0563　經部/小
學類/文字之屬/字書/字典

正字通十二集三十六卷首一卷　（明）張自烈
撰　（清）廖文英輯　清刻本　一冊　存一卷
(午集上)

330000－1726－0000564　普 0564　經部/周
禮類/傳說之屬

周官精義十二卷　（清）連斗山輯　清刻本
一冊　存二卷(八至九)

330000－1726－0000565　普 0565　經部/書
類/傳說之屬

書經精華六卷　（清）薛嘉穎撰　清光緒二年
(1876)寧郡簡香齋刻本　一冊　存二卷(一
至二)

330000－1726－0000566　普 0566　經部/書
類/傳說之屬

書經精華六卷　（清）薛嘉穎撰　清刻本　一
冊　存一卷(四)

330000－1726－0000567　普 0567　經部/書
類/傳說之屬

書經體注大全合參六卷　（宋）蔡沈集傳
（清）錢希祥輯注　清刻本　一冊　存二卷
(二至三)

330000－1726－0000568　普 0568　經部/春秋左傳類/傳說之屬

左繡三十卷首一卷　（清）馮李驊（清）陸浩評輯　清刻本　一冊　存二卷（三至四）

330000－1726－0000569　普 0569　史部/紀傳類/正史之屬

十七史　（明）毛晉編　明崇禎十六年（1643）毛氏汲古閣刻本　一冊　存一種

330000－1726－0000570　普 0570　史部/史抄類

史鑑節要便讀六卷末一卷　（清）鮑東里撰　清光緒二十八年（1902）會文堂刻本　三冊

330000－1726－0000571　普 0571　經部/四書類/總義之屬/傳說

四書體註合講十九卷　（清）翁復編　清末石印本　一冊　存二卷（孟子六至七）

330000－1726－0000572　普 0572　經部/小學類/文字之屬/字書

辨似一卷正訛一卷附摘誤一卷　清刻本　一冊

330000－1726－0000573　普 0573　子部/宗教類/道教之屬

聖化錄一卷　（清）李古山撰　清光緒二十二年（1896）刻本　一冊

330000－1726－0000574　普 0574　子部/醫家類/類編之屬

婦嬰至寶三種六卷　（清）徐尚慧編　清刻本　一冊

330000－1726－0000576　普 0576　經部/春秋左傳類/傳說之屬

左繡三十卷首一卷　（清）馮李驊（清）陸浩評輯　清刻本　二冊　存五卷（三至五、十六至十七）

330000－1726－0000578　普 0578　子部/醫家類/兒科之屬/痘疹

種痘新書十二卷　（清）張琰輯　清桂芳齋刻本　二冊　存六卷（一至五、十二）

330000－1726－0000579　普 0579　子部/醫家類/類編之屬

南雅堂醫書全集十六種　（清）陳念祖撰　清同治五年（1866）南雅堂刻本　二冊　存二種

330000－1726－0000580　普 0580　子部/醫家類/外科之屬/通論

瘍醫大全四十卷　（清）顧世澄撰　清顧氏刻本　一冊　存一卷（四）

330000－1726－0000581　普 0581　子部/醫家類/類編之屬

吳氏醫學述　（清）吳儀洛輯　清嘉慶十四年（1809）玉尺堂刻本　一冊　存一種

330000－1726－0000583　普 0583　子部/醫家類/綜合之屬/通論

醫學心悟五卷附外科十法一卷　（清）程國彭撰　清宣統三年（1911）上海會文堂石印本　二冊

330000－1726－0000584　普 0584　子部/醫家類/方書之屬/單方驗方

校正增廣驗方新編十八卷　（清）鮑相璈等輯　清石印本　一冊　存三卷（七至九）

330000－1726－0000586　普 0586　子部/醫家類/方書之屬

重校舊本湯頭歌訣一卷經絡歌訣一卷　（清）汪昂撰　清石印本　一冊

330000－1726－0000587　普 0587　子部/醫家類/兒科之屬/痘疹

中西痘科合璧十二卷　（清）張琰編輯　清光緒三十二年（1906）上海書局石印本　三冊　存五卷（一至五）

330000－1726－0000588　普 0588　子部/醫家類/醫理之屬/綜合

中藏經三卷首一卷附華佗內照法一卷　題（漢）華佗撰　清宣統三年（1911）上海華英書局石印本　三冊

330000－1726－0000589　普 0589　子部/醫家類/喉科口齒之屬/通論

喉科四卷附集驗良方一卷　（清）包永泰撰

清刻本 一冊 存二卷(三至四)

330000－1726－0000590 普0590 子部/醫家類/類編之屬

陳修園醫書二十八種 （清）陳念祖等撰 清光緒二十九年(1903)上海錦章書局石印本 六冊 存五種

330000－1726－0000591 普0591 子部/醫家類/兒科之屬/通論

幼科推拿秘書廣意三卷 （清）熊應雄輯 清石印本 一冊 存二卷(二至三)

330000－1726－0000592 普0592 集部/總集類/課藝之屬

試策雲梯□□卷 清刻本 一冊 存一卷(三)

330000－1726－0000593 普0593 經部/小學類/文字之屬/字書/字體

字體辨訛一卷補遺一卷附錄一卷 （清）萬青銓輯 清道光十四年(1834)芋栗園刻本 一冊 存一卷(字體辨訛)

330000－1726－0000594 普0594 子部/雜著類/雜纂之屬

酬世錦囊家禮纂要四卷 （清）謝梅林 （清）鄒可庭輯 清刻本 一冊 存一卷(四)

330000－1726－0000595 普0595 子部/醫家類/兒科之屬/通論

遂生福幼合編二卷 （清）莊一夔撰 清同治八年(1869)刻本 一冊

330000－1726－0000596 普0596 子部/醫家類/醫案之屬

種福堂續選臨證指南四卷 （清）葉桂撰 （清）徐大椿評 清維揚文富堂刻本 二冊

330000－1726－0000597 普0597 集部/別集類/清別集

知味軒啟事四卷稟言四卷 （清）陳毓靈撰 清刻本 三冊 存三卷(一、三,稟言二)

330000－1726－0000598 普0598 子部/醫家類/婦科之屬

傅青主女科二卷產後編三卷隨緣便錄一卷 （清）傅山撰 清光緒元年(1875)廣信立德刻本 二冊 存五卷(女科一至二、產後編一至二、隨緣便錄)

330000－1726－0000599 普0599 史部/編年類/斷代之屬

御撰資治通鑑綱目三編四卷 （清）張廷玉等撰 清光緒十三年(1887)上海點石齋石印本 一冊 存二卷(一至二)

330000－1726－0000600 普0600 子部/醫家類/外科之屬

瘡瘍經驗全書六卷 （宋）竇默撰 （明）竇夢麟增輯 清刻本 一冊 存一卷(三)

330000－1726－0000601 普0601 史部/編年類/通代之屬

綱鑑易知錄九十二卷明鑑易知錄十五卷 （清）吳乘權 （清）周之炯 （清）周之燦輯 清刻本 二冊 存四卷(六十七至七十)

330000－1726－0000602 普0602 子部/醫家類/類編之屬

吳氏醫學述 （清）吳儀洛輯 清刻本 五冊 存一種

330000－1726－0000603 普0603 類叢部/類書類/通類之屬

增廣試帖□□卷 清末石印本 一冊 存一卷(五)

330000－1726－0000604 普0604 集部/總集類/選集之屬/通代

分類賦學雞跖集三十卷附錄一卷 （清）張維城輯 清鉛印本 三冊 存十七卷(十至十四、二十至三十,附錄)

330000－1726－0000605 普0605 集部/小說類/長篇之屬

新刻天花藏批評玉嬌梨四卷二十回 （清）黃荻散人編次 清石印本 一冊 存一卷(四)

330000－1726－0000607 普0607 集部/小說類/長篇之屬

繡像夢遊上海名妓爭風傳二卷三十二回 清

光緒石印本　一冊　存一卷(一)

330000－1726－0000608　普0608　集部/小說類/短篇之屬

繪圖續今古傳奇六卷三十回 （清）即空觀主人撰　清石印本　一冊　存一卷(二)

330000－1726－0000610　普0610　經部/小學類/文字之屬/字書

辨似一卷 清石印本　一冊

330000－1726－0000611　普0611　史部/傳記類/總傳之屬/通代

尚友錄二十二卷補遺一卷 （明）廖用賢輯（清）張伯琮補輯　清鉛印本　一冊　存四卷(八至十一)

330000－1726－0000612　普0612　類叢部/類書類/專類之屬

胭脂牡丹六卷 （清）韓鄂撰　清刻本　一冊　存一卷(二)

330000－1726－0000613　普0613　子部/雜著類/雜纂之屬

新增智囊補二十八卷 （明）馮夢龍輯　清經綸堂刻本　一冊　存二卷(一至二)

330000－1726－0000614　普0614　類叢部/類書類/通類之屬

角山樓增補類腋六十七卷 （清）姚培謙輯（清）趙克宜增輯　清咸豐七年(1857)趙克宜角山樓刻本　四冊　存十三卷(人部十二至十五、物部六至十、地部八至十一)

330000－1726－0000615　普0615　子部/小說家類/異聞之屬

池上草堂筆記八卷 （清）梁恭辰撰　清同治十二年(1873)聽鸝館主人金陵刻本　一冊　存一卷(五)

330000－1726－0000616　普0616　集部/曲類/彈詞之屬

校正果報錄十二卷 （清）海蘭濤撰　清石印本　一冊　存一卷(十一)

330000－1726－0000618　普0618　集部/別

集類/宋別集

宋王忠文公文集五十卷目錄四卷 （宋）王十朋撰　**梅溪王忠文公年譜一卷** （清）徐炯文編　清雍正六年(1728)唐傳鉎刻鴈就堂印同治十年(1871)補修本　一冊　存二卷(目錄三至四)

330000－1726－0000619　普0619　集部/別集類/清別集

集虛齋全稿合刻六卷 （清）方棨如撰　（清）朱桓　（清）何忠相編次　清光緒二十年(1894)浙江書局刻本　一冊　存一卷(論語)

330000－1726－0000620　普0620　集部/別集類/清別集

滑疑集八卷 （清）韓錫胙撰　（清）宗稷辰重編　清同治十三年(1874)湔江處州府署刻本　三冊　存六卷(三至八)

330000－1726－0000621　普0621　類叢部/叢書類/自著之屬

陸放翁全集六種 （宋）陸游撰　明末海虞毛氏汲古閣刻清初毛扆增刻彙印本　十二冊　存一種

330000－1726－0000622　普0622　子部/醫家類/綜合之屬/通論

御纂醫宗金鑑內科七十四卷外科十六卷首一卷 （清）吳謙等撰　清刻本　三冊　存四卷(外科一、四、十五至十六)

330000－1726－0000623　普0623　經部/春秋左傳類/傳說之屬

評點春秋綱目左傳句解彙雋六卷 （清）韓葵重訂　清令德堂刻本　二冊　存二卷(一、六)

330000－1726－0000624　普0624　史部/政書類

九通 （清）□□輯　清光緒八年至二十二年(1882－1896)浙江書局刻本　四十冊　存一種

330000－1726－0000625　普0625　類叢部/叢書類/自著之屬

經韻樓叢書(段氏叢書)十一種　（清）段玉裁
撰　清乾隆至道光金壇段氏刻彙印本　四冊
存一種

330000－1726－0000626　普0626　經部/小
學類/文字之屬/字書/字體

隸辨八卷　（清）顧藹吉撰　清刻本　五冊
存五卷(四至八)

330000－1726－0000627　普0627　子部/儒
家類/儒學之屬/經濟

袁易齋先生圖民錄四卷　（清）袁守定撰　清
同治十二年(1873)湘鄉楊昌濬刻本　二冊

330000－1726－0000628　普0628　史部/雜
史類/斷代之屬

唐語林八卷　（宋）王讜撰　附校勘記一卷
（清）錢熙祚撰　清光緒十九年(1893)湖北官
書處刻本　四冊

330000－1726－0000630　普0630　史部/地
理類/方志之屬/郡縣志

[同治]麗水縣志十五卷　（清）彭潤章等纂修
清同治十三年(1874)刻本　八冊

330000－1726－0000631　普0631　史部/金
石類/郡邑之屬

栝蒼金石志十二卷續志四卷　（清）李遇孫輯
（清）鄒柏森校補　清同治十三年(1874)浙
江處州府署刻本　四冊　存十卷(三至十二)

330000－1726－0000632　普0632　集部/總
集類/選集之屬/通代

文選六十卷　（南朝梁）蕭統輯　（唐）李善注
文選考異十卷　（清）胡克家撰　清同治八
年(1869)湖北崇文書局刻本　十五冊　存四
十四卷(三至八、三十三至六十,考異一至十)

330000－1726－0000633　普0633　類叢部/
叢書類/彙編之屬

崇文書局彙刻書三十一種　（清）崇文書局編
清光緒元年至三年(1875－1877)湖北崇文
書局刻本　四冊　存一種

330000－1726－0000634　普0634　集部/總
集類/選集之屬/斷代

欽定國朝詩別裁集三十二卷　（清）沈德潛纂
評　清乾隆二十六年(1761)刻本　八冊

330000－1726－0000637　普0637　史部/傳
記類/總傳之屬/釋道

高僧傳初集至四集　（清）楊文會輯　清光緒
十年至十八年(1884－1892)金陵刻經處、江
北刻經處刻本　四冊　存初集

330000－1726－0000639　普0639　子部/雜
著類/雜說之屬

夢溪筆談二十六卷補筆談一卷　（宋）沈括撰
清刻本　四冊　存二十六卷(筆談一至二
十六)

330000－1726－0000642　普0642　史部/雜
史類/斷代之屬

平浙紀略十六卷　（清）秦緗業　（清）陳鍾英
撰　清同治十二年(1873)浙江書局刻本
四冊

330000－1726－0000647　普0647　史部/史
評類/史論之屬

史通通釋二十卷附錄一卷　（清）浦起龍撰
清光緒十九年(1893)上海中華書局石印本
七冊　存十九卷(三至二十、附錄)

龍泉市圖書館古籍普查登記目錄

全國古籍普查登記目錄·浙江麗水

國家圖書館出版社

National Library of China Publishing House

《龍泉市圖書館古籍普查登記目録》
編委會

主　　編：朱顯軍

副主編：吳　婷　田　豐

編　　委：王劍偉

《龍泉市圖書館古籍普查登記目錄》

前　言

　　經統計,《龍泉市圖書館古籍普查登記目錄》共收入 1912 年以前古籍 315 部 1167 册。文獻類別涵蓋經、史、子、集、類叢各類,其中經部 76 部 228 册、史部 53 部 387 册、子部 73 部 124 册、集部 79 部 286 册,另有類叢 27 部 127 册和新學 7 部 15 册。從版本來看,石印本和刻本居多,分別爲 131 部 448 册、133 部 396 册。

　　我館古籍雖乏善本,但其中也有些特色文獻,如:

　　《伊川擊壤集》二十卷《集外詩》一卷,宋代邵雍撰,明刻本,一册。此書是已知館藏古籍中時間最早的一部。

　　《詩經增訂旁訓》四卷,清徐立綱撰,清末龍泉縣西街頭文林堂刻本,四册。此書是已知龍泉本地最早刻本。

　　《草木子》四卷,明代龍泉籍作者葉子奇於獄中所著,正德十一年(1516)裔孫葉溥刊於世。萬曆間重版,林有麟作序,稱此書"詞簡而理當,旨玄而味雋……上自璣衡堪輿,下至醫卜、農圃、昆蟲、卉木,亡不探玄奧、析精微,發前人之所未發"。我館收藏 3 部:清光緒四年至五年(1878—1879)葉氏居德堂刻本,一册;清光緒刻本,二册;清光緒刻本,一册,存卷三至四。

　　凡此種種,不一而足。

　　古籍普查工作暫告一段落,後續保護及發揚之路,任重而道遠。謹在此,感謝我館古籍普查及編纂人員的辛勤工作,更要感謝省古籍保護中心各位老師的鼎力支持和不厭其煩的審核校正。因編纂人員水平之所限,本目錄中難免有不足之處,懇請有關專家予以諒解并指正,以期不斷提高基層公共圖書館古籍保護之能效。

龍泉市圖書館

2018 年 3 月

330000－4736－0000001　0319　集部/別集類/清別集

音註小倉山房尺牘八卷　（清）袁枚撰　（清）胡光斗箋釋　清光緒三十一年(1905)上海書局石印本　一冊　存四卷(一至四)

330000－4736－0000002　0354　集部/別集類/漢魏六朝別集

陶淵明文集十卷　（晉）陶潛撰　清宣統元年(1909)上海著易堂書局石印本　四冊

330000－4736－0000005　0683　子部/醫家類/兒科之屬/通論

鼎鍥幼幼集成六卷　（清）陳復正輯　清光緒四年(1878)立言堂刻本　一冊　存一卷(一)

330000－4736－0000022　0425　子部/醫家類/綜合之屬/通論

增補醫方一盤珠全集十卷　（清）洪金鼎撰　清務本堂刻本　二冊　存五卷(一至二、六至八)

330000－4736－0000029　0505　經部/四書類

立大堂監本四書四種　清末刻本　二冊　存三種

330000－4736－0000033　0507　經部/四書類/總義之屬/傳說

監本四書正文四種　（宋）朱熹撰　清刻本　一冊　存一種

330000－4736－0000052　0642　集部/別集類/清別集

隨園文集二卷　（清）袁枚撰　清宣統二年(1910)上海國學扶輪社石印本　二冊

330000－4736－0000054　0495　集部/詩文評類/詩評之屬

杜工部詩話一卷　（清）劉鳳誥撰　清宣統三年(1911)上海掃葉山房石印本　一冊

330000－4736－0000060　0362　子部/儒家類/儒學之屬/蒙學

繪圖蒙學三字經不分卷　清光緒三十二年(1906)石印本　一冊

330000－4736－0000061　0643　子部/儒家類/儒學之屬/蒙學

小學千家詩人生必讀二卷　（清）余晦齋輯　清鶴陰書屋刻本　一冊

330000－4736－0000062　0172　子部/儒家類/儒學之屬/蒙學

小學千家詩人生必讀二卷　（清）余晦齋輯　清刻本　一冊

330000－4736－0000063　0168　集部/總集類/選集之屬/通代

新鐫五言千家詩箋注二卷　（清）王相選注　**增補重訂千家詩注解二卷**　（宋）謝枋得選　（清）王相注　**諸名家百花詩一卷百壽詩一卷**　**贈賀詩一卷**　（清）王相輯　**百花詩引一卷**　（清）顧宗孔撰　清光緒十五年(1889)姜文奎堂刻本　義齋題記　二冊　缺一卷(新鐫五言千家詩箋註一)

330000－4736－0000064　0118　類叢部/類書類/專類之屬

詩學含英十四卷　（清）劉文蔚輯　清光緒刻本　清毛有熙題記　二冊

330000－4736－0000071　0305　經部/小學類/音韻之屬/韻書

增廣詩韻全璧五卷檢韻便覽一卷　（清）湯祥瑟輯　**分韻子史題解不分卷詩腋不分卷詞林典腋不分卷**　清光緒十四年(1888)松筠書屋石印本　三冊　存三卷(一、四,檢韻便覽)

330000－4736－0000072　0304　經部/小學類/音韻之屬/韻書

詩韻五卷　（清）余照輯　（清）朱德蕃增訂　**虛字韻藪一卷**　（清）潘維城輯　清末石印本　二冊　存三卷(四至五、虛字韻藪)

330000－4736－0000073　0300　經部/小學類/音韻之屬/韻書

詩韻全璧五卷　（清）湯祥瑟輯　**初學檢韻袖珍一卷**　（清）姚文登輯　**虛字韻藪一卷**　（清）潘維城輯　清末石印本　四冊　存五卷(二至三、五,初學檢韻袖珍,虛字韻藪)

330000－4736－0000074　　0502　　經部/小學類/音韻之屬/韻書

詩韻合璧五卷　（清）余照輯　清咸豐七年（1857）三益齋刻本　一冊　存二卷（一至二）

330000－4736－0000076　　0056　　經部/小學類/音韻之屬/韻書

詩韻合璧五卷　（清）湯祥瑟輯　**虛字韻藪一卷**　（清）潘維城輯　清石印本　四冊　存四卷（三至五、虛字韻藪）

330000－4736－0000078　　0681　　經部/小學類/音韻之屬/韻書

詩韻集成十卷附詞林典腋一卷　（清）余照輯　清刻本　毛鳳梧題記　三冊　存九卷（三至十、詞林典腋）

330000－4736－0000079　　0185　　集部/總集類/選集之屬/斷代

韻蘭集賦鈔六卷　（清）陸雲槎輯　（清）宋淮三考典　清刻本　崐玉山人題簽並記　一冊　存一卷（一）

330000－4736－0000083　　0181　　經部/小學類/訓詁之屬/爾雅

爾雅音圖三卷　（晉）郭璞註　（清）姚之麟摹圖　清光緒十年（1884）上海同文書局石印本　一冊　存二卷（一、三）

330000－4736－0000084　　0279　　類叢部/類書類/專類之屬

詩學含英十四卷　（清）劉文蔚輯　清永言堂刻本　吳輝卿題簽並記　一冊　存四卷（三至六）

330000－4736－0000085　　0171　　集部/詩文評類/詩評之屬

詩品詩課鈔不分卷　（唐）司空圖撰　（清）鍾寶學課　**詩品不分卷**　（唐）司空圖撰　（清）阮元校正　清小仙巢刻本　一冊

330000－4736－0000086　　0197　　經部/小學類/訓詁之屬/爾雅

爾雅三卷　（晉）郭璞注　（唐）陸德明音義　清光緒二十一年（1895）金陵書局刻本　一冊

存一卷（二）

330000－4736－0000087　　0119　　集部/總集類/課藝之屬

連章新鵠一卷　清末刻本　一冊

330000－4736－0000088　　0123　　子部/雜著類/雜纂之屬

孟搭從新七卷　（清）述舊齋主人輯　清光緒五年（1879）刻本　二冊

330000－4736－0000098　　0226　　子部/雜著類/雜纂之屬

忌樂指要不分卷　（清）宋王佽撰　（清）丁祖望註釋　（清）葉叔亮　（清）嚴道者　（清）廬大師正述　清道光十年（1830）□□堂刻本　遇慶堂題記　一冊

330000－4736－0000106　　0091　　子部/醫家類/綜合之屬/通論

御纂醫宗金鑑內科七十四卷外科十六卷首一卷　（清）吳謙等撰　清宣統元年（1909）簡青齋書局石印本　呂渭卿、留與氏松等跋　三冊　存十二卷（內科一至二、十一至十六、三十一至三十四）

330000－4736－0000107　　0315　　集部/總集類/選集之屬/通代

古文析義十六卷　（清）林雲銘輯並注　清芥子園刻本　凌厚生題簽並記　一冊　存一卷（十一）

330000－4736－0000111　　0033　　經部/孝經類/傳說之屬

御註孝經一卷　（清）世祖福臨撰　清末上海煥文書局石印本　一冊

330000－4736－0000114　　0524　　經部/孝經類/傳說之屬

繪圖孝經不分卷　（清）世祖福臨撰　清宣統三年（1911）上海錦章圖書局石印本　張愛嬌題記　一冊

330000－4736－0000116　　0281　　史部/傳記類/總傳之屬/列女

繡像古今賢女傳九卷　（清）魏息園撰　清光

緒三十四年（1908）石印本　五冊　存六卷
（一、四至八）

330000－4736－0000124　0209　集部/總集
類/選集之屬/通代
重訂古文釋義新編八卷　（清）余誠輯　清
末埽葉山房石印本　蔡富洌題簽並記
八冊

330000－4736－0000127　0330　集部/總集
類/選集之屬/通代
古文析義十六卷　（清）林雲銘輯並注　清刻
本　四冊　存四卷（九至十二）

330000－4736－0000129　0428　史部/史評
類/史論之屬
史鑑綱目新論十卷　（清）譚奇編次　清石印
本　二冊　存二卷（三、六）

330000－4736－0000135　0689　集部/小說
類/短篇之屬
繪圖今古奇觀六卷四十回　（明）抱甕老人輯
　清末石印本　一冊　存一卷（四）

330000－4736－0000144　0023　集部/曲類/
彈詞之屬
新刻說唱大唐硃砂記全傳□□卷　（清）□□
撰　清道光二十九年（1849）江西聶氏道生堂
刻本　一冊　存八卷（一至八）

330000－4736－0000149　0608　集部/戲劇
類/雜劇之屬
增像第六才子書五卷　（元）王實甫　（元）關
漢卿撰　（清）金人瑞評　清末石印本　二冊
　存二卷（三至四）

330000－4736－0000150　0682　集部/戲劇
類/雜劇之屬
繪像第六才子書八卷　（元）王實甫撰　（清）
金人瑞評　清末刻朱墨套印本　一冊　存二
卷（三至四）

330000－4736－0000151　0594　集部/戲劇
類/雜劇之屬
增像第六才子書五卷　（元）王實甫　（元）關
漢卿撰　（清）金人瑞評　清末石印本　一冊

存三卷（三至五）

330000－4736－0000157　0134　集部/小說
類/長篇之屬
繡像三國演義續編十二卷　（明）陳氏尺蠖齋
評釋　清光緒二十二年（1896）海上烟露山人
鉛印本　七冊　缺一卷（東晉四）

330000－4736－0000159　0721　集部/小說
類/長篇之屬
第一才子書三國志十六卷一百二十回　（明）
羅本撰　（清）毛宗崗評　清光緒三十年
（1904）上海書局石印本　一冊　存二卷（一
至二）

330000－4736－0000161　0747　集部/小說
類/長篇之屬
第一才子書六十卷一百二十回首一卷　（明）
羅本撰　（清）毛宗崗評　清光緒三十一年
（1905）上海點石齋石印本　一冊　存二卷
（一至二）

330000－4736－0000173　0177　集部/小說
類/長篇之屬
警富新書四卷四十回　（清）安和先生撰　清
末石印本　四冊

330000－4736－0000174　0137　集部/小說
類/長篇之屬
紅樓復夢□□卷一百回　（清）陳少海撰　清
末刻本　三冊　存九卷（三十九至四十一、五
十七至五十九、六十三至六十五）

330000－4736－0000179　0582　子部/小說
家類/異聞之屬
燕山外史注釋八卷　（清）陳球撰　（清）傅聲
谷注　清光緒三十二年（1906）上海海左書局
石印本　呂森題記　七冊

330000－4736－0000180　0628　子部/小說
家類/異聞之屬
燕山外史注釋八卷　（清）陳球撰　（清）傅聲
谷注　清石印本　一冊

330000－4736－0000186　0732　子部/藝術
類/書畫之屬/畫譜

水滸圖贊不分卷 （明）杜堇繪 清光緒六年(1880)羊城廣百宋齋石印本 一冊

330000－4736－0000192 0261 集部/小說類/短篇之屬

詳注聊齋志異圖詠十六卷 （清）蒲松齡撰 （清）呂湛恩注 （清）徐潤編 清光緒三十四年(1908)上海鴻寶齋書局石印本 三冊 存六卷(一至二、九至十、十三至十四)

330000－4736－0000193 0748 集部/小說類/短篇之屬

聊齋志異新評十六卷 （清）蒲松齡撰 （清）王士禎評 （清）呂湛恩注 （清）但明倫批 清石印本 一冊 存二卷(十五至十六)

330000－4736－0000197 0217 集部/別集類/清別集

聊齋文集二卷 （清）蒲松齡撰 清宣統三年(1911)上海國學扶輪社鉛印本 二冊

330000－4736－0000200 0401 集部/小說類/長篇之屬

繪圖增像第五才子書水滸全傳十卷七十回首一卷 （元）施耐庵撰 （清）金人瑞評 清光緒三十一年(1905)上海書局石印本 五冊 存五卷(一、三、五至七)

330000－4736－0000202 0129 集部/小說類/長篇之屬

英雲夢傳十六卷□□回 （清）九容樓主人松雲氏撰 （清）掃花頭陀剩齋氏評 清咸豐三年(1853)經元升刻本 蔡濬川題籤並記 六冊 存六卷(一、五、七至九、十五)

330000－4736－0000203 0275 類叢部/叢書類/彙編之屬

申報館叢書正集五十七種附錄三種 （清）尊聞閣主編 **續集一百四十二種** （清）蔡爾康編 清同治至光緒申報館鉛印本 八冊 存一種

330000－4736－0000204 0232 集部/小說類/長篇之屬

繪圖施公案全集四十六卷五百四十一回 清

光緒三十一年(1905)敦本堂石印本 三願堂題籤並記 十四冊 存三十二卷(前集一至八、三集一至四、四集三至四、五集一至二、六集三至四、七集一至二、八集一至四、九集一至四、十集一至四)

330000－4736－0000207 0216 集部/小說類/長篇之屬

繪圖施公案全集四十六卷全集續□□卷 清光緒二十九年(1903)上海廣益書局石印本 十二冊 存二十四卷(後傳一至三、全續一至二、三續一至二、五續一至四、六續一至二、七續一至三、八續一至四、九續一至四)

330000－4736－0000212 0146 集部/小說類/長篇之屬

第一才子書六十卷一百二十回首一卷 （明）羅本撰 （清）毛宗崗評 清光緒二十四年(1898)上海寶文書局石印本 五冊 存九卷(一、四至十一)

330000－4736－0000213 0013 集部/小說類/長篇之屬

第一才子書六十卷一百二十回首一卷 （明）羅本撰 （清）毛宗崗評 清光緒十六年(1890)上海書局石印本 九冊 缺二十一卷(六至十六、三十九至四十三、五十至五十四)

330000－4736－0000214 0122 集部/小說類/長篇之屬

第五才子書□□卷七十回 （元）施耐庵撰 （清）金人瑞評 清末刻本 一冊 存三卷(九至十一)

330000－4736－0000215 0152 集部/小說類/長篇之屬

民族小說洪秀全演義四集八卷五十四回 （清）黃世仲撰 清末石印本 七冊 缺一卷(三續一)

330000－4736－0000219 0378 子部/儒家類/儒學之屬/蒙學

寄傲山房塾課新增幼學故事瓊林四卷首一卷 （清）程允升撰 （清）鄒聖脈增補 清光緒十四年(1888)玉山魏文星刻本 蔡進錢題籤

並記　四冊

330000－4736－0000223　0501　子部/儒家類/儒學之屬/蒙學

紫文閣重訂幼學須知句解四卷首一卷　（明）錢元龍校梓　清光緒七年(1881)紫文閣刻本　一冊　存一卷(一)

330000－4736－0000234　0161　集部/總集類/選集之屬/斷代

夢筆生花初編八卷二編八卷三編八卷四編八卷　（清）繆艮輯　清光緒三十三年(1907)上海書局石印本　六冊　缺八卷(三編五至八、四編一至四)

330000－4736－0000236　0346　類叢部/叢書類/彙編之屬

海山仙館叢書五十六種　（清）潘仕成編　清道光二十五年至咸豐元年(1845－1851)番禺潘氏刻光緒十一年(1885)增刻彙印本　一冊　存一種

330000－4736－0000237　0410　集部/別集類/唐五代別集

駱賓王文集十卷　（唐）駱賓王撰　**考異一卷**　（清）顧廣圻撰　清宣統三年(1911)上海文瑞樓石印本　二冊

330000－4736－0000240　0361　子部/儒家類/儒學之屬/禮教/家訓

楊椒山公家訓一卷　（明）楊繼盛撰　清同治九年(1870)刻本　一冊

330000－4736－0000244　0328　史部/傳記類/總傳之屬/技藝

國朝畫徵錄三卷續錄二卷　（清）張庚撰　**明人附錄一卷**　（明）黎遂球　（明）袁樞撰　清乾隆四年(1739)睢州蔣泰、湯之昱刻本　一冊　缺一卷(明人附錄)

330000－4736－0000245　0320　集部/別集類/清別集

許淞漁先生文稿不分卷　（清）許燿撰　清光緒十一年(1885)石印本　一冊

330000－4736－0000259　0396　子部/宗教類/佛教之屬/經咒

瑜伽燄口施食要集一卷　（清）釋德基輯（清）釋寶華述　清刻本　釋德修題簽並記　一冊

330000－4736－0000261　0722　子部/宗教類/佛教之屬/諸宗

禪門日誦二卷　清刻本　一冊

330000－4736－0000265　0475　類叢部/叢書類/自著之屬

施愚山先生全集五種附一種　（清）施閏章撰　清末上海國學扶輪社石印本　一冊　存一種

330000－4736－0000266　0473　類叢部/叢書類/自著之屬

施愚山先生全集五種附一種　（清）施閏章撰　清宣統二年至三年(1910－1911)上海國學扶輪社石印本　六冊　存一種

330000－4736－0000267　0474　類叢部/叢書類/自著之屬

施愚山先生全集五種附一種　（清）施閏章撰　清宣統二年至三年(1910－1911)上海國學扶輪社石印本　九冊　存一種

330000－4736－0000269　0464　集部/別集類/清別集

初學集二十卷　（清）錢謙益撰　（清）錢曾箋注　**牧翁先生年譜一卷**　（清）葛萬里編　清宣統三年(1911)上海國學扶輪社石印本　十一冊　缺二卷(四至五)

330000－4736－0000271　0321　經部/四書類/總義之屬/傳說

四書題鏡十九卷　（清）汪鯉翔撰　清道光十三年(1833)姑蘇會文堂刻本　四冊　存十一卷(大學、中庸、論語六至十、孟子四至七)

330000－4736－0000272　0583　經部/四書類/總義之屬/傳說

四書集註（四書章句集註、四書）十九卷　(宋)朱熹撰　清文星堂刻本　毛金章題簽並記　二冊　存十卷(論語一至十)

330000－4736－0000273　0271　新學/雜著/
叢編

續西學大成六十八種 （清）孫家鼐編　清光
緒二十三年(1897)上海飛鴻閣書林石印本
五冊　存五種

330000－4736－0000280　0179　子部/雜
家類

詩學□□卷　清刻本　光祖題簽並記　一冊
　存二卷(三至四)

330000－4736－0000282　0379　子部/儒家
類/儒學之屬/蒙學

幼學抄本□□卷　（清）程允升撰　清光緒三
十四年(1908)蔡富烈抄本　蔡富烈題簽並觀
　三冊　存三卷(一至三)

330000－4736－0000285　0160　經部/四書
類/總義之屬/傳說

四書朱子本義匯參四十三卷首四卷　（清）王
步青輯　清光緒十五年(1889)上海廣百宋齋
鉛印本　八冊　缺五卷(孟子首、一至四)

330000－4736－0000288　0358　集部/別集
類/清別集

**定盦文集三卷續集四卷文集補編四卷文集補
一卷補詞選一卷補詞錄一卷補附孝珙手鈔詞
一卷文拾遺一卷**　（清）龔自珍撰　**定盦先生
年譜一卷**　吳昌綬編　清宣統二年(1910)上
海國學扶輪社鉛印本　七冊　缺二卷(補詞
選、補附孝珙手鈔詞)

330000－4736－0000289　0479　類叢部/類
書類/通類之屬

欽定古今圖書集成一萬卷目錄四十卷　（清）
蔣廷錫　（清）陳夢雷等輯　清光緒十年
(1884)上海圖書集成書局鉛印本　三冊　存
十五卷(九十二至九十七、一百七至一百十、
五百二十八至五百三十二)

330000－4736－0000291　0675　子部/宗教
類/其他宗教之屬/基督教

舊約聖書□□章　清光緒三十年(1904)聖書
公會鉛印本　一冊　存四十二章(一至四十
二)

330000－4736－0000293　0723　子部/宗教
類/佛教之屬

不空圓禪師語錄一卷　（清）釋真乾等編　清
光緒二十六年(1900)海潮禪寺刻本　一冊

330000－4736－0000294　0195　史部/政
書類

九通　（清）□□輯　清光緒二十八年(1902)
上海鴻寶書局石印本　二十五冊　存三種

330000－4736－0000295　0616　子部/藝術
類/遊藝之屬/聯語

楹聯叢話十二卷續話四卷　（清）梁章鉅輯
清道光二十二年(1842)呂恩湛刻本　一冊
存二卷(十一至十二)

330000－4736－0000297　0564　集部/總集
類/選集之屬/斷代

唐律□□卷　清抄本　二冊　存二卷(五言
唐律、七言唐律)

330000－4736－0000298　0563　史部/紀傳
類/正史之屬

二十四史附考證　清光緒上海圖書集成印書
局鉛印本　七冊　存一種

330000－4736－0000305　0649　經部/春秋
左傳類/傳說之屬

東萊博議四卷　（宋）呂祖謙撰　**增補虛字註
釋一卷**　（清）馮泰松點定　清光緒二十四年
(1898)上海祥記書莊石印本　一冊

330000－4736－0000306　0639　史部/編年
類/通代之屬

綱鑑總論二卷　（清）周茂才撰　清光緒二十
七年(1901)上海同文局石印本　一冊　存一
卷(一)

330000－4736－0000307　0051　史部/政書
類/通制之屬

三通考輯要　湯壽潛輯　清光緒二十五年
(1899)圖書集成局鉛印本　十二冊　缺四十
三卷(文獻通考輯要一至十二、十七至二十
四,欽定續文獻通考輯要一、五、九至十、十六
至十七,皇朝文獻通考輯要一至八、十至十

330000－4736－0000308　0694　集部/總集類/課藝之屬

目耕齋初集不分卷二集不分卷三集不分卷（清）徐楷評註　（清）沈叔眉選刊　清光緒十五年(1889)上海點石齋石印本　一冊　存二集

330000－4736－0000309　0045　史部/編年類/斷代之屬

御撰資治通鑑綱目三編四卷　（清）張廷玉等撰　清光緒十三年(1887)上海點石齋石印本二冊

330000－4736－0000310　0593　史部/編年類/通代之屬

尺木堂綱鑑易知錄二十卷　（清）吳乘權（清）周之炯　（清）周之燦輯　清光緒十三年(1887)上海點石齋石印本　八冊　缺四卷（十一至十二、十七至十八）

330000－4736－0000315　0565　史部/紀傳類/正史之屬

唐書二百二十五卷　（宋）歐陽修　（宋）宋祁等撰　清光緒十四年(1888)上海圖書集成印書局鉛印本　十一冊　存七十四卷（五至二十二、二十九至六十、七十至七十三、九十七至一百六、一百二十八至一百三十七）

330000－4736－0000316　0117　史部/編年類/通代之屬

新增加批綱鑑補註二十四卷首一卷　（明）袁黃編纂　清末石印本　一冊　存三卷（首、一至二）

330000－4736－0000317　0079　史部/編年類/通代之屬

尺木堂綱鑑易知錄九十二卷明鑑易知錄十五卷　（清）吳乘權　（清）周之炯　（清）周之燦輯　清光緒三十年(1904)上海吳雲記鉛印本　二冊　存十五卷（明鑑易知錄一至十五）

330000－4736－0000318　0561　史部/編年類/斷代之屬

御撰資治通鑑綱目三編四卷　（清）張廷玉等撰　清末石印本　一冊　存二卷（一至二）

330000－4736－0000319　0559　史部/紀傳類/正史之屬

二十四史附考證　清光緒十四年(1888)上海圖書集成印書局鉛印本　二十冊　存一種

330000－4736－0000320　0253　集部/總集類/選集之屬/斷代

皇朝經世文三編八十卷　（清）陳忠倚輯　清末石印本　七冊　存四十四卷（六至十、十六至二十、三十一至四十、四十六至五十五、六十七至八十）

330000－4736－0000323　0196　史部/目錄類/總錄之屬/彙刻

皇清經解縮版編目十六卷　（清）陶治元編　清光緒十七年(1891)上海鴻寶齋石印本　一冊　存八卷（一至八）

330000－4736－0000324　0553　集部/別集類/宋別集

王臨川文集四卷　（宋）王安石撰　清宣統二年(1910)上海會文堂書局石印本　一冊

330000－4736－0000326　0470　史部/傳記類/雜傳之屬

牧齋晚年家乘文一卷　（清）錢謙益撰　**錢牧翁先生年譜一卷**　（清）彭城退士撰　清宣統三年(1911)上海國學扶輪社鉛印本　一冊

330000－4736－0000327　0372　類叢部/叢書類/自著之屬

春在堂全書三十六種　（清）俞樾撰　清同治至光緒刻光緒末彙印本　二冊　存一種

330000－4736－0000329　0527　集部/別集類/宋別集

西山先生真文忠公文集五十五卷目錄二卷（宋）真德秀撰　清刻本　一冊　存三卷（一至三）

330000－4736－0000330　0531　集部/別集類/宋別集

伊川擊壤集二十卷集外詩一卷　（宋）邵雍撰

明刻本 一冊 存十卷(一至十)

330000 – 4736 – 0000331 0488 類叢部/叢
書類/自著之屬

春在堂全書三十六種 (清)俞樾撰 清同治
至光緒刻光緒末彙印本 九冊 存六種

330000 – 4736 – 0000332 0636 史部/編年
類/通代之屬

御批歷代通鑑輯覽一百二十卷 (清)傅恒等
撰 清末石印本 一冊 存七卷(八十六至
九十二)

330000 – 4736 – 0000333 0635 史部/編年
類/通代之屬

御批歷代通鑑輯覽一百二十卷 (清)傅恒等
撰 清末石印本 一冊 存五卷(六十九至
七十三)

330000 – 4736 – 0000334 0055 史部/編年
類/通代之屬

御批歷代通鑑輯覽一百二十卷 (清)傅恒等
撰 清末石印本 一冊 存三卷(八十七至
八十九)

330000 – 4736 – 0000335 0626 史部/編年
類/通代之屬

御批歷代通鑑輯覽一百二十卷 (清)傅恒等
撰 清光緒二十八年(1902)上海寶善書局石
印本 六冊 存三十六卷(六十七至七十八、
八十五至一百八)

330000 – 4736 – 0000336 0357 經部/叢編

皇清經解一百九十卷首一卷正訛記一卷
(清)阮元輯 清光緒十七年(1891)上海鴻寶
齋石印本 八冊 存五十七卷(十七至三十
二、三十四至三十八、五十九至六十五、九十
一至九十六、一百四十一至一百五十五、一百
八十三至一百九十)

330000 – 4736 – 0000337 0532 類叢部/類
書類/專類之屬

子史精華一百六十卷 (清)吳士玉 (清)吳
襄等輯 清刻本 二十八冊 存一百七卷
(一至十四、二十一至二十三、二十八至三十

一、三十六至八十、一百二十至一百六十)

330000 – 4736 – 0000338 0463 類叢部/類
書類/專類之屬

子史精華一百六十卷 (清)吳士玉 (清)吳
襄等輯 清刻本 四冊 存十二卷(二十至
二十三、三十二至三十四、七十一至七十二、
一百三十六至一百三十八)

330000 – 4736 – 0000339 0457 集部/總集
類/選集之屬/斷代

**列朝詩集乾集二卷甲集前編十一卷甲集二十
二卷乙集八卷丙集十六卷丁集十六卷閏集六
卷** (清)錢謙益輯 清宣統二年(1910)上海
神州國光社鉛印本 五十六冊

330000 – 4736 – 0000341 0724 集部/總集
類/選集之屬/斷代

唐詩諧律二卷 (清)沈寶青選 清光緒十六
年(1890)溧陽沈氏刻本 二冊

330000 – 4736 – 0000343 0458 史部/編年
類/通代之屬

御批歷代通鑑輯覽一百二十卷 (清)傅恒等
撰 清同治十年(1871)浙江書局刻本 四冊
存十一卷(一至三、二十七至二十九、四十
五至四十七、六十七至六十八)

330000 – 4736 – 0000344 0489 史部/編年
類/通代之屬

御批歷代通鑑輯覽一百二十卷 (清)傅恒等
撰 清光緒三十年(1904)上海經藝書局石印
本 二十九冊 缺十一卷(十八至二十、七十
二至七十五、九十九至一百二)

330000 – 4736 – 0000345 0057 史部/編年
類/通代之屬

御批增補了凡綱鑑四十卷首一卷 (明)袁黃
纂 **御撰資治通鑑綱目三編六卷首一卷附明
紀福唐桂三王本末** (清)張廷玉等纂修 清
光緒二十九年(1903)上海文林書局石印本
二冊 存十一卷(九至十六、三十至三十二)

330000 – 4736 – 0000353 0692 子部/雜著
類/雜考之屬

日知錄集釋三十二卷刊誤二卷續刊誤二卷
(清)黃汝成撰　清光緒十二年(1886)上海點石齋石印本　一冊　存九卷(二十七至三十二、刊誤一至二、續刊誤一)

330000－4736－0000355　0324　新學/史志/別國史
節本泰西新史攬要八卷　(英國)李提摩太譯　周慶雲節錄　清光緒二十七年(1901)周慶雲夢坡室刻本　二冊

330000－4736－0000359　0164　集部/總集類/選集之屬/通代
歷代經濟文編三十二卷　(清)顧炎武輯　清末石印本　六冊　存二十一卷(五至九、十四至二十九)

330000－4736－0000362　0386　史部/史評類/史論之屬
歷代史論十二卷宋史論三卷元史論一卷
(明)張溥撰　**明史論四卷**　(清)谷應泰撰
左傳史論二卷　(清)高士奇撰　清末石印本　二冊　存六卷(十至十二、明史論二至四)

330000－4736－0000363　0651　史部/編年類/通代之屬
綱鑑總論二卷　(清)周茂才撰　清光緒二十七年(1901)上海同文局石印本　一冊　存一卷(二)

330000－4736－0000364　0388　類叢部/叢書類/彙編之屬
古香齋袖珍十種　清同治至光緒南海孔氏刻本　一冊　存一種

330000－4736－0000365　0523　集部/總集類/選集之屬/斷代
新輯應酬便覽八卷　(清)馬廉侯輯　清刻本　一冊　存一卷(八)

330000－4736－0000366　0194　史部/地理類/外紀之屬
海國圖志一百卷　(清)魏源撰　**續集二十五卷首一卷**　(英國)麥高爾撰　(美國)林樂知(清)瞿昂來譯　清光緒二十四年(1898)文

賢閣石印本　十二冊　缺二十九卷(四至二十、三十七至四十二、八十二至八十七)

330000－4736－0000369　0629　經部/春秋左傳類/傳說之屬
東萊先生左氏博議二十五卷　(宋)呂祖謙撰　**增補虛字註釋六卷**　(清)張炳文點定　清光緒二十四年(1898)江左書林鉛印本　二冊　存二十卷(十二至二十五、增補虛字註釋一至六)

330000－4736－0000372　0630　經部/春秋左傳類/傳說之屬
東萊博議四卷　(宋)呂祖謙撰　清光緒三十年(1904)上海書局石印本　一冊　存三卷(二至四)

330000－4736－0000378　0407　子部/小說家類/異聞之屬
譚瀛八種初集四卷　(清)吳文藻撰　清光緒二十二年(1896)上海鴻寶齋石印本　一冊　存一卷(四)

330000－4736－0000380　0086　集部/總集類/選集之屬/通代
古文觀止十二卷　(清)吳乘權　(清)吳大職輯　清光緒三十三年(1907)上海校經山房、煥文書局石印本　四冊　存六卷(三至八)

330000－4736－0000383　0109　集部/總集類/選集之屬/通代
新刻古文觀止十二卷　(清)吳乘權　(清)吳大職輯　清學源堂刻本　四冊

330000－4736－0000387　0521　新學/史志/別國史
增補東洋史要四卷　(日本)桑原隲藏著　樊炳清譯　**增補東洋史要補四卷**　樊炳清譯　清末文學圖書公司石印本　四冊　存五卷(一、三至四,增補東洋史要補三至四)

330000－4736－0000388　0526　類叢部/類書類/通類之屬
淵鑑類函四十五卷　(清)張英　(清)王士禛等輯　清光緒九年(1883)上海點石齋石印本

二冊　存十一卷(人部、布帛部、儀飾部、服飾部、器物部、舟部、車部、食物部、五穀部、藥部、菜蔬部)

330000－4736－0000389　0110　類叢部/類書類/通類之屬

古事比五十二卷　(清)方中德輯　清光緒二十九年(1903)上海益智書局石印本　一冊　缺十六卷(三十七至五十二)

330000－4736－0000390　0089　史部/傳記類/總傳之屬/仕宦

歷代名臣言行錄二十四卷　(清)朱桓輯　清光緒二十一年(1895)上海宏文閣石印本　五冊　存十六卷(三至六、十三至二十四)

330000－4736－0000392　0453　類叢部/叢書類/彙編之屬

增訂漢魏叢書八十六種　(清)王謨編　清光緒二十一年(1895)古越黃氏石印本　十四冊　存八十一種

330000－4736－0000393　0568　史部/紀傳類/正史之屬

二十四史附考證　清光緒十四年(1888)上海圖書集成印書局鉛印本　二十冊　存一種

330000－4736－0000396　0570　史部/紀傳類/正史之屬

二十四史附考證　清光緒十四年(1888)上海圖書集成印書局鉛印本　四冊　存一種

330000－4736－0000397　0572　史部/紀傳類/正史之屬

二十四史附考證　清光緒十四年(1888)上海圖書集成印書局鉛印本　三冊　存一種

330000－4736－0000400　0456　類叢部/類書類/通類之屬

策學新纂八卷拾遺二卷策式一卷策佐一卷　(清)方懋朝編　清刻本　三冊　存六卷(一至六)

330000－4736－0000401　0510　經部/春秋左傳類/傳說之屬

左繡三十卷首一卷　(清)馮李驊　(清)陸浩

評輯　清文立堂刻本　二冊　存四卷(首，一、二十四至二十五)

330000－4736－0000405　0465　經部/春秋左傳類/傳說之屬

太史張天如詳節春秋綱目句解左傳彙雋六卷　(明)張溥重訂　(清)韓葵重編　清刻本　一冊　存一卷(二)

330000－4736－0000406　0318　經部/春秋左傳類/傳說之屬

寄傲山房塾課纂輯春秋十二卷　(清)鄒聖脉纂輯　(清)鄒可庭編次　清光緒九年(1883)四明珍經閣鉛印本　二冊　缺四卷(九至十二)

330000－4736－0000407　0112　經部/春秋左傳類/傳說之屬

如酉所刻諸名家評點春秋綱目左傳句解彙雋六卷　(清)韓葵重訂　清刻本　四冊

330000－4736－0000408　0569　經部/春秋左傳類/傳說之屬

春秋左傳□□卷　清刻本　一冊　存一卷(二)

330000－4736－0000411　0562　子部/雜著類

鑑略妥註一卷　清抄本　西河關淮題簽並記一冊

330000－4736－0000415　0046　類叢部/類書類/通類之屬

增補事類統編九十三卷首一卷　(清)黃葆真輯　清末石印本　六冊　存四十六卷(十七至二十七、五十九至九十三)

330000－4736－0000416　0270　類叢部/類書類/通類之屬

增補事類統編九十三卷首一卷　(清)黃葆真輯　清長沙周愉古山齋刻本　三冊　存七卷(十至十二、四十二至四十三、五十四至五十五)

330000－4736－0000417　0317　類叢部/類書類/通類之屬

增廣賦海統編三十卷　（清）二雲樓主人輯
清末石印本　二冊　存三卷（四、十九至二十）

330000－4736－0000418　0121　經部/春秋左傳類/傳說之屬

春秋左傳五十卷　（晉）杜預　（宋）林堯叟註釋　（唐）陸德明音義　清刻本　十五冊　存四十卷（四至十九、二十一至三十五、三十九至四十一、四十五至五十）

330000－4736－0000420　0096　子部/雜著類/雜說之屬

願學錄不分卷　（清）熊□□編　清同治十三年（1874）刻本　一冊

330000－4736－0000421　0367　集部/總集類/選集之屬/通代

文選六十卷　（南朝梁）蕭統輯　（唐）李善注　文選考異十卷　（清）胡克家撰　清光緒十八年（1892）上海古香閣石印本　六冊　存六十一卷（一至十一、十三至十七、二十六至六十，考異一至十）

330000－4736－0000422　0477　集部/總集類/選集之屬/通代

重訂古文雅正十四卷　（清）蔡世遠輯　清刻本　四冊　存七卷（一至五、九至十）

330000－4736－0000423　0485　子部/雜著類/雜纂之屬

勸戒續錄六卷　（清）梁恭辰撰　清光緒二十年（1894）歸安施氏刻本　一冊　存二卷（四至五）

330000－4736－0000424　0677　經部/群經總義類/傳說之屬

皇朝五經彙解二百七十卷　（清）朱鏡清輯　清光緒十四年（1888）上海鴻文書局石印本　三冊　存二十七卷（易經十四至二十二、書經二十一至三十一、禮記四十三至四十九）

330000－4736－0000425　0272　經部/四書類/總義之屬/傳說

四書經史摘證七卷　（清）宋繼種輯　清光緒

二十八年（1902）求實齋石印本　三冊　缺一卷（四）

330000－4736－0000426　0269　類叢部/類書類/專類之屬

四書典制類聯音註三十三卷　（清）閻其淵輯　清刻本　四冊　存十卷（四、十二至十四、十八至十九、二十七至三十）

330000－4736－0000427　0484　經部/叢編

五經體註大全　（清）嚴氏家塾主人輯　清光緒九年（1883）四明珍經閣石印本　二冊　存二種

330000－4736－0000428　0062　集部/總集類/尺牘之屬

歷代名人小簡二卷　吳曾祺輯　清宣統二年（1910）上海商務印書館鉛印本　一冊　存一卷（二）

330000－4736－0000429　0487　經部/群經總義類/傳說之屬

四書五經新義不分卷　（清）□□撰　清光緒二十七年（1901）石印本　二冊

330000－4736－0000430　0267　經部/禮記類/傳說之屬

全本禮記體註十卷　（清）徐璀撰　清石印本　一冊　存二卷（九至十）

330000－4736－0000431　0273　類叢部/類書類/通類之屬

策學新纂八卷拾遺二卷策式一卷策佐一卷　（清）方懋朝編　清同治六年（1867）琉璃廠刻本　一冊　存一卷（策佐）

330000－4736－0000433　0212　集部/總集類/尺牘之屬

國朝名人小簡二卷　吳曾祺輯　清宣統二年（1910）上海商務印書館鉛印本　二冊

330000－4736－0000435　0646　史部/政書類/公牘檔冊之屬

樊山公牘四卷　樊增祥撰　清宣統三年（1911）上海廣益書局石印本　一冊　存一卷（一）

330000－4736－0000436　0369　集部/別集類/清別集

寶綸堂外集十二卷　（清）齊召南撰　（清）齊毓川輯　清宣統三年(1911)上海掃葉山房石印本　一冊　存六卷(七至十二)

330000－4736－0000440　0539　經部/叢編

五經揭要二十九卷　（清）許賓善編　清刻本　十冊　存十九卷(周易一至三、書經一至三、詩經一、禮記一至六、春秋三傳一至六)

330000－4736－0000441　0170　經部/叢編

五經體注大全　（清）嚴氏家塾主人輯　清光緒十四年(1888)上海掃葉山房刻本　一冊　存二種

330000－4736－0000442　0497　經部/詩類/傳說之屬

詩經集傳八卷　（宋）朱熹撰　清宣統二年(1910)上海會文堂粹記石印本　一冊　存二卷(一至二)

330000－4736－0000443　0549　集部/別集類/清別集

曾文正公家書十卷附大事記四卷家訓二卷榮哀錄一卷　（清）曾國藩撰　清末文宜石印書局石印本　一冊　存二卷(家訓一至二)

330000－4736－0000444　0237　集部/別集類/清別集

曾文正公家書十卷附大事記四卷家訓二卷榮哀錄一卷　（清）曾國藩撰　清末文宜石印書局石印本　二冊　存四卷(五至六、九至十)

330000－4736－0000446　0486　集部/總集類/選集之屬/通代

文選六十卷　（南朝梁）蕭統輯　（唐）李善注　**文選考異十卷**　（清）胡克家撰　清上海古香閣石印本　一冊　存十卷(二十一至三十)

330000－4736－0000447　0454　經部/叢編

御纂七經　（清）李光地等纂修　清同治六年至九年(1867－1870)浙江書局刻本　三冊　存二種

330000－4736－0000448　0163　類叢部/類書類/通類之屬

策學備纂續集四卷　（清）宋徵獻等輯　清光緒二十年(1894)上海點石齋石印本　十冊

330000－4736－0000449　0183　經部/詩類/傳說之屬

詩經增訂旁訓四卷　（清）徐立綱撰　（清）□□增訂　清末龍泉縣西街頭文林堂刻本　清管世俊觀款　四冊

330000－4736－0000450　0052　經部/詩類/傳說之屬

詩經集傳八卷　（宋）朱熹撰　清刻本　三冊　存六卷(三至八)

330000－4736－0000451　0433　經部/禮記類/傳說之屬

禮記節本十卷　（清）汪基撰　清末石印本　一冊　存二卷(六至七)

330000－4736－0000452　0221　經部/春秋左傳類/傳說之屬

左繡三十卷首一卷　（清）馮李驊　（清）陸浩評輯　清宣統三年(1911)上海會文堂石印本　二冊　存四卷(九至十二)

330000－4736－0000453　0162　經部/群經總義類/傳說之屬

新輯經義大全十卷　（清）求恕生輯　清光緒二十八年(1902)上海醉六堂石印本　一冊　存一卷(七)

330000－4736－0000454　0169　經部/詩類/傳說之屬

詩經集傳八卷　（宋）朱熹撰　清姜文奎堂刻本　四冊

330000－4736－0000455　0377　經部/四書類/總義之屬/傳說

新訂四書補注備旨十卷　（明）鄧林撰　（清）杜定基增訂　清文奎堂刻本　蔡富彩題簽並記　四冊

330000－4736－0000459　0586　經部/周禮類/傳說之屬

周禮讀本六卷　（清）黃叔琳撰　清宣統元年

(1909)上海會文學社石印本　二冊

330000－4736－0000460　0468　集部/戲劇類/傳奇之屬

紅雪樓九種曲　（清）蔣士銓撰　清末刻本　二冊　存一種

330000－4736－0000461　0637　經部/群經總義類/傳說之屬

四書五經義策論初編不分卷續編不分卷（清）崇實學社輯　清光緒二十九年（1903）崇實學社石印本　三冊

330000－4736－0000462　0595　經部/四書類/孟子之屬/傳說

告子正文一卷　清光緒二年（1876）處郡錦春齋刻本　一冊

330000－4736－0000464　0290　子部/道家類

莊子獨見三十三卷　（清）胡文英撰　清乾隆刻本　一冊　存一卷（七）

330000－4736－0000465　0159　經部/春秋左傳類/傳說之屬

春秋左傳五十卷　（晉）杜預　（宋）林堯叟註釋　（唐）陸德明音義　（明）鍾惺　（明）孫鑛　（明）韓范評點　清刻本　二冊　存四卷（三至六）

330000－4736－0000466　0430　經部/禮記類/傳說之屬

禮記約編十卷　（清）汪基撰　清光緒三十三年（1907）上海文瑞樓石印本　蔡建隆題簽並記　六冊

330000－4736－0000469　0455　史部/史抄類

史記菁華錄六卷　（清）姚祖恩輯　清末石印本　一冊　存一卷（六）

330000－4736－0000470　0351　子部/法家類

韓非子集解二十卷首一卷　（清）王先慎撰　清光緒上海掃葉山房石印本　六冊

330000－4736－0000471　0322　經部/書類/傳說之屬

書經體註大全合參六卷　（宋）蔡沈集傳　（清）錢希祥輯註　清刻本　一冊　存二卷（二至三）

330000－4736－0000473　0376　經部/四書類/總義之屬/傳說

四書讀本十九卷　（宋）朱熹章句　清龍邑文林堂刻本　蔡富彩題簽並觀款　六冊

330000－4736－0000474　0373　經部/叢編

五經旁訓　（清）徐立綱旁訓　清光緒二十一年（1895）文奎堂刻本　蔡成題簽並記　十冊　存三種

330000－4736－0000475　0289　經部/四書類/總義之屬/傳說

四書讀本十九卷　（宋）朱熹章句　清同治七年（1868）東越聚奎堂刻本　七冊　缺七卷（論語六至十、孟子四至五）

330000－4736－0000477　0274　經部/叢編

五經備旨四十五卷　（清）鄒聖脉纂輯　清光緒十二年（1886）上海點石齋石印本　三冊　存十一卷（易經一至三、禮記四至七、春秋一至四）

330000－4736－0000478　0448　經部/小學類/文字之屬/字書/字典

康熙字典十二集三十六卷總目一卷檢字一卷辨似一卷等韻一卷補遺一卷備考一卷　（清）張玉書等纂修　清光緒三十年（1904）上海錦章書局石印本　三冊　存二十卷（寅集上中下、卯集上中下、辰集上中下、酉集上中下、戌集上中下、亥集上中下，補遺,備考）

330000－4736－0000485　0074　經部/易類/傳說之屬

易經大全會解四卷　（清）來爾繩纂輯　（清）朱采治　（清）朱之澄編訂　清光緒二十年（1894）裕德局刻本　二冊

330000－4736－0000486　0009　經部/禮記類/傳說之屬

禮記集說十卷 （元）陳澔撰 清光緒二十二年(1896)學庫山房刻本 九冊 缺一卷(四)

330000－4736－0000488 0596 經部/四書類/總義之屬/傳說

四書正文七卷 清末刻本 鍾蕩文觀款 一冊 存一卷(孟子一)

330000－4736－0000490 0606 經部/禮記類/傳說之屬

淑芳軒合纂禮記體註四卷 （清）范翔撰 清刻本 二冊 缺二卷(一至二)

330000－4736－0000491 0199 子部/儒家類/儒家之屬

孔氏家語十卷 （三國魏）王肅注 清末勤思堂刻本 景山題籤並記 三冊 缺二卷(九至十)

330000－4736－0000495 0203 子部/醫家類/本草之屬/歷代綜合本草

增訂本草備要四卷附醫方湯頭歌訣一卷經絡歌訣一卷 （清）汪昂撰 清文奎堂刻本 蔡富洌題籤並記 四冊

330000－4736－0000500 0048 子部/術數類/命書相書之屬

鋼關刀四卷 清光緒二十九年(1903)成文堂刻本 一冊 存二卷(一至二)

330000－4736－0000504 0353 新學/學校

初等小學算術教授書□□卷 （清）學部編譯圖書局編纂 清宣統二年(1910)學部圖書局鉛印本 一冊 存一卷(一)

330000－4736－0000505 0201 經部/四書類/總義之屬/傳說

四書集註（四書章句集註、四書）十九卷 （宋）朱熹撰 清刻本 一冊 存一卷(孟子三)

330000－4736－0000507 0264 子部/藝術類/書畫之屬/法帖

陸潤庠書大楷讀書樂一卷 （清）陸潤庠書 清上海尚古山房石印本 一冊

330000－4736－0000508 0397 子部/藝術類/書畫之屬/法帖

大唐太宗文皇帝製三藏聖教序不分卷 （唐）褚遂良書 清石印本 一冊

330000－4736－0000509 0204 子部/術數類/命書相書之屬

詳解袁柳莊先生秘傳相法全編三卷 （明）袁忠徹撰 清刻本 一冊 存二卷(二至三)

330000－4736－0000510 0035 子部/術數類/占卜之屬

梅花易數五卷 （宋）邵雍撰 清石印本 一冊 存一卷(四)

330000－4736－0000511 0036 子部/術數類/占卜之屬

卜筮正宗十四卷 （清）王維德撰 清石印本 二冊 存九卷(四至十二)

330000－4736－0000512 0028 子部/醫家類/綜合之屬/通論

御纂醫宗金鑑內科七十四卷外科十六卷首一卷 （清）吳謙等撰 清刻本 棟成題籤並記 四冊 存四卷(內科十六、十八、二十一、三十)

330000－4736－0000515 0190 子部/宗教類/其他宗教之屬/基督教

德慧入門不分卷 （英國）楊格非著 （清）沈子星書 清光緒二十七年(1901)英漢書館鉛印本 一冊

330000－4736－0000516 0393 子部/宗教類/佛教之屬/諸宗

靈峰蕅益大師選定淨土十要十卷 （清）釋智旭輯 （清）釋成時評點節署 清刻本 一冊 存一卷(十)

330000－4736－0000520 0390 子部/宗教類/佛教之屬/經

地藏菩薩本願經二卷首一卷 題（唐）釋實叉難陀譯 清光緒十二年(1886)蘇州瑪瑙經房刻本 一冊

330000－4736－0000521 0394 子部/宗教

類/佛教之屬

雲棲法彙二十九種 清光緒二十三年至二十五年(1897－1899)金陵刻經處刻本 一冊 存一種

330000－4736－0000523 0398 子部/宗教類/佛教之屬/諸宗

修西定課一卷 (清)鄭澄德 (清)鄭澄源注 清光緒二十四年(1898)金陵刻經處刻本 一冊

330000－4736－0000524 0280 子部/宗教類/佛教之屬/經

金剛般若波羅蜜經一卷 (後秦)釋鳩摩羅什譯 **般若波羅蜜多心經一卷** (唐)釋玄奘譯 清刻本 二冊

330000－4736－0000525 0224 經部/四書類/總義之屬/傳說

新訂四書補注備旨十卷 (明)鄧林撰 (清)杜定基增訂 清寶文堂刻本 三冊 存五卷(大學、中庸、論語三至四、孟子四)

330000－4736－0000526 0385 史部/傳記類/科舉錄之屬/歷科登科錄

光緒辛丑壬寅恩正併科會試闈墨不分卷 清光緒二十七年(1901)鉛印本 一冊

330000－4736－0000527 0295 新學/雜著/叢編

新政應試必讀六卷 (清)顧厚焜鑒定 清光緒二十七年(1901)石印本 一冊 存一卷(二)

330000－4736－0000528 0299 史部/傳記類/科舉錄之屬/歷科登科錄

會試闈墨不分卷 清石印本 一冊

330000－4736－0000530 0311 子部/術數類/命書相書之屬

京鍥神峯張先生通考關謬命理正宗大全六卷 (明)張楠撰 清末石印本 一冊 存二卷(二至三)

330000－4736－0000531 0461 子部/宗教類/佛教之屬

釋教三字經一卷 (明)釋廣真撰 (清)釋敏修注 清同治十一年(1872)慧空經房刻本 一冊

330000－4736－0000532 0293 經部/四書類/總義之屬/傳說

四書讀本十九卷 (宋)朱熹章句 清光緒十三年(1887)玉山魏文星堂刻本 四冊 存九卷(大學、中庸、孟子一至七)

330000－4736－0000537 0339 經部/四書類/總義之屬/傳說

四書集註(四書章句集註、四書)十九卷 (宋)朱熹撰 清光緒三十二年(1906)上海商務印書館鉛印本 一冊 存五卷(論語一至五)

330000－4736－0000540 0248 類叢部/叢書類/彙編之屬

海山仙館叢書五十六種 (清)潘仕成編 清道光二十五年至咸豐元年(1845－1851)番禺潘氏刻光緒十一年(1885)增刻彙印本 一冊 存二種

330000－4736－0000541 0066 史部/傳記類/總傳之屬/技藝

國朝畫徵錄三卷續錄二卷 (清)張庚撰 **明人附錄一卷** (明)黎遂球 (明)袁樞撰 清乾隆四年(1739)睢州蔣泰、湯之昱刻本 一冊 存一卷(國朝畫徵錄一)

330000－4736－0000542 0059 子部/藝術類/書畫之屬

桐陰論畫三卷附錄一卷桐陰畫訣一卷續桐陰論畫一卷 (清)秦祖永撰 清同治三年至六年(1864－1867)刻朱墨套印本 一冊

330000－4736－0000543 0202 史部/傳記類/總傳之屬

國朝畫家書小傳四卷附荔香室小傳一卷 葉銘輯 清宣統元年(1909)西泠印社鉛印本 一冊

330000－4736－0000547 0514 史部/金石類/金之屬/文字

積古齋鐘鼎彝器款識十卷　（清）阮元　（清）朱爲弼撰　清末石印本　一冊　存二卷（五至六）

330000－4736－0000548　0493　史部/金石類/金之屬/文字

歷代鐘鼎彝器款識法帖二十卷　（宋）薛尚功撰　清嘉慶二年（1797）儀徵阮元小琅環僊館刻本　四冊

330000－4736－0000549　0460　史部/政書類/律令之屬/律例

大清律例統纂集成四十卷附洗冤錄檢屍圖格一卷　（清）姚潤纂輯　（清）胡煦　（清）陳俊生增輯　清光緒二十一年（1895）刻本　清碧峰主人題簽並記　十六冊　缺十三卷（一、四至十二、十八至十九、二十九）

330000－4736－0000550　0555　經部/小學類/文字之屬/字書/字典

康熙字典十二集三十六卷總目一卷檢字一卷辨似一卷等韻一卷補遺一卷備考一卷　（清）張玉書等纂修　清末石印本　四冊　存二十三卷（巳集上中下、午集上中下、未集上中下、申集上中下、酉集上中下、戌集上中下、亥集上中下，補遺，備考）

330000－4736－0000551　0471　子部/藝術類/篆刻之屬/印譜

鐵耕小築印集不分卷　（清）劉慶祥篆刻　清宣統元年（1909）鈐印本　四冊

330000－4736－0000553　0449　史部/金石類/總志之屬

金石索十二卷首一卷　（清）馮雲鵬　（清）馮雲鵷輯　清末石印本　二冊　存一卷（石索五）

330000－4736－0000555　0604　集部/別集類/清別集

翁松禪手劄不分卷　（清）翁同龢撰　清末石印本　一冊

330000－4736－0000561　0612　經部/小學類/文字之屬/字書/字典

康熙字典十二集三十六卷總目一卷檢字一卷辨似一卷等韻一卷補遺一卷備考一卷　（清）張玉書等纂修　清光緒三十三年（1907）上海鴻文書局石印本　一冊　存六卷（子集上中下、丑集上中下）

330000－4736－0000564　0220　子部/醫家類/外科之屬/通論

重訂外科正宗十二卷　（明）陳實功撰　（清）張鷟翼重訂　清寶翰樓刻本　六冊　存十卷（一至十）

330000－4736－0000566　0556　經部/小學類/文字之屬/字書/字典

康熙字典十二集三十六卷總目一卷檢字一卷辨似一卷等韻一卷補遺一卷備考一卷　（清）張玉書等纂修　清光緒上海久敬齋石印本　六冊

330000－4736－0000567　0547　經部/小學類/訓詁之屬/字詁

增訂金壺字考十九卷二集二十一卷補錄一卷補註一卷　（宋）釋適之編　（清）田朝恒增訂並續編　清乾隆二十四年至二十七年（1759－1762）貽安堂刻本　二冊　存二十五卷（增訂金壺字考一至十九，二集一至二、八至十一）

330000－4736－0000572　0114　經部/小學類/文字之屬/字書/字典

攷正字彙二卷　（清）陳溟子撰　清光緒十七年（1891）上海書局石印本　一冊

330000－4736－0000576　0231　經部/小學類/文字之屬/字書/字典

康熙字典十二集三十六卷總目一卷檢字一卷辨似一卷等韻一卷補遺一卷備考一卷　（清）張玉書等纂修　清光緒三十年（1904）上海錦章書局石印本　六冊

330000－4736－0000582　0092　子部/醫家類/本草之屬/歷代綜合本草

本草綱目五十二卷附圖三卷瀕湖脈學一卷脈訣攷證一卷奇經八脈攷一卷　（明）李時珍撰　本草萬方鍼線八卷　（清）蔡烈先輯　本草綱目拾遺十卷　（清）趙學敏輯　清光緒十四

年(1888)上海鴻寶齋石印本 一冊 存二卷
（圖二至三）

330000－4736－0000587 0422 新學/醫學/
衛生學

生理解剖圖說一卷 清光緒三十四年（1908）
掃葉山房鉛印本 一冊

330000－4736－0000588 0043 子部/醫家
類/方書之屬/單方驗方

醫方捷徑一卷 （明）羅必煒撰 清刻本 蔡
富洌題簽並記 一冊

330000－4736－0000589 0434 子部/醫家
類/類編之屬

南雅堂醫書外集二十七種 清末石印本 一
冊 存八種

330000－4736－0000596 0205 子部/術數
類/相宅相墓之屬

增補地理原真□□卷 （清）釋如玉撰 清末
刻本 槐山題簽並記 二冊 存四卷（四至
五、八至九）

330000－4736－0000597 0239 子部/術數
類/陰陽五行之屬

欽定協紀辨方書三十六卷 （清）允祿 （清）
張照等纂修 清末刻本 二冊 存四卷（一
至二、十六至十七）

330000－4736－0000600 0063 子部/術數
類/相宅相墓之屬

楊曾地理元文四種附二種 （清）端木國瑚注
清道光五年（1825）刻本 一冊 存二種

330000－4736－0000615 0126 集部/小說
類/長篇之屬

西漢演義六卷 （明）甄偉撰 **東漢演義四卷**
（明）謝詔撰 清刻本 林昇題簽並記 三
冊 存三卷（五至六、東漢演義一）

330000－4736－0000617 0133 集部/小說
類/長篇之屬

增像全圖西漢演義四卷一百回 （明）甄偉撰
清光緒三十年（1904）上海書局鉛印本 三
冊 存三卷（一至三）

330000－4736－0000618 0661 集部/小說
類/長篇之屬

繡像東漢演義四卷一百二十六回 （明）謝詔
撰 清宣統三年（1911）上海會文堂石印本
二冊

330000－4736－0000620 0591 史部/史評
類/史論之屬

讀史論畧增註三卷 （清）杜詔撰 （清）唐桂
註 （清）傅傅增註 清光緒七年（1881）永嘉
徐氏刻本 一冊 存一卷（三）

330000－4736－0000631 0104 子部/術數
類/陰陽五行之屬

通德類情十三卷 （清）沈重華輯 清刻本
七冊 缺一卷（三）

330000－4736－0000634 0049 子部/術數
類/命書相書之屬

新刊合併官板音義評註淵海子平五卷 （宋）
徐升編 清芸生堂刻本 毛世侃題簽並記
四冊

330000－4736－0000635 0001 子部/雜著
類/雜說之屬

草木子四卷 （明）葉子奇撰 清光緒刻本
二冊

330000－4736－0000637 0003 子部/雜著
類/雜說之屬

草木子四卷 （明）葉子奇撰 清光緒刻本
一冊 存二卷（三至四）

330000－4736－0000638 0004 子部/雜著
類/雜說之屬

草木子四卷 （明）葉子奇撰 清光緒四年至
五年（1878－1879）葉氏居德堂刻本 一冊

330000－4736－0000645 0094 子部/醫
家類

靈素節要淺註十二卷 （清）陳念祖撰 清末
石印本 一冊 存八卷（五至十二）

330000－4736－0000655 0008 子部/雜著
類/雜說之屬

讀史比事三卷 （清）林撝撰 清光緒四年

（1878）刻本　一冊

330000－4736－0000657　0006　集部/總集類/題詠之屬

濟川橋題贈集一卷　（清）李忠昭編　清光緒四年（1878）刻本　一冊

330000－4736－0000661　0788　經部/四書類/總義之屬/傳說

四書題鏡味根合編三十九卷　（清）金澂（清）汪鯉翔撰　清末石印本　一冊　存四卷（孟子十一至十四）

330000－4736－0000662　0047　類叢部/類書類/通類之屬

重訂增廣試帖玉芙蓉□□卷　清末石印本一冊　存一卷（六）

330000－4736－0000663　0787　子部/醫家類/方書之屬/單方驗方

驗方新編十六卷　（清）鮑相璈輯　清刻本一冊　存二卷（十五至十六）

330000－4736－0000666　0530　子部/雜著類/雜說之屬

翼齋文韏二卷　劉鳴岐撰　清抄本　二冊

330000－4736－0000668　0678　經部/四書類/總義之屬/傳說

四書味根錄三十七卷　（清）金澂撰　清刻本一冊　存四卷（孟子七至十）

330000－4736－0000669　0301　集部/總集類/課藝之屬

小題指南初集不分卷二集不分卷三集不分卷　（清）吳次歐輯　清道光十五年（1835）刻本毛俊升題簽並記　七冊

330000－4736－0000672　0741　史部/編年類/通代之屬

鼎鋟趙田了凡袁先生編纂古本歷史大方綱鑑補三十九卷首一卷　（明）袁黃纂　御撰資治通鑑綱目三編二十卷　（清）張廷玉等編次清光緒二十五年（1899）益記書局石印本　八冊　存三十六卷（首、一至三十五）

330000－4736－0000674　0701　經部/群經總義類

經文最新□□種　（清）葛士清等撰　清石印本　四冊　存四種

330000－4736－0000677　0703　集部/總集類/課藝之屬

小題文府不分卷　清石印本　一冊　存上論

330000－4736－0000678　0116　集部/總集類/課藝之屬

大題文府□□卷　（清）管世銘等撰　清石印本　二冊　存一卷（中庸）

330000－4736－0000680　0699　經部/四書類/總義之屬/傳說

四書味根錄三十七卷　（清）金澂撰　清漱芳閣石印本　一冊　存十卷（論語一至十）

330000－4736－0000682　0698　經部/群經總義類/傳說之屬

四書五經新義不分卷　（清）□□撰　清光緒二十八年（1902）上海書局石印本　一冊　存四書新義

330000－4736－0000683　0060　經部/小學類/文字之屬/字書/字典

康熙字典十二集三十六卷總目一卷檢字一卷辨似一卷等韻一卷補遺一卷備考一卷　（清）張玉書等纂修　清道光七年（1827）刻本　四冊　存六卷（丑集上、總目、檢字、辨似、等韻、備考）

330000－4736－0000684　0774　集部/總集類/課藝之屬

精選時文不分卷　（清）朱鴻儒等撰　清抄本星鑑題簽並記　一冊

330000－4736－0000685　0243　子部/儒家類/儒學之屬/禮教

修身錄一卷　王昌傑撰　清光緒二十四年（1898）□務本堂石印本　一冊

330000－4736－0000686　0773　子部/雜著類

二十藝云不分卷　暾東先生著　清抄本　毛

德輶題簽並記　一冊

330000－4736－0000687　0268　集部/總集類/課藝之屬

大題十萬選□□卷　張慶同等撰　清石印本　三冊　存三卷（大學、中庸、論語）

330000－4736－0000688　0276　集部/總集類/課藝之屬

小題三萬選不分卷　（清）求是齋主人輯　清末石印本　五冊　存中庸、上論、上孟、下孟

330000－4736－0000689　0759　經部/四書類/總義之屬/傳說

四書體註十九卷　（宋）朱熹撰　（清）范翔參訂　清刻本　毛登鰲題簽並記　一冊　存三卷（孟子一至三）

330000－4736－0000690　0611　集部/曲類/寶卷之屬

太華山紫金嶺兩世修行劉香寶卷全集二卷（清）□□撰　清刻本　二冊

330000－4736－0000691　0690　經部/四書類/總義之屬/傳說

四書體註十九卷　（宋）朱熹撰　（清）范翔參訂　清刻本　一冊　存二卷（孟子四至五）

330000－4736－0000702　0031　子部/醫家類/綜合之屬/通論

御纂醫宗金鑑內科七十四卷外科十六卷首一卷　（清）吳謙等撰　清刻本　邱章□題簽並記　一冊　存一卷（外科十二）

330000－4736－0000704　0067　經部/四書類

古文之學不分卷　（清）毛世侃等撰　清同治九年（1870）抄本　一冊

330000－4736－0000706　0716　史部/政書類/公牘檔冊之屬

龍泉下田張公良房分鬮記不分卷　（清）邱席珍　張□詩代筆　清光緒三十三年至民國五年（1907－1916）稿本　張□□題簽並記　一冊

330000－4736－0000709　0718　集部/總集類/選集之屬

清賦集三卷　張慰堃等撰　清光緒二十一年（1895）石印本　一冊

330000－4736－0000711　0734　集部/別集類/清別集

林蕙堂全集二十六卷　（清）吳綺撰　清刻本　一冊　存五卷（五至九）

330000－4736－0000717　0769　史部/地理類/方志之屬/郡縣志

[光緒]遂昌縣志摘抄不分卷　（清）胡壽海　（清）史恩緯修　（清）褚成允纂　清末抄本　一冊

330000－4736－0000721　0782　集部/總集類/課藝之屬

芸窗課稿不分卷　（清）毛萬順記　清抄本　清毛萬順題簽並記　一冊

330000－4736－0000724　0779　史部/傳記類/科舉錄之屬/歷科鄉試錄

揀選北闈鄉墨不分卷　（清）彭樹萱等撰　清光緒三十三年（1907）抄本　二冊

330000－4736－0000725　0783　經部/群經總義類/文字音義之屬

十三經集字摹本不分卷分畫便查一卷韻有經無各字摘錄一卷　（清）彭玉雯撰　清末刻本　六冊

330000－4736－0000730　0106　集部/總集類/課藝之屬

小搭文林不分卷　（清）□□輯　清石印本　一冊　存孟子葉五十三至一百二十七

330000－4736－0000733　0807　子部/醫家類/本草之屬/歷代綜合本草

本草綱目五十二卷　（明）李時珍撰　清末石印本　一冊　存二卷（十一至十二）

330000－4736－0000734　0808　子部/醫家類/綜合之屬

經驗要方不分卷　清抄本　一冊

330000－4736－0000735　0030　子部/醫家類/醫案之屬

古代醫案藥方不分卷　清抄本　一冊

330000－4736－0000736　0409　集部/別集類/元別集

木訥齋文集五卷附錄一卷　（元）王毅撰　清乾隆二十七年（1762）蘇遇龍刻本　一冊

330000－4736－0000740　0314　經部/叢編

東皋詠嘯錄　（清）則周氏揀選　清抄本　三冊　存二種

330000－4736－0000742　0775　集部/總集類/課藝之屬

八十五篇文不分卷　清抄本　一冊

330000－4736－0000744　0778　子部/雜家類

揀選甕窗破□□一卷　清抄本　一冊

330000－4736－0000745　0780　集部/總集類/課藝之屬

精選讀文不分卷　清抄本　清毛萬順題簽並記　一冊

330000－4736－0000746　0776　集部/總集類/課藝之屬

精選時文不分卷　（清）高煥然等撰　清抄本　一冊

330000－4736－0000747　0810　集部/別集類/清別集

小倉山房詩集三十一卷補遺一卷附錄一卷　（清）袁枚撰　清刻本　清毛金章題簽並記　一冊　存六卷（二十五、二十七至三十一）

330000－4736－0000748　0811　集部/總集類/課藝之屬

精選搭題講吊渡讀文一卷　（清）趙文龍等撰　清抄本　一冊

330000－4736－0000751　0813　類叢部/類書類/專類之屬

詩學含英十四卷　（清）劉文蔚輯　清刻本　一冊　存四卷（五至八）

330000－4736－0000755　0710　子部/藝術類/書畫之屬/法帖

朱柏廬先生治家格言一卷　（清）朱用純撰　（清）汪洵書　清光緒三十四年（1908）石印本　一冊

330000－4736－0000766　0772　史部/傳記類/科舉錄之屬/歷科鄉試錄

西流洗滌不分卷　（清）吳肇嘉等撰　（清）周師明氏錄　清光緒抄本　一冊

330000－4736－0000767　0007　史部/地理類/方志之屬/郡縣志

［光緒］龍泉縣志十二卷首一卷　（清）顧國詔修　（清）張世埙纂　清光緒四年（1878）刻本　一冊　存一卷（十）

330000－4736－0000770　0687　史部/政書類/律令之屬/刑制

刪訂條例□□卷成案續編□□卷　清光緒二十一年（1895）刻本　清碧峰主人題簽並記　八冊　存條例乾隆二十一年、二十三年、二十五年至二十六年、二十八年至二十九年、三十七年、三十九年至四十年、四十六年至四十八年、五十五年,成案續編一至三、六至七、十一

330000－4736－0000771　0075　新學/雜著

官商快覽酬世全書不分卷　清光緒三十四年（1908）石印本　一冊

330000－4736－0000772　0068　史部/地理類/方志之屬/郡縣志

［同治］雲和縣志十六卷首一卷　（清）伍承吉修　（清）涂冠續修　（清）王士鈖纂　清咸豐七年（1857）修同治三年（1864）續修刻本　三冊　存八卷（七至十、十三至十六）

330000－4736－0000773　0050　史部/地理類/方志之屬/郡縣志

［光緒］慶元縣志十二卷首一卷　（清）林步瀛修　（清）史恩緯修　（清）史恩緒等纂　清光緒三年（1877）刻本　十冊

330000－4736－0000774　0064　史部/地理類/方志之屬/郡縣志

［光緒］慶元縣志十二卷首一卷 （清）林步瀛 （清）史恩緯修 （清）史恩緒等纂 清光緒三年（1877）刻本 三冊 存二卷（九、十二）

330000－4736－0000775 0200 史部/地理類/方志之屬/郡縣志

［光緒］處州府志三十卷首一卷末一卷 （清）潘紹詒修 （清）周榮椿纂 清光緒三年（1877）刻本 二十四冊 缺五卷（八至九、十一至十三）

330000－4736－0000776 0733 子部/宗教類/佛教之屬/經

金剛經一卷 （後秦）釋鳩摩羅什譯 清刻本 一冊

330000－4736－0000778 0431 史部/紀傳類/正史之屬

二十四史 清光緒十四年（1888）上海圖書集成印書局鉛印本 一百四冊 存十七種

青田縣圖書館　古籍普查登記目録

全國古籍普查登記目録·浙江麗水

國家圖書館出版社

National Library of China Publishing House

歌詩編第二

吳絲蜀桐張高秋空山凝雲頹不流

愁李憑中國彈箜篌崑山玉碎鳳凰叫芙蓉泣露香

蘭笑十二門前融冷光二十三絲動紫篁女媧鍊石

補天處石破天驚逗秋雨夢入神山教神嫗老魚跳

波瘦蛟舞吳質不眠倚桂樹露腳斜飛濕寒兔

殘絲曲

垂楊葉老鶯哺兒殘絲欲斷黃蜂歸綠嬌少年金釵

330000－4728－0000003　普 03　史部/地理類/方志之屬/郡縣志

[光緒]青田縣志十八卷首一卷　（清）雷銑修　（清）王棻纂　清光緒元年至二年(1875－1876)刻本　十冊　缺五卷(六至七、九至十、十三)

縉雲縣圖書館
古籍普查登記目録

全國古籍普查登記目録·浙江麗水

國家圖書館出版社
National Library of China Publishing House

《縉雲縣圖書館古籍普查登記目錄》
編委會

主　　編：斜偉明

副主編：辛福民　上官青

編　　委：吳偉亞　樊咏梅　金夢凡　陸芝佳

《縉雲縣圖書館古籍普查登記目錄》

前　言

　　縉雲縣圖書館成立於 1979 年 6 月,是基於民國時期的"民衆教育館"和中華人民共和國成立初期的"縉雲縣人民圖書館"所建立。館藏古籍中一部分爲民國時期"民衆教育館"所留存和當時的本地名流所捐贈,但大部分還是 20 世紀 60 年代從造紙廠搶救回來的書籍。通過此次普查,我館登記在册的古籍和民國文獻近 2000 部,藏量在麗水市的公共圖書館中居於首位。其中,1912 年以前古籍有 1088 部 6919 册。這些寶貴的文獻資料能留存下來,實屬不易,不僅反映出縉雲人興盛的崇學之風和源遠流長的耕讀家風,而且體現了一代代圖書館人孜孜以求的敬業精神。

　　縉雲自唐武周萬歲登封元年(696)建縣,至今已有 1300 多年的歷史,有着"黄帝縉雲、人間仙都"和"北陵南祠"之美譽。縉雲歷史上出過 184 名進士,唐至清有 578 人立傳。自宋代國子監司業胡份辭歸鄉里創辦"東山書院",至元明清先後創設書院 10 餘家。清光緒年間,王樹梅先生在縣府前開設"王富春書店",民國間李懷新開設"文華閣"等,經營圖書、文房四寶兼刻印書籍。除此之外,民國時期出現了一批民間刻印者,如:靖岳鄉丁子良、舒洪鎮岩門村麻志雲、壺鎮潛明村蔣爾模等,他們分布在農村,以木活字的形式印製族譜和經書。從此次普查中發現部分出自"王富春書店""文華閣"的圖書,還有各姓氏的族譜,用紙講究,印刷精良,是不可再生的文獻資料。

　　我館幾經搬遷,終於有了較規範的古籍專庫。2012 年 10 月,我館響應"中華古籍保護計劃",進一步完善庫房設施條件。2013 年,我館獲批首批"浙江省古籍保護達標單位"。2014 年底,我館完成了全國古籍普查登記平臺的著録登記工作。2015 年,我館又獲批爲首批"浙江省省級古籍修復站"。

　　雖然我館的古籍保護條件有所改善,但終因年代久遠和前期保管不善等原因,部分古籍產生蟲蛀、絮化和霉爛等現象,急需不斷加强修復等相關保護工作。這些古籍是我縣重要的文化財富,保護好、傳承好、利用好古籍文獻,對於繼承和發掘中華民族優秀傳統文化、弘揚以愛國主義爲核心的民族精神和以改革創新爲核心的時代精神、推進社會主義文化大發展大繁榮,都具有十分重要的意義。

縉雲縣圖書館

2018 年 2 月

330000－4729－0000001　普 0001　經部/
叢編

**重刊宋本十三經注疏四百十六卷　附十三經
注疏校勘記四百十六卷**　（清）阮元撰　（清）
盧宣旬摘錄　**校勘記識語四卷**　（清）汪文臺
撰　清光緒二十三年(1897)上海點石齋石印
本　一冊　存一種

330000－4729－0000002　普 0002　經部/易
類/傳說之屬

**周易本義四卷附圖說一卷卦歌一卷筮儀一卷
五贊一卷**　（宋）朱熹撰　清李光明莊刻本
二冊

330000－4729－0000003　普 0003　經部/書
類/傳說之屬

尚書離句六卷　（清）錢在培輯解　清刻本
二冊

330000－4729－0000004　普 0004　經部/易
類/傳說之屬

讀易蒐十二卷　（清）鄭虞唐撰　清光緒四年
(1878)五雲松溪刻本　三冊　存六卷(一至
四、九至十)

330000－4729－0000005　經 0005　經部/書
類/傳說之屬

**欽定書經傳說彙纂二十一卷首二卷末一卷書
序一卷**　（清）王頊齡等纂　清光緒十九年
(1893)湖南寶慶漱芳閣刻本　七冊

330000－4729－0000006　普 0006　經部/書
類/傳說之屬

尚書離句六卷　（清）錢在培輯解　清光緒十
年(1884)立言堂刻本　二冊

330000－4729－0000007　普 0007　經部/書
類/傳說之屬

尚書離句六卷　（清）錢在培輯解　清光緒四
年(1878)越城聚奎堂刻本　一冊

330000－4729－0000008　普 0008　經部/易
類/傳說之屬

易經增訂旁訓三卷　（清）徐立綱撰　清刻本
二冊

330000－4729－0000009　普 0009　經部/易
類/傳說之屬

易經增訂旁訓三卷　（清）徐立綱撰　清文奎
堂刻本　二冊

330000－4729－0000010　善 0010　經部/
叢編

十三經注疏　（明）□□輯　明崇禎元年至十
二年(1628－1639)古虞毛氏汲古閣刻本　醉
珊題簽並記　十六冊　存四種

330000－4729－0000011　普 0011　經部/易
類/傳說之屬

**周易本義四卷附圖說一卷卦歌一卷筮儀一卷
五贊一卷**　（宋）朱熹撰　清李光明莊刻本
二冊

330000－4729－0000012　普 0012　經部/
叢編

御纂七經　（清）李光地等纂修　清同治六年
至九年(1867－1870)浙江書局刻本　十冊
存一種

330000－4729－0000013　普 0013　經部/
叢編

三經精華　（清）薛嘉穎輯　清光緒二年
(1876)浙寧簡香齋刻本　三冊　存一種

330000－4729－0000014　普 0014　經部/
叢編

增訂四經精華　（清）魏朝俊輯　清光緒十四
年(1888)魏氏古香閣刻本　三冊　存一種

330000－4729－0000015　普 0015　經部/
叢編

四經精華　（清）薛嘉穎輯　清道光姑蘇步月
樓刻本　三冊　存一種

330000－4729－0000016　普 0016　經部/易
類/傳說之屬

讀易蒐十二卷　（清）鄭虞唐撰　清光緒四年
(1878)五雲松溪刻本　六冊

330000－4729－0000017　普 0017　經部/書
類/傳說之屬

書經集傳六卷首一卷末一卷　（宋）蔡沈撰

清同治五年(1866)金陵書局刻本　四冊

330000－4729－0000018　普 0018　經部/詩
類/傳說之屬

詩經精華十卷　(清)薛嘉穎輯　清刻本
六冊

330000－4729－0000019　普 0019　經部/
叢編

四經精華　(清)魏朝俊輯　清光緒十一年
(1885)魏氏古香閣刻本　六冊　存一種

330000－4729－0000020　普 0023　經部/詩
類/傳說之屬

欽定詩經傳說彙纂二十一卷首二卷詩序二卷
　(清)聖祖玄燁定　(清)王鴻緒　(清)揆
敘總裁　清光緒十九年(1893)湖南寶慶漱芳
閣刻本　四冊　存六卷(首一至二、一至四)

330000－4729－0000021　普 0021　經部/詩
類/傳說之屬

詩經精華十卷　(清)薛嘉穎輯　清道光七年
(1827)姑蘇步月樓刻本　五冊

330000－4729－0000022　普 0022　經部/詩
類/傳說之屬

詩經精華十卷　(清)薛嘉穎輯　清同治七年
(1868)姑蘇文瑞樓刻本　六冊

330000－4729－0000023　普 0024　經部/詩
類/傳說之屬

欽定詩經傳說彙纂二十一卷首二卷詩序二卷
　(清)聖祖玄燁定　(清)王鴻緒　(清)揆
敘總裁　清刻本　醉珊題籤　十五冊　存二
十三卷(欽定詩經傳說彙纂一至二十一、詩序
一至二)

330000－4729－0000024　普 0020　經部/
叢編

四經精華　(清)魏朝俊輯　清光緒十一年
(1885)魏氏古香閣刻本　二冊　存一種

330000－4729－0000026　普 0029　經部/詩
類/傳說之屬

詩經旁訓辨體合訂四卷　(清)徐立綱輯　清
文華堂刻本　三冊

330000－4729－0000028　普 0027　經部/詩
類/傳說之屬

詩經集傳八卷　(宋)朱熹撰　清光緒九年
(1883)京都隆福寺寶書堂刻本　三冊　存五
卷(一至五)

330000－4729－0000029　普 0028　經部/詩
類/傳說之屬

欽定詩經傳說彙纂二十一卷首二卷詩序二卷
　(清)聖祖玄燁定　(清)王鴻緒　(清)揆
敘總裁　清刻本　四冊　存八卷(六至十三)

330000－4729－0000030　普 0030　經部/周
禮類/傳說之屬

周禮六卷　(漢)鄭玄注　(唐)陸德明音義
清末江南城李光明莊刻本　六冊

330000－4729－0000032　普 0032　經部/周
禮類/傳說之屬

周禮精華六卷　(清)陳龍標輯　清嘉慶刻本
六冊

330000－4729－0000033　普 0033　經部/
叢編

御纂七經　(清)李光地等纂修　清光緒十九
年(1893)漱芳閣刻本　十三冊　存一種

330000－4729－0000034　普 0105　經部/四
書類/總義之屬/傳說

四書集註(四書章句集註、四書)十九卷
(宋)朱熹撰　清末刻本　二冊　存五卷(孟
子一至五)

330000－4729－0000035　普 0035　經部/儀
禮類/傳說之屬

儀禮十七卷　(漢)鄭玄注　**附校錄一卷續校
一卷**　(清)黃丕烈撰　清同治七年(1868)湖
北崇文書局刻本　四冊

330000－4729－0000036　普 0036　經部/儀
禮類/傳說之屬

儀禮十七卷　(漢)鄭玄注　**附校錄一卷續校
一卷**　(清)黃丕烈撰　清同治九年(1870)楚
北崇文書局刻本　二冊

330000－4729－0000037　普 0037　經部/儀

禮類/傳說之屬

欽定儀禮義疏四十八卷首二卷 （清）朱軾等撰　清光緒漱芳閣刻本　十一冊　存二十二卷(一至十五、三十八至三十九、四十二至四十三、四十五、四十七至四十八)

330000－4729－0000038　普 0038　經部/叢編

十三經讀本 （清）□□編　清同治金陵書局刻本　十冊　存一種

330000－4729－0000039　普 0039　經部/禮記類/傳說之屬

禮記集說十卷 （元）陳澔撰　清光緒二十一年(1895)玉山姜文奎堂刻本　十冊

330000－4729－0000040　普 0040　經部/禮記類/傳說之屬

禮記集說十卷 （元）陳澔撰　清紫巖存心齋刻本　十冊

330000－4729－0000041　普 0041　經部/禮記類/傳說之屬

禮記節本十卷 （清）汪基撰　清宣統元年(1909)上海會文學社石印本　六冊

330000－4729－0000042　普 0042　經部/叢編

重刊宋本十三經注疏七十五卷　附十三經注疏校勘記七十五卷 （清）阮元撰　（清）盧宣旬摘錄　**校勘記識語四卷** （清）汪文臺撰　清光緒二十四年(1898)上海點石齋石印本　五冊　存一種

330000－4729－0000043　普 0043　經部/禮記類/傳說之屬

禮記集說十卷 （元）陳澔撰　清杭城文光堂刻本　五冊　存五卷(一、五至七、九)

330000－4729－0000044　普 0044　經部/禮記類/傳說之屬

欽定禮記義疏八十二卷首一卷 （清）聖祖玄燁撰　清光緒十九年(1893)湖南寶慶漱芳閣刻本　六冊　存十四卷(首,一至二、六至十四、二十五至二十六)

330000－4729－0000046　普 0046　經部/春秋左傳類/傳說之屬

評點春秋綱目左傳句解彙雋六卷 （清）韓菼重訂　清光緒狀元閣李光明莊刻本　六冊

330000－4729－0000047　普 0047　經部/春秋公羊傳類/傳說之屬

春秋公羊傳十一卷 （漢）何休注　（唐）陸德明音義　清光緒十二年(1886)星沙文昌書局刻本　六冊

330000－4729－0000048　普 0048　經部/春秋公羊傳類/傳說之屬

春秋公羊傳十一卷 （漢）何休注　（唐）陸德明音義　清同治七年(1868)湖北崇文書局刻本　四冊

330000－4729－0000049　普 0049　經部/春秋穀梁傳類/傳說之屬

春秋穀梁傳十二卷 （晉）范甯集解　（唐）陸德明音義　清光緒十二年(1886)星沙文昌書局刻本　六冊

330000－4729－0000050　善 0050　類叢部/叢書類/自著之屬

率祖堂叢書八種附六種 （宋）金履祥撰　清雍正至乾隆金華金氏刻光緒十三年(1887)鎮海謝駿德補刻本　十一冊　存八種

330000－4729－0000051　善 0051　經部/小學類/文字之屬/字書/字典

字彙十二卷首一卷末一卷 （明）梅膺祚撰　清雍正九年(1731)經德堂刻本　十二冊　缺四卷(首,丑,寅,末)

330000－4729－0000052　善 0052　史部/雜史類/通代之屬

史脟二卷 （清）周金壇纂輯　（清）金弼大校訂　清刻本　二冊

330000－4729－0000053　善 0053　類叢部/叢書類/彙編之屬

祕書廿一種 （清）汪士漢編　清康熙七年(1668)新安汪氏刻本　二冊　存一種

330000－4729－0000054　善 0054　子部/

叢編

徐氏三種 （清）徐士業編 清康熙刻本 一
冊 存一種

330000－4729－0000055 善0055 集部/楚
辭類

屈騷心印五卷首一卷 （清）夏大霖撰 清乾
隆九年（1744）夏景頤一本堂刻本 一冊

330000－4729－0000056 善0056 集部/別
集類/唐五代別集

杜詩詳注三十一卷首一卷 （唐）杜甫撰
（清）仇兆鰲輯注 清大文堂刻本（卷二十六
至三十一嗣刻） 二十六冊 缺二卷（十七至
十八）

330000－4729－0000057 善0057 集部/別
集類/唐五代別集

羅昭諫集八卷 （唐）羅隱撰 清康熙九年
（1670）刻本 六冊

330000－4729－0000058 善0058 集部/別
集類/唐五代別集

玉谿生詩詳注三卷樊南文集詳注八卷首一卷
附玉谿生年譜一卷 （唐）李商隱撰 （清）馮
浩箋注 清乾隆四十五年（1780）桐鄉馮氏德
聚堂刻本 四冊 存五卷（首、玉谿生詩詳注
一至三、年譜）

330000－4729－0000059 善0059 集部/別
集類/唐五代別集

李義山詩集三卷 （唐）李商隱撰 （清）朱鶴
齡箋注 （清）沈厚塽輯評 李義山詩譜一卷
附錄諸家詩評一卷 清同治九年（1870）廣州
倅署刻三色套印本 一冊 缺二卷（李義山
詩譜、附錄諸家詩評）

330000－4729－0000060 善0060 集部/別
集類/清別集

學稼堂文集八卷 （清）王崇炳撰 清乾隆二
十五年（1760）刻五十三年（1788）印本 三冊
缺一卷（一）

330000－4729－0000061 善0061 集部/別
集類/元別集

元鹿皮子集四卷 （元）陳樵撰 清刻本
二冊

330000－4729－0000062 善0062 集部/別
集類/唐五代別集

讀杜心解六卷首二卷 （清）浦起龍撰 清雍
正二年至三年（1724－1725）前澗浦氏寧我齋
刻本 二十四冊

330000－4729－0000063 普0188 類叢部/
類書類/專類之屬

四書典制類聯音註三十三卷 （清）闔其淵輯
清光緒二年（1876）鼉山草堂刻本 七冊
缺四卷（十五至十八）

330000－4729－0000064 普0120 經部/小
學類/訓詁之屬/爾雅

爾雅直音二卷 （清）孫侃輯 清道光八年
（1828）刻本 二冊

330000－4729－0000065 善0065 集部/總
集類/郡邑之屬

東陽歷朝詩九卷 （清）董肇勳輯 清刻乾隆
五十三年（1788）學耨堂印本 二冊

330000－4729－0000066 善0066 集部/總
集類/選集之屬/斷代

唐人萬首絕句選七卷 （清）王士禛輯 清雍
正十年（1732）刻本 二冊

330000－4729－0000067 善0067 集部/總
集類/選集之屬/斷代

雁山集詩草不分卷 （清）馨堂荃編 清同治
木活字印本 一冊

330000－4729－0000068 普0068 經部/春
秋左傳類/傳說之屬

春秋左傳（聚奎堂監本春秋左傳杜林）五十卷
（晉）杜預 （宋）林堯叟註釋 （唐）陸德
明音義 （明）鍾惺 （明）孫鑛 （明）韓范
評點 清刻本 十二冊

330000－4729－0000069 普0069 經部/春
秋左傳類/傳說之屬

春秋左傳（狀元閣印左傳杜林）五十卷 （晉）
杜預 （宋）林堯叟註釋 （唐）陸德明音義

（明）鍾惺　（明）孫鑛　（明）韓范評點　清狀元閣李光明莊刻本　九冊　缺九卷（十至十四、二十七至三十）

330000－4729－0000070　普0034　經部/詩類/傳說之屬

詩經旁訓辨體合訂四卷　（清）徐立綱輯　清文華堂刻本　四冊

330000－4729－0000072　普0097　經部/叢編

拜經堂叢書十種　（清）臧琳　（清）臧庸撰　清乾隆至嘉慶武進臧氏同述觀刻本　八冊　存一種

330000－4729－0000073　普0081　經部/群經總義類/傳說之屬

皇朝五經彙解二百七十卷附五經正文一卷（清）朱鏡清輯　清光緒十九年（1893）寶文書局石印本　九冊　存一百三十四卷（一至五、二十二至六十、七十一至八十二、九十九至一百六十、二百二十六至二百四十一）

330000－4729－0000075　普0084　經部/小學類/訓詁之屬/爾雅

爾雅注疏十一卷　（晉）郭璞注　（宋）邢昺疏　清末大文堂刻本　四冊

330000－4729－0000076　普0098　集部/別集類/漢魏六朝別集

陶淵明集十卷　（晉）陶潛撰　清宣統二年（1910）上海著易堂書局石印本　四冊

330000－4729－0000079　普0091　新學/史志/諸國史

泰西新史攬要二十四卷　（英國）馬懇西撰（英國）李提摩太譯　清光緒二十七年（1901）萬卷書樓刻本　八冊

330000－4729－0000080　普0115　子部/儒家類/儒學之屬/蒙學

小學千家詩人生必讀二卷　（清）余晦齋輯清光緒十年（1884）劍西企小學齋刻本　一冊

330000－4729－0000081　普0107　子部/叢編

二十二子（二十二子彙函）　（清）浙江書局編清光緒元年至三年（1875－1877）浙江書局刻本　十二冊　存四種

330000－4729－0000082　普0092　史部/政書類/通制之屬

資治新書二集二十卷　（清）李漁輯　清刻本十六冊

330000－4729－0000083　普0101　集部/別集類/清別集

韞山堂時文初集二卷二集四卷三集二卷（清）管世銘撰　清光緒十六年（1890）刻本四冊

330000－4729－0000084　普0109　子部/儒家類/儒家之屬

孔氏家語十卷　（三國魏）王肅注　清末刻本二冊　缺二卷（九至十）

330000－4729－0000085　普0086　史部/編年類/通代之屬

資治通鑑綱目五十九卷　（宋）朱熹撰　（明）陳仁錫評　**資治通鑑綱目續編一卷**　（明）陳桱撰　（明）陳仁錫評　**資治通鑑綱目前編二十五卷**　（明）南軒撰　（明）陳仁錫評　**續資治通鑑綱目二十七卷**　（明）商輅等撰　（明）陳仁錫評　清嘉慶九年（1804）姑蘇聚文堂刻本　十冊　存三卷（綱目一至三）

330000－4729－0000086　普00103　集部/別集類/清別集

犢山文稿不分卷　（清）周鎬撰　清光緒十八年（1892）槐蔭山房刻本　六冊

330000－4729－0000087　普0112　集部/別集類/明別集

劉子全書遺編二十四卷　（明）劉宗周撰（清）沈復燊編　清道光三十年（1850）刻光緒十八年（1892）重修本　十冊

330000－4729－0000088　普0083　經部/小學類/訓詁之屬/爾雅

爾雅注疏十一卷　（晉）郭璞注　（宋）邢昺疏清末聚盛堂刻本　三冊

330000－4729－0000091　普0075　經部/春秋左傳類/傳說之屬

評點春秋綱目左傳句解彙雋六卷　（清）韓菼重訂　清道光二十五年(1845)文華堂刻本　六冊

330000－4729－0000093　普0085　史部/紀傳類/正史之屬

二十四史附考證　清光緒同文書局據乾隆四年(1739)武英殿刻本影印本　十六冊　存一種

330000－4729－0000094　普0110　子部/叢編

十子全書　（清）王子興編　清嘉慶九年(1804)經綸堂刻本　八冊　存三種

330000－4729－0000096　普0076　經部/春秋左傳類/傳說之屬

春秋左傳五十卷　（晉）杜預　（宋）林堯叟註釋　（唐）陸德明音義　（明）鍾惺　（明）孫鑛　（明）韓范評點　清文淵堂刻本　十三冊　缺四卷（一、三十一至三十三）

330000－4729－0000097　普0071　經部/叢編

十三經讀本　（清）□□編　清同治金陵書局刻本　十冊　存一種

330000－4729－0000098　普0090　史部/地理類/山川之屬/山志

重修南海普陀山志二十卷首一卷　（清）秦耀曾輯　清道光十二年(1832)刻民國四年(1915)趙希伊補刻本　四冊

330000－4729－0000099　普0106　子部/叢編

二十二子(二十二子彙函)　（清）浙江書局編　清光緒元年至三年(1875－1877)浙江書局刻本　二冊　存一種

330000－4729－0000100　普0114　子部/儒家類/儒學之屬/性理

近思錄集注十四卷考訂朱子世家一卷　（清）江永撰　**校勘記一卷**　（清）王炳撰　清同治

八年(1869)江蘇書局刻本　四冊

330000－4729－0000101　普0077　經部/春秋左傳類/傳說之屬

春秋左傳三十卷　（晉）杜預　（宋）林堯叟註釋　（唐）陸德明音義　（明）鍾惺　（明）孫鑛　（明）韓范評點　清末刻本　十一冊　存十八卷（三至二十）

330000－4729－0000102　普0100　集部/別集類/唐五代別集

樊南文集詳註八卷　（唐）李商隱撰　（清）馮浩編訂　清乾隆四十五年(1780)德聚堂刻同治七年(1868)桐鄉馮氏重修本　四冊

330000－4729－0000103　普0072　經部/春秋左傳類/傳說之屬

春秋左傳(春秋左傳杜林合註)五十卷　（晉）杜預　（宋）林堯叟註釋　（唐）陸德明音義　（明）鍾惺　（明）孫鑛　（明）韓范評點　清奎照樓刻本　十二冊

330000－4729－0000104　普0074　經部/春秋左傳類/傳說之屬

評點春秋綱目左傳句解彙雋六卷　（清）韓菼重訂　清道光二十五年(1845)文華堂刻本　六冊

330000－4729－0000105　普0070　經部/春秋穀梁傳類/傳說之屬

春秋穀梁傳十二卷　（晉）范甯集解　（唐）陸德明音義　清同治七年(1868)湖北崇文書局刻本　四冊

330000－4729－0000106　普0073　經部/春秋總義類/傳說之屬

春秋宗朱辨義十二卷首一卷末一卷　（清）張自超撰　清光緒七年(1881)高淳書院刻本　八冊

330000－4729－0000107　普0078　經部/春秋左傳類/傳說之屬

曲江書屋新訂批註左傳快讀十八卷首一卷　（清）李紹崧輯　清刻本　王鎮洛觀款　六冊　存七卷（四至五、八、十二、十四、十七至十

八)

330000－4729－0000108　普0116　子部/
叢編

子書百家　（清）崇文書局編　清光緒元年
(1875)湖北崇文書局刻本　四冊　存一種

330000－4729－0000111　善0063　集部/別
集類/清別集

**吳詩集覽二十卷補注二十卷吳詩談藪二卷拾
遺一卷**　（清）吳偉業撰　（清）靳榮藩注並輯
　　清乾隆四十年(1775)凌雲亭刻本　十四冊
　　存二十卷(吳詩集覽一至二十)

330000－4729－0000112　善0064　集部/別
集類/清別集

**吳詩集覽二十卷補注二十卷吳詩談藪二卷拾
遺一卷**　（清）吳偉業撰　（清）靳榮藩注並輯
　　清乾隆四十年(1775)凌雲亭刻本　十六冊
　　存二十卷(吳詩集覽一至二十)

330000－4729－0000113　普0095　經部/
叢編

古經解彙函十六種附小學彙函十四種　（清）
鍾謙鈞等輯　清同治十二年(1873)粵東書局
刻本　三十二冊　存古經解彙函十六種

330000－4729－0000114　普0099　經部/讖
緯類/總義之屬

古微書三十六卷　（明）孫瑴輯　清嘉慶二十
一年(1816)對山問月樓刻光緒十六年(1890)
印本　五冊　缺四卷(一至四)

330000－4729－0000118　普0108　經部/四
書類/總義之屬/傳說

攷正增圖四書合講十九卷圖考一卷　（清）翁
復編　清慎言堂刻本　六冊

330000－4729－0000120　普0119　經部/群
經總義類/文字音義之屬

五經小學述二卷　（清）莊述祖撰　清光緒八
年(1882)刻本　一冊

330000－4729－0000122　普0129　經部/小
學類/文字之屬/說文

說文解字義證五十卷　（清）桂馥撰　清同治

九年(1870)湖北崇文書局刻本　三十二冊

330000－4729－0000123　普0111　經部/四
書類/總義之屬/傳說

酌雅齋四書遵註合講十九卷圖考一卷　（清）
翁復編次　（清）詹文煥參定　清立言堂刻本
　　六冊

330000－4729－0000124　普0122　經部/小
學類/音韻之屬/韻書

佩文詩韻釋要五卷　（清）周兆基輯　（清）朱
蘭重輯　清光緒元年(1875)湖北崇文書局刻
本　一冊

330000－4729－0000125　普0128　經部/
叢編

古經解彙函十六種附小學彙函十四種　（清）
鍾謙鈞等輯　清同治十二年(1873)粵東書局
刻本　三十冊　存小學彙函十一種

330000－4729－0000128　普0130　經部/四
書類/總義之屬/傳說

四書經註集證十九卷　（清）吳昌宗撰　清嘉
慶三年(1798)江都汪廷機刻本　十四冊

330000－4729－0000129　普0125　經部/小
學類/文字之屬/說文

說文引經證例二十四卷　（清）承培元撰　清
光緒二十一年(1895)廣雅書局刻本　六冊

330000－4729－0000131　普0124　類叢部/
類書類/專類之屬

詩韻含英十八卷　（清）劉文蔚輯　清刻本
三冊　缺二卷(五至六)

330000－4729－0000132　普0134　史部/紀
傳類/正史之屬

四史　清光緒十三年(1887)江南書局刻本
五冊　存一種

330000－4729－0000133　普0131　經部/小
學類/音韻之屬/韻書

攷正增廣詩韻全璧五卷　（清）四明暢懷書屋
主人輯　清光緒二十年(1894)四明暢懷書屋
石印本　五冊

330000 – 4729 – 0000134　普 0137　　經部/小學類/文字之屬/說文

說文通訓定聲十八卷分部柬韻一卷說雅一卷古今韻準一卷　（清）朱駿聲撰　（清）朱鏡蓉參訂　行述一卷　（清）朱孔彰撰　清道光二十九年(1849)刻咸豐元年(1851)朱孔彰臨嘯閣補刻本　十九冊　缺八卷(八至十一、十五至十七,行述)

330000 – 4729 – 0000138　普 0161　　史部/紀傳類/正史之屬

二十四史附考證　清光緒十年(1884)上海同文書局據乾隆四年(1739)武英殿刻本影印本　二十四冊　存一種

330000 – 4729 – 0000141　普 0135　　類叢部/叢書類/郡邑之屬

嶺南遺書五十九種　（清）伍元薇（伍崇曜）編　清道光十一年至同治二年(1831－1863)南海伍氏粵雅堂文字歡娛室刻光緒三十三年(1907)彙印本　十冊　存一種

330000 – 4729 – 0000143　普 0152　　經部/小學類/音韻之屬/韻書

詩韻合璧五卷　清光緒十二年(1886)上洋公興書局鉛印本　四冊　缺一卷(三)

330000 – 4729 – 0000145　普 0154　　經部/叢編

重刊宋本十三經注疏四百十六卷　附十三經注疏校勘記四百十六卷　（清）阮元撰　（清）盧宣旬摘錄　校勘記識語四卷　（清）汪文臺撰　清光緒十三年(1887)上海脈望仙館石印本　二十六冊　存十二種

330000 – 4729 – 0000146　普 0141　　經部/春秋總義類/傳說之屬

春秋體註大全合參四卷　（清）周熾纂　清刻本　四冊

330000 – 4729 – 0000147　普 0157　　經部/四書類/總義之屬/傳說

新訂四書補注備旨十卷　（明）鄧林撰　（清）杜定基增訂　清文奎堂刻本　二冊　存四卷(論語一至四)

330000 – 4729 – 0000148　普 0160　　經部/四書類/總義之屬/傳說

攷正增圖四書合講十九卷圖考一卷　（清）翁復編　清光緒二十六年(1900)浙蘭慎言堂刻本　六冊

330000 – 4729 – 0000149　普 0147　　經部/春秋總義類/傳說之屬

春秋體註大全合參四卷　（清）周熾纂　清刻本　四冊

330000 – 4729 – 0000150　普 0159　　經部/四書類/總義之屬/傳說

四書遵註合講十九卷　（清）翁復編　清刻本　六冊

330000 – 4729 – 0000153　普 0148　　經部/詩類/傳說之屬

詩經旁訓四卷　（宋）朱熹集注　清慎言堂刻本　四冊

330000 – 4729 – 0000154　普 0144　　經部/群經總義類/傳說之屬

四書五經義策論初編不分卷續編不分卷　（清）崇實學社輯　清光緒二十九年(1903)崇實學社石印本　十一冊

330000 – 4729 – 0000156　普 0143　　經部/春秋左傳類/傳說之屬

春秋左傳五十卷　（晉）杜預　（宋）林堯叟註釋　（唐）陸德明音義　（明）鍾惺　（明）孫鑛　（明）韓范評點　清刻本　七冊　存十一卷(一至六、十六至二十)

330000 – 4729 – 0000157　普 0142　　經部/春秋左傳類/傳說之屬

左繡三十卷首一卷　（清）馮李驊　（清）陸浩評輯　清華川書屋刻本　六冊　存十二卷(一至四、十八至二十一、二十四至二十七)

330000 – 4729 – 0000158　普 0139　　經部/春秋左傳類/傳說之屬

評點春秋綱目左傳句解彙雋六卷　（清）韓菼重訂　清末石印本　四冊　存四卷(二至四、六)

330000－4729－0000160　普 0140　經部/春秋左傳類/傳說之屬

評點春秋綱目左傳句解彙雋六卷　（清）韓菼重訂　清刻本　二冊　存二卷（三、六）

330000－4729－0000161　普 0156　經部/春秋左傳類/傳說之屬

評點春秋綱目左傳句解彙雋六卷　（清）韓菼重訂　清刻本　二冊　存二卷（三至四）

330000－4729－0000162　普 0207　經部/春秋左傳類/傳說之屬

評點春秋綱目左傳句解彙雋六卷　（清）韓菼重訂　清兩儀堂刻本　五冊　存五卷（一至四、六）

330000－4729－0000163　普 0155　經部/詩類/傳說之屬

詩經旁訓辨體合訂四卷　（清）徐立綱輯　清刻本　三冊　缺一卷（一）

330000－4729－0000164　普 0191　經部/叢編

五經體注大全　（清）嚴氏家塾主人輯　清刻本　四冊　存一種

330000－4729－0000165　普 0185　經部/春秋左傳類/傳說之屬

春秋左傳五十卷　（晉）杜預　（宋）林堯叟註釋　（唐）陸德明音義　（明）鍾惺　（明）孫鑛　（明）韓范評點　清刻本　六冊　存二十五卷（一至四、十至十八、二十七至三十四、三十八至四十一）

330000－4729－0000166　普 0162　經部/春秋左傳類/傳說之屬

讀左補義五十卷首一卷　（清）姜炳璋輯　清刻本　八冊　存二十六卷（一至三、八至十、十四至十九、二十四至二十六、三十至三十六、四十七至五十）

330000－4729－0000167　普 0197　經部/四書類/總義之屬/傳說

四書體註合講十九卷　（清）翁復編　清刻本　一冊　存十卷（論語一至十）

330000－4729－0000168　普 0198　經部/春秋左傳類/傳說之屬

評點春秋綱目左傳句解彙雋六卷　（清）韓菼重訂　清光緒狀元閣李光明莊刻本　四冊　存四卷（二至三、五至六）

330000－4729－0000169　普 0163　經部/禮記類/傳說之屬

全本禮記體註十卷　（清）徐瑄撰　清刻本　八冊

330000－4729－0000170　普 0179　經部/易類/傳說之屬

易經體註大全合柔四卷　（清）李兆賢撰　清末宏道堂刻本　二冊

330000－4729－0000171　普 0164　經部/四書類/總義之屬/傳說

精校四書讀本十九卷　（宋）朱熹集註　清刻本　六冊

330000－4729－0000172　普 0192　史部/紀傳類/正史之屬

二十四史附考證　清光緒二十八年（1902）武林竹簡齋據乾隆四年（1739）武英殿刻本影印本　十六冊　存二種

330000－4729－0000173　普 0193　經部/易類/傳說之屬

寄傲山房塾課纂輯御案易經備旨七卷　（清）鄒聖脉纂輯　（清）鄒廷猷編次　清刻本　三冊　存三卷（二至四）

330000－4729－0000174　普 0195　史部/紀傳類/正史之屬

二十四史　清光緒二十八年（1902）上海文瀾書局石印本　十冊　存二種

330000－4729－0000175　普 0196　史部/紀傳類/正史之屬

四史　清光緒十三年（1887）江南書局刻本　八冊　存一種

330000－4729－0000176　普 0199　經部/叢編

重刊宋本十三經注疏四百十六卷　附十三經

注疏校勘記四百十六卷 （清）阮元撰 （清）盧宣旬摘錄 **校勘記識語四卷** （清）汪文臺撰 清同治十年（1871）廣東書局刻本 一百六十冊

330000－4729－0000177 普 0215 史部/紀傳類/正史之屬

二十四史 清同治至光緒五省官書局據汲古閣本等合刻光緒五年（1879）湖北書局彙印本 八冊 存一種

330000－4729－0000178 普 0178 史部/紀傳類/正史之屬

三國志六十五卷 （晉）陳壽撰 （南朝宋）裴松之注 清光緒二十八年（1902）石印本 二冊

330000－4729－0000179 普 0194 經部/四書類/總義之屬

校正四書古注羣義十種 清末簡青書局石印本 十八冊

330000－4729－0000180 普 0228 經部/叢編

重刊宋本十三經注疏四百十六卷 附十三經注疏校勘記四百十六卷 （清）阮元撰 （清）盧宣旬摘錄 **校勘記識語四卷** （清）汪文臺撰 清光緒二十三年（1897）上海點石齋石印本 十二冊 存七種

330000－4729－0000181 普 0229 史部/金石類/郡邑之屬/文字

兩浙金石志十八卷補遺一卷 （清）阮元撰 清光緒十六年（1890）浙江書局刻本 十二冊

330000－4729－0000182 普 0225 史部/紀傳類/正史之屬

二十四史附考證 清末石印本 六冊

330000－4729－0000184 普 0165 經部/小學類/文字之屬/字書/訓蒙

注釋繪圖六千字文不分卷 （清）宋鶴齡增補 清光緒三十二年（1906）石印本 一冊

330000－4729－0000185 普 0166 經部/小學類/音韻之屬/韻書

詩韻集成十卷附詞林典腋一卷 （清）余照輯 清同治九年（1870）積慶堂刻本 四冊

330000－4729－0000187 普 0168 經部/春秋總義類/傳說之屬

春秋內傳古注輯存三卷 （清）嚴蔚撰 清光緒十五年（1889）味義根齋刻本 二冊 缺一卷（三）

330000－4729－0000188 普 0171 經部/四書類/總義之屬/傳說

四書味根錄三十七卷 （清）金澂撰 清光緒十年（1884）韞玉山房刻本 九冊 存十八卷（大學，中庸二，論語五至七、十四至十六，孟子一至十）

330000－4729－0000189 普 0172 經部/群經總義類/傳說之屬

五經集解三十卷附錄二卷石經考辨二卷 （清）馮世瀛輯 清同治十二年（1873）味無味齋刻本 三十三冊

330000－4729－0000196 普 0177 經部/小學類/文字之屬/字書/訓蒙

會文學社字課圖說八卷 （清）會文學社編 清光緒三十年（1904）石印本 六冊 存六卷（二至三、五至八）

330000－4729－0000197 普 0180 經部/四書類/總義之屬/傳說

四書人物類典串珠四十卷 （清）臧志仁輯 清嘉慶十六年（1811）刻本 六冊 存二十六卷（一至二、五至十八、二十二至二十四、三十四至四十）

330000－4729－0000201 普 0184 經部/四書類/總義之屬/傳說

四書味根錄三十七卷 （清）金澂撰 清同治七年（1868）聚錦堂刻本 二冊 存九卷（大學一、中庸一至二、孟子一至六）

330000－4729－0000203 普 0190 經部/四書類/總義之屬/傳說

四書味根錄三十七卷 （清）金澂撰 清光緒三年（1877）京都三友堂刻本 十冊 存二十

五卷(大學,中庸一至二,論語一至十六,孟子一至二、九至十二)

330000－4729－0000204　普0186　經部/四書類/總義之屬/傳說
四書古人典林十二卷　（清）江永輯　清刻本　三冊　缺三卷(十至十二)

330000－4729－0000207　普0203　經部/四書類/總義之屬/傳說
四書味根錄三十七卷　（清）金澍撰　清刻本　六冊　存十五卷(中庸二,論語十一至二十,孟子一至二、五至六)

330000－4729－0000208　普0202　集部/別集類/清別集
道生堂續編四卷　（清）鍾聲撰　清同治十二年(1873)味根書屋刻本　四冊

330000－4729－0000212　普0210　經部/四書類/總義之屬/傳說
四書典類淵海五十二卷　（清）點鐵齋主人輯　清光緒十四年(1888)石印本　十冊　存四十三卷(一至七、十二至二十二、二十八至五十二)

330000－4729－0000213　普0211　經部/小學類/文字之屬/字書/字典
康熙字典十二集三十六卷總目一卷檢字一卷辨似一卷等韻一卷補遺一卷備考一卷　（清）張玉書等纂修　清道光七年(1827)刻本　二十二冊　存二十一卷(子集上中、丑集上中、卯集中下、辰集中下、巳集上中、午集上下、未集上中下、申集中下、酉集上、亥集中,補遺,備考)

330000－4729－0000214　普0213　經部/小學類/文字之屬/字書/字典
康熙字典十二集三十六卷總目一卷檢字一卷辨似一卷等韻一卷補遺一卷備考一卷　（清）張玉書等纂修　清道光七年(1827)刻本　三十七冊　缺五卷(子集上、總目、檢字、辨似、補遺)

330000－4729－0000215　普0214　經部/小

學類/文字之屬/字書/字典
康熙字典十二集三十六卷總目一卷檢字一卷辨似一卷等韻一卷補遺一卷備考一卷　（清）張玉書等纂修　清道光七年(1827)刻本　五冊　存五卷(子集上下、申集下中、酉集中)

330000－4729－0000217　普0216　經部/小學類/文字之屬/字書/字典
康熙字典十二集三十六卷總目一卷檢字一卷辨似一卷等韻一卷補遺一卷備考一卷　（清）張玉書等纂修　清道光七年(1827)刻本　二十一冊　存二十一卷(子集中、丑集上中、寅集上中下、卯集上下、辰集中下、巳集上、午集上下、未集上下、申集下、酉集上中、戌集上中,補遺)

330000－4729－0000218　普0217　經部/小學類/文字之屬/字書/字典
康熙字典十二集三十六卷總目一卷檢字一卷辨似一卷等韻一卷補遺一卷備考一卷　（清）張玉書等纂修　清道光七年(1827)刻本　四十冊

330000－4729－0000219　普0218　經部/小學類/文字之屬/字書/字典
康熙字典十二集三十六卷總目一卷檢字一卷辨似一卷等韻一卷補遺一卷備考一卷　（清）張玉書等纂修　清道光七年(1827)刻本　二十冊　存二十二卷(子集上中、丑集上中下、卯集上中、辰集中下、巳集上中、未集下、申集上中、酉集中下、戌集中下、亥集上、總目,檢字,辨似)

330000－4729－0000221　普0220　經部/四書類/總義之屬/傳說
三讓堂四書遵註合講十九卷　（清）翁復編次　（明）詹文煥糸定　清刻本　二冊　存七卷(論語集注六至十、孟子集注六至七)

330000－4729－0000222　普0221　經部/小學類/文字之屬/字書/字典
字彙十二卷首一卷末一卷　（明）梅膺祚撰　清刻本　三冊　存三卷(酉、亥、巳)

330000－4729－0000223　普0222　經部/四

書類/總義之屬/傳說

文德堂四書遵注合講十九卷　（清）翁復編次
　清刻本　二冊　存四卷（大學、中庸、孟子
四至五）

330000－4729－0000224　普 0223　經部/四
書類/總義之屬/傳說

酌雅齋四書遵註合講十九卷圖考一卷　（清）
翁復編次　清刻本　二冊

330000－4729－0000225　普 0204　經部/四
書類/總義之屬/傳說

四書味根錄三十七卷　（清）金澧撰　清刻本
　五冊　存十四卷（論語四至六、十六至二
十,孟子一至四、十一至十二）

330000－4729－0000226　普 0226　經部/四
書類/總義之屬/傳說

攷正增圖四書合講十九卷圖考一卷　（清）翁
復編　清慎言堂刻本　四冊　存十二卷（論
語六至十、孟子一至七）

330000－4729－0000227　普 0231　史部/紀
傳類/正史之屬

二十四史　清光緒二十八年（1902）上海文瀾
書局石印本　七十一冊　存十五種

330000－4729－0000228　普 0227　經部/四
書類/總義之屬/傳說

四書體註合講十九卷附圖考一卷　（清）翁復
編　清酌雅齋刻本　四冊　存七卷（大學、中
庸、孟子一至五）

330000－4729－0000229　普 0224　集部/總
集類/課藝之屬

大題文富不分卷　清光緒十四年（1888）滬上
石印本　十二冊　存中庸、上論、下論、上孟、
下孟

330000－4729－0000230　普 0205　經部/四
書類/總義之屬/傳說

四書味根錄三十七卷　（清）金澧撰　清刻本
　五冊　存七卷（中庸一、孟子三至八）

330000－4729－0000231　普 0230　經部/四
書類/總義之屬/傳說

四書味根錄三十七卷　（清）金澧撰　清同治
十年（1871）緯文堂刻本　二十冊

330000－4729－0000232　普 0234　經部/四
書類/總義之屬/傳說

四書集註（四書章句集註、四書）十九卷
（宋）朱熹撰　清刻本　四冊　存十二卷（大
學,中庸,論語六至十,孟子一至三、六至七）

330000－4729－0000233　普 0232　經部/書
類/傳說之屬

書經體注大全合參六卷　（宋）蔡沈集傳
（清）錢希祥輯注　清學源堂刻本　三冊　缺
一卷（四）

330000－4729－0000234　普 0233　史部/紀
傳類/正史之屬

後漢書九十卷　（南朝宋）范曄撰　（唐）李賢
注　**後漢書志三十卷**　（晉）司馬彪撰　（南
朝梁）劉昭注　清光緒石印本　四冊

330000－4729－0000235　普 0235　史部/紀
傳類/正史之屬

二十四史附考證　清末石印本　六冊　存
一種

330000－4729－0000237　普 0237　集部/別
集類/清別集

**道生堂全稿（道生堂小題制藝初集二卷二集
二卷三集一卷）**　（清）鍾聲撰　清光緒二十
五年（1899）上海順成書局石印本　四冊

330000－4729－0000239　普 0239　經部/四
書類/總義之屬/傳說

四書襯十九卷　（清）駱培撰　清永言堂刻本
　四冊　缺八卷（論語六至十、孟子一至三）

330000－4729－0000240　普 0240　經部/群
經總義類/傳說之屬

雪樵經解三十卷附錄三卷　（清）馮世瀛輯
清光緒十五年（1889）邗江晉銅古齋鉛印本
四冊　存十七卷（一至十一、二十八,附錄一
至三）

330000－4729－0000241　普 0242　經部/四
書類/總義之屬/傳說

四書味根錄三十七卷　（清）金澂撰　清刻本
　　五冊　存十四卷（論語十三至二十,孟子一
　　至二、五至八）

330000－4729－0000242　普 0241　經部/群
經總義類/傳說之屬

張謇批選五經新義六卷　張謇撰　清光緒三
十年（1904）申江石印本　六冊

330000－4729－0000243　普 0243　史部/紀
傳類/正史之屬

二十四史附考證　清光緒二十八年（1902）武
林竹簡齋據乾隆四年（1739）武英殿刻本影印
本　一百十一冊　存十三種

330000－4729－0000246　普 0244　史部/紀
傳類/正史之屬

二十四史附考證　清末石印本　四冊　存
一種

330000－4729－0000247　普 0248　經部/四
書類/總義之屬/傳說

四書典林三十卷四書古人典林十二卷　（清）
江永輯　清崇德書院刻本　三冊　存十一卷
（十九至二十二、古人典林一至七）

330000－4729－0000248　普 0245　史部/紀
傳類/正史之屬

二十四史　清同治至光緒五省官書局據汲古
閣本等合刻光緒五年（1879）湖北書局彙印本
　十六冊　存一種

330000－4729－0000249　普 0249　史部/紀
傳類/正史之屬

二十四史　清同治至光緒五省官書局據汲古
閣本等合刻光緒五年（1879）湖北書局彙印本
　三十八冊　存三種

330000－4729－0000250　普 0250　經部/四
書類/總義之屬/傳說

四書典林三十卷四書古人典林十二卷繪圖一
卷　（清）江永輯　清道光五年（1825）暨陽聚
珍堂刻本　六冊　存十四卷（一、十二至十
九、二十三至二十四,古人典林十至十二）

330000－4729－0000251　普 0252　史部/紀

傳類/正史之屬

史記一百三十卷補一卷　（漢）司馬遷撰
（南朝宋）裴駰集解　（唐）司馬貞索隱
（唐）張守節正義　清道光十四年（1834）刻本
　三十二冊

330000－4729－0000252　普 0251　史部/紀
傳類/正史之屬

二十四史附考證　清光緒三十三年（1907）上
海華商集成圖書公司鉛印本　十六冊　存
一種

330000－4729－0000254　普 0255　史部/傳
記類/總傳之屬/儒林

儒林宗派十六卷　（清）萬斯同撰　清宣統三
年（1911）浙江圖書館刻本　一冊　存八卷
（一至八）

330000－4729－0000255　普 0254　史部/史
抄類

通鑑總類二十卷　（宋）沈樞輯　清光緒十七
年（1891）讀我書齋刻本　七冊　存七卷（十
二至十三、十五至十七、十九至二十）

330000－4729－0000256　普 0256　史部/傳
記類/總傳之屬/斷代

國朝先正事略六十卷　（清）李元度撰　清同
治五年至八年（1866－1869）循陔草堂刻本
二十四冊

330000－4729－0000257　普 0258　史部/紀
傳類/正史之屬

二十四史附考證　清光緒十年（1884）上海同
文書局據乾隆四年（1739）武英殿刻本影印本
　六百二十四冊　存二十一種

330000－4729－0000258　普 0259　史部/
叢編

痛史二十一種附九種　樂天居士輯　清宣統
三年（1911）商務印書館鉛印本　十五冊　存
十一種

330000－4729－0000259　普 0257　史部/傳
記類/總傳之屬/斷代

國朝先正事略六十卷　（清）李元度撰　**中興**

名臣事略八卷　（清）朱孔彰撰　清光緒二十五年（1899）上海圖書集成印書局鉛印本　十二冊

330000－4729－0000261　普0261　史部/編年類/通代之屬

御批增補了凡綱鑑四十卷首一卷　（明）袁黃纂　御撰資治通鑑綱目三編六卷首一卷附明紀福唐桂三王本末　（清）張廷玉等纂修　清光緒二十七年（1901）上海經義齋石印本　十二冊

330000－4729－0000265　普0265　史部/詔令奏議類/奏議之屬

沈文肅公政書七卷首一卷　（清）沈葆楨撰　清光緒六年（1880）吳門節署木活字印本　八冊

330000－4729－0000267　普0269　史部/紀傳類/正史之屬

史記一百三十卷　（漢）司馬遷撰　（南朝宋）裴駰集解　（唐）司馬貞索隱　（唐）張守節正義　清同治五年至九年（1866－1870）金陵書局刻本　二十冊

330000－4729－0000268　普0268　史部/地理類/總志之屬/斷代

皇朝輿地通考二十三卷　（清）通文書局主人輯　清末石印本　十冊　存五卷（五至九）

330000－4729－0000270　普0267　史部/紀傳類/正史之屬

漢書一百卷　（漢）班固撰　（唐）顏師古注　清光緒十三年（1887）金陵書局刻本　四十八冊

330000－4729－0000271　普0299　史部/紀傳類/正史之屬

二十四史附考證　清末石印本　六冊　存一種

330000－4729－0000272　普0270　史部/紀傳類/正史之屬

漢書一百卷　（漢）班固撰　（唐）顏師古注　清光緒十三年（1887）金陵書局刻本　十六冊

330000－4729－0000274　普0274　史部/叢編

史學叢書四十三種　（清）□□輯　清光緒二十五年（1899）文瀾書局石印本　二十二冊　存三十五種

330000－4729－0000275　普0271　史部/地理類/總志之屬/通代

讀史方輿紀要一百三十卷方輿全圖總說五卷　（清）顧祖禹撰　清光緒二十七年（1901）石印本　三十二冊

330000－4729－0000277　普0275　子部/叢編

二十二子（二十二子彙函）　（清）浙江書局編　清光緒元年至三年（1875－1877）浙江書局刻本　四冊　存一種

330000－4729－0000278　普0277　史部/傳記類/總傳之屬/仕宦

歷代名臣言行錄二十四卷　（清）朱桓輯　清光緒二十八年（1902）上海寶善書局石印本　八冊

330000－4729－0000279　普0276　史部/傳記類/總傳之屬/仕宦

歷代名臣言行錄二十四卷　（清）朱桓輯　清光緒三十一年（1905）上海久敬齋石印本　十冊

330000－4729－0000281　普0280　史部/紀傳類/正史之屬

二十四史　清光緒三十三年（1907）上海華商集成圖書公司鉛印本　二十冊　存一種

330000－4729－0000282　普0281　史部/紀傳類/正史之屬

四史　清光緒十三年（1887）金陵書局刻本　十六冊　存一種

330000－4729－0000283　普0279　史部/紀傳類/正史之屬

二十四史附考證　清光緒十年（1884）上海同文書局據乾隆四年（1739）武英殿刻本影印本　三十冊　存一種

330000－4729－0000287　普0284　類叢部/叢書類/彙編之屬

武英殿聚珍版書一百三十八種　清刻本　十五冊　存三種

330000－4729－0000288　普0286　史部/地理類/總志之屬/通代

讀史方輿紀要歷代州域形勢十卷　（清）顧祖禹撰　清道光三十年(1850)黃冕刻本　九冊　缺一卷(三)

330000－4729－0000289　普0287　史部/地理類/雜志之屬

浙江全省輿圖並水陸道里記不分卷　（清）宗源瀚等纂　清光緒二十年(1894)石印本　十六冊

330000－4729－0000296　普0292　類叢部/叢書類/自著之屬

庸庵全集七種　（清）薛福成撰　清光緒二十三年(1897)上海醉六堂石印本　八冊　存一種

330000－4729－0000297　普0294　史部/傳記類/總傳之屬/斷代

文獻徵存錄十卷　（清）錢林撰　清咸豐八年(1858)有嘉樹軒刻本　十冊

330000－4729－0000298　普0295　史部/地理類/方志之屬/郡縣志

[光緒]縉雲縣志十六卷首一卷末一卷　（清）何乃容　（清）葛華修　（清）潘樹棠纂　清光緒二年至七年(1876－1881)刻本　十二冊

330000－4729－0000299　普0296　史部/紀傳類/正史之屬

二十四史附考證　清光緒二十九年(1903)五洲同文書局據乾隆四年(1739)武英殿刻本影印本　三十三冊　存二種

330000－4729－0000300　普0297　類叢部/叢書類/彙編之屬

擇是居叢書初集十九種　張鈞衡編　清光緒至民國刻民國十五年(1926)吳興張氏刻本　二冊　存一種

330000－4729－0000301　普0298　史部/地理類/外紀之屬

西史綱目二十卷　（清）周維翰撰　清光緒石印本　十冊

330000－4729－0000302　普0301　史部/地理類/方志之屬/郡縣志

[光緒]縉雲縣志十六卷首一卷末一卷　（清）何乃容　（清）葛華修　（清）潘樹棠纂　清光緒二年至七年(1876－1881)刻本　四冊　存七卷(一至七)

330000－4729－0000303　普0302　史部/地理類/方志之屬/郡縣志

[光緒]縉雲縣志十六卷首一卷末一卷　（清）何乃容　（清）葛華修　（清）潘樹棠纂　清光緒二年至七年(1876－1881)刻本　六冊　存十一卷(首、三至十二)

330000－4729－0000304　普0303　新學/史志/諸國史

萬國史記二十卷　（日本）岡本監輔撰　清光緒二十七年(1901)上海書局石印本　六冊

330000－4729－0000305　普0305　史部/地理類/方志之屬/郡縣志

[道光]縉雲縣志十八卷首一卷　（清）湯成烈修　（清）尹希伊　（清）余偉纂　清道光二十九年(1849)刻本　一冊　存一卷(八)

330000－4729－0000306　普0304　史部/地理類/外紀之屬

環遊地球新錄四卷　（清）李圭撰　清光緒刻本　四冊

330000－4729－0000308　普0307　史部/地理類/方志之屬/郡縣志

[光緒]縉雲縣志十六卷首一卷末一卷　（清）何乃容　（清）葛華修　（清）潘樹棠纂　清光緒二年至七年(1876－1881)刻本　一冊　存一卷(首)

330000－4729－0000309　普0308　史部/紀傳類/正史之屬

欽定二十四史　清光緒二十八年(1902)上海

文瀾書局石印本　十一冊　存一種

330000－4729－0000310　普 0312　新學/商
務/商學

原富八卷中西年表一卷　（英國）斯密亞丹撰
嚴復翻譯　清光緒二十九年（1903）上海南
洋公學譯書院鉛印本　八冊

330000－4729－0000311　普 0309　史部/紀
傳類/正史之屬

元史二百十卷　（明）宋濂等修　清光緒二十
八年（1902）上海文瀾書局石印本　八冊

330000－4729－0000312　普 0310　史部/紀
傳類/正史之屬

元史二百十卷　（明）宋濂等修　清末石印本
八冊　存一百十一卷（四十八至六十六、八
十一至一百四十三、一百六十至一百八十八）

330000－4729－0000313　普 0311　史部/地
理類/方志之屬/郡縣志

[光緒]縉雲縣志十六卷首一卷末一卷　（清）
何乃容　（清）葛華修　（清）潘樹棠纂　清光
緒二年至七年（1876－1881）刻本　一冊　存
二卷（九至十）

330000－4729－0000314　普 0313　新學/雜
著/叢編

西政叢書三十二種　梁啓超編　清光緒二十
三年（1897）上海慎記書莊石印本　三十二冊

330000－4729－0000315　普 0314　類叢部/
叢書類/郡邑之屬

武林掌故叢編一百九十種　（清）丁丙編　清
光緒三年至二十六年（1877－1900）錢塘丁氏
嘉惠堂刻本（[乾道]臨安志卷四至十五、南宋
館閣錄卷一原缺）　十冊　存二種

330000－4729－0000317　普 0316　新學/雜
著/叢編

西學輯存六種　（清）王韜編　清光緒十六年
（1890）淞隱盧鉛印本　四冊

330000－4729－0000318　普 0317　子部/
叢編

二十二子（二十二子彙函）　（清）浙江書局編

清光緒元年至三年（1875－1877）浙江書局
刻本　四冊　存一種

330000－4729－0000319　普 0318　史部/編
年類/通代之屬

續資治通鑑二百二十卷　（清）畢沅撰　清光
緒二十六年（1900）圖書集成局鉛印本　二十
二冊　缺四十六卷（九十八至一百五、一百五
十三至一百七十四、一百九十一至二百六）

330000－4729－0000320　普 0319　經部/小
學類/文字之屬/字書

字學舉隅不分卷　（清）黃本驥　（清）龍啓瑞
撰　清光緒三年（1877）處州府署刻本　一冊

330000－4729－0000321　普 0320　經部/小
學類/文字之屬/字書

字學舉隅不分卷　（清）黃本驥　（清）龍啓瑞
撰　清光緒三年（1877）處州府署刻本　一冊

330000－4729－0000322　普 0321　經部/小
學類/文字之屬/字書

字學舉隅不分卷　（清）黃本驥　（清）龍啓瑞
撰　清光緒三年（1877）處州府署刻本　一冊

330000－4729－0000323　普 0322　史部/編
年類/通代之屬

校刊資治通鑑全書八種　（清）胡元常輯　清
光緒十四年至十七年（1888－1891）長沙楊氏
刻本　十二冊　存二種

330000－4729－0000324　普 0323　史部/編
年類/通代之屬

資治通鑑二百九十四卷目錄三十卷　（宋）司
馬光撰　（元）胡三省音注　清光緒二十六年
（1900）上海圖書集成印書局鉛印本　清子愚
題記　三十八冊　缺四十五卷（二百八十至
二百九十四、目錄一至三十）

330000－4729－0000327　普 0326　史部/編
年類/通代之屬

**鼎鍥趙田了凡袁先生編纂古本歷史大方綱鑑
補三十九卷首一卷**　（明）袁黃纂　清同治五
年（1866）京都善成堂刻本　三十二冊　缺八
卷（三十二至三十九）

330000 – 4729 – 0000328　　普 0327　　史部/編年類/通代之屬

御批歷代通鑑輯覽一百二十卷　（清）傅恒等撰　清同治十一年（1872）湖北崇文書局刻本　五十八冊　存一百十五卷（一至三十、三十四至八十三、八十六至一百二十）

330000 – 4729 – 0000331　　普 0332　　史部/編年類/通代之屬

御批歷代通鑑輯覽一百二十卷　（清）傅恒等撰　清光緒三十年（1904）上海錦章書局石印本　二十八冊

330000 – 4729 – 0000333　　普 0333　　史部/編年類/通代之屬

御批歷代通鑑輯覽一百二十卷　（清）傅恒等撰　清光緒三十年（1904）上海錦章書局石印本　十八冊　缺四十三卷（六至十一、三十至三十八、四十四至四十七、六十七至七十、八十三至八十六、九十一至九十八、一百三至一百十）

330000 – 4729 – 0000334　　普 0336　　史部/雜史類/斷代之屬

明季北略二十四卷　（清）計六奇撰　清光緒十三年（1887）上海圖書集成印書局鉛印本　四冊　缺七卷（十三至十九）

330000 – 4729 – 0000335　　普 0331　　史部/編年類/通代之屬

綱鑑易知錄九十二卷明鑑易知錄十五卷　（清）吳乘權　（清）周之炯　（清）周之燦輯　清浙省務本堂刻本　四十八冊

330000 – 4729 – 0000336　　普 0334　　史部/編年類/通代之屬

尺木堂綱鑑加批易知錄十六卷　（清）吳乘權　（清）周之炯　（清）周之燦輯　清光緒三十一年（1905）上海環地福書局石印本　七冊　存七卷（一至三、十三至十六）

330000 – 4729 – 0000338　　普 0337　　史部/編年類/通代之屬

袁王綱鑑合編三十九卷　（明）袁黃　（明）王世貞編　**明紀綱目二十卷**　（清）張廷玉等輯

清光緒三十年（1904）上海商務印書館鉛印本　十六冊

330000 – 4729 – 0000340　　普 0339　　史部/編年類/通代之屬

尺木堂綱鑑易知錄九十二卷明鑑易知錄十五卷　（清）吳乘權　（清）周之炯　（清）周之燦輯　清光緒二十七年（1901）上海商務印書館鉛印本　十五冊　缺七卷（四十七至五十三）

330000 – 4729 – 0000341　　普 0340　　史部/政書類

九通全書　（清）□□輯　清光緒二十七年至二十八年（1901 – 1902）貫吾齋石印本　三冊　存二種

330000 – 4729 – 0000342　　普 0341　　史部/編年類/斷代之屬

十朝東華錄五百二十五卷同治朝東華續錄一百卷　王先謙　潘頤福撰　清光緒二十五年（1899）、二十七年（1901）石印本　八十八冊

330000 – 4729 – 0000344　　普 0343　　史部/史抄類

史略八十七卷　（清）朱塈輯　清光緒二十四年（1898）上海蜚英館石印本　五冊　缺十三卷（六十四至七十六）

330000 – 4729 – 0000346　　普 0345　　史部/地理類/總志之屬/斷代

大清一統志四百二十四卷　（清）和珅等纂修　清光緒二十七年（1901）上海寶善齋石印本　六十冊

330000 – 4729 – 0000351　　普 0351　　史部/雜史類/斷代之屬

國語二十一卷　（三國吳）韋昭注　**校刊明道本韋氏解國語札記一卷**　（清）黃丕烈撰　**明道本考異四卷**　（清）汪遠孫撰　清同治八年（1869）湖北崇文書局刻本　五冊

330000 – 4729 – 0000356　　普 0355　　史部/地理類/山川之屬/水志

水經注匯校四十卷首一卷　（清）楊希閔撰

附録二卷 （清）趙一清輯 清光緒七年（1881）福州刻本 十二冊

330000－4729－0000358 普0358 史部/地理類/山川之屬/水志

水經注匯校四十卷首一卷 （清）楊希閔撰 附録二卷 （清）趙一清輯 清光緒七年（1881）福州刻本 十二冊

330000－4729－0000360 普0360 史部/地理類/山川之屬/水志

莫愁湖志六卷首一卷 （清）馬士圖撰 清光緒八年（1882）、十七年（1891）刻本 二冊

330000－4729－0000361 普0361 史部/地理類/專志之屬/古跡

馬嵬志十六卷首一卷 （清）胡鳳丹輯 清光緒三年（1877）永康胡氏退補齋刻本 六冊

330000－4729－0000362 普0362 類叢部/叢書類/郡邑之屬

武林掌故叢編一百九十種 （清）丁丙編 清光緒三年至二十六年（1877－1900）錢塘丁氏嘉惠堂刻本（［乾道］臨安志卷四至十五、南宋館閣録卷一原缺） 四冊 存一種

330000－4729－0000364 普0364 史部/地理類/專志之屬/古跡

平山堂圖志十卷首一卷 （清）趙之壁纂 清光緒九年（1883）歐陽利見刻本 四冊

330000－4729－0000365 普0365 史部/地理類/專志之屬/古跡

平山堂圖志十卷首一卷 （清）趙之壁纂 清光緒九年（1883）歐陽利見刻本 四冊

330000－4729－0000370 普0370 史部/政書類

九通 （清）□□輯 清光緒八年至二十二年（1882－1896）浙江書局刻本 二百冊 存二種

330000－4729－0000371 普0371 集部/總集類/選集之屬/斷代

皇朝經世文編一百二十卷姓名總目二卷 （清）賀長齡輯 清光緒上海江左書林鉛印本

二十四冊

330000－4729－0000372 普0372 史部/政書類/通制之屬

三通 清末石印本 二十冊 存一種

330000－4729－0000373 普0373 集部/總集類/選集之屬/斷代

皇朝經世文新編二十一卷 麥仲華輯 清光緒二十七年（1901）夢坡室石印本 二十冊

330000－4729－0000374 普0375 史部/政書類/通制之屬

欽定大清會典一百卷 （清）崑岡等撰 清光緒二十五年（1899）上海書局石印本 六冊

330000－4729－0000375 普0374 集部/總集類/選集之屬/斷代

皇朝經世文續編一百二十卷 （清）葛士濬輯 清光緒二十七年（1901）上海久敬齋鉛印本 二十四冊

330000－4729－0000376 普0377 集部/總集類/選集之屬/斷代

皇朝經世文三編八十卷 （清）陳忠倚輯 清末浙省書局石印本 十六冊

330000－4729－0000377 普0376 史部/地理類/外紀之屬

海國圖志一百卷 （清）魏源撰 **續集二十五卷首一卷** （英國）麥高爾撰 （美國）林樂知 （清）瞿昂來譯 清光緒二十四年（1898）文賢閣石印本 八冊 存七十一卷（四十三至一百，首、續集一至十二）

330000－4729－0000380 普0380 新學/政治法律/政治

日本變法次第類考三集 （清）程恩培輯 （清）程堯章譯 清光緒二十八年（1902）政學譯社鉛印本 十二冊

330000－4729－0000383 普0383 史部/史評類/史論之屬

新輯分類史論大成十九卷首一卷 （清）孫廷翰鑒定 題（清）海濱行素生輯 清光緒二十八年（1902）上海醉六堂書林石印本 十五冊

缺五卷(六至十)

330000－4729－0000385　普0385　史部/史评類/史論之屬

史論匯覽八卷　（清）陳憲超輯並著　清光緒三十二年(1906)木活字印本　三冊　存三卷（一至三）

330000－4729－0000386　普0386　史部/目錄類/總錄之屬/私撰

經籍舉要一卷附尊經閣募捐藏書章程一卷附中江講院建立經誼治事兩齋章程一卷　（清）龍啟瑞撰　清光緒十九年至二十年(1893－1894)中江講院刻本　一冊

330000－4729－0000387　普0387　史部/政書類/律令之屬/律例

大清律例全編□□卷　清刻本　五冊　存九卷（一至七、十四至十五）

330000－4729－0000388　普0388　史部/目錄類/總錄之屬/官修

欽定四庫全書簡明目錄二十卷　（清）紀昀等撰　清乾隆刻本　八冊　缺三卷（十六至十八）

330000－4729－0000389　普0389　史部/史評類/史論之屬

古今史論觀海四編八十九卷目錄一卷　（清）恥不逮齋主人編輯　清光緒二十八年(1902)上海鴻文書局石印本　三十二冊

330000－4729－0000395　普0396　史部/史評類/史論之屬

史論匯覽八卷　（清）陳憲超輯並著　清光緒三十二年(1906)木活字印本　一冊　存一卷（一）

330000－4729－0000396　普0395　史部/紀傳類/正史之屬

欽定二十四史　清光緒二十八年(1902)上海文瀾書局石印本　四冊　存一種

330000－4729－0000397　普0397　史部/編年類/通代之屬

袁王綱鑑合編三十九卷　（明）袁黃　（明）王世貞編　**明紀綱目二十卷**　（清）張廷玉等輯　清光緒三十年(1904)上海商務印書館鉛印本　二冊　存五卷（二十一至二十三、二十九至三十）

330000－4729－0000398　普0398　史部/編年類/通代之屬

御批歷代通鑑輯覽一百二十卷　（清）傅恒等撰　清光緒石印本　五冊　存十九卷（六十三至七十一、七十六至七十九、一百三至一百八）

330000－4729－0000399　普0399　史部/編年類/通代之屬

袁王綱鑑合編三十九卷　（明）袁黃　（明）王世貞編　**明紀綱目二十卷**　（清）張廷玉等輯　清光緒三十年(1904)上海商務印書館鉛印本　五冊　存十三卷（五至七、十一至十三、二十七至三十、三十七至三十九）

330000－4729－0000402　普0402　史部/編年類/通代之屬

袁王綱鑑合編三十九卷　（明）袁黃　（明）王世貞編　**明紀綱目二十卷**　（清）張廷玉等輯　清光緒三十年(1904)上海商務印書館鉛印本　十四冊　缺五卷（綱鑑合編一、十七至二十）

330000－4729－0000404　普0404　史部/傳記類/別傳之屬/事狀

胡母施太淑人輓言不分卷　（清）胡鳳林等編　清同治二年(1863)韞玉山房刻本　一冊

330000－4729－0000405　普0405　史部/政書類/儀制之屬/專志/科舉校規

欽定學政全書八十六卷首一卷　（清）童璜等撰　清刻本　十九冊　存八十一卷（首、一至六十、六十七至八十六）

330000－4729－0000407　普0408　史部/編年類/通代之屬

尺木堂綱鑑易知錄九十二卷明鑑易知錄十五卷　（清）吳乘權　（清）周之炯　（清）周之燦輯　清光緒二十七年(1901)上海商務印書館鉛印本　十冊　存六十二卷（一至四、七至

十五、十九至三十九、五十三至七十三,明鑑易知錄五至十一)

330000－4729－0000408　普0407　史部/政書類/公牘檔冊之屬

育嬰堂徵信錄一卷　方洪亮纂修　清光緒二十八年(1902)木活字印本　一冊

330000－4729－0000409　普0413　史部/傳記類/總傳之屬/仕宦

歷代名臣言行錄二十四卷　(清)朱桓輯　清末石印本　二冊　存六卷(一至三、十六至十八)

330000－4729－0000410　普0414　子部/雜著類/雜纂之屬

經餘必讀八卷二編八卷　(清)雷琳　(清)錢樹棠　(清)錢樹立輯　三編四卷　(清)趙在翰輯　清嘉慶十二年(1807)刻本　五冊　存十三卷(五至八、二編一至六、三編二至四)

330000－4729－0000411　普0409　經部/春秋左傳類/傳說之屬

東萊博議四卷　(宋)呂祖謙撰　**增補虛字註釋一卷**　(清)馮泰松點定　清光緒三十一年(1905)上海商務印書館鉛印本　二冊

330000－4729－0000412　普0410　史部/編年類/通代之屬

鼎鍥趙田了凡袁先生編纂古本歷史大方綱鑑補三十九卷首一卷　(明)袁黃纂　**御撰資治通鑑綱目三編二十卷**　(清)張廷玉等編次　清光緒二十五年(1899)益記書局石印本　六冊　存八卷(首,一至四、六,御撰資治通鑑綱目三編一至二)

330000－4729－0000413　普0411　史部/編年類/通代之屬

重訂王鳳洲先生綱鑑會纂四十六卷續宋元紀二十三卷　(明)王世貞撰　(明)陳仁錫訂　**御撰資治通鑑綱目三編四卷**　(清)張廷玉等撰　清光緒二十五年(1899)上海富文書局石印本　六冊　存五十卷(綱鑑會纂一至四十六、續宋元紀一至四)

330000－4729－0000414　普0412　集部/總集類/選集之屬/斷代

皇朝經世文三編八十卷　(清)陳忠倚輯　清光緒二十四年(1898)寶文書局石印本　十冊　存四十九卷(一至十、十六至二十、二十六至二十九、三十一至三十五、五十六至八十)

330000－4729－0000415　普0415　史部/地理類/外紀之屬

泰西各國采風記五卷時務論一卷　宋育仁撰　清光緒二十二年(1896)袖海山房石印本　四冊

330000－4729－0000416　普0416　史部/史評類/史論之屬

歷代史論十二卷宋史論三卷元史論一卷　(明)張溥撰　**明史論四卷**　(清)谷應泰撰　**左傳史論二卷**　(清)高士奇撰　清光緒二十四年(1898)上海書局石印本　四冊　缺六卷(四至九)

330000－4729－0000420　普0420　史部/編年類/通代之屬

尺木堂綱鑑易知錄九十二卷明鑑易知錄十五卷　(清)吳乘權　(清)周之炯　(清)周之燦輯　清同治八年(1869)松盛堂刻本　二冊　存五卷(一、七十至七十一,明鑑易知錄十二至十三)

330000－4729－0000421　普0421　史部/史評類/史論之屬

歷朝史論彙編二十三卷　(清)鮑雍輯　清光緒二十八年(1902)志懷主人石印本　八冊

330000－4729－0000423　普0423　史部/編年類/通代之屬

重訂王鳳洲先生綱鑑會纂四十六卷續宋元紀二十三卷　(明)王世貞撰　(明)陳仁錫訂　清末石印本　三冊　存三十卷(十一至二十八、續宋元紀十二至二十三)

330000－4729－0000424　普0424　史部/編年類/通代之屬

御批歷代通鑑輯覽一百二十卷　(清)傅恒等撰　清末石印本　七冊　存三十九卷(十三

至十九、二十九至三十三、四十四至四十八、六十七至七十一、七十六至八十五、一百十四至一百二十）

330000－4729－0000426　普0426　子部/儒家類/儒學之屬/禮教

聖諭廣訓衍一卷　（清）□□撰　清同治元年（1862）福建侯官施氏刻本　一冊

330000－4729－0000427　普0427　史部/編年類/通代之屬

御批歷代通鑑輯覽一百二十卷　（清）傅恒等撰　清末石印本　六冊　存七十五卷（十三至二十七、四十一至五十二、七十三至一百二十）

330000－4729－0000428　普0428　史部/編年類/通代之屬

尺木堂綱鑑易知錄九十二卷明鑑易知錄十五卷　（清）吳乘權　（清）周之炯　（清）周之燦輯　清光緒十五年（1889）上海廣百宋齋鉛印本　八冊　存五十三卷（十三至十九、四十一至七十三、八十七至九十二,明鑑易知錄一至七）

330000－4729－0000429　普0430　史部/政書類

九通　（清）□□輯　清光緒二十八年（1902）上海鴻寶書局石印本　三冊　存一種

330000－4729－0000430　普0431　史部/傳記類/總傳之屬/仕宦

歷代名臣言行錄二十四卷　（清）朱桓輯　清末上海廣益書局石印本　六冊　缺四卷（八至十一）

330000－4729－0000432　普0433　史部/編年類/通代之屬

尺木堂綱鑑易知錄九十二卷明鑑易知錄十五卷　（清）吳乘權　（清）周之炯　（清）周之燦輯　清刻本　十一冊　存二十六卷（十一至十三、三十至三十二、四十二至四十三、四十六至五十一、五十九至六十五、六十八至七十、八十九至九十）

330000－4729－0000433　普0434　經部/三禮總義類/名物制度之屬

歷代服制考原二卷圖一卷　（清）蔡子嘉撰　清光緒十四年（1888）西山草堂石印本　一冊　存二卷（一、圖）

330000－4729－0000434　普0435　史部/傳記類/總傳之屬/仕宦

歷代名臣言行錄二十四卷　（清）朱桓輯　清末石印本　七冊　缺三卷（四至六）

330000－4729－0000435　普0436　史部/傳記類/科舉錄之屬/歷科登科錄

[光緒甲辰恩科]會試硃卷一卷　（清）胡保申撰　清光緒刻本　一冊

330000－4729－0000436　普0437　史部/編年類/通代之屬

正續資治通鑑纂要□□卷　（清）魏裔介纂　清末石印本　三冊　存十卷（四至六、十五至十八、二十二至二十四）

330000－4729－0000437　普0439　子部/雜著類/雜纂之屬

雲林別墅新輯酬世錦囊初集八卷二集七卷三集二卷四集二卷　（清）鄒景揚編　清光緒二十六年（1900）上海鍊石齋書局石印本　二冊　存十三卷（初集一至八、二集五至七、四集一至二）

330000－4729－0000440　普0442　集部/總集類/選集之屬/斷代

皇朝經世文續編一百二十卷　（清）葛士濬輯　清光緒十四年（1888）石印本　十二冊　存六十八卷（十一至十七、二十六至三十一、四十三至四十八、五十一至五十五、七十一至八十二、八十九至一百二十）

330000－4729－0000441　普0441　史部/傳記類/科舉錄之屬/歷科鄉試錄

江南鄉試闈墨不分卷　（清）李文田　（清）王仁堪鑒定　清光緒十四年（1888）上海棋盤街著易堂書局鉛印本　一冊

330000－4729－0000442　普0443　集部/總

集類/課藝之屬

評選直省闈藝大全八卷 （清）李鐘奇等撰

清光緒三十年（1904）上海書局石印本　五冊
存五卷（一、三至五、八）

330000－4729－0000444　普0445　史部/雜
史類/斷代之屬

國語選四卷 （清）儲欣評　清刻本　二冊

330000－4729－0000445　普0446　集部/總
集類/選集之屬/斷代

皇朝經世文編一百二十卷姓名總目二卷
（清）賀長齡輯　清光緒二十八年（1902）上海
久敬齋石印本　十八冊　存八十九卷（一至
十三、十九至五十三、六十四至七十八、八十
五至一百十）

330000－4729－0000446　普0447　新學/
史志

最新中國歷史教科書四卷　姚祖義編　清宣
統三年（1911）上海商務印書館鉛印本　一冊
存一卷（四）

330000－4729－0000447　普0449　新學/
史志

最新中國歷史教科書四卷　姚祖義編　清宣
統元年（1909）上海商務印書館鉛印本　三冊
存三卷（二至四）

330000－4729－0000448　普0448　史部/紀
傳類/正史之屬

二十四史附考證　清末石印本　四冊　存
一種

330000－4729－0000449　普0450　史部/傳
記類/科舉錄之屬/歷科登科錄

光緒二十一年乙未科會試闈墨一卷　清光緒
聚奎堂刻本　一冊

330000－4729－0000450　普0452　史部/傳
記類/科舉錄之屬/歷科登科錄

[光緒甲辰恩科]會試硃卷一卷 （清）胡保申
撰　清光緒刻本　一冊

330000－4729－0000451　普0453　史部/傳
記類/科舉錄之屬/歷科登科錄

[光緒甲辰恩科]會試硃卷一卷 （清）胡保申
撰　清光緒刻本　一冊

330000－4729－0000452　普0451　史部/紀
傳類/正史之屬

四史　清光緒石印本　十三冊　存二種

330000－4729－0000453　普0454　史部/史
評類/史論之屬

廿四史新論二集二十四卷 （清）顧厚焜編輯
清末石印本　四冊　存十二卷（四至七、十
一至十八）

330000－4729－0000454　普0429　史部/傳
記類/總傳之屬/仕宦

**滿洲名臣傳四十八卷漢名臣傳三十二卷貳臣
傳八卷逆臣傳二卷** （清）國史館撰　清京都
琉璃廠榮錦書坊刻本　六十五冊　缺二十六
卷（二、五、九、二十五、三十六至三十七、四十
五,漢名臣傳十一、十五至十七、二十一至二
十五,貳臣傳一至八,逆臣傳一至二）

330000－4729－0000455　普0455　史部/編
年類/通代之屬

**尺木堂綱鑑易知錄九十二卷明鑑易知錄十五
卷** （清）吳乘權 （清）周之炯 （清）周之
燦輯　清末鉛印本　二冊　存十三卷（六至
十一、五十二至五十八）

330000－4729－0000456　普0456　史部/地
理類/雜志之屬

浙江全省輿圖並水陸道里記不分卷 （清）宗
源瀚等纂　清光緒二十年（1894）石印本
一冊

330000－4729－0000457　普0458　子部/儒
家類/儒學之屬/蒙學

龍文鞭影四卷 （明）蕭良有撰 （清）楊臣静
增訂 （清）李恩綬校補　清光緒二十二年
（1896）狀元閣李光明莊刻本　四冊

330000－4729－0000458　普0457　史部/紀
傳類/正史之屬

二十四史　清末石印本　四冊　存一種

330000－4729－0000459　普0459　子部/

叢編

二十二子(二十二子彙函) （清）浙江書局編
清光緒元年至三年（1875－1877）浙江書局
刻本　六冊　存一種

330000－4729－0000460　普 0461　子部/
叢編

二十二子(二十二子彙函) （清）浙江書局編
清光緒元年至三年（1875－1877）浙江書局
刻本　五十四冊　存十二種

330000－4729－0000463　普 0463　集部/總
集類/郡邑之屬

縉雲文徵二十卷補編一卷 （清）湯成烈編錄
清光緒二年（1876）刻本　七冊　缺四卷
（十六至十九）

330000－4729－0000465　普 0467　子部/
叢編

二十二子(二十二子彙函) （清）浙江書局編
清光緒元年至三年（1875－1877）浙江書局
刻二十七年（1901）重修本　六冊　存一種

330000－4729－0000466　普 0468　子部/
叢編

二十二子(二十二子彙函) （清）浙江書局編
清光緒元年至三年（1875－1877）浙江書局
刻二十七年（1901）重修本　一冊　存一種

330000－4729－0000468　普 0466　子部/法
家類

管子二十四卷 （唐）房玄齡注　清光緒五年
（1879）刻本　六冊

330000－4729－0000470　普 0470　史部/地
理類/遊記之屬/紀勝

鴻雪因緣圖記一集二卷二集二卷三集二卷
（清）麟慶撰　清光緒二十二年（1896）上海點
石齋石印本　六冊

330000－4729－0000471　普 0472　子部/儒
家類/儒學之屬/禮教

聖諭廣訓一卷 （清）世宗胤禛撰　清末刻本
二冊

330000－4729－0000472　普 0473　子部/儒

家類/儒學之屬/蒙學

小學集注六卷 （明）陳選集注　清光緒李光
明莊刻狀元閣印本　二冊

330000－4729－0000475　普 0474　類叢部/
叢書類/彙編之屬

廣雅書局叢書一百五十九種 徐紹棨編　清
光緒廣雅書局刻民國九年（1920）番禺徐紹棨
彙編重印本　四冊　存一種

330000－4729－0000476　普 0476　子部/儒
家類/儒學之屬

二程全書七種 （宋）程顥　（宋）程頤撰　清
同治十年（1871）六安求我齋金陵刻本　十
六冊

330000－4729－0000477　普 0460　子部/
叢編

十子全書 （清）王子興輯　清嘉慶九年
（1804）刻本　二十三冊　存六種

330000－4729－0000478　普 0482　子部/
叢編

二十二子(二十二子彙函) （清）浙江書局編
清刻本　十冊　存一種

330000－4729－0000480　普 0485　類叢部/
叢書類/自著之屬

彭文敬公集五種 （清）彭蘊章撰　清道光至
同治刻同治彙印本　一冊　存一種

330000－4729－0000482　普 0486　史部/傳
記類/總傳之屬/儒林

理學宗傳二十六卷 （清）孫奇逢撰　（清）魏
一鼇等編　清光緒六年（1880）浙江書局刻本
十二冊

330000－4729－0000483　普 0483　經部/四
書類/總義之屬

四書義經正篇二卷首一卷 （清）三魚書屋輯
清光緒二十七年（1901）上海掃葉山房石印
本　三冊

330000－4729－0000487　普 0489　子部/醫
家類/類編之屬

黃氏醫書八種 （清）黃元御撰　清咸豐十年

（1860）徐樹銘爨穌精舍刻本　九冊　存五種

330000－4729－0000488　普 0480　史部/傳記類/總傳之屬

聖諭像解二十卷　（清）梁延年撰　清光緒五年（1879）上海點石齋石印本　三冊　存十四卷（一至四、十一至二十）

330000－4729－0000490　普 0491　子部/術數類/占候之屬

選擇天星秘竅一卷　（明）甘霖撰　清刻本　一冊

330000－4729－0000492　普 0493　子部/醫家類/溫病之屬/其他溫疫病證

溫病條辨六卷首一卷　（清）吳瑭撰　清刻本　三冊　存五卷（二至六）

330000－4729－0000493　普 0492　子部/醫家類/兒科之屬/痘疹

增補秘傳痘疹玉髓金鏡錄真本四卷　（明）翁仲仁輯著　（清）仇天一參閱　清道光二十年（1840）掃葉山房刻本　一冊

330000－4729－0000494　普 0494　子部/醫家類/兒科之屬/痘疹

麻疹全書四卷　（元）滑壽撰　清光緒三十一年（1905）湯鼎烜刻本　四冊

330000－4729－0000495　普 0496　子部/醫家類/傷寒金匱之屬/傷寒論

傷寒論直解六卷　（清）張錫駒註　清刻本　一冊　存二卷（四至五）

330000－4729－0000496　普 0497　子部/醫家類/針灸之屬/通論

鍼灸大全十卷　（明）楊繼洲撰　清嘉慶六年（1801）至德堂刻本　十一冊　缺二卷（八、十）

330000－4729－0000497　普 0498　子部/醫家類/醫經之屬/內經

靈樞經九卷　（清）張志聰撰　清刻本　七冊　存八卷（二至九）

330000－4729－0000498　普 0499　子部/醫家類/綜合之屬/雜著

增定便攷醫學善本□□卷　（明）龔廷賢撰　（清）汪淇重定　清刻本　六冊　存四卷（二至五）

330000－4729－0000499　普 0500　子部/醫家類

七情管見錄二卷　（清）張履穌撰　清光緒十三年（1887）刻本　一冊　存一卷（一）

330000－4729－0000500　普 0495　子部/醫家類/兒科之屬/痘疹

麻疹闡註四卷　（清）張廉撰　清刻本　一冊

330000－4729－0000501　普 0501　子部/醫家類/綜合之屬/通論

御纂醫宗金鑑內科七十四卷外科十六卷首一卷　（清）吳謙等撰　清宣統元年（1909）上海章福記石印本　十五冊　缺十九卷（內科十七至十九、外科一至十六）

330000－4729－0000502　普 0502　子部/醫家類/綜合之屬/通論

御纂醫宗金鑑內科七十四卷外科十六卷首一卷　（清）吳謙等撰　清宣統元年（1909）簡青齋書局石印本　十六冊

330000－4729－0000503　普 0503　子部/醫家類/綜合之屬/通論

御纂醫宗金鑑內科七十四卷外科十六卷首一卷　（清）吳謙等撰　清宣統元年（1909）簡青齋書局石印本　十六冊

330000－4729－0000504　普 0504　子部/醫家類/綜合之屬/通論

御纂醫宗金鑑內科七十四卷外科十六卷首一卷　（清）吳謙等撰　清光緒二十五年（1899）上海文瀾書局石印本　十冊　存四十三卷（外科一至三十八、六十四至六十八）

330000－4729－0000513　普 0509　子部/醫家類/兒科之屬/痘疹

痘疹正宗二卷　（清）宋麟祥撰　清三益書屋刻本　一冊

330000－4729－0000515　普 0518　子部/醫

家類/醫理之屬/綜合

中藏經三卷首一卷附華佗內照法一卷　題(漢)華佗撰　清宣統三年(1911)上海華英書局石印本　三冊

330000－4729－0000516　普0511　子部/醫家類/兒科之屬/痘疹

活幼心法大全八卷末一卷　(明)聶尚恒撰　清末上海千頃堂書局石印本　一冊

330000－4729－0000519　普0523　子部/醫家類/類編之屬

陳修園醫書三十種　(清)陳念祖等撰　清光緒三十二年(1906)上海經香閣書莊石印本　三冊　存三種

330000－4729－0000520　普0519　子部/醫家類/傷寒金匱之屬/傷寒論

劉河間傷寒六書附二種　(金)劉完素等撰　清宣統元年(1909)千頃堂書局石印本　五冊

330000－4729－0000522　普0525　子部/醫家類/類編之屬

中西匯通醫書五種　(清)唐宗海撰　清光緒三十四年(1908)上海千頃堂書局石印本　二冊　存一種

330000－4729－0000526　普0521　子部/醫家類/傷寒金匱之屬/傷寒論

余注傷寒論翼四卷　(清)柯琴撰　(清)余景和注　(清)能靜居士評閱　清光緒十九年(1893)上海文瑞樓石印本　三冊　存三卷(二至四)

330000－4729－0000529　普0531　經部/叢編

十三經札記二十二卷附十六卷　(清)朱亦棟撰　清光緒四年(1878)武林竹簡齋刻本　六冊　存十六卷(羣書札記一至十六)

330000－4729－0000530　普0535　子部/醫家類/兒科之屬/通論

鼎鍥幼幼集成六卷　(清)陳復正輯　清宣統三年(1911)上海會文堂石印本　二冊

330000－4729－0000531　普0528　子部/醫

家類/溫病之屬/其他溫疫病證

溫熱經緯五卷　(清)王士雄撰　清光緒三十年(1904)石印本　二冊

330000－4729－0000533　普0529　子部/醫家類/眼科之屬

傅氏眼科審視瑤函六卷首一卷　(明)傅仁宇撰　(明)林長生校補　清宣統元年(1909)上海會文書局石印本　二冊

330000－4729－0000534　普0537　子部/醫家類/綜合之屬/通論

醫學十書　(清)陳璞撰　清末石印本　二冊　存四種

330000－4729－0000536　普0536　子部/醫家類/類編之屬

中西匯通醫書五種　(清)唐宗海撰　清光緒三十四年(1908)上海千頃堂書局石印本　十冊　存四種

330000－4729－0000537　普0538　子部/醫家類/類編之屬

中西匯通醫書五種　(清)唐宗海著　清光緒三十四年(1908)上海千頃堂書局石印本　二冊　存一種

330000－4729－0000542　普0544　子部/藝術類/書畫之屬/總論

畫學心印八卷　(清)秦祖永輯　清光緒四年(1878)梁溪秦氏刻朱墨套印本　八冊

330000－4729－0000543　普0543　子部/醫家類/兒科之屬

許氏幼科七種　(清)許豫和撰　清末上海中一書局石印本　四冊　存六種

330000－4729－0000544　普0546　子部/藝術類/音樂之屬/琴學

琴學入門二卷　(清)張鶴輯　清光緒七年(1881)刻本　四冊

330000－4729－0000547　普0477　子部/天文曆算類/算書之屬

御製數理精蘊上編五卷下編四十卷表八卷　(清)聖祖玄燁撰　清光緒慎記書局石印本

二十四册

330000 – 4729 – 0000548　普 0549　子部/雜著類/雜考之屬

校訂困學紀聞三箋二十卷　（宋）王應麟撰（清）閻若璩等箋　（清）屠繼序校補　清嘉慶十二年(1807)金閶友益齋刻本　六册

330000 – 4729 – 0000549　普 0547　子部/醫家類/類編之屬

陳修園醫書二十八種　（清）陳念祖等撰　清末石印本　四册　存九種

330000 – 4729 – 0000552　普 0551　類叢部/叢書類/彙編之屬

邵武徐氏叢書二十三種　（清）徐榦編　清光緒邵武徐氏刻本　一册　存一種

330000 – 4729 – 0000553　普 553　類叢部/類書類/專類之屬

詩學含英十四卷　（清）劉文蔚輯　清光緒二十三年(1897)經綸元記刻本　四册

330000 – 4729 – 0000558　普 0558　集部/總集類/選集之屬/通代

經史百家雜鈔二十六卷　（清）曾國藩輯　清光緒三十二年(1906)上海商務印書館鉛印本　十二册

330000 – 4729 – 0000561　普 0561　子部/雜著類/雜纂之屬

玉芝堂談薈三十六卷首一卷　（明）徐應秋輯　明崇禎刻清康熙四十二年(1703)、乾隆三十八年(1773)、道光等遞修本　二十九册　缺六卷(二、四、六至七、十四、三十)

330000 – 4729 – 0000562　普 0562　類叢部/類書類/通類之屬

子史精華三十卷　（清）吳士玉（清）吳襄等輯　清光緒九年(1883)上海點石齋石印本　二册

330000 – 4729 – 0000563　普 0563　經部/小學類/音韻之屬/韻書

佩文詩韻釋要五卷　（清）周兆基輯（清）陸潤庠重校　清宣統三年(1911)商務印書館影

印本　二册

330000 – 4729 – 0000564　普 0564　類叢部/叢書類/自著之屬

曾文正公全集十六種　（清）曾國藩撰　清同治至光緒傳忠書局刻本　二册　存一種

330000 – 4729 – 0000565　普 0565　經部/四書類/總義之屬/傳說

四書典林三十卷四書古人典林十二卷繪圖一卷　（清）江永輯　清刻本　十册　缺十二卷(古人典林一至十二)

330000 – 4729 – 0000566　普 0566　類叢部/類書類/專類之屬

四書典制類聯音註三十三卷　（清）閭其淵輯　清經文堂刻本　十二册

330000 – 4729 – 0000567　普 0567　類叢部/類書類/通類之屬

重訂廣事類賦四十卷　（清）華希閔撰　清刻本　十册

330000 – 4729 – 0000568　普 0568　類叢部/類書類/通類之屬

重訂事類賦三十卷　（宋）吳淑撰並注　清刻本　六册

330000 – 4729 – 0000569　普 0569　類叢部/類書類/通類之屬

廣事類賦四十卷　（清）華希閔撰　清刻本　四册　存十八卷(十一至十四、二十三至三十六)

330000 – 4729 – 0000570　普 0570　子部/儒家類/儒學之屬/蒙學

寄傲山房塾課新增幼學故事瓊林四卷首一卷　（清）程允升撰　（清）鄒聖脈增補　清刻本　三册　缺一卷(三)

330000 – 4729 – 0000572　普 0572　子部/儒家類/儒學之屬/蒙學

寄傲山房塾課新增幼學故事瓊林四卷首一卷　（清）程允升撰　（清）鄒聖脈增補　清末刻本　三册　存三卷(二至四)

330000－4729－0000574　普 0575　類叢部/
類書類/通類之屬

小嫏嬛山館彙刊類書（羣玉館彙刊類書、瑯嬛獺祭）十二種　（清）小嫏嬛山館編　清咸豐元年(1851)刻本　一冊　存一種

330000－4729－0000576　普 0576　集部/別集類/清別集

陳句山先生課孫草一卷　（清）陳兆崙撰（清）王塲補訂　清光緒四年(1878)廣信明德堂刻本　一冊

330000－4729－0000577　普 0577　子部/醫家類/本草之屬/歷代綜合本草

本草從新十八卷　（清）吳儀洛輯　清光緒三十三年(1907)上海書局石印本　一冊　缺五卷(十四至十八)

330000－4729－0000578　普 0579　子部/儒家類/儒學之屬/蒙學

童子問路四卷　（清）鄭之瓊輯　清刻本　一冊　存二卷(一至二)

330000－4729－0000579　普 0578　子部/醫家類/診法之屬/脈經脈訣

校正圖注脈訣四卷　（晉）王叔和撰　（明）張世賢注　清末石印本　二冊

330000－4729－0000580　普 0580　子部/醫家類/醫經之屬/難經

校正圖注八十一難經四卷　（明）張世賢注　清末石印本　二冊

330000－4729－0000582　普 0581　子部/儒家類/儒學之屬

洗心輯要二卷　（清）徐文弼輯　清末刻本　一冊

330000－4729－0000583　普 0582　子部/醫家類/針灸之屬/經絡腧穴

奇經八脈考一卷　（明）李時珍撰　清末石印本　一冊

330000－4729－0000586　普 0589　子部/醫家類/養生之屬

隨息居飲食譜一卷　（清）王士雄撰　清光緒

三十年(1904)石印本　一冊

330000－4729－0000587　普 0586　子部/醫家類/類編之屬

陳修園醫書四十八種　（清）陳念祖等撰　清末石印本　十三冊　存三十四種

330000－4729－0000588　普 0591　子部/醫家類/內科之屬/其他內科病證

血證論八卷　（清）唐宗海撰　清末石印本　二冊　存五卷(四至八)

330000－4729－0000589　普 0592　子部/醫家類/類編之屬

中西匯通醫書五種　（清）唐宗海撰　清光緒三十四年(1908)上海千頃堂書局石印本　一冊　存一種

330000－4729－0000590　普 0590　子部/醫家類/溫病之屬/瘟疫

隨息居重訂霍亂論四卷　（清）王士雄撰　清光緒三十年(1904)石印本　二冊

330000－4729－0000593　普 0587　子部/醫家類/綜合之屬/通論

御纂醫宗金鑑內科七十四卷外科十六卷首一卷　（清）吳謙等撰　清末石印本　四冊　存十九卷(外科四至八、三十五至三十八、四十九至五十三、六十四至六十八)

330000－4729－0000594　普 0588　子部/醫家類/綜合之屬/通論

御纂醫宗金鑑內科七十四卷外科十六卷首一卷　（清）吳謙等撰　清末石印本　六冊　存二十七卷(外科一至八、十七至二十、三十五至三十八、六十四至七十四)

330000－4729－0000596　普 0596　子部/醫家類/婦科之屬/產科

達生編二卷　（清）亟齋居士撰　清同治十年(1871)刻十三年(1874)補刻本　一冊

330000－4729－0000597　普 0598　子部/醫家類/本草之屬/歷代綜合本草

增訂童氏本草備要八卷圖說一卷　（清）汪昂撰　（清）李保常增輯　清光緒三十年(1904)

上海六藝書局石印本　二冊　存二卷（一、圖說）

330000－4729－0000600　普 0600　子部/醫家類/類編之屬
陳修園醫書四十八種　（清）陳念祖等撰　清末石印本　三冊　存六種

330000－4729－0000601　普 0602　子部/術數類/相宅相墓之屬
增補地理直指原真（增補地理直指原真大全）三卷首一卷　（清）釋徹瑩撰　清刻本　一冊　存一卷（首）

330000－4729－0000603　普 0601　子部/醫家類/類編之屬
徐靈胎醫學全書十六種　（清）徐大椿撰　清光緒三十三年（1907）上海六藝書局石印本　十一冊　存十四種

330000－4729－0000605　普 0605　集部/別集類/明別集
金正希先生全稿不分卷　（明）金聲撰　清刻本　一冊

330000－4729－0000606　普 0606　子部/醫家類/婦科之屬/通論
濟陰綱目十四卷　（明）武之望撰　（清）汪淇箋釋　**保生碎事一卷**　（清）汪淇輯　清末石印本　一冊　存五卷（十至十四）

330000－4729－0000607　普 0607　子部/儒家類/儒學之屬/蒙學
新刻蒙求便覽不分卷　（明）劉基撰　（清）夏雲峰注　清光緒六年（1880）東甌文名堂德記刻本　一冊

330000－4729－0000611　普 0612　子部/儒家類/儒學之屬/蒙學
三字經訓詁一卷　（清）王相撰　清刻本　一冊

330000－4729－0000613　普 0611　子部/醫家類/類編之屬
潛齋醫書五種　（清）王士雄撰　清光緒三十年（1904）石印本　一冊　存一種

330000－4729－0000615　普 0613　子部/儒家類/儒學之屬/蒙學
龍文鞭影二卷　（明）蕭良有撰　（清）楊臣諍增訂　（清）來集之音注　清刻本　一冊　存一卷（一）

330000－4729－0000616　普 0620　子部/術數類/陰陽五行之屬
新訂崇正闢謬通書十四卷　（清）李奉來編　清宣統二年（1910）上海文盛堂石印本　三冊

330000－4729－0000617　普 0618　子部/術數類/陰陽五行之屬
通德類情十三卷　（清）沈重華輯　清刻本　二冊　存二卷（三至四）

330000－4729－0000618　普 0616　子部/術數類/命書相書之屬
新刊合併官板音義評註淵海子平五卷　（宋）徐升編　清末石印本　四冊

330000－4729－0000619　普 0621　子部/術數類/占卜之屬
卜筮正宗十四卷　（清）王維德撰　清末上海錦章圖書局石印本　四冊

330000－4729－0000620　普 0619　子部/術數類/相宅相墓之屬
地理青囊經十卷　（清）杜銓釋　清刻本　一冊　存四卷（五至八）

330000－4729－0000621　普 0622　子部/術數類/占卜之屬
梅花易數五卷　（宋）邵雍撰　清刻本　一冊　存一卷（五）

330000－4729－0000624　普 0624　子部/儒家類/儒學之屬/蒙學
龍文鞭影二卷　（明）蕭良有撰　（清）楊臣諍增訂　清刻本　一冊　存一卷（二）

330000－4729－0000625　普 0626　子部/醫家類/綜合之屬/通論
辨證奇聞十卷　（清）陳士鐸撰　（清）錢松刪定　清末上海江東茂記書局石印本　六冊

330000 – 4729 – 0000628　　普 0617　　子部/術數類/陰陽五行之屬

通德類情十三卷　（清）沈重華輯　清乾隆三十六年（1771）文華堂刻本　一冊　存一卷（一）

330000 – 4729 – 0000630　　普 0633　　子部/醫家類/綜合之屬/通論

古吳童氏重校醫宗必讀十卷　（明）李中梓撰　清光緒石印本　二冊　存八卷（三至十）

330000 – 4729 – 0000632　　普 0637　　子部/天文曆算類/曆法之屬

新鐫曆法便覽象吉備要通書二十九卷　（清）魏鑑撰　清末刻本　二冊　存九卷（二十一至二十九）

330000 – 4729 – 0000634　　普 0638　　子部/天文曆算類/曆法之屬

新鐫曆法便覽象吉備要通書二十九卷　（清）魏鑑撰　清刻本　一冊　存二卷（九至十）

330000 – 4729 – 0000635　　普 0639　　子部/天文曆算類/曆法之屬

新鐫曆法便覽象吉備要通書二十九卷　（清）魏鑑撰　清刻本　一冊　存二卷（九至十）

330000 – 4729 – 0000636　　普 0640　　子部/天文曆算類/曆法之屬

新鐫曆法便覽象吉備要通書三十二卷　（清）魏鑑撰　清刻本　一冊　存七卷（二十六至三十二）

330000 – 4729 – 0000638　　普 0643　　子部/天文曆算類/曆法之屬

新鐫曆法便覽象吉備要通書大全二十九卷　(清)魏鑑撰　清積慶堂刻本　一冊　存二卷（一至二）

330000 – 4729 – 0000639　　普 0641　　子部/醫家類/類編之屬

潛齋醫書五種　（清）王士雄撰　清光緒三十年(1904)石印本　二冊　存二種

330000 – 4729 – 0000640　　普 0644　　子部/天文曆算類/曆法之屬

新鐫曆法便覽象吉備要通書二十九卷　（清）魏鑑撰　清刻本　四冊　存七卷(七至八、十一至十五)

330000 – 4729 – 0000641　　普 0645　　子部/天文曆算類/曆法之屬

新鐫曆法便覽象吉備要通書二十九卷　（清）魏鑑撰　清立言堂刻本　十二冊

330000 – 4729 – 0000642　　普 0646　　子部/天文曆算類/曆法之屬

新鐫曆法便覽象吉備要通書二十九卷　（清）魏鑑撰　清刻本　七冊　存十三卷（四至十三、十五至十七）

330000 – 4729 – 0000643　　普 0642　　子部/醫家類/本草之屬/本草藥性

雷公炮製藥性解六卷　（明）李中梓撰　清會文堂刻本　二冊

330000 – 4729 – 0000644　　普 0647　　子部/天文曆算類/曆法之屬

新鐫曆法便覽象吉備要通書二十九卷　（清）魏鑑撰　清刻本　一冊　存一卷（十一）

330000 – 4729 – 0000646　　普 0649　　子部/天文曆算類/曆法之屬

新鐫曆法便覽象吉備要通書二十九卷　（清）魏鑑撰　清刻本　一冊　存一卷（十一）

330000 – 4729 – 0000647　　普 0650　　子部/醫家類/類編之屬

陳修園醫書二十八種　（清)陳念祖等撰　清末石印本　一冊　存一種

330000 – 4729 – 0000648　　普 0653　　子部/儒家類/儒學之屬/蒙學

十四層啟蒙捷訣二卷　（清)曹原亮撰　清末刻本　一冊　存一卷（一）

330000 – 4729 – 0000649　　普 0654　　子部/宗教類/佛教之屬/經

慧命經一卷　（清)柳華陽撰　清同治六年(1867)述古堂刻本　一冊

330000 – 4729 – 0000650　　普 0655　　子部/儒

家類/儒學之屬/蒙學

摘古訓蒙四卷 （清）邵夢龍撰　清刻本　一冊　存二卷(一至二)

330000－4729－0000651　普 0651　子部/雜著類/雜說之屬

重刻八字覺原不分卷 （清）廣野山人滄洲子註　清刻本　一冊

330000－4729－0000652　普 0652　子部/雜著類/雜纂之屬

雲林別墅新輯酬世錦囊初集八卷二集七卷三集二卷四集二卷五集二卷 （清）鄒景揚輯　清益元堂刻本　十四冊

330000－4729－0000658　普 0658　子部/法家類

管子二十四卷 （唐）房玄齡注　清光緒二十九年(1903)新政書局石印本　四冊

330000－4729－0000661　普 0661　子部/雜著類/雜說之屬

勸善歌一卷 （清）□□輯　清光緒二十四年(1898)浙江藩署刻本　一冊

330000－4729－0000664　普 0631　子部/醫家類/方書之屬/單方驗方

濟世良方六卷首一卷補遺四卷 （清）周其芬輯　（清）瑩軒氏增輯　清同治四年(1865)武昌範署刻七年(1868)湖北衡善堂印本　一冊　存二卷(首、一)

330000－4729－0000665　普 0666　子部/術數類/相宅相墓之屬

平陽全書十五卷 （清）葉泰輯　清刻本　二冊　存四卷(十一至十四)

330000－4729－0000667　普 0667　子部/宗教類/佛教之屬

釋氏十三經 （清）□□輯　清同治八年至十年(1869－1871)金陵刻經處刻本　一冊　存一種

330000－4729－0000668　普 0668　集部/曲類/寶卷之屬

孚佑帝君純陽祖師三世因果說一卷　清刻本

一冊

330000－4729－0000672　普 0673　子部/術數類/相宅相墓之屬

山法全書十九卷首二卷 （清）葉泰輯　清刻本　一冊　存二卷(一、十二)

330000－4729－0000677　普 0674　子部/宗教類/佛教之屬/諸宗

靈峰蕅益大師選定淨土十要十卷 （清）釋智旭輯　（清）釋成時評點節畧　清刻本　一冊　存一卷(一)

330000－4729－0000678　普 0675　子部/兵家類/兵法之屬

武經七書彙解七卷首一卷末一卷 （清）朱墉撰　清康熙懷山園刻本　一冊　存一卷(七)

330000－4729－0000680　普 0676　子部/宗教類/道教之屬/威儀

文昌帝君聖訓不分卷 （清）褚步墀輯　清道光十一年(1831)永康儒學盛刻本　一冊

330000－4729－0000681　普 0681　子部/宗教類/佛教之屬/諸宗

夢東禪師遺集二卷 （清）釋際醒撰　（清）釋喚醒輯　清嘉慶十七年(1812)刻本　一冊

330000－4729－0000689　普 0691　子部/宗教類/佛教之屬/諸宗

禪門日誦諸讚一卷　清宣統二年(1910)刻本　一冊

330000－4729－0000695　普 0689　子部/宗教類/道教之屬

玉歷鈔傳警世不分卷　清光緒五年(1879)松陽奎星閣刻本　一冊

330000－4729－0000696　普 0695　子部/雜著類/雜說之屬

勸惺賢良一卷　清末浙杭瑪瑙經房刻本　一冊

330000－4729－0000699　普 0702　子部/宗教類/佛教之屬/經

金剛般若波羅蜜經一卷 （後秦）釋鳩摩羅什

譯　清同治六年(1867)刻本　一冊

330000－4729－0000704　普 0701　子部/宗教類/道教之屬

玉歷寶鈔不分卷　清刻本　一冊

330000－4729－0000707　普 0705　子部/宗教類/道教之屬/經文

三官寶經圖像不分卷　清光緒三十四年(1908)刻本　一冊

330000－4729－0000710　普 0708　子部/宗教類/佛教之屬/經

金剛般若波羅蜜經一卷　(後秦)釋鳩摩羅什譯　清光緒十七年(1891)沈庭森刻本　一冊

330000－4729－0000723　普 0723　子部/宗教類/佛教之屬

慈悲水懺法三卷　(唐)釋知玄撰　清末刻本　一冊

330000－4729－0000724　普 0724　子部/宗教類/佛教之屬

慈悲水懺法三卷　(唐)釋知玄撰　清末刻本　一冊

330000－4729－0000725　普 0725　子部/雜著類

敬信錄不分卷　清道光十一年(1831)刻本　一冊

330000－4729－0000726　普 0726　子部/宗教類/佛教之屬/律

毘尼日用切要一卷　(清)釋讀體輯　**沙彌律儀要略一卷**　(明)釋袾宏輯　**四分戒本一卷**　(後秦)釋佛陀耶舍　(後秦)釋竺佛念譯　**佛說梵網經二卷**　(後秦)釋鳩摩羅什譯　清刻本　一冊

330000－4729－0000727　普 0729　子部/宗教類/道教之屬/經文

太上洞玄靈寶昇玄濟度血湖真經二卷附太乙救苦天尊說拔罪酆都血湖妙經一卷　清光緒元年(1875)刻本　一冊

330000－4729－0000728　普 0730　子部/宗教類/道教之屬

百拜朝禮玉皇謝罪寶懺儀一卷　清末杭州瑪瑙寺經房刻本　一冊

330000－4729－0000729　普 0731　子部/宗教類/道教之屬/經文

太上慈悲戒非釋過救苦拔罪十王寶懺一卷　清末杭州瑪瑙寺經房刻本　一冊

330000－4729－0000730　普 0727　子部/術數類/雜術之屬

新刻萬法歸宗五卷　(唐)李淳風撰　(唐)袁天罡補　清末石印本　一冊

330000－4729－0000732　普 0732　子部/宗教類/道教之屬/經文

太乙救苦天尊說拔度血湖寶懺一卷　清末杭州瑪瑙寺經房刻本　一冊

330000－4729－0000733　普 0733　子部/宗教類/道教之屬/經文

太上說三元三官寶經一卷　清光緒元年(1875)杭州瑪瑙寺經房刻本　一冊

330000－4729－0000734　普 0734　子部/宗教類/道教之屬/經文

太上洞玄靈寶無量度人上品妙經一卷　清同治杭州瑪瑙寺經房刻本　一冊

330000－4729－0000735　普 0735　子部/宗教類/佛教之屬/經

金剛般若波羅蜜經一卷　(後秦)釋鳩摩羅什譯　清刻本　一幅

330000－4729－0000736　普 0736　子部/宗教類/道教之屬/經文

九天玉樞寶經一卷　清刻本　一冊

330000－4729－0000738　普 0745　子部/宗教類/道教之屬/經文

九天雷尊宥罪寶懺一卷　清同治六年(1867)刻本　一冊

330000－4729－0000741　普 0746　子部/宗教類/道教之屬/經文

高上玉皇本行集經二卷附玉皇心印妙經一卷

清同治十年（1871）刻本　一冊　存二卷（二、玉皇心印妙經）

330000－4729－0000743　普0747　子部/宗教類/道教之屬/經文

太上說三元消災保命延生寶懺二卷　清刻本　一冊　存一卷（一）

330000－4729－0000744　普0738　類叢部/叢書類/彙編之屬

廣雅書局叢書一百五十九種　徐紹棨編　清光緒廣雅書局刻民國九年（1920）番禺徐紹棨彙編重印本　一冊　存一種

330000－4729－0000746　普0744　集部/別集類/唐五代別集

杜工部集二十卷附錄一卷　（唐）杜甫撰（清）錢謙益箋註　**少陵先生年譜一卷諸家詩話一卷唱酬題詠附錄一卷**　清宣統三年（1911）時中書局石印本　八冊

330000－4729－0000747　普0748　子部/宗教類/佛教之屬/經

金剛經一卷　（後秦）釋鳩摩羅什譯　清刻本　一冊

330000－4729－0000748　普0749　子部/宗教類/佛教之屬/經

金剛經一卷　（後秦）釋鳩摩羅什譯　清刻本　一冊

330000－4729－0000751　普0750　子部/雜著類/雜說之屬

定香亭筆談四卷　（清）阮元撰　清光緒二十五年（1899）浙江書局刻本　四冊

330000－4729－0000754　普0757　集部/別集類/漢魏六朝別集

庾子山集十六卷總釋一卷　（北周）庾信撰（清）倪璠註　**年譜一卷**　（清）倪璠撰　清道光十九年（1839）同文堂刻本　十二冊

330000－4729－0000755　普0758　集部/別集類/唐五代別集

昌黎先生詩增注証訛十一卷本傳一卷　（唐）韓愈撰　（清）黃鉞增注証訛　**附昌黎先生年**

譜一卷　（清）黃鉞編　清道光二十八年（1848）黃中民刻咸豐七年（1857）四明鮑氏二客軒印本　四冊

330000－4729－0000759　普0763　集部/別集類/宋別集

蘇文忠詩合註五十卷首一卷目錄一卷　（宋）蘇軾撰　（清）馮應榴輯　清乾隆五十八年（1793）桐鄉馮氏踵息齋刻同治九年（1870）補修本　二十四冊

330000－4729－0000760　普0761　集部/別集類/清別集

陳檢討集二十卷　（清）陳維崧撰　（清）程師恭注　清道光二年（1822）金閶步月樓刻本　十冊

330000－4729－0000763　普0764　集部/別集類/宋別集

蘇文忠公詩集五十卷目錄二卷　（宋）蘇軾撰　（清）紀昀評點　清同治八年（1869）韞玉山房粵東省城刻翰墨園朱墨套印本　六冊

330000－4729－0000764　普0766　類叢部/叢書類/彙編之屬

擇是居叢書初集十九種　張鈞衡編　清光緒至民國刻民國十五年（1926）吳興張氏刻本　四冊　存一種

330000－4729－0000765　普0762　集部/別集類/宋別集

重刊文信國公全集十七卷首一卷　（宋）文天祥撰　清道光二十五年（1845）刻本　十六冊

330000－4729－0000766　普0767　集部/別集類/明別集

楊忠愍公全集四卷首一卷末一卷　（明）楊繼盛撰　清光緒十九年（1893）味菜廬刻本　四冊

330000－4729－0000767　普0768　集部/別集類/明別集

太師誠意伯劉文成公集二十卷首一卷　（明）劉基撰　清光緒二十六年（1900）浙江書局刻民國五年（1916）重刊本　十冊

330000 – 4729 – 0000768　普 0770　集部/別集類/宋別集

寇忠愍公詩集三卷　（宋）寇準撰　清宣統刻本　一冊　存二卷(二至三)

330000 – 4729 – 0000770　普 0771　集部/別集類/明別集

李空同詩集三十三卷附錄一卷　（明）李夢陽撰　清宣統二年(1910)掃葉山房石印本　十冊

330000 – 4729 – 0000778　普 0776　集部/總集類/選集之屬/通代

文選六十卷　（南朝梁）蕭統輯　（唐）李善注　**文選考異十卷**　（清）胡克家撰　清宣統三年(1911)上海會文堂石印本　十六冊

330000 – 4729 – 0000779　普 0780　集部/別集類/宋別集

林和靖詩集四卷拾遺一卷附錄一卷　（宋）林逋撰　清宣統二年(1910)上海鴻章書局石印本　二冊

330000 – 4729 – 0000780　普 0783　史部/詔令奏議類/奏議之屬

明大司馬盧公奏議十卷文集一卷詩集一卷首一卷　（明）盧象昇撰　清光緒三十四年(1908)刻本　八冊

330000 – 4729 – 0000782　普 0784　集部/別集類/元別集

雁門集六卷詩餘一卷補遺一卷　（元）薩都剌撰　（明）薩琦編　**雁門集倡和錄一卷別錄一卷**　（清）薩龍光輯　清宣統二年(1910)薩嘉曦刻本　四冊

330000 – 4729 – 0000785　普 0786　集部/詩文評類/詩評之屬

歷朝古體四言詩箋評自知集十三卷　（清）柴友誠精選　清道光八年(1828)刻本　五冊　缺五卷(五、八至十一)

330000 – 4729 – 0000786　普 0787　集部/別集類/清別集

梅村詩集箋注十八卷　（清）吳偉業撰　（清）

吳翌鳳箋注　清嘉慶十九年(1814)嚴榮滄浪吟榭刻本　十二冊

330000 – 4729 – 0000787　普 0788　集部/別集類/清別集

紀文達公遺集三十二卷　（清）紀昀撰　（清）紀樹馨編　清嘉慶十七年(1812)紀樹馥刻本　十二冊

330000 – 4729 – 0000794　普 0797　集部/別集類/清別集

集虛齋全稿合刻六卷　（清）方楘如撰　（清）朱桓　（清）何忠相編次　清光緒二十年(1894)浙江書局刻本　四冊

330000 – 4729 – 0000797　普 0799　集部/別集類/清別集

王氏漁洋詩鈔十二卷目錄一卷　（清）王士禎譔　清宣統二年(1910)上海時中書局影印本　八冊

330000 – 4729 – 0000800　普 0802　集部/別集類/清別集

定山堂古文小品二卷　（清）龔鼎孳撰　清宣統二年(1910)上海國學昌明社石印本　二冊

330000 – 4729 – 0000801　普 0801　集部/別集類/清別集

樊榭山房集十卷續集十卷文集八卷　（清）厲鶚撰　清光緒七年(1881)嶺南述軒刻本　五冊　缺八卷(文集一至八)

330000 – 4729 – 0000813　普 0817　集部/別集類/清別集

嚼梅吟二卷　（清）釋敬安撰　清光緒七年(1881)四明刻本　一冊

330000 – 4729 – 0000814　普 0818　類叢部/叢書類/自著之屬

曾惠敏公遺集四種　（清）曾紀澤撰　清光緒十九年(1893)江南製造總局鉛印本　八冊

330000 – 4729 – 0000816　普 0819　類叢部/叢書類/自著之屬

拙盦叢稿五種附一種　（清）朱一新撰　清光緒二十二年(1896)順德龍氏葆真堂刻本　十

六冊

330000－4729－0000817　普0820　類叢部/
叢書類/自著之屬

拙盦叢稿五種附一種　（清）朱一新撰　清光
緒二十二年（1896）順德龍氏葆真堂刻本　四
冊　存二種

330000－4729－0000820　普0822　集部/別
集類

飲冰室壬寅文集十八卷　梁啓超撰　清光緒
三十一年（1905）上海維新學社石印本　十一
冊　存十三卷（一至九、十一至十四）

330000－4729－0000830　普0829　集部/別
集類

散原精舍詩二卷　陳三立撰　清宣統元年
（1909）鉛印本　二冊

330000－4729－0000831　普0830　集部/別
集類/清別集

集虛齋學古文十二卷附離騷經解畧一卷
（清）方榝如撰　清光緒十年（1884）李詩、竺
士彥淳安縣署刻本　一冊　存三卷（一至三）

330000－4729－0000834　普0816　集部/別
集類/清別集

續東軒遺集四卷　（清）高均儒撰　清光緒七
年（1881）刻本　四冊

330000－4729－0000837　普0849　類叢部/
叢書類/自著之屬

曾文正公全集十六種　（清）曾國藩撰　清同
治至光緒傳忠書局刻本　一百十二冊

330000－4729－0000839　普0847　集部/別
集類/清別集

胡文忠公遺集八十六卷首一卷　（清）胡林翼
撰　（清）鄭敦謹　（清）曾國荃輯　（清）胡
鳳丹重編　清同治六年（1867）李氏黃鶴樓刻
本　三十二冊

330000－4729－0000846　普0854　集部/總
集類/選集之屬/通代

古文辭類纂七十五卷　（清）姚鼐輯　清同治
八年（1869）刻本　十二冊　存五十三卷（一

至十三、十八至二十八、四十一至六十九）

330000－4729－0000848　普0855　集部/總
集類/選集之屬/斷代

七家試帖輯註彙鈔九卷　（清）張熙宇輯評
（清）王植桂輯註　清同治九年（1870）京師琉
璃廠刻本　八冊

330000－4729－0000849　普0837　集部/總
集類/選集之屬/通代

文選六十卷　（南朝梁）蕭統輯　（唐）李善注
　　文選考異十卷　（清）胡克家撰　清宣統三
年（1911）上海會文堂石印本　八冊　缺三十
三卷（一至三十三）

330000－4729－0000851　普0838　集部/總
集類/選集之屬/通代

文選六十卷　（南朝梁）蕭統輯　（唐）李善注
　　文選考異十卷　（清）胡克家撰　清宣統三
年（1911）上海會文堂粹記石印本　十六冊

330000－4729－0000853　普0859　集部/總
集類/選集之屬/斷代

七家試帖輯註彙鈔九卷　（清）張熙宇輯評
（清）王植桂輯註　清同治九年（1870）京師琉
璃廠刻本　八冊

330000－4729－0000854　普0860　集部/總
集類/選集之屬/斷代

七家試帖輯註彙鈔九卷　（清）張熙宇輯評
（清）王植桂輯註　清同治九年（1870）京師琉
璃廠刻本　八冊

330000－4729－0000855　普0858　集部/總
集類/課藝之屬

青雲集分韻試帖詳註四卷　（清）楊逢春
（清）蕭應櫬輯　（清）沈品華等註　清道光二
十二年（1842）埽葉山房刻本　四冊

330000－4729－0000856　普0861　集部/總
集類/選集之屬/斷代

律賦韻蘭集註釋六卷　（清）陸雲槎輯　清末
刻本　四冊　缺二卷（三至四）

330000－4729－0000858　普0863　集部/總
集類/課藝之屬

江漢炳靈集□□卷 （清）潘恭壽 （清）柯逢時等撰 清同治九年(1870)退補齋刻本 六冊 存六卷(一上、下，二上、下，三上，四上)

330000－4729－0000859 普 0866 類叢部/叢書類/家集之屬

丹徒戴氏叢刻七種(戴友梅八種、戴氏所著書) （清）戴肇辰編 清同治至光緒刻本 六冊 存一種

330000－4729－0000860 普 0862 集部/總集類/選集之屬/通代

古唐詩合解古詩四卷唐詩十二卷 （清）王堯衢注 清光緒九年(1883)刻本 六冊

330000－4729－0000861 普 0864 集部/總集類/選集之屬/通代

忠雅堂評選四六法海八卷 （清）蔣士銓評選 清光緒十八年(1892)湖南書局刻本 八冊

330000－4729－0000865 普 0869 集部/別集類/明別集

甫田集三十六卷 （明）文徵明撰 清宣統三年(1911)上海千頃堂書莊、會文學社書莊鉛印本 十冊 存三十卷(一至十六、二十三至三十六)

330000－4729－0000866 普 0870 集部/總集類/選集之屬/通代

重訂文選集評十五卷首一卷末一卷 （清）于光華輯 清末刻本 十四冊 缺四卷(首，五、八，末)

330000－4729－0000867 普 0874 集部/總集類/選集之屬/斷代

唐詩三百首注疏六卷 （清）孫洙編 （清）章燮注 續選一卷姓氏小傳一卷 （清）于慶元輯 清刻本 五冊 存六卷(二至六、續選)

330000－4729－0000868 普 0871 集部/總集類/選集之屬/通代

御選唐宋文醇五十八卷目錄一卷 （清）高宗弘曆輯 清光緒三年(1877)浙江書局刻本 二十冊

330000－4729－0000871 普 0872 子部/雜

著類/雜說之屬

定香亭筆談四卷 （清）阮元撰 清光緒十年(1884)瀨江宋氏刻本 一冊 存一卷(一)

330000－4729－0000873 普 0877 集部/總集類/選集之屬/通代

古文淵鑒六十四卷 （清）徐乾學等輯注 清宣統二年(1910)學部圖書局石印本 二十四冊

330000－4729－0000874 普 0878 集部/總集類/選集之屬/通代

御選唐宋詩醇四十七卷目錄二卷 （清）高宗弘曆輯 清光緒七年(1881)浙江書局刻本 二十冊

330000－4729－0000875 普 0880 集部/總集類/選集之屬/斷代

全唐詩三十二卷 （清）曹寅等輯 清光緒十三年(1887)上海同文書局石印本 三十二冊

330000－4729－0000876 普 0881 集部/總集類/選集之屬/通代

唐宋詩本七十六卷目錄八卷 （清）戴第元輯 清乾隆三十八年(1773)覽珠堂刻光緒三年(1877)戴仲和補刻本 三十二冊

330000－4729－0000885 普 0892 集部/總集類/選集之屬/通代

經史百家雜鈔二十六卷 （清）曾國藩輯 清光緒三十二年(1906)上海商務印書館鉛印本 十冊 缺四卷(五至六、十八至十九)

330000－4729－0000886 普 0893 集部/總集類/選集之屬/通代

經史百家雜鈔二十六卷 （清）曾國藩輯 清光緒三十二年(1906)上海商務印書館鉛印本 十二冊

330000－4729－0000895 普 0896 集部/總集類/選集之屬/通代

歷代宮閨文選二十六卷姓氏小錄一卷 （清）周壽昌輯 清宣統三年(1911)上海群學社鉛印本 三冊 存十卷(一至五、二十三至二十六,姓氏小錄)

330000－4729－0000901　普0903　集部/別集類/漢魏六朝別集

武侯全書二十卷首一卷　（三國蜀）諸葛亮撰　（清）趙承恩輯　清光緒十年(1884)木活字印本　一冊　存三卷(十五至十七)

330000－4729－0000907　普0914　集部/總集類/選集之屬/通代

續古文苑二十卷　（清）孫星衍輯　清光緒九年(1883)江蘇書局刻本　六冊

330000－4729－0000909　普0906　集部/總集類/選集之屬/斷代

唐詩三百首注疏六卷　（清）孫洙編　（清）章燮注　清浙蘭慎言堂刻本　六冊

330000－4729－0000913　普0923　類叢部/類書類/專類之屬

重編留青新集二十四卷　（清）馮善長輯　清光緒鉛印本　十一冊　缺二卷(一至二)

330000－4729－0000915　普0924　類叢部/類書類/專類之屬

重編留青新集二十四卷　（清）馮善長輯　清光緒三十四年(1908)上海廣益書局鉛印本　十二冊

330000－4729－0000920　普0926　集部/總集類/課藝之屬

增選小題真珠船　（清）□□輯　清光緒十二年(1886)石印本　二十冊　存初集、續集

330000－4729－0000926　普0934　集部/詞類/總集之屬

宋六十一家詞選十二卷　馮煦輯　清宣統二年(1910)上海掃葉山房石印本　三冊　缺三卷(七至九)

330000－4729－0000940　普0949　集部/總集類/選集之屬/通代

賦學指南十六卷　（清）余丙照編輯　清末刻本　六冊

330000－4729－0000941　普0946　類叢部/叢書類/彙編之屬

邵武徐氏叢書二十三種　（清）徐榦編　清光緒邵武徐氏刻本　二冊　存一種

330000－4729－0000943　普0951　集部/詩文評類/文評之屬

文心雕龍十卷　（南朝梁）劉勰撰　清刻本　一冊　存三卷(八至十)

330000－4729－0000946　普0943　史部/傳記類/總傳之屬/文苑

廣陵詩事十卷　（清）阮元記　清光緒十六年(1890)京師揚州老館刻本　二冊

330000－4729－0000948　普0944　集部/詩文評類/詩評之屬

緝雅堂詩話二卷　（清）潘衍桐撰　清光緒十七年(1891)杭州刻本　一冊

330000－4729－0000949　普0952　子部/藝術類/遊藝之屬/聯語

楹聯叢話十二卷續話四卷　（清）梁章鉅輯　清道光刻本　四冊　存十卷(七至十二、續話一至四)

330000－4729－0000950　普0955　集部/總集類/選集之屬/通代

五朝詩別裁集　（清）□□輯　清刻本　二十八冊　缺七卷(明詩四至六，欽定國朝詩十七至十八、二十一至二十二)

330000－4729－0000952　普0957　集部/詩文評類/詩評之屬

杜工部詩話一卷　（清）劉鳳誥撰　清宣統元年(1909)上海掃葉山房石印本　一冊

330000－4729－0000953　普0956　集部/詩文評類/詩評之屬

杜工部詩話一卷　（清）劉鳳誥撰　清宣統元年(1909)上海掃葉山房石印本　一冊

330000－4729－0000958　普0959　經部/春秋左傳類/傳說之屬

東萊博議四卷　（宋）呂祖謙撰　清光緒三十年(1904)上海書局石印本　四冊

330000－4729－0000959　普0963　子部/小說家類/異聞之屬

山海經十八卷 （晉）郭璞傳 （清）畢沅校正
清光緒三年(1877)浙江書局刻本 三冊

330000－4729－0000964 普 0966 子部/雜
著類/雜編之屬
求闕齋讀書錄十卷 （清）曾國藩撰 清光緒
石印本 二冊 存四卷(七至十)

330000－4729－0000969 普 0968 集部/總
集類/選集之屬/斷代
唐文粹一百卷 （宋）姚鉉輯 清光緒十六年
至十八年(1890－1892)杭州許氏榆園刻本
十二冊 存六十二卷(一至六十二)

330000－4729－0000970 普 0976 類叢部/
叢書類/彙編之屬
唐人說薈一百六十五種 （清）陳世熙編 清
刻本 八冊 存五十八種

330000－4729－0000972 普 0977 集部/總
集類/課藝之屬
試帖詩初集十四卷目錄一卷韻目一卷二集
□□卷目錄一卷 （清）□□輯 清光緒二十
年(1894)袖海山房石印本 十七冊 存二十
三卷(一至十、十三至十四,目錄,韻目;二集
一至七、十,目錄)

330000－4729－0000974 普 0979 類叢部/
叢書類/自著之屬
曾文正公全集十六種 （清）曾國藩撰 清光
緒二十八年(1902)耕餘書屋石印本 十八冊
存十一種

330000－4729－0000979 普 0985 類叢部/
叢書類/彙編之屬
唐代叢書一百六十四種 （清）王文誥編 清
嘉慶十一年(1806)弁山樓刻本 十三冊 存
八十七種

330000－4729－0000984 普 0988 類叢部/
叢書類/彙編之屬
古逸叢書二十六種 （清）黎庶昌編 清光緒
八年至十年(1882－1884)黎庶昌日本東京使
署影刻本 三十一冊 存二十一種

330000－4729－0000987 普 0995 集部/總

集類/課藝之屬
青雲集分韻試帖詳註四卷 （清）楊逢春
（清）蕭應橄輯 （清）沈品華等註 清光緒十
二年(1886)浙蘭裕源堂刻本 三冊 存三卷
(一、三至四)

330000－4729－0000989 普 0996 集部/總
集類/課藝之屬
青雲集分韻試帖詳註四卷 （清）楊逢春
（清）蕭應橄輯 （清）沈品華等註 清同治十
一年(1872)務本堂刻本 二冊 存二卷(一
至二)

330000－4729－0000990 普 0997 集部/總
集類/課藝之屬
青雲集分韻試帖詳註四卷 （清）楊逢春
（清）蕭應橄輯 （清）沈品華等註 清光緒十
二年(1886)浙蘭裕源堂刻本 二冊 存二卷
(一、三)

330000－4729－0000991 普 0992 集部/總
集類/選集之屬/通代
尺木堂古文觀止十二卷 （清）吳乘權 （清）
吳大職輯 清末聚盛堂刻本 二冊 存二卷
(一至二)

330000－4729－0000992 普 0999 類叢部/
叢書類/郡邑之屬
金華叢書(退補齋金華叢書)七十種 （清）胡
鳳丹編 清同治七年至光緒八年(1868－
1882)永康胡氏退補齋刻民國補刻本 二百
七十一冊 缺一卷(宋學士全集補遺八)

330000－4729－0000993 普 0998 集部/總
集類/課藝之屬
青雲集分韻試帖詳註四卷 （清）楊逢春
（清）蕭應橄輯 （清）沈品華等註 清末刻本
四冊

330000－4729－0000994 普 1000 集部/總
集類/課藝之屬
青雲集分韻試帖詳註四卷 （清）楊逢春
（清）蕭應橄輯 （清）沈品華等註 清末刻本
二冊 存二卷(一至二)

330000－4729－0000995　普 0993　集部/總集類/選集之屬/通代

五鳳樓古文觀止十二卷　（清）吳乘權　（清）吳大職輯　清光緒十三年(1887)五鳳樓刻本　三冊　存六卷(一至二、九至十二)

330000－4729－0000996　普 0994　集部/總集類/選集之屬/通代

古文觀止十二卷　（清）吳乘權　（清）吳大職輯　清刻本　四冊　存八卷(三至十)

330000－4729－0000997　普 1001　集部/別集類/清別集

寄嶽雲齋試體詩選詳註四卷　（清）聶銑敏撰　（清）張學蘇箋　清同治六年(1867)多文齋刻本　四冊

330000－4729－0000998　普 1005　集部/總集類/選集之屬/通代

古文觀止十二卷　（清）吳乘權　（清）吳大職輯　清浙蘭慎言堂刻本　四冊　存八卷(五至十二)

330000－4729－0001000　普 1002　集部/總集類/氏族之屬

三蘇策論十二卷　（宋）蘇洵　（宋）蘇軾（宋）蘇轍撰　（清）張紹齡編　清光緒二十七年(1901)點石齋書局石印本　三冊　存九卷(一至九)

330000－4729－0001001　普 1007　集部/總集類/選集之屬/通代

文選六十卷　（南朝梁）蕭統輯　（唐）李善注（清）何焯評　清光緒二十四年(1898)上海古香閣石印本　五冊　存五十卷(一至十、二十一至六十)

330000－4729－0001003　普 1008　集部/別集類/唐五代別集

白香山詩長慶集二十卷後集十七卷別集一卷補遺二卷　（唐）白居易撰　（清）汪立名編訂　**白香山年譜一卷**　（清）汪立名撰　**白香山年譜舊本一卷**　（宋）陳振孫撰　清末石印本　三冊　存八卷(一至三、七至九,後集一至二)

330000－4729－0001004　普 1009　類叢部/類書類/通類之屬

小嫏嬛山館彙刊類書(羣玉館彙刊類書、瑯嬛獺祭)十二種　（清）小嫏嬛山館編　清刻本　一冊　存一種

330000－4729－0001006　普 1010　集部/總集類/選集之屬/通代

文選六十卷　（南朝梁）蕭統輯　（唐）李善注　**文選考異十卷**　（清）胡克家撰　清宣統三年(1911)上海會文堂石印本　七冊　存五十一卷(七至五十三、考異一至四)

330000－4729－0001007　普 1012　集部/總集類/選集之屬/斷代

註釋九家詩十一卷　（清）吳錫麒　（清）梁上國等撰　清末文德堂刻本　三冊　存七卷(一至七)

330000－4729－0001013　普 1020　子部/儒家類/儒學之屬

張百川先生訓子三十篇不分卷　（清）張江撰　清末刻本　一冊

330000－4729－0001017　普 1015　集部/別集類/清別集

紫霞山房帖體詩鈔四卷　（清）朱家麒撰（清）朱履燉　（清）朱正綱箋註　清咸豐七年(1857)敬義堂刻本　二冊

330000－4729－0001018　普 1024　集部/總集類/課藝之屬

惜陰書院東齋課藝八卷　孫鏘鳴輯　清末刻本　一冊　存一卷(三)

330000－4729－0001019　普 1025　集部/別集類/清別集

道生堂全稿(道生堂小題制藝初集二卷二集二卷三集一卷)　（清）鍾聲撰　清光緒五年(1879)霽月山房刻本　二冊　存三卷(初集一、二集一、三集)

330000－4729－0001022　普 1026　子部/雜著類/雜說之屬

盛世危言續編□□卷　鄭觀應撰　清末石印

本　二冊　存二卷(三至四)

330000－4729－0001025　普1027　子部/雜
著類/雜說之屬

盛世危言□□卷二編四卷三編六卷　鄭觀應
撰　清光緒二十三年(1897)石印本　六冊
存六卷(盛世危言四,三編一至四、六)

330000－4729－0001026　普1031　集部/總
集類/課藝之屬

增潤小題拆字四卷拆字續編一卷　(清)山仲
甫輯　清光緒二十二年(1896)上海書局石印
本　三冊

330000－4729－0001029　普1033　集部/別
集類/清別集

增訂寄嶽雲齋試體詩選四卷　(清)聶銑敏撰
(清)朱兆鳳評　清漳文林堂刻本　二冊
存二卷(一、三)

330000－4729－0001030　普1028　子部/雜
著類/雜說之屬

盛世危言六卷　鄭觀應輯撰　清末石印本
二冊　存二卷(三至四)

330000－4729－0001034　普1034　集部/別
集類/清別集

寄嶽雲齋試體詩選詳註四卷　(清)聶銑敏撰
(清)張學蘇箋　清嘉慶二十年(1815)碧梧
齋刻本　一冊　存二卷(一至二)

330000－4729－0001036　普1041　子部/宗
教類/其他宗教之屬/其他

衆喜寶卷(衆喜粗言寶卷)五卷　(清)陳衆喜
撰　清光緒六年(1880)瑪瑙經房刻本　三冊
存三卷(三至五)

330000－4729－0001037　普1043　集部/別
集類/清別集

芙蓉池館詩草二卷　(清)羅辰撰　清刻本
一冊

330000－4729－0001043　普1049　類叢部/
類書類/專類之屬

新刻通用尺素見心集四卷　(清)汪文芳輯
清末金陵李光明莊刻本　四冊

330000－4729－0001047　普1050　集部/總
集類/課藝之屬

心香閣墨商不分卷　(清)郁鼎鐘編　清末刻
本　二冊

330000－4729－0001048　普1035　集部/總
集類/課藝之屬

巧搭最新不分卷　(清)雷塦　(清)周麟書等
撰　清光緒九年(1883)刻本　二冊

330000－4729－0001051　普1052　子部/儒
家類/儒學之屬/蒙學

國朝歷科發蒙小品六卷　(清)唐惟懋評選
清末刻本　二冊　存二卷(一至二)

330000－4729－0001052　普1058　子部/儒
家類/儒學之屬/蒙學

小學千家詩人生必讀二卷　(清)余晦齋輯
清刻本　一冊

330000－4729－0001053　普1053　子部/儒
家類/儒學之屬/蒙學

發蒙小品六卷　(清)唐惟懋編　清刻本　一
冊　存三卷(大學、中庸、下論)

330000－4729－0001055　普1054　集部/詩
文評類/文評之屬

崇辨堂墨選不分卷　清刻本　三冊

330000－4729－0001056　普1060　集部/總
集類/課藝之屬

鐵網珊瑚初集不分卷二集不分卷三集不分卷
(清)沈鏡堂撰　清末刻本　三冊　存初
集、二集

330000－4729－0001057　普1064　集部/總
集類/課藝之屬

目耕齋小題偶編不分卷二刻不分卷　(清)徐
楷　(清)沈叔眉編次　清刻本　三冊　殘

330000－4729－0001058　普1061　集部/別
集類/清別集

集虛齋全稿合刻六卷　(清)方棨如撰　(清)
朱桓　(清)何忠相編次　清光緒二十年
(1894)浙江書局刻本　一冊

330000－4729－0001060　普1065　集部/別集類/清別集

紀曉嵐詩註釋四卷　（清）紀昀撰　（清）郭斌評註　清刻朱墨套印本　三冊　存三卷（二至四）

330000－4729－0001061　普1063　子部/雜著類/雜考之屬

日知錄集釋三十二卷首一卷刊誤二卷續刊誤二卷　（清）黃汝成撰　清光緒二十一年（1895）上海點石齋石印本　四冊　缺十三卷（十八至三十）

330000－4729－0001062　普1066　集部/別集類/清別集

少嵒賦草四卷重訂少嵒賦草續集一卷　（清）夏思沺撰　清光緒十三年（1887）文星堂刻本　四冊

330000－4729－0001064　普1069　集部/總集類/選集之屬/斷代

唐詩三百首六卷　（清）孫洙編　清刻本　一冊

330000－4729－0001067　普1071　集部/總集類/選集之屬/斷代

唐詩三百首六卷　（清）孫洙編　清刻本　一冊

330000－4729－0001070　普1072　集部/曲類/彈詞之屬

繡像校正文武香球八卷　清末石印本　三冊　存六卷（三至八）

330000－4729－0001071　普1073　集部/總集類/課藝之屬

小題神技二卷　（清）高雨農選　清末小研山房刻本　二冊

330000－4729－0001076　普1074　集部/總集類/課藝之屬

大題文富不分卷　清光緒十四年（1888）滬上石印本　六冊　存大學、中庸、上論、下論、下孟

330000－4729－0001077　普1081　集部/總

集類/選集之屬/斷代

唐詩三百首注疏六卷　（清）孫洙編　（清）章燮注　**續選一卷姓氏小傳一卷**　（清）于慶元輯　清道光二十三年（1843）英德堂刻本　五冊　存五卷（一至三、五，續選）

330000－4729－0001078　普1085　子部/雜著類

事類賦三十卷　（宋）吳淑撰並注　清刻本　一冊　存五卷（五至九）

330000－4729－0001080　普1083　集部/總集類/選集之屬/斷代

唐詩三百首六卷　（清）孫洙編　清刻本　一冊　存二卷（一至二）

330000－4729－0001081　普1084　集部/總集類/選集之屬/斷代

唐詩三百首六卷　（清）孫洙編　清刻本　二冊

330000－4729－0001082　普1086　集部/總集類/選集之屬/斷代

七家詩選（硃批七家詩選箋注）　（清）張熙宇輯評　清刻朱墨套印本　二冊　存三種

330000－4729－0001085　普1089　子部/小說家類/異聞之屬

燕山外史注釋八卷　（清）陳球撰　（清）傅聲谷注　清光緒三十二年（1906）上海海左書局石印本　四冊

330000－4729－0001087　普1090　集部/小說類/長篇之屬

繡像繪圖隋唐演義□□卷　清末上海廣益書局石印本　二冊　存二卷（五至六）

330000－4729－0001088　普1093　集部/總集類/選集之屬/斷代

唐詩三百首注疏六卷　（清）孫洙編　（清）章燮注　清末上海鴻寶齋書局石印本　五冊　缺一卷（二）

330000－4729－0001089　普1094　集部/總集類/選集之屬/斷代

唐詩三百首注疏六卷　（清）孫洙編　（清）章

燮注　清刻本　一冊　存一卷(五)

330000－4729－0001090　普1095　集部/總集類/選集之屬/斷代

唐詩三百首六卷　(清)孫洙編　清刻本　一冊　存二卷(一至二)

330000－4729－0001091　普1096　集部/總集類/選集之屬/斷代

唐詩三百首注疏六卷　(清)孫洙編　(清)章燮注　清刻本　一冊　存一卷(六)

330000－4729－0001095　普1099　集部/總集類/選集之屬/通代

古唐詩合解古詩四卷唐詩十二卷　(清)王堯衢注　清刻本　一冊　存二卷(唐詩八至九)

330000－4729－0001096　普1100　集部/總集類/選集之屬/通代

古唐詩合解古詩四卷唐詩十二卷　(清)王堯衢注　清刻本　三冊　存八卷(古詩一至四，唐詩三至四、八至九)

330000－4729－0001098　普1101　集部/總集類/選集之屬/通代

古唐詩合解古詩四卷唐詩十二卷　(清)王堯衢注　清道光二十五年(1845)碧梧齋刻本　一冊　存二卷(唐詩一至二)

330000－4729－0001099　普1106　集部/總集類/選集之屬/斷代

韻蘭集賦鈔六卷　(清)陸雲槎輯　(清)宋淮三考典　清刻本　二冊　存二卷(三至四)

330000－4729－0001100　普1107　集部/總集類/選集之屬/通代

古唐詩合解古詩四卷唐詩十二卷　(清)王堯衢注　清刻本　一冊　存二卷(唐詩三至四)

330000－4729－0001101　普1103　集部/小說類/長篇之屬

東周列國全志二十三卷一百八回　(清)蔡奡評點　清刻本　六冊　存六卷(五、八、十三、十五、二十至二十一)

330000－4729－0001102　普1104　集部/小

說類/長篇之屬

繡像洪秀全演義初集二卷二集二卷三集二卷四集二卷　(清)黃小配撰　清末石印本　二冊　存二卷(三集一至二)

330000－4729－0001103　普1105　集部/小說類/長篇之屬

新刻粉裝樓傳記十卷八十回首一卷　(清)竹溪山人撰　清刻本　五冊　存三十五回(一至三十五)

330000－4729－0001104　普1108　集部/小說類/長篇之屬

新輯海公小紅袍全傳四卷四十二回　清光緒二十七年(1901)上海萃英書局石印本　四冊

330000－4729－0001105　普1111　集部/小說類/長篇之屬

東周列國志二十七卷一百八回首一卷　(清)蔡奡評點　清光緒三十一年(1905)上海順成書局石印本　一冊　存四卷(首、一至三)

330000－4729－0001106　普1109　集部/小說類/長篇之屬

新刻後續繡像五虎平南狄青演義四卷四十二回　清末上海天寶書局石印本　二冊

330000－4729－0001107　普1112　集部/總集類/選集之屬

註釋千家詩二卷　清刻本　一冊

330000－4729－0001108　普1110　集部/小說類/長篇之屬

繡像南唐演義薛家將傳六卷一百回　(清)如蓮居士編輯　清末石印本　二冊

330000－4729－0001111　普1113　集部/小說類/長篇之屬

東周列國全志二十三卷一百回　(清)蔡奡評點　清刻本　四冊　存四卷(十一、十四至十六)

330000－4729－0001114　普1114　集部/小說類/長篇之屬

繡像南宋飛龍傳十卷五十回　(清)研石山樵訂正　清末上海源記書局石印本　四冊

330000－4729－0001116　　普1115　　集部/小說類/長篇之屬

增像全圖東周列國志二十七卷一百八回　(清)蔡奡評點　清末中新書局鉛印本　二冊　存八卷(三至十)

330000－4729－0001119　　普1118　　集部/總集類/課藝之屬

塾課小題正鵠初集一卷二集一卷三集一卷養正草一卷訓蒙草一卷　(清)李元度輯　清光緒十六年(1890)鴻寶齋石印本　四冊

330000－4729－0001124　　普1116　　集部/小說類/長篇之屬

四大奇書第一種三國志六十卷一百二十回讀三國志法一卷　(明)羅本撰　(清)毛宗崗評　(清)杭永年評定　清刻本　十六冊　存四十九卷(一至三、十三至四十三、四十七至六十,讀法)

330000－4729－0001125　　普1121　　集部/總集類/課藝之屬

目耕齋小題偶編不分卷附唐翼脩先生制藝六位說一卷　(清)沈叔眉編次　清光緒三年(1877)刻本　二冊

330000－4729－0001135　　普1134　　子部/小說家類/諧謔之屬

改良繪圖解人頤廣集二卷　(清)胡澹庵撰　(清)錢德蒼重訂　清末石印本　一冊

330000－4729－0001141　　普1138　　經部/群經總義類/傳說之屬

四書五經新義不分卷　(清)□□撰　清光緒二十八年(1902)上海書局石印本　二冊

330000－4729－0001143　　普1139　　史部/傳記類/總傳之屬

泰西各國名人言行錄十六卷　(清)張兆蓉輯　清光緒石印本　四冊　存十一卷(一至十一)

330000－4729－0001146　　普1151　　集部/小說類/長篇之屬

東周列國全志二十三卷一百八回　(清)蔡奡評點　清翠筠山房刻本　十三冊　存十三卷(一至三、五至六、十一至十三、十五至十七、十九至二十)

330000－4729－0001147　　普1156　　類叢部/類書類/通類之屬

增補事類統編九十三卷首一卷　(清)黃葆真輯　清光緒十四年(1888)上海積山書局石印本　三冊　存二十七卷(首,一至八、七十六至九十三)

330000－4729－0001149　　普1152　　新學/兵制/陸軍

中西武備新書甲集七種　(清)武備學堂編　清光緒二十七年(1901)武備學堂刻本　四冊

330000－4729－0001150　　普1157　　子部/雜著類/雜說之屬

盛世危言十四卷　鄭觀應輯撰　清末石印本　三冊　存六卷(二至三、六至七、十至十一)

330000－4729－0001152　　普1159　　類叢部/類書類/專類之屬

類類聯珠初編三十二卷二編十二卷　(清)李堃編　(清)李椿林增補　清同治九年(1870)刻本　三冊　存十七卷(一至五、二十九至三十二,二編一至二、七至十二)

330000－4729－0001154　　普1158　　子部/天文曆算類/算書之屬

中西算學大成一百卷　(清)陳維祺等撰　清末上海同文書局石印本　五冊　存三十三卷(四十六至五十七、六十四至八十四)

330000－4729－0001156　　普1167　　新學/史志/諸國史

萬國史記二十卷　(日本)岡本監輔撰　清末石印本　二冊　存七卷(十四至二十)

330000－4729－0001172　　普1177　　集部/小說類/長篇之屬

草木春秋演義五卷三十二回　(清)江洪撰　清木活字印本　一冊　存一卷(五)

330000－4729－0001175　　普1179　　類叢部/類書類/通類之屬

事類統編九十三卷首一卷 （清）林意誠輯
清刻本 十四冊 存二十七卷（四至八、十二
至十四、十七、十九、二十一、二十四、二十六、
二十九至三十三、六十七至六十九、七十二至
七十四、七十八至八十）

330000－4729－0001176 普1155 新學/史
志/諸國史

萬國史記二十卷 （日本）岡本監輔撰 清末
石印本 五冊 存十六卷（五至二十）

330000－4729－0001177 普1180 子部/儒
家類/儒學之屬/蒙學

養正草一卷續養正草一卷 （清）李元度撰
清光緒十六年（1890）文奎堂刻本 二冊

330000－4729－0001180 普1184 子部/儒
家類/儒學之屬/蒙學

養正草一卷 （清）李元度撰 清聚秀堂刻本
一冊

330000－4729－0001181 普1185 集部/總
集類/課藝之屬

青雲集分韻試帖詳註四卷 （清）楊逢春
（清）蕭應樞輯 （清）沈品華等註 清末掃葉
山房刻本 三冊 存三卷（一至三）

330000－4729－0001183 普1182 子部/儒
家類/儒學之屬/蒙學

初學啟悟集二卷 （清）汪承忠評選 （清）黃
梅峯詮解 清同治七年（1868）務本堂刻本
二冊

330000－4729－0001187 普1191 類叢部/
類書類/專類之屬

增訂應世便書□□卷 清刻本 一冊 存二
卷（五至六）

330000－4729－0001188 普1192 類叢部/
類書類/通類之屬

重訂事類賦三十卷 （宋）吳淑撰並注 清刻
本 二冊 存十卷（五至八、十八至二十三）

330000－4729－0001189 普1193 史部/傳
記類/總傳之屬/忠孝

文華堂日記故事一卷 清咸豐二年（1852）文

華堂刻本 一冊

330000－4729－0001193 普1196 集部/總
集類/選集之屬/斷代

注釋唐詩三百首六卷 （清）孫洙編 清刻本
一冊 存三卷（四至六）

330000－4729－0001196 普1189 集部/總
集類/課藝之屬

明文才調集不分卷 （清）許振褘輯 清光緒
二十年（1894）上洋鴻文書局石印本 余高梁
題記 一冊 存大學、中庸、論語

330000－4729－0001197 普1198 子部/雜
著類/雜纂之屬

格言聯璧一卷 （清）金纓輯 清末石印本
一冊

330000－4729－0001200 普1199 集部/小
說類/長篇之屬

新輯海公小紅袍全傳四卷四十二回 清末石
印本 一冊

330000－4729－0001201 普1201 集部/別
集類/清別集

寄嶽雲齋試體詩選詳註四卷 （清）聶銑敏撰
（清）張學蘇箋 清刻本 一冊 存一卷
（四）

330000－4729－0001202 普1200 集部/總
集類/選集之屬/斷代

九家詩詳註七卷 （清）毛履謙 （清）吳涵一
註 清刻本 一冊 存二卷（四至五）

330000－4729－0001204 普1202 集部/總
集類/選集之屬/斷代

七家詩選（硃批七家詩選箋注） （清）張熙宇
輯評 清刻朱墨套印本 一冊 存二種

330000－4729－0001207 普1187 集部/總
集類/課藝之屬

得月樓搭載文鈔附唐翼修先生搭載備法不分
卷 （清）張元瀬評次 清光緒三年（1877）刻
本 一冊

330000－4729－0001208 普1206 集部/總

集類/選集之屬/通代

賦學正鵠集釋十一卷 （清）李元度輯　清光緒十八年(1892)上海煥文局石印本　一冊　存四卷(一至四)

330000－4729－0001209　普1207　集部/詩文評類

繩正堂墨繩新編不分卷 （清）傅梅卿評選　清同治十年(1871)刻本　一冊

330000－4729－0001210　普1204　集部/總集類/選集之屬/斷代

七家詩選(硃批七家詩選箋注) （清）張熙宇輯評　清末大鐙堂刻朱墨套印本　一冊　存二種

330000－4729－0001211　普1212　史部/傳記類/總傳之屬/斷代

國朝先正事略續編三十卷 （清）朱孔彰撰　清光緒二十六年(1900)石印本　二冊　存二卷(一、三)

330000－4729－0001212　普1209　集部/總集類/選集之屬/通代

古文筆法八卷 （清）李扶九輯　清光緒二十九年(1903)石印本　一冊　存一卷(一)

330000－4729－0001214　普1210　集部/別集類/清別集

春雲詩鈔六卷 （清）張襄綸輯　（清）張維城編次　（清）繆有本牋註　清道光十三年(1833)刻本　二冊

330000－4729－0001216　普1215　集部/別集類/清別集

曾文正公家書十卷附大事記四卷家訓二卷榮哀錄一卷 （清）曾國藩撰　清光緒二十九年(1903)錦章書局石印本　三冊　存七卷(一至三、九至十,家訓二,榮哀錄)

330000－4729－0001218　普1217　經部/群經總義類

四書五經義讀本不分卷 （清）俞樾輯　清光緒二十八年(1902)上海美華書館鉛印本　一冊

330000－4729－0001219　普1208　集部/別集類/清別集

韞山堂時文三卷 （清）管世銘撰　清光緒二十二年(1896)上海文瑞樓石印本　一冊　存二卷(一至二)

330000－4729－0001220　普1218　集部/小說類/長篇之屬

東周列國全志八卷一百八回 （清）蔡昊評點　清末石印本　三冊　存三卷(五至六、八)

330000－4729－0001222　普1223　子部/小說家類/異聞之屬

閱微草堂筆記二十四卷 （清）紀昀撰　清光緒石印本　一冊　存六卷(一至六)

330000－4729－0001223　普1220　子部/小說家類/異聞之屬

燕山外史注釋八卷 （清）陳球撰　（清）傅聲谷注　清光緒三十二年(1906)上海海左書局石印本　一冊　存二卷(一至二)

330000－4729－0001226　普1227　經部/春秋左傳類/傳說之屬

增批輯注東萊博議四卷 （宋）呂祖謙撰　（清）劉鍾英輯注　清宣統三年(1911)上海會文堂書局石印本　三冊　缺一卷(三)

330000－4729－0001229　普1229　經部/春秋左傳類/傳說之屬

如酉所刻諸名家評點春秋綱目左傳句解彙雋六卷 （清）韓葵重訂　清咸豐二年(1852)三味義記刻本　一冊　存一卷(一)

330000－4729－0001230　普1234　經部/春秋左傳類/傳說之屬

東萊博議四卷 （宋）呂祖謙撰　**增補虛字註釋一卷** （清）馮泰松點定　清光緒二十四年(1898)上海祥記書莊石印本　四冊

330000－4729－0001232　普1231　集部/總集類/課藝之屬

試律青雲集四卷 （清）楊逢春輯　（清）沈品華　（清）沈品全　（清）沈品三等注　清同治二年(1863)雙梧書屋刻本　二冊　存二卷

（一、三）

330000－4729－0001236　普1235　經部/春秋左傳類/傳說之屬

東萊博議四卷　（宋）呂祖謙撰　**增補虛字註釋一卷**　（清）馮泰松點定　清光緒二十四年（1898）石印本　一冊　存二卷（一、增補虛字註釋）

330000－4729－0001238　普1237　集部/小說類/長篇之屬

說唐前傳十卷六十八回　（清）如蓮居士撰　清末上海文盛書局石印本　三冊　存七卷（一至二、六至十）

330000－4729－0001239　普1240　經部/春秋左傳類/傳說之屬

增批輯注東萊博議四卷　（宋）呂祖謙撰　（清）劉鍾英輯注　清宣統三年（1911）上海會文堂書局石印本　三冊　存三卷（一至三）

330000－4729－0001240　普1211　史部/史抄類

史鑑節要便讀六卷　（清）鮑東里撰　清光緒二十七年（1901）南洋公會石印本　一冊　存三卷（一至三）

330000－4729－0001241　普1232　集部/總集類/課藝之屬

西江文華二卷　（清）青選主人輯　清光緒九年（1883）刻本　一冊　存一卷（一）

330000－4729－0001242　普1244　集部/詩文評類/類編之屬

新選本策論引階合參不分卷　陳甘泉編輯　清光緒二十七年（1901）上海美華書館石印本　一冊

330000－4729－0001243　普1238　集部/小說類/長篇之屬

說唐前傳十卷六十八回說唐小英雄傳二卷十六回說唐薛家府傳六卷四十二回　（清）如蓮居士撰　清末上海文成書局石印本　三冊　存六卷（小英雄傳一至二、薛家府傳三至六）

330000－4729－0001244　普1241　經部/群

經總義類/文字音義之屬

經藝備格不分卷　（清）□圃主人輯　清光緒二十年（1894）上海積山書局石印本　二冊

330000－4729－0001245　普1245　集部/總集類/選集之屬/通代

精刻千家詩二卷對類指明一卷　（清）王方城集　清刻本　一冊

330000－4729－0001246　普1242　史部/雜史類

試場異聞錄五種　（清）呂相變輯　清同治九年（1870）味經堂刻本　一冊　存一種

330000－4729－0001247　普1246　類叢部/類書類/通類之屬

增補事類統編九十三卷首一卷　（清）黃葆真輯　清末石印本　二冊　存六卷（四至九）

330000－4729－0001248　普1243　集部/別集類/清別集

養雲山館試帖四卷　（清）許球撰　（清）王榮枚注　清同治十三年（1874）崇讓堂刻本　一冊　存一卷（一）

330000－4729－0001249　普1239　子部/雜著類/雜纂之屬

論學舉隅二卷　（清）兩部鼓吹軒編校　清末石印本　一冊　存一卷（一）

330000－4729－0001250　普1247　集部/總集類/課藝之屬

目耕齋初集不分卷二集不分卷　（清）徐楷評註　（清）沈叔眉選刊　清光緒十二年（1886）上海積山書局石印本　二冊

330000－4729－0001251　普1248　集部/小說類/短篇之屬

詳注聊齋志異圖詠十六卷　（清）蒲松齡撰　（清）呂湛恩注　（清）徐潤編　清末石印本　一冊　存二卷（十五至十六）

330000－4729－0001259　普1256　集部/詩文評類/詩評之屬

國朝註釋排律序時不分卷　（清）嚴永齡輯註　清刻本　一冊

330000－4729－0001264　普 1259　類叢部/
類書類/專類之屬

試律大觀三十二卷目錄一卷　（清）竹屏居士
手輯　（清）王家相定本　清刻本　一冊　存
七卷(十七至二十三)

330000－4729－0001265　普 1260　類叢部/
類書類/專類之屬

試律大觀三十二卷目錄一卷　（清）竹屏居士
手輯　（清）王家相定本　清刻本　一冊　存
一卷(一)

330000－4729－0001271　普 1270　集部/小
說類/長篇之屬

新刻粉粧樓傳記十卷八十回　（清）竹溪山人
撰　清刻本　一冊　存一卷(九)

330000－4729－0001272　普 1271　類叢部/
類書類/通類之屬

重訂廣事類賦四十卷　（清）華希閔撰　清刻
本　一冊　存四卷(十七至二十)

330000－4729－0001274　普 1272　類叢部/
類書類/通類之屬

重訂廣事類賦四十卷　（清）華希閔撰　清刻
本　四冊　存十四卷(三至八、十七至二十、
二十六至二十九)

330000－4729－0001277　普 1273　子部/小
說家類/諧謔之屬

改良繪圖解人頤廣集二卷　（清）胡澹庵撰
(清)錢德蒼重訂　清末石印本　一冊

330000－4729－0001278　普 1275　集部/總
集類/選集之屬/通代

精刻千家詩二卷對類指明一卷　（清）王方城
集　清末刻本　一冊

330000－4729－0001279　普 1277　集部/總
集類/選集之屬/通代

精刻千家詩二卷對類指明一卷　（清）王方城
集　清末刻本　一冊

330000－4729－0001280　普 1274　集部/總
集類/選集之屬/通代

有文堂古文觀止十二卷　（清）吳乘權　（清）

吳大職輯　清刻本　一冊　存二卷(七至八)

330000－4729－0001281　普 1278　集部/總
集類/選集之屬/通代

新鐫五言千家詩箋註二卷諸名家百花詩一卷
　（清）王相選註　清刻本　一冊

330000－4729－0001282　普 1276　集部/總
集類/選集之屬/通代

郁郁齋古文析義詳解十六卷　（清）林雲銘評
註　清刻本　一冊　存一卷(十)

330000－4729－0001283　普 1279　集部/總
集類/選集之屬/通代

古文觀止十二卷　（清）吳乘權　（清）吳大職
輯　清浙蘭慎言堂刻本　二冊　存四卷(一
至二、七至八)

330000－4729－0001284　普 1283　集部/總
集類/選集之屬/通代

精刻千家詩二卷對類指明一卷　（清）王方城
集　清光緒七年(1881)尚友山房刻本　一冊

330000－4729－0001285　普 1280　集部/詩
文評類/文評之屬

三餘堂古文析觀解□□卷　（清）林西仲
(清)吳乘權評　清刻本　二冊　存二卷(二、
六)

330000－4729－0001286　普 1281　集部/總
集類/選集之屬/通代

碧梧齋古文觀止十二卷　（清）吳乘權　（清）
吳大職輯　清刻本　二冊　存四卷(三至六)

330000－4729－0001287　普 1284　集部/總
集類/選集之屬/通代

**千家詩詳註二卷附解學士詩選一卷張子房人
山詩一卷**　清刻本　一冊

330000－4729－0001288　普 1285　集部/總
集類/選集之屬/通代

**千家詩詳註二卷附解學士詩選一卷張子房人
山詩一卷**　清光緒二十五年(1899)蘭溪慎言
堂刻本　一冊

330000－4729－0001290　普 1287　集部/總

集類/選集之屬/通代

精刻千家詩二卷對類指明一卷 （清）王方城集　清光緒七年(1881)尚友山房刻本　一冊

330000－4729－0001294　普1290　集部/總集類/選集之屬/通代

文翰齋古文觀止十二卷 （清）吳乘權　（清）吳大職輯　清末刻本　一冊　存二卷(五至六)

330000－4729－0001296　普1292　集部/總集類/選集之屬/通代

古文觀止十二卷 （清）吳乘權　（清）吳大職輯　清刻本　一冊　存二卷(三至四)

330000－4729－0001298　普1294　集部/總集類/選集之屬/通代

古文析義十六卷 （清）林雲銘輯並注　清上善堂刻本　一冊　存二卷(十一至十二)

330000－4729－0001299　普1296　集部/總集類/選集之屬

中國唯一新文選嘉集二卷惠集三卷士集四卷林集一卷 清光緒二十九年(1903)杭州水師前兩浙采辦書報處石印本　一冊　存一卷(士集一)

330000－4729－0001300　普1295　集部/總集類/課藝之屬

目耕齋二刻不分卷三刻不分卷 （清）徐楷評註　（清）沈叔眉選刊　清光緒八年(1882)掇香山館刻本　三冊　殘

330000－4729－0001301　普1297　集部/總集類/選集之屬/斷代

本朝律賦集腋八集 （清）馬俊良輯　清刻本　一冊　存一集(物集)

330000－4729－0001303　普1299　集部/小說類/短篇之屬

繪圖情史二十四卷 （清）詹詹外史評輯　清末石印本　一冊　存三卷(十八至二十)

330000－4729－0001304　普1301　集部/總集類/課藝之屬

巧搭分品一卷 （清）史鑑撰　清刻本　一冊

330000－4729－0001305　普1300　集部/小說類/長篇之屬

新編批評繡像後七國樂田演義四卷十八回 （清）徐震撰　清刻本　一冊　存一卷(一)

330000－4729－0001308　普1303　史部/雜史類

陸沈叢書四種 （清）□□輯　清光緒二十九年(1903)石印本　一冊

330000－4729－0001311　普1306　集部/總集類/課藝之屬

陳大宗師浙新全省校士錄十一卷 （清）陳大宗撰　清光緒三十一年(1905)協記書莊石印本　五冊　存五卷(一、三、七、十至十一)

330000－4729－0001312　普1308　集部/總集類/選集之屬/通代

天崇欣賞集四卷 （清）朱芬選　清刻本　一冊　存一卷(大學)

330000－4729－0001314　普1309　集部/總集類/課藝之屬

小題尖鋒不分卷 （清）雲溪居士選　清刻本　一冊

330000－4729－0001322　普1319　集部/小說類/短篇之屬

繪圖今古奇觀六卷四十回 （明）抱甕老人輯　清末石印本　六冊

330000－4729－0001323　普1320　子部/小說家類/雜事之屬

騙術奇談四卷 （清）雷君曜編　清宣統元年(1909)上海掃葉山房石印本　一冊　存一卷(三)

330000－4729－0001324　普1321　集部/小說類/長篇之屬

東周列國全志二十三卷一百八回 （清）蔡昇評點　清刻本　四冊　存四卷(八至九、二十二至二十三)

330000－4729－0001325　普1318　集部/總集類/選集之屬/斷代

國朝長律同音□□卷 （清）沈德潛定　（清）

陳彭齡　（清）陳景良編次　清末刻本　一冊
　　存二卷（三至四）

330000－4729－0001327　普1324　集部/總
集類/課藝之屬

搭載大觀不分卷　（清）章第榮編　清刻本
　　一冊

330000－4729－0001328　普1323　集部/小
說類/長篇之屬

**精訂綱鑑廿四史通俗衍義二十六卷四十四回
首一卷**　（清）呂撫撰　清光緒石印本　一冊
　　存一卷（五）

330000－4729－0001329　普1325　集部/總
集類/選集之屬/通代

夢華廬賦海三十卷　（清）夢華廬主人選　清
末石印本　一冊　存五卷（十九至二十三）

330000－4729－0001330　普1326　類叢部/
類書類/專類之屬

試律大觀三十二卷目錄一卷　（清）竹屏居士
手輯　（清）王家相定本　清光緒九年（1883）
聚玉堂刻本　二冊　存八卷（十四至二十、目
錄）

330000－4729－0001332　普1330　集部/小
說類/長篇之屬

繡像東周列國志二十七卷一百八回　（清）蔡
　　元放評點　清光緒三十一年（1905）上海商務印
書館鉛印本　一冊　存三卷（二十二至二十
四）

330000－4729－0001333　普1327　集部/別
集類/清別集

張太史稿一卷塾課八卷　（清）張江撰　清刻
本　一冊　存二卷（塾課四至五）

330000－4729－0001335　普1332　集部/詩
文評類/文評之屬

律賦雕龍不分卷　（清）蔡霞翠輯　（清）陳翊
霄注　清刻本　一冊　存人部

330000－4729－0001336　普1328　集部/總
集類/選集之屬/通代

文章游戲四編□□卷　（清）繆艮輯　清石印

本　一冊　存四卷（四編一至四）

330000－4729－0001338　普1334　集部/小
說類/短篇之屬

後聊齋志異圖說十二卷　（清）王韜撰　清光
緒石印本　一冊　存一卷（四）

330000－4729－0001339　普1335　集部/小
說類/長篇之屬

繡像十美緣圖詠□□卷　（清）退居野人校訂
　　清末上海大觀書局石印本　一冊　存四卷
（一至四）

330000－4729－0001340　普1336　集部/總
集類/選集之屬

考卷雋快三編不分卷　（清）俞大文等撰　清
刻本　一冊

330000－4729－0001344　普1340　集部/小
說類/短篇之屬

詳注聊齋誌異圖詠十六卷　（清）蒲松齡撰
（清）呂湛恩注　（清）徐潤編　清末石印本
一冊

330000－4729－0001345　普1341　集部/總
集類/氏族之屬

三蘇策論十二卷　（宋）蘇洵　（宋）蘇軾
（宋）蘇轍撰　（清）張紹齡編　清末石印本
一冊　存二卷（三至四）

330000－4729－0001351　普1345　集部/小
說類/長篇之屬

東周列國全志八卷一百八回　（清）蔡元放評點
　　清石印本　二冊　存二卷（四至五）

330000－4729－0001357　普1351　集部/總
集類/課藝之屬

近科房考採珍集二集四卷　（清）車恒　（清）
張錫金　（清）周諮謀等撰　清刻本　一冊
存一卷（二）

330000－4729－0001362　普1356　子部/小
說家類/瑣語之屬

觚賸八卷續編四卷　（清）鈕琇輯　清宣統三
年（1911）國學扶輪社鉛印本　二冊　存四卷
（一至二、續編一至二）

330000 – 4729 – 0001369　普 1364　類叢部/
類書類/通類之屬

增補事類統編九十三卷首一卷　（清）黃葆真
輯　清咸豐十年(1860)丹陽黃氏刻本　三十
七冊　缺六卷(十六至十七、三十二至三十
三、六十二至六十三)

330000 – 4729 – 0001371　普 1365　子部/宗
教類/佛教之屬/經

佛說梵網經二卷　（後秦）釋鳩摩羅什譯　清
末刻本　一冊

330000 – 4729 – 0001372　普 1366　類叢部/
類書類/專類之屬

格致鏡原一百卷　（清）陳元龍撰　清光緒石
印本　七冊　存四十二卷(十一至十八、三十
二至四十一、四十三至四十八、五十五至六十
一、七十四至七十八、八十四至八十九)

330000 – 4729 – 0001373　普 1370　子部/小
說家類/諧謔之屬

改良繪圖解人頤廣集二卷　（清）胡澹庵撰
（清）錢德蒼重訂　清末石印本　一冊　存一
卷(一)

330000 – 4729 – 0001378　普 1374　子部/藝
術類/遊藝之屬/聯語

楹聯彙編八卷　王榮商輯　清光緒三十年
(1904)上海書局石印本　二冊　存二卷(一
至二)

330000 – 4729 – 0001382　普 1380　經部/書
類/傳說之屬

書經旁訓辨體合訂四卷　（清）徐立綱輯　清
末刻本　一冊　存二卷(三至四)

330000 – 4729 – 0001387　普 1384　子部/醫
家類/類編之屬

陳修園醫書二十八種　（清）陳念祖等撰　清
末石印本　一冊　存四種

330000 – 4729 – 0001389　普 1383　集部/總
集類/彙編之屬

國朝言行錄四卷　姚祖義編輯　金為校訂
清刻本　一冊　存二卷(三至四)

330000 – 4729 – 0001391　普 1392　集部/總
集類/課藝之屬

浙江校士錄不分卷　清末石印本　一冊

330000 – 4729 – 0001396　普 1388　集部/小
說類/長篇之屬

增像全圖三國演義十六卷一百二十回　（明）
羅本撰　（清）毛宗崗評　清末石印本　一冊
　存二卷(三至四)

330000 – 4729 – 0001404　普 1400　集部/小
說類/長篇之屬

繪圖施公案十集五百二十八回　清光緒三十
四年(1908)上海文新書局石印本　四冊　存
十六卷(前集一至四、七集一至四、八集一至
四、十集一至四)

330000 – 4729 – 0001408　普 1403　集部/總
集類/選集之屬/通代

增訂蒙辨韻千家詩讀本二卷　（清）湯海若校
釋　清末文華堂刻本　一冊

330000 – 4729 – 0001409　普 1406　集部/小
說類/長篇之屬

**繡像七續施公案清烈傳四卷四十回八續四卷
四十回**　清末石印本　一冊

330000 – 4729 – 0001410　普 1405　新學/
學校

女子國文教科書教授法八卷　（清）劉憲撰
清宣統三年(1911)上海商務印書館鉛印本
一冊　存一卷(二)

330000 – 4729 – 0001412　普 1409　經部/小
學類/文字之屬/字書/訓蒙

新鐫六言雜字一卷　（清）杜廣友　（清）金子
合校　清末慎言堂刻本　一冊

330000 – 4729 – 0001413　普 1408　集部/小
說類/長篇之屬

增像全圖西漢演義四卷一百回　（明）甄偉撰
清末石印本　一冊　存一卷(四)

330000 – 4729 – 0001415　普 1411　集部/小
說類/長篇之屬

增像全圖西漢演義四卷一百回　（明）甄偉撰

清末石印本　一冊　存一卷(四)

330000－4729－0001420　普 1414　集部/總集類/課藝之屬

目耕齋三刻不分卷　(清)徐楷評註　(清)沈叔眉選刊　清刻本　一冊　殘

330000－4729－0001421　普 1415　類叢部/類書類/專類之屬

韻府約編二十四卷　(清)鄧愷輯　清刻本　一冊　存一卷(十八)

330000－4729－0001422　普 1418　集部/總集類/課藝之屬

紫陽書院課藝八集不分卷　(清)許郊　(清)朱文炳編校　(清)吳左泉鑒定　清光緒十八年(1892)刻本　三冊

330000－4729－0001424　普 1420　子部/儒家類/儒學之屬/蒙學

初學啟悟集二卷　(清)汪承忠評選　(清)黃梅峯詮解　清末文奎堂刻本　一冊　存一卷(二)

330000－4729－0001425　普 1426　集部/總集類/課藝之屬

紫陽書院課藝七集不分卷　(清)查亮采(清)朱文炳編校　(清)吳左泉鑒定　清光緒十四年(1888)刻本　一冊

330000－4729－0001426　普 1421　集部/總集類/課藝之屬

小題正鵠初集不分卷二集不分卷三集不分卷四集不分卷　(清)李元度輯　清刻本　一冊　存三集

330000－4729－0001428　普 1422　經部/四書類/總義之屬/傳說

慎言堂校本四書正文不分卷　清刻本　一冊

330000－4729－0001429　普 1427　集部/別集類/清別集

韞山堂時文初集二卷二集四卷三集二卷(清)管世銘撰　清光緒二十年(1894)袖海山房石印本　二冊　存四卷(初集一至二、三集一至二)

330000－4729－0001431　普 1429　類叢部/類書類/專類之屬

重編留青新集二十四卷　(清)馮善長輯　清末鉛印本(卷五至六、八至九爲補配本)　四冊　存九卷(三至六、八至九、十七至十九)

330000－4729－0001432　普 1430　集部/總集類/選集之屬/通代

分類賦學雞跖集三十卷附錄一卷　(清)張維城輯　清刻本　四冊　存十六卷(四至六、八至十、十六至二十、二十六至三十)

330000－4729－0001433　普 1431　集部/總集類/選集之屬/通代

分類賦學雞跖集三十卷附錄一卷　(清)張維城輯　清刻本　一冊　存四卷(二十七至三十)

330000－4729－0001434　普 1424　集部/小說類/長篇之屬

封神演義□□卷　(明)許仲琳撰　(明)鍾惺評　清刻本　一冊　存一卷(九)

330000－4729－0001435　普 1432　集部/總集類/課藝之屬

庚辰集五卷　(清)紀昀輯　清刻本　二冊　存二卷(二、四)

330000－4729－0001436　普 1425　史部/傳記類/科舉錄之屬

新科鄉墨衡裁不分卷　(清)宋清壽　(清)吳鐘駿輯　清刻本　一冊

330000－4729－0001437　普 1436　集部/總集類/選集之屬/通代

精刻千家詩二卷對類指明一卷　(清)王方城集　清末刻本　一冊

330000－4729－0001438　普 1437　集部/別集類/清別集

韞山堂時文初集二卷二集四卷三集二卷(清)管世銘撰　清光緒石印本　二冊　存四卷(初集一至二、三集一至二)

330000－4729－0001439　普 1433　集部/總集類/選集之屬

竹笑軒賦鈔初集不分卷二集不分卷　（清）孫
清達編次　清咸豐三年（1853）文德堂刻本
二冊

330000－4729－0001440　普 1434　集部/總
集類/課藝之屬

小題文府不分卷　清石印本　一冊　存上論

330000－4729－0001442　普 1435　子部/雜
著類/雜纂之屬

讀書樂趣八卷　（清）伍涵芬撰　清刻本　一
冊　存四卷（五至八）

330000－4729－0001443　普 1439　集部/總
集類/課藝之屬

分法小題拆字新本不分卷　（清）張錚評定
（清）陳方平增選　清刻本　一冊

330000－4729－0001444　普 1440　子部/儒
家類/儒學之屬/蒙學

初學啟悟集二卷　（清）汪承忠評選　（清）黃
梅峯詮解　清刻本　一冊　存一卷（二）

330000－4729－0001446　普 1442　經部/春
秋左傳類/傳說之屬

左繡三十卷首一卷　（清）馮李驊　（清）陸浩
評輯　清刻本　一冊　存二卷（十五至十六）

330000－4729－0001447　普 1443　子部/宗
教類/道教之屬

覺世新新集八卷　清末刻本　一冊　存一卷
（七）

330000－4729－0001448　普 1448　集部/總
集類/課藝之屬

小題正鵠初集不分卷二集不分卷三集不分卷
四集不分卷　（清）李元度輯　清刻本　一冊
存二集

330000－4729－0001449　普 1444　子部/雜
著類/雜纂之屬

傳家寶初集八卷二集八卷三集八卷四集八卷
（清）金天基撰　清刻本　一冊　存一卷
（初集六）

330000－4729－0001450　普 1449　集部/別

集類/清別集

宋白樓小題二卷　（清）宋棠撰　薦青小題一
卷　（清）宋光簡撰　清刻本　一冊　存二卷
（二、薦青小題）

330000－4729－0001451　普 1445　集部/總
集類/選集之屬

文典□□卷　清刻本　一冊　存二卷（五至
六）

330000－4729－0001453　普 1446　集部/總
集類/選集之屬/通代

標季試律鶯音四卷　（清）倪一擎箋釋　清刻
本　一冊　存二卷（三至四）

330000－4729－0001458　普 1447　集部/總
集類/選集之屬/通代

夢華廬賦海三十卷　（清）夢華廬主人選　清
光緒十二年（1886）石印本　六冊　存十九卷
（一至十三、二十五至三十）

330000－4729－0001459　普 1455　史部/政
書類/公牘檔冊之屬

浙江諮議局第一屆常年會議事錄不分卷
（清）浙江諮議局編　清宣統鉛印本　一冊

330000－4729－0001460　普 1459　集部/總
集類/尺牘之屬

明代名人尺牘七種　鄧實輯　清光緒三十三
年至三十四年（1907－1908）上海國學保存會
影印本　一冊　存一種

330000－4729－0001461　普 1456　史部/政
書類/公牘檔冊之屬

浙江諮議局第二屆常年會議決案不分卷
（清）浙江諮議局編　清宣統三年（1911）鉛印
本　一冊

330000－4729－0001466　普 1463　集部/總
集類/選集之屬/通代

古唐詩合解古詩四卷唐詩十二卷　（清）王堯
衢注　清刻本　一冊　存二卷（唐詩八至九）

330000－4729－0001469　普 1458　經部/四
書類/總義之屬/傳說

四書襯十九卷　（清）駱培撰　清永言堂刻本

二冊　存八卷(論語六至十、孟子一至三)

330000－4729－0001471　　普1467　　集部/小
說類/長篇之屬

花月痕全書十六卷五十二回　　(清)魏秀仁撰
(清)棲霞居士評　清末石印本　二冊　存
三卷(三、五至六)

330000－4729－0001474　　普1469　　集部/小
說類/長篇之屬

新刻天花藏批評平山冷燕四卷二十回　　(清)
荻岸散人編次　清玉尺堂刻本　一冊　存一
卷(一)

330000－4729－0001475　　普1473　　子部/小
說家類/異聞之屬

音釋坐花誌果八卷　　(清)汪道鼎　(清)鷲峰
樵者撰　清末石印本　一冊　存二卷(三至
四)

330000－4729－0001476　　普1471　　集部/小
說類/長篇之屬

新出八劍七俠十六義平蠻演義前傳四卷六十
回後傳四卷六十回　清末石印本　一冊　存
四卷(前傳一至四)

330000－4729－0001477　　普1475　　集部/小
說類/長篇之屬

四大奇書第一種六十卷一百二十回首一卷
(明)羅本撰　(清)毛宗崗評　清刻本　一冊
存三卷(三十七至三十九)

330000－4729－0001483　　普1479　　子部/術
數類/命書相書之屬

音義評註淵海子平五卷　　(宋)徐升撰　清末
石印本　一冊

330000－4729－0001484　　普1480　　集部/小
說類/長篇之屬

繪圖平山冷燕四才子書四卷二十回　　(清)荻
岸散人編次　清光緒石印本　一冊

330000－4729－0001485　　普1481　　集部/曲
類/彈詞之屬

笑中緣圖說六卷　清光緒三十二年(1906)石
印本　三冊　存三卷(一、五至六)

330000－4729－0001487　　普1482　　集部/小
說類/長篇之屬

繪圖明珠緣六卷五十回　清末石印本　一冊
存一卷(三)

330000－4729－0001488　　普1483　　集部/總
集類/選集之屬/通代

豫園賦鈔不分卷　清刻本　一冊

330000－4729－0001489　　普1486　　史部/編
年類/通代之屬

尺木堂綱鑑易知錄九十二卷明鑑易知錄十五
卷　　(清)吳乘權　(清)周之炯　(清)周之
燦輯　清刻本　一冊　存二卷(四十九至五
十)

330000－4729－0001490　　普1487　　史部/編
年類/斷代之屬

御撰資治通鑑綱目三編五卷　　(清)張廷玉等
撰　清光緒二十三年(1897)煥文書局石印本
一冊　存二卷(一至二)

330000－4729－0001491　　普1488　　經部/四
書類/孟子之屬/傳說

孟子文樞七卷　清刻本　一冊　存一卷(二)

330000－4729－0001492　　普1489　　子部/雜
著類/雜纂之屬

經餘必讀八卷二編八卷　　(清)雷琳　(清)錢樹
棠　(清)錢樹立輯　三編四卷　(清)趙在翰輯
清刻本　一冊　存二卷(經餘必讀五至六)

330000－4729－0001493　　普1490　　史部/編
年類/通代之屬

萬國綱鑑易知錄二十卷　　(日本)岡本監輔撰
清光緒五年(1879)申江書局石印本　一冊
存三卷(一至三)

330000－4729－0001496　　普1494　　經部/
叢編

三經精華　　(清)薛嘉穎輯　清光緒二年
(1876)浙寧簡香齋刻本　二冊　存一種

330000－4729－0001497　　普1495　　經部/
叢編

三經精華　　(清)薛嘉穎輯　清光緒二年

（1876）浙寧簡香齋刻本　二冊　存一種

330000－4729－0001498　普1491　史部/政
書類/律令之屬/律例

大清律例全纂□□卷　清刻本　二冊　存三
卷（五、二十七至二十八）

330000－4729－0001499　普1497　經部/小
學類/文字之屬/字書/字典

字彙四集　（明）梅膺祚輯　清刻本　四冊

330000－4729－0001500　普1496　經部/易
類/傳說之屬

易經增訂旁訓三卷　（清）徐立綱撰　清刻本
　一冊　存二卷（二至三）

330000－4729－0001501　普1498　經部/書
類/傳說之屬

尚書離句六卷　（清）錢在培輯解　清末刻本
　二冊　存三卷（四至六）

330000－4729－0001502　普1499　經部/書
類/傳說之屬

書經精華六卷　（清）薛嘉穎撰　清刻本　二
冊　存三卷（四至六）

330000－4729－0001503　普1500　經部/書
類/正文之屬

立達堂書經六卷　清刻本　一冊　存二卷
（三至四）

330000－4729－0001504　普1503　經部/易
類/傳說之屬

易經增訂旁訓三卷　（清）徐立綱撰　清末刻
本　一冊　存二卷（二至三）

330000－4729－0001505　普1501　經部/書
類/傳說之屬

書經旁訓辨體合訂四卷　（清）徐立綱輯　清
刻本　一冊　存二卷（三至四）

330000－4729－0001506　普1502　子部/術
數類/占卜之屬

卜筮正宗十四卷　（清）王維德撰　清末石印
本　三冊　存十一卷（四至十四）

330000－4729－0001507　普1506　經部/四

書類/總義之屬/傳說

裕源堂監本四書正文　清光緒二十五年
（1899）浙蘭裕源堂刻本　二冊　存一種

330000－4729－0001508　普1484　經部/易
類/正文之屬

正業堂易經三卷　清正業堂刻本（下經配清
刻本）　二冊

330000－4729－0001511　普1504　經部/書
類/傳說之屬

書經旁訓四卷　（清）徐立綱撰　清簡香齋刻
本　一冊　存二卷（三至四）

330000－4729－0001512　普1505　經部/書
類/傳說之屬

書經增訂旁訓四卷　（清）徐立綱旁訓　（清）
□□增訂　清末刻本　二冊　存三卷（一至
三）

330000－4729－0001513　普1509　集部/別
集類/清別集

味青館課徒草不分卷　（清）束允泰撰　清光
緒二十一年（1895）上海寶文局石印本　一冊

330000－4729－0001515　普1511　經部/書
類/傳說之屬

書經體注大全合參六卷　（宋）蔡沈集傳
（清）錢希祥輯注　清刻本　一冊　存一卷
（一）

330000－4729－0001516　普1512　經部/書
類/傳說之屬

書經體注大全合參六卷　（宋）蔡沈集傳
（清）錢希祥輯注　清刻本　二冊　存三卷
（二至四）

330000－4729－0001517　普1513　經部/書
類/傳說之屬

尚書離句六卷　（清）錢在培輯解　清末刻本
　一冊　存三卷（四至六）

330000－4729－0001518　普1514　經部/書
類/傳說之屬

尚書離句六卷　（清）錢在培輯解　清末刻本
　一冊　存三卷（一至三）

330000－4729－0001519　普1515　經部/書類/傳說之屬

尚書離句六卷　(清)錢在培輯解　清五雲樓刻本　一冊　存三卷(一至三)

330000－4729－0001520　普1516　經部/詩類/傳說之屬

監本詩經全文五卷　(宋)朱熹撰　清末文奎堂刻本　一冊　存一卷(二)

330000－4729－0001522　普1518　經部/詩類/傳說之屬

監本詩經正文五卷　(宋)朱熹撰　清末縉雲富春齋刻本(卷三爲補配本)　三冊

330000－4729－0001523　普1519　子部/術數類/相宅相墓之屬

雪心賦正解四卷　(唐)卜應天撰　(清)孟浩註　**辯論三十篇一卷**　(清)孟浩撰　清鑄記書局石印本　一冊　存三卷(三至四、辯論三十篇)

330000－4729－0001524　普1520　子部/術數類/相宅相墓之屬

雪心賦正解四卷　(唐)卜應天撰　(清)孟浩註　**辯論三十篇一卷**　(清)孟浩撰　清刻本　一冊　存一卷(二)

330000－4729－0001526　普1522　經部/叢編

五經旁訓　(清)徐立綱旁訓　清末浙紹會文堂刻本　一冊　存一種

330000－4729－0001527　普1523　經部/詩類/傳說之屬

詩經體註大全合祭八卷　(清)高朝瓔定　(清)沈世楷輯　清刻本　一冊　存一卷(三)

330000－4729－0001529　普1524　經部/詩類/傳說之屬

詩經集傳四卷　(宋)朱熹撰　清慎言堂刻本　三冊

330000－4729－0001532　普1525　經部/詩類/傳說之屬

詩經旁訓辨體合訂四卷　(清)徐立綱輯　清

文華堂刻本　三冊　存三卷(一、三至四)

330000－4729－0001534　普1526　經部/詩類/傳說之屬

詩經精華十卷　(清)薛嘉穎輯　清刻本　三冊　存五卷(五至九)

330000－4729－0001535　普1533　經部/書類/傳說之屬

書經體注大全合參六卷　(宋)蔡沈集傳　(清)錢希祥輯注　清刻本　二冊　存二卷(一、四)

330000－4729－0001536　普1532　經部/禮記類/傳說之屬

禮記節本十卷　(清)汪基撰　清末石印本　三冊　存六卷(二至三、六至九)

330000－4729－0001537　普1534　經部/禮記類/傳說之屬

漱芳軒合纂禮記體註四卷　(清)范翔撰　清刻本　二冊　存二卷(二至三)

330000－4729－0001538　普1535　經部/禮記類/傳說之屬

漱芳軒合纂禮記體註四卷　(清)范翔撰　清刻本　二冊　存二卷(三至四)

330000－4729－0001539　普1536　經部/詩類/傳說之屬

詩經體註大全合祭八卷　(清)高朝瓔定　(清)沈世楷輯　清刻本　一冊　存三卷(六至八)

330000－4729－0001540　普1542　經部/禮記類/傳說之屬

漱芳軒合纂禮記體註四卷　(清)范翔撰　清刻本　一冊　存一卷(四)

330000－4729－0001542　普1537　經部/叢編

五經體注大全　(清)嚴氏家塾主人輯　清刻本　二冊　存一種

330000－4729－0001543　普1538　經部/詩類/傳說之屬

詩經審鵠要解六卷 （清）林錫齡輯 清刻本
一冊 存一卷（一）

330000－4729－0001544 普 1541 經部/禮
記類/傳說之屬

禮記增訂旁訓六卷 （清）徐立綱撰 清文奎
堂刻本 二冊 存二卷（四至五）

330000－4729－0001545 普 1539 經部/詩
類/詩序之屬

詩經提要不分卷 清刻本 一冊

330000－4729－0001547 普 1540 經部/詩
類/傳說之屬

監本詩經正文五卷 （宋）朱熹撰 清刻本
二冊 存三卷（一、四至五）

330000－4729－0001548 普 1546 子部/術
數類/相宅相墓之屬

地理四彈子四卷 （清）張鳳藻輯 清大文堂
刻本 三冊 缺一卷（鉛彈子）

330000－4729－0001550 普 1548 經部/禮
記類/傳說之屬

禮記增訂旁訓六卷 （清）徐立綱撰 清三餘
堂刻本 一冊 存一卷（一）

330000－4729－0001551 普 1549 經部/詩
類/傳說之屬

御案詩經備旨八卷 （清）鄒聖脉纂輯 （清）
鄒廷猷編次 清末刻本 一冊 存二卷（五
至六）

330000－4729－0001552 普 1550 經部/詩
類/傳說之屬

詩經集傳八卷 （宋）朱熹撰 清刻本 一冊
存二卷（三至四）

330000－4729－0001554 普 1551 經部/詩
類/傳說之屬

詩經集傳八卷 （宋）朱熹撰 清刻本 一冊
存二卷（四至五）

330000－4729－0001556 普 1554 經部/禮
記類/傳說之屬

禮記體註大全四卷 （清）范翔原本 （清）曹

士瑋纂輯 （清）徐旦參訂 清刻本 一冊
存一卷（三）

330000－4729－0001557 普 1555 集部/總
集類/課藝之屬

小題清新二十五卷 （清）臥雲山館主人撰
清咸豐四年（1854）刻本 一冊 存二卷（大
學一至二）

330000－4729－0001558 普 1561 經部/四
書類/總義之屬/傳說

集虛齋四書口義十卷 （清）方煢如撰 （清）
于光華編 清刻本 一冊 存二卷（五至六）

330000－4729－0001559 普 1544 經部/春
秋左傳類/傳說之屬

春秋左傳分類賦四卷 （清）夏大觀撰 （清）
夏大鼎箋注 清刻本 一冊 存一卷（二）

330000－4729－0001560 普 1556 經部/春
秋左傳類/傳說之屬

評點春秋綱目左傳句解彙雋六卷 （清）韓菼
重訂 清光緒狀元閣李光明莊刻本 一冊
存一卷（一）

330000－4729－0001561 普 1557 經部/禮
記類/傳說之屬

全本禮記體註十卷 （清）徐瑄撰 清百尺樓
刻本 一冊 存一卷（九）

330000－4729－0001562 普 1558 經部/群
經總義類/傳說之屬

四書五經義史論合刻不分卷 （清）張燮鈞撰
清末刻本 一冊

330000－4729－0001563 普 1545 集部/總
集類/課藝之屬

分法小題拆字新本不分卷 （清）張錚評定
（清）陳方平增選 清末撫會堂刻本 二冊

330000－4729－0001564 普 1559 子部/儒
家類/儒學之屬/蒙學

初學文引一卷 （清）葉廉鍔選注 清末衢城
三餘堂刻本 一冊

330000－4729－0001566 普 1562 集部/曲

類/寶卷之屬

如如寶卷一卷　清刻本　一冊

330000－4729－0001569　普1565　經部/四書類/總義之屬/傳說

慎言堂監本四書正文五卷　清末慎言堂刻本　二冊　存二卷(上論、上孟)

330000－4729－0001570　普1566　經部/四書類/總義之屬/傳說

四書翼注論文三十卷　(清)張甄陶撰　清刻本　三冊　存九卷(中庸一至二、上論六至十、上孟一至二)

330000－4729－0001572　普1567　經部/四書類/總義之屬/傳說

富春齋監本四書正文　富春齋編　清末縉雲富春齋刻本　二冊　存一種

330000－4729－0001573　普1568　經部/四書類/總義之屬/傳說

富春齋四書正文　富春齋編　清光緒縉雲富春齋刻本　一冊　存二種

330000－4729－0001574　普1569　經部/四書類/總義之屬/傳說

四書正文七卷　清末刻本　一冊　存二卷(大學、中庸)

330000－4729－0001575　普1570　經部/四書類/總義之屬/傳說

濬記書局本四書正文　清末刻本　二冊　存三種

330000－4729－0001576　普1572　經部/四書類/總義之屬/傳說

文華堂較正監韻分章分節四書正文四種　清刻本　一冊　存一種

330000－4729－0001581　普1577　經部/四書類/總義之屬/傳說

濬記書局本四書正文　清末濬記書局刻本　一冊　存二種

330000－4729－0001582　普1582　經部/四書類/總義之屬/傳說

四書集註(四書章句集註、四書)十九卷　(宋)朱熹撰　清刻本　一冊　存二卷(孟子四至五)

330000－4729－0001583　普1583　經部/四書類/總義之屬/傳說

四書集註(四書章句集註、四書)十九卷　(宋)朱熹撰　清慎詒堂刻本　一冊　存二卷(孟子四至五)

330000－4729－0001587　普1580　子部/儒家類/儒家之屬

孔氏家語十卷　(三國魏)王肅注　清末刻本　一冊　存五卷(一至五)

330000－4729－0001588　普1584　子部/宗教類/佛教之屬

慈航普渡冊不分卷　(清)徐白舫纂　清光緒六年(1880)縉雲仙巖寺刻本　一冊

330000－4729－0001589　普1585　子部/儒家類/儒家之屬

孔子家語十卷　(三國魏)王肅注　清末刻本　一冊　存二卷(三至四)

330000－4729－0001590　普1586　經部/小學類/文字之屬/字書/訓蒙

新鐫六言雜字一卷　(清)杜廣友　(清)金子合校　清末民初縉雲王富春齋刻本　一冊

330000－4729－0001591　普1587　經部/小學類/文字之屬/字書/訓蒙

新鐫六言雜字一卷　(清)杜廣友　(清)金子合校　清末民初縉雲王富春齋刻本　一冊

330000－4729－0001592　普1588　經部/孝經類/傳說之屬

校正孝經不分卷　(清)尚友山房校刊　清末尚友山房刻本　一冊

330000－4729－0001593　普1589　經部/小學類/文字之屬/字書/訓蒙

新鐫六言雜字一卷　(清)杜廣友　(清)金子合校　清光緒十年(1884)栝縉嚴富春齋刻本　一冊

330000－4729－0001595　普 1591　經部/四書類/總義之屬/傳說

四書論經正篇二卷首一卷　清光緒石印本　一冊　存一卷(二)

330000－4729－0001598　普 1594　經部/小學類/文字之屬/字書/訓蒙

新鐫六言雜字一卷　（清）杜廣友　（清）金子合校　清末刻本　一冊

330000－4729－0001599　普 1595　經部/四書類/總義之屬/傳說

四書朱子本義匯參四十三卷首四卷　（清）王步青輯　清敦復堂刻本　四冊　存五卷(論語十一至十二,孟子六、十二、十四)

330000－4729－0001601　普 1597　經部/小學類/音韻之屬/韻書

詩韻集成十卷附詞林典腋一卷　（清）余照輯　清光緒九年(1883)永言堂刻本　二冊

330000－4729－0001604　普 1600　經部/小學類/音韻之屬/韻書

詩韻集成十卷附詞林典腋一卷　（清）余照輯　清同治八年(1869)文富堂刻本　一冊　存三卷(一至二、詞林典腋)

330000－4729－0001605　普 1601　經部/詩類/傳說之屬

御案詩經備旨八卷　（清）鄒聖脉纂輯　（清）鄒廷猷編次　清末刻本　一冊　存二卷(一至二)

330000－4729－0001606　普 1602　經部/小學類/文字之屬/字書/訓蒙

新鐫幼學雜字一卷　題(□)開來閣主人輯　清同治九年(1870)蘭溪文華堂刻本　一冊

330000－4729－0001607　普 1603　類叢部/類書類/專類之屬

初學行文語類四卷　（清）孫埏編　清末文玉軒刻本　馬生柯題記　一冊　存二卷(一至二)

330000－4729－0001608　普 1604　經部/四書類/總義之屬/傳說

增訂畊餘瑣錄十二卷　（清）馮世瀛輯　清同治十二年(1873)味無味齋刻本　二冊　存三卷(一、三至四)

330000－4729－0001609　普 1605　類叢部/類書類/專類之屬

試律大觀三十二卷目錄一卷　（清）竹屏居士輯　清同治十年(1871)聚盛堂刻本　一冊　存一卷(目錄)

330000－4729－0001610　普 1606　經部/禮記類/傳說之屬

禮記□□卷　（漢）鄭玄注　清刻本　一冊　存一卷(四)

330000－4729－0001611　普 1609　經部/四書類/總義之屬/傳說

增訂批點四書讀本十九卷　（宋）朱熹集注　（清）裴紹箕增訂　清同治四年(1865)廣豐至誠堂刻本　一冊　存五卷(論語六至十)

330000－4729－0001612　普 1610　經部/四書類/總義之屬/傳說

四書味根錄三十七卷　（清）金澂撰　清光緒八年(1882)緯文堂刻本　一冊　存一卷(大學)

330000－4729－0001613　普 1611　經部/四書類/總義之屬/傳說

酌雅齋四書體註合講十九卷　（清）翁復編　清末刻本　一冊　存二卷(孟子六至七)

330000－4729－0001614　普 1612　類叢部/類書類/專類之屬

四書典制類聯音註三十三卷　（清）閻其淵輯　清光緒二年(1876)鼇山草堂刻本　五冊　存十二卷(一至三、十一至十二、十六至十八、二十一至二十四)

330000－4729－0001615　普 1613　經部/四書類/總義之屬/傳說

永言堂四書體註合講十九卷附圖考一卷　(清)翁復編　清文奎堂刻本　一冊　存三卷(大學、中庸,圖考)

330000－4729－0001616　普 1614　類叢部/

類書類/專類之屬

四書典制類聯音註三十三卷 （清）閻其淵輯
清成美堂刻本 三冊 存三卷（三至四、七）

330000－4729－0001617 普 1615 類叢部/類書類/專類之屬

四書典制類聯音註三十三卷 （清）閻其淵輯
清咸豐十年(1860)大順堂刻本 二冊 存五卷（一至三、二十至二十一）

330000－4729－0001618 普 1622 經部/四書類/總義之屬/傳說

酌雅齋四書遵註合講十九卷圖考一卷 （清）翁復編 （清）詹文煥參定 清末慎言堂刻本
一冊 存五卷（論語一至五）

330000－4729－0001619 普 1616 經部/小學類/文字之屬/說文

說文釋例二十卷 （清）王筠撰 清末石印本
二冊 存六卷（八至十三）

330000－4729－0001621 普 1623 經部/四書類/總義之屬/傳說

立言堂四書體註合講十九卷 （宋）朱熹集註
清立言堂刻本 一冊 存二卷（孟子四至五）

330000－4729－0001624 普 1619 類叢部/類書類/專類之屬

詩學含英十四卷詩韻含英五卷 （清）劉文蔚
輯 清光緒八年(1882)越徐氏李文盛刻本
二冊 存十二卷（一至八、詩韻含英一至四）

330000－4729－0001625 普 1608 經部/春秋左傳類/傳說之屬

春秋旁訓辨體合訂四卷 （清）徐立綱撰 清末浙蘭五鳳樓刻本 一冊 存二卷（一至二）

330000－4729－0001626 普 1624 經部/叢編

五經味根錄 闕蔚煌輯 清石印本 三冊 存三種

330000－4729－0001627 普 1620 類叢部/類書類/專類之屬

詩學含英十四卷 （清）劉文蔚輯 清永言堂刻本 一冊 存四卷（八至十一）

330000－4729－0001629 普 1621 經部/四書類/總義之屬/傳說

四書味根錄三十七卷 （清）金澂撰 清光緒十四年(1888)上海鴻寶齋石印本 四冊 存二十一卷（大學、中庸一至二、論語十一至二十、孟子七至十四）

330000－4729－0001630 普 1625 經部/群經總義類/傳說之屬

四書五經義引階初編不分卷 （清）王慶洛等撰 清光緒二十七年(1901)汲綆齋鉛印本 二冊

330000－4729－0001631 普 1626 集部/總集類/課藝之屬

經文求是不分卷 清刻本 一冊

330000－4729－0001632 普 1627 類叢部/類書類/專類之屬

新刻增補詩學珠璣不分卷 （清）葛為煥輯 清刻本 二冊

330000－4729－0001633 普 1628 經部/四書類/總義之屬/傳說

四書人物類典串珠四十卷 （清）臧志仁輯 清刻本 四冊 存十六卷（三至十二、二十至二十五）

330000－4729－0001634 普 1630 經部/四書類/總義之屬/傳說

四書典林三十卷四書古人典林十二卷 （清）江永輯 清崇德書院刻本 一冊 存三卷（古人典林一至三）

330000－4729－0001635 普 1631 經部/四書類/總義之屬/傳說

四書典林三十卷 （清）江永輯 清刻本 二冊 存七卷（二十四至三十）

330000－4729－0001638 普 1632 經部/四書類/總義之屬/傳說

四書人物類典串珠四十卷 （清）臧志仁輯 清嘉慶十三年(1808)刻本 三冊 存十二卷

（一至二、八至十一、二十六至三十一）

330000－4729－0001639　普1633　經部/四書類/總義之屬/傳說

四書人物類典串珠四十卷　（清）臧志仁輯　清刻本　三冊　存十卷（一至二、十七至十九、二十九至三十三）

330000－4729－0001640　普1636　集部/總集類/課藝之屬

延經堂塾課不分卷　（清）朱鴻儒撰　清刻本　一冊

330000－4729－0001641　普1637　經部/小學類/音韻之屬/韻書

增廣詩韻大全五卷　（清）湯祥瑟輯　（清）華錕重編　**虛字韻藪一卷**　（清）潘維城輯　**初學檢韻袖珍十二集十二卷**　（清）姚文登輯　清石印本　一冊　存十三卷（虛字韻藪、初學檢韻袖珍一至十二）

330000－4729－0001642　普1638　經部/小學類/音韻之屬/韻書

初學檢韻袖珍十二卷附檢字一卷佩文詩韻一卷　（清）姚文登輯　清刻本　一冊　存四卷（十至十二、佩文詩韻）

330000－4729－0001644　普1640　類叢部/類書類/專類之屬

四書典制類聯音註三十三卷　（清）閻其淵輯　清刻本　二冊　存二卷（三、七）

330000－4729－0001645　普1643　經部/小學類/文字之屬/字書/字典

字彙十二卷首一卷末一卷　（明）梅膺祚撰　清刻本　一冊　存一卷（未集）

330000－4729－0001646　普1644　經部/四書類/總義之屬/傳說

酌雅齋四書遵註合講十九卷圖考一卷　（清）翁復編　清石印本　三冊　存七卷（孟子一至七）

330000－4729－0001647　普1645　經部/四書類/總義之屬/傳說

酌雅齋四書遵註合講十九卷圖考一卷　（清）

翁復撰　（清）詹文煥參定　清石印本　一冊　存二卷（孟子六至七）

330000－4729－0001648　普1646　經部/四書類/總義之屬/傳說

酌雅齋四書遵註合講十九卷圖考一卷　（清）翁復編　清石印本　一冊　存三卷（大學、中庸,圖考）

330000－4729－0001649　普1647　集部/總集類/課藝之屬

小題三萬選不分卷　（清）求是齋主人輯　清石印本　二冊　存上論、下論

330000－4729－0001650　普1648　經部/小學類/音韻之屬/韻書

詩韻全璧五卷　（清）湯祥瑟輯　**初學檢韻袖珍一卷**　（清）姚文登輯　**虛字韻藪一卷**（清）潘維城輯　清刻本　一冊　存一卷（初學檢韻袖珍）

330000－4729－0001651　普1641　類叢部/類書類/專類之屬

四書典制類聯音註三十三卷　（清）閻其淵輯　清末龍江書屋刻本　二冊　存四卷（二十四至二十七）

330000－4729－0001653　普1650　類叢部/類書類/專類之屬

詩韻含英題解十卷　（清）甘蘭友撰　清刻本　一冊　存六卷（五至十）

330000－4729－0001654　普1651　類叢部/類書類/專類之屬

詩韻含英題解十卷　（清）甘蘭友撰　清刻本　二冊　存九卷（二至十）

330000－4729－0001655　普1652　類叢部/類書類/專類之屬

詩學含英十四卷　（清）劉文蔚輯　清刻本　一冊　存七卷（八至十四）

330000－4729－0001656　普1653　類叢部/類書類/專類之屬

新增說文韻府羣玉二十卷　（元）陰時夫輯（元）陰中夫注　明萬曆刻文光堂重修本　一

冊　存一卷(二)

330000 – 4729 – 0001658　普 1656　集部/總集類/課藝之屬

小題別體分品穿楊合編三卷 （清）張心蕊輯清光緒二十四年(1898)石印本　一冊

330000 – 4729 – 0001659　普 1657　集部/總集類/課藝之屬

小題鴻寶不分卷　清石印本　一冊

330000 – 4729 – 0001660　普 1658　經部/四書類/總義之屬/傳說

批選四書新義六卷續編六卷　張謇選　清末石印本　二冊　存二卷(孟子五至六)

330000 – 4729 – 0001661　普 1659　經部/四書類/總義之屬/傳說

四書題鏡味根合編三十九卷　（清）金澂(清)汪鯉翔撰　清末石印本　一冊　存四卷(孟子首、一至三)

330000 – 4729 – 0001662　普 1660　經部/四書類/總義之屬/傳說

酌雅齋四書遵註合講十九卷圖考一卷　（清）翁復編　清刻本　一冊　存三卷(孟子一至三)

330000 – 4729 – 0001663　普 1661　經部/四書類/總義之屬/傳說

四書味根錄三十七卷　（清）金澂撰　清末萬珍書局鉛印本　一冊　存三卷(孟子一至三)

330000 – 4729 – 0001664　普 1662　經部/四書類/總義之屬

四書纂註二卷音義辨異一卷　清石印本　一冊　存二卷(二、辨異)

330000 – 4729 – 0001668　普 1665　類叢部/類書類/通類之屬

三才畧三卷　（清）蔣德鈞輯　**讀史論畧一卷**（清）杜詔撰　清光緒二十七年(1901)上海書局石印本　一冊

330000 – 4729 – 0001671　普 1671　經部/叢編

五經體註大全　（清）嚴氏家塾主人輯　清石印本　二冊　存一種

330000 – 4729 – 0001672　普 1666　史部/編年類/通代之屬

御批歷代通鑑輯覽一百二十卷　（清）傅恒等撰　清光緒石印本　三冊　存十三卷(一至五、十九至二十二、七十二至七十五)

330000 – 4729 – 0001673　普 1668　經部/四書類/總義之屬/傳說

四書便蒙七卷　（宋）朱熹注　清刻本　一冊　存一卷(論語二)

330000 – 4729 – 0001674　普 1673　經部/小學類/文字之屬/字書/字典

康熙字典十二集三十六卷總目一卷檢字一卷辨似一卷等韻一卷補遺一卷備考一卷　（清）張玉書等纂修　清道光七年(1827)刻本　一冊　存一卷(丑集中)

330000 – 4729 – 0001676　普 1667　經部/小學類/音韻之屬/韻書

詩韻集成十卷附詞林典腋一卷　（清）余照輯　清末刻本　一冊　存五卷(一至四、詞林典腋)

330000 – 4729 – 0001677　普 1674　經部/小學類/文字之屬/字書/字典

康熙字典十二集三十六卷總目一卷檢字一卷辨似一卷等韻一卷補遺一卷備考一卷　（清）張玉書等纂修　清刻本　一冊　存一卷(補遺)

330000 – 4729 – 0001678　普 1675　集部/總集類/課藝之屬

先正小題文□□卷　清刻本　一冊　存一卷(二)

330000 – 4729 – 0001679　普 1676　史部/政書類/邦交之屬

籌洋芻議一卷　（清）薛福成撰　清末石印本　一冊

330000 – 4729 – 0001680　普 1677　史部/職官類/官箴之屬

宦鄉要則七卷首一卷　（清）張鑒瀛輯　清光緒三十一年(1905)上海詠記書局石印本　一冊　存三卷(首、一至二)

330000－4729－0001681　普 1678　史部/傳記類/科舉錄之屬

光緒丁酉科浙江闈墨一卷　（清）茹古齋校　清光緒二十三年(1897)茹古齋鉛印本　一冊

330000－4729－0001683　普 1681　史部/傳記類/科舉錄之屬/歷科登科錄

光緒三十年甲辰恩科會試闈墨一卷　（清）譚廷闓等撰　清光緒三十年(1904)上海同文書社鉛印本　一冊

330000－4729－0001684　普 1680　集部/總集類/選集之屬

進呈策問不分卷　（清）荷香書屋輯　清末刻本　一冊

330000－4729－0001685　普 1682　史部/史評類/史論之屬

二十四史論新編二十三卷　（清）朱鈞輯　清末石印本　一冊　存二卷(五至六)

330000－4729－0001686　普 1683　集部/總集類/課藝之屬

巧搭穿揚不分卷　（清）張心蕊撰　巧穿啟蒙不分卷　（清）張子衡輯　清光緒五年(1879)刻本　一冊

330000－4729－0001687　普 1684　子部/儒家類/儒學之屬/蒙學

新刊芝田郁離子指蒙書全卷一卷　（清）劉芝田著　清末文翰堂刻本　一冊

330000－4729－0001689　普 1686　史部/傳記類/科舉錄之屬

陳大宗師寧郡科考試艸不分卷　（清）汲綆齋編　清光緒二十五年(1899)汲綆齋石印本　一冊

330000－4729－0001690　普 1687　史部/史抄類

廿四史約編八卷首一卷　（清）鄭元慶撰　清光緒二十二年(1896)積山書局石印本　一冊

存二卷(首、金)

330000－4729－0001691　普 1688　類叢部/類書類/專類之屬

文料大成四卷　清光緒十九年(1893)上海書局石印本　一冊　存三卷(一至三)

330000－4729－0001692　普 1692　經部/四書類/論語之屬/專著

鄉黨圖考十卷　（清）江永撰　清刻本　二冊　存六卷(五至十)

330000－4729－0001693　普 1689　史部/地理類/遊記之屬

增廣浙江形勝詩不分卷　（清）莫夢華撰　清光緒十四年(1888)上海書局石印本　一冊

330000－4729－0001694　普 1690　史部/史評類/史論之屬

歷代史論十二卷宋史論三卷元史論一卷歷代史論正編四卷　（明）張溥撰　明史論四卷（清）谷應泰撰　左傳史論二卷　（清）高士奇撰　清光緒二十四年(1898)煥文書局石印本　一冊　存四卷(歷代史論一至四)

330000－4729－0001695　普 1691　史部/編年類/斷代之屬

清史攬要六卷　（日本）增田貢撰　清光緒石印本　一冊　存一卷(六)

330000－4729－0001696　普 1694　子部/術數類/相宅相墓之屬

地理錄要四卷　（清）于楷輯　清刻本　一冊　存一卷(二)

330000－4729－0001697　普 1696　史部/傳記類/總傳之屬/通代

增廣古今人物論三十六卷續編十二卷　（明）鄭賢輯　清光緒二十八年(1902)富文書局石印本　一冊　存四卷(一至四)

330000－4729－0001698　普 1697　集部/小說類/長篇之屬

新刻昇仙傳演義八卷五十六回　（清）息游館主輯　清光緒二十八年(1902)石印本　一冊　存二卷(一至二)

330000－4729－0001703　普1706　集部/曲類/彈詞之屬

繡像還金鐲全傳四卷五十四回　清宣統元年(1909)文元書莊石印本　一冊　存一卷(一)

330000－4729－0001705　普1701　子部/儒家類/儒學之屬/蒙學

寄傲山房塾課新增幼學故事瓊林四卷首一卷　(清)程允升撰　(清)鄒聖脈增補　清末刻本　一冊　存一卷(四)

330000－4729－0001706　普1702　子部/藝術類/書畫之屬/畫譜

畫譜一卷　清末民初甯波大西山房石印本　一冊

330000－4729－0001711　普1705　子部/雜著類/雜纂之屬

論說入門初集十四卷　(清)程宗啟編　清宣統二年(1910)上海彪蒙書室石印本　一冊

330000－4729－0001712　普1710　子部/儒家類/儒學之屬/蒙學

童子問路四卷　(清)鄭之琮輯　清刻本　一冊　存二卷(一至二)

330000－4729－0001724　普1720　集部/曲類/寶卷之屬

取經三卷　清溫邑長嶼河頭店鉄畊齋活字印本　一冊　存一卷(二)

330000－4729－0001725　普1726　子部/醫家類/本草之屬/歷代綜合本草

增訂本草備要四卷　(清)汪昂撰　清刻本　一冊　存一卷(二)

330000－4729－0001727　普1714　子部/宗教類/道教之屬

三聖寶訓不分卷　清同治十年(1871)橫陽楊瑞環堂刻本　一冊

330000－4729－0001728　普1721　集部/曲類/寶卷之屬

達摩祖卷一卷　清刻本　一冊

330000－4729－0001729　普1722　子部/儒家類/儒學之屬/蒙學

龍文鞭影二卷二集二卷　(明)蕭良有撰　(清)李暉吉　(清)徐瓚輯　清弁山書樓刻本　一冊　存一卷(二集一)

330000－4729－0001730　普1728　子部/醫家類/本草之屬/歷代綜合本草

珍珠囊指掌補遺藥性賦四卷　(金)李杲輯
雷公炮製藥性解六卷　(明)李中梓輯　清姑蘇會文堂刻本　二冊　存四卷(珍珠囊指掌補遺藥性賦一至四)

330000－4729－0001734　普1732　子部/醫家類/綜合之屬/通論

醫學心悟五卷附外科十法一卷　(清)程國彭撰　清光緒二十年(1894)上海圖書集成印書局鉛印本　一冊　存二卷(一至二)

330000－4729－0001735　普1733　集部/總集類/選集之屬/斷代

皇朝經世文新增續編一百二十卷　(清)葛士濬輯　清末鉛印本　一冊　存六卷(九十五至一百)

330000－4729－0001737　普1735　史部/傳記類/科舉錄之屬

光緒丁酉科浙江闈墨一卷　清光緒二十三年(1897)茹古齋鉛印本　一冊

330000－4729－0001740　普1740　史部/政書類/律令之屬/律例

大清律例增修統纂集成四十卷督捕則例附纂二卷　(清)姚潤輯　(清)陶駿　(清)陶念霖增輯　清刻本　一冊　存二卷(三十六至三十七)

330000－4729－0001743　普1736　經部/四書類/總義之屬/傳說

四書題鏡十九卷　(清)汪鯉翔撰　清刻本　一冊　存一卷(十三)

330000－4729－0001745　普1737　集部/小說類/長篇之屬

爭春園全傳六卷四十八回　清刻本　一冊　存二卷(二至三)

330000－4729－0001746　普1738　子部/醫家類/綜合之屬

御纂醫宗金鑑內科七十四卷外科十六卷首一卷　（清）吳謙等撰　清末石印本　一冊　存五卷(外科五十九至六十三)

330000－4729－0001750　普1746　集部/小說類/長篇之屬

繪圖大明奇俠傳十四卷五十四回　清末石印本　一冊　存一卷(二)

330000－4729－0001751　普1747　子部/宗教類/佛教之屬/經疏

金剛經旁解不分卷　（清）湯輦召輯注　清同治十年(1871)刻本　一冊

330000－4729－0001754　普1751　新學/史志/別國史

東洋史要二卷　（日本）桑元隲藏撰　樊炳清譯　清末石印本　三冊

330000－4729－0001755　普1752　子部/醫家類/溫病之屬

時病論八卷　（清）雷豐撰　清末石印本　一冊　存三卷(六至八)

330000－4729－0001758　普1754　子部/醫家類/類編之屬

陳修園醫書五十種　（清）陳念祖等撰　清末上海商務印書館鉛印本　一冊　存三種

330000－4729－0001762　普1759　子部/醫家類/婦科之屬/通論

濟陰綱目十四卷　（明）武之望撰　（清）汪淇箋釋　**保生碎事一卷**　（清）汪淇輯　清刻本　一冊　存一卷(十四)

330000－4729－0001763　普1755　子部/宗教類/道教之屬

太上三元妙經一卷　清刻本　一幅

330000－4729－0001766　普1762　子部/術數類/陰陽五行之屬

奇門遁甲秘笈大全三十卷　（明）劉基校訂　清末石印本　一冊　存六卷(十九至二十四)

330000－4729－0001768　普1767　子部/術數類/陰陽五行之屬

奇門遁甲秘笈大全三十卷　（明）劉基校訂
諸葛武侯行兵遁甲金函玉鏡六卷　題(三國蜀)諸葛亮撰　清末石印本　一冊　存十卷(二十三至三十、金函玉鏡五至六)

330000－4729－0001777　普1774　子部/醫家類/婦科之屬/產科

達生編二卷　（清）亟齋居士撰　清刻本　一冊

330000－4729－0001778　普1765　子部/術數類/占卜之屬

卜筮正宗十四卷　（清）王維德撰　清刻本　二冊　存八卷(五至十二)

330000－4729－0001779　普1775　子部/術數類/相宅相墓之屬

陽宅大成四種　（清）魏青江撰　清刻本　三冊　存三種

330000－4729－0001780　普1642　經部/禮記類/傳說之屬

漱芳軒合纂禮記體註四卷　（清）范翔撰　清刻本　二冊　存二卷(二、四)

330000－4729－0001781　普1776　子部/術數類/陰陽五行之屬

新訂崇正闢謬通書十四卷　（清）李奉來編　清末石印本　四冊　存十二卷(一至十二)

330000－4729－0001782　普1777　子部/術數類/陰陽五行之屬

新訂崇正闢謬通書十四卷　（清）李奉來編　清末石印本　一冊　存七卷(八至十四)

330000－4729－0001784　普1779　子部/術數類/占卜之屬

梅花易數五卷　（宋）邵雍撰　清刻本　一冊　存一卷(二)

330000－4729－0001785　普1780　子部/術數類/相宅相墓之屬

地理四彈子四卷　（清）張鳳藻輯　清刻本　三冊　缺一卷(鐵彈子)

330000－4729－0001786　普 1781　子部/術數類/陰陽五行之屬

新訂崇正闢謬通書十四卷　（清）李奉來編
清刻本　一冊　存二卷（六至七）

330000－4729－0001788　普 1782　子部/術數類/陰陽五行之屬

新訂崇正闢謬通書十四卷　（清）李奉來編
清刻本　一冊　存二卷（六至七）

330000－4729－0001789　普 1783　子部/宗教類/其他宗教之屬/基督教

舊約聖書□□章　清光緒二十九年（1903）聖書公會鉛印本　一冊　存五十章（一至五十）

330000－4729－0001790　普 1785　子部/宗教類/其他宗教之屬/基督教

舊約節錄啟蒙八十一章　清末鉛印本　一冊　存七十七章（五至八十一）

330000－4729－0001791　普 1784　子部/術數類/陰陽五行之屬

奇門遁甲秘笈大全三十卷　（明）劉基校訂
清刻本　一冊　存四卷（十九至二十二）

330000－4729－0001792　普 1788　子部/醫家類/傷寒金匱之屬/金匱要略

金匱要略淺注補正九卷　（漢）張機撰　（清）陳念祖注　唐宗海補注　清末石印本　一冊　存三卷（七至九）

330000－4729－0001793　普 1789　子部/醫家類/綜合之屬/合刻、合抄

景岳全書六十四卷　（明）張介賓撰　清刻本　一冊　存一卷（四十七）

330000－4729－0001794　普 1790　子部/儒家類/儒學之屬/性理

御纂性理精義十二卷　（清）李光地等纂修
清刻本　一冊　存二卷（八至九）

330000－4729－0001797　普 1793　子部/宗教類/其他宗教之屬/基督教

舊約聖書但以理書十二章　清光緒二十九年（1903）聖書公會鉛印本　一冊

330000－4729－0001800　普 1796　子部/術數類/相宅相墓之屬

增補地理直指原真（增補地理直指原真大全）三卷首一卷　（清）釋徹瑩撰　清末上海鴻文書局石印本　一冊　存二卷（首、上）

330000－4729－0001806　普 1801　集部/總集類/選集之屬/斷代

夢筆生花初編八卷二編八卷三編八卷四編八卷　（清）繆艮輯　清末石印本　一冊　存四卷（四編一至四）

330000－4729－0001807　普 1802　子部/術數類/陰陽五行之屬

崇正闢謬通書十四卷　（清）李奉來編輯　清末石印本　一冊　存一卷（八）

330000－4729－0001808　普 1803　子部/術數類/陰陽五行之屬

精選簡要通書二卷　清刻本　一冊　存一卷（一）

330000－4729－0001809　普 1804　子部/醫家類/兒科之屬/通論

幼科鐵鏡六卷　（清）夏鼎撰　清刻本　一冊　存三卷（四至六）

330000－4729－0001812　普 1807　子部/天文曆算類/曆法之屬

新鐫曆法總覽合節鰲頭通書大全十卷　（明）熊宗立纂輯　清刻本　一冊　存一卷（二）

330000－4729－0001815　普 1808　子部/宗教類/佛教之屬/經

般若波羅密多心經一卷　清刻本　一冊

330000－4729－0001816　普 1813　子部/宗教類/道教之屬

救世寶經不分卷　清末石印本　一冊

330000－4729－0001818　普 1814　子部/術數類/相宅相墓之屬

增補地理直指原真（增補地理直指原真大全）三卷首一卷　（清）釋徹瑩撰　清末石印本　一冊　存一卷（三）

330000 – 4729 – 0001824　普 1815　經部/小學類/文字之屬/字書/訓蒙

新鐫六言雜字一卷 （清）杜廣友 （清）金子合校　清末縉雲縣壺鎮友益齋刻本　一冊

330000 – 4729 – 0001827　普 1822　子部/儒家類/儒學之屬/蒙學

三字經一卷神童詩一卷 （宋）王應麟撰　清刻本　一冊

330000 – 4729 – 0001829　普 1823　子部/農家農學類/園藝之屬/總志

二如亭羣芳譜三十卷 （明）王象晉撰　清刻本　一冊　存一卷(天部二)

330000 – 4729 – 0001830　普 1825　新學/幼學

蒙學課本地球歌韻四卷 （清）張士瀛撰　清光緒二十七年(1901)藻文書局石印本　一冊　存二卷(一至二)

330000 – 4729 – 0001832　普 1827　史部/地理類/山川之屬/山志

爛柯山志十三卷補錄一卷 （清）鄭永禧輯　清光緒三十三年(1907)不其山館刻本　一冊　存二卷(十二至十三)

330000 – 4729 – 0001835　普 1830　集部/總集類/選集之屬/通代

文章游戲初編八卷 （清）繆艮輯　清刻本　一冊　存二卷(一至二)

330000 – 4729 – 0001838　普 1834　子部/術數類/命書相書之屬

星平要訣一卷百年經一卷 清同治七年(1868)蘭溪慎言堂刻本　清胡岐山題記　一冊

330000 – 4729 – 0001839　普 1835　新學/政治法律

校正三版各國政治藝學簡要錄二卷 清光緒二十九年(1903)鉛印本　一冊　存一卷(二)

330000 – 4729 – 0001841　普 1836　子部/儒家類/儒學之屬

治事文編二卷 湯壽潛輯　清光緒二十八年

(1902)振新學社石印本　一冊　存一卷(一)

330000 – 4729 – 0001846　普 1842　新學/學校

初等小學國文教科書十二卷 （清）學部編譯圖書局編纂　清末學部圖書局石印本　一冊　存一卷(二)

330000 – 4729 – 0001848　普 1846　史部/地理類/外紀之屬

瀛環志略十卷 （清）徐繼畬撰　清光緒二十四年(1898)上海美華局石印本　一冊　存二卷(一至二)

330000 – 4729 – 0001849　普 1841　史部/詔令奏議類/詔令之屬

上諭律例不分卷 清刻本　一冊

330000 – 4729 – 0001852　普 1845　子部/藝術類/書畫之屬/法帖

布衣林芝書并篆額法帖一卷 （明）屠隆撰　清石印本　一冊

330000 – 4729 – 0001853　普 1847　新學/議論/通論

中外政藝通攷初集六卷 清末石印本　一冊　存二卷(五至六)

330000 – 4729 – 0001856　普 1850　集部/總集類/課藝之屬

格致課藝彙編十三卷 （清）王韜編　清光緒二十三年(1897)上海書局石印本　三冊　存三卷(五至七)

330000 – 4729 – 0001857　普 1851　新學/議論/通論

洋務實學新編二卷 （清）傅雲龍輯　清光緒二十二年(1896)上海書局石印本　一冊　存一卷(一)

330000 – 4729 – 0001858　普 1852　類叢部/類書類/通類之屬

增補事類統編九十三卷首一卷 （清）黃葆真輯　清末石印本　三冊　存二十四卷(二十八至四十二、七十六至八十四)

330000－4729－0001859　普1853　子部/雜著類/雜纂之屬

雲林別墅新輯酬世錦囊初集八卷二集七卷三集二卷四集二卷　（清）鄒景揚輯　清光緒二十年(1894)、二十六年(1900)鴻寶齋石印本　一冊　存四卷(初集一至四)

330000－4729－0001861　普1854　類叢部/類書類/通類之屬

仕商應酬便覽二十卷新增仕商應酬便覽一卷　（清）求是齋編輯　清末石印本　一冊　存二卷(二十、新增便覽)

330000－4729－0001863　普1855　集部/小說類/長篇之屬

新註二度梅奇說全集四卷四十回　（清）惜陰堂主人編輯　清末刻本　慶堂題記、批並跋　三冊　存三卷(一至三)

330000－4729－0001869　普1864　集部/總集類/課藝之屬

撮要集一卷　清末抄本　一冊

330000－4729－0001870　普1865　集部/戲劇類/雜劇之屬

增像第六才子書五卷　（元）王實甫　（元）關漢卿撰　（清）金人瑞評　清末石印本　一冊　存一卷(五)

330000－4729－0001873　普1869　集部/總集類/課藝之屬

尊五美一卷　清末抄本　一冊

330000－4729－0001874　普1870　經部/四書類

四書課程日查記録本一卷　清末寫本　一冊

330000－4729－0001876　普1871　史部/雜史類/通代之屬

雜撮列國誌異一卷　清末抄本　一冊

330000－4729－0001878　普1873　子部/醫家類/婦科之屬/產科

達生編二卷附治瘰痢方一卷　（清）亟齋居士撰　清聚文堂書坊刻本　一冊

330000－4729－0001879　普1874　子部/宗教類/佛教之屬

太上師祖三世因由總錄不分卷　（清）沈普校正　清光緒元年(1875)刻本　一冊

330000－4729－0001880　普1875　集部/總集類/課藝之屬

不問馬一卷　（清）張仁堉等撰　清末抄本　一冊

330000－4729－0001882　普1883　經部/小學類/音韻之屬/韻書

詩韻集成十卷附詞林典腋一卷　（清）余照輯　清刻本　一冊　存七卷(五至十、詞林典腋)

330000－4729－0001885　普1885　子部/術數類/陰陽五行之屬

新鐫許真君玉匣記增補諸家選擇日用通書六卷　題（晉）許真君增補　清刻本　一冊

330000－4729－0001886　普1886　子部/宗教類/佛教之屬/經

救急真經一卷　清末刻本　一冊

330000－4729－0001889　普1888　新學/交涉

英話註解一卷　清刻本　一冊

330000－4729－0001898　普1891　子部/宗教類/道教之屬/戒律

太上感應篇直講一卷　清光緒五年(1879)縉雲刻本　一冊

330000－4729－0001902　普1895　子部/宗教類/道教之屬/戒律

太上感應篇直講一卷　清光緒五年(1879)縉雲刻本　一冊

330000－4729－0001904　普1900　子部/宗教類/道教之屬/戒律

太上感應篇直講一卷　清光緒五年(1879)縉雲刻本　一冊

330000－4729－0001912　普1905　子部/術數類/相宅相墓之屬

羅經理氣解不分卷　清末抄本　一冊

330000－4729－0001917　普1917　集部/詩文評類/制藝之屬

敏於事一卷　清末抄本　一冊

330000－4729－0001926　普1925　子部/雜著類/雜說之屬

手中桂新鈔一卷　（清）何鳳笙輯　（清）五雲集善堂重刊　清光緒三年（1877）五雲集善堂刻本　一冊

330000－4729－0001935　普1931　子部/術數類/相宅相墓之屬

吳作賢手抄風水一卷　（清）吳作賢抄　清光緒十七年（1891）抄本　一冊

330000－4729－0001936　普1932　子部/宗教類/佛教之屬

慈航普渡冊不分卷　（清）徐白舫纂　清光緒六年（1880）處州郡城刻本　一冊

330000－4729－0001941　普1934　史部/傳記類/總傳之屬/家乘

[浙江縉雲]翁氏宗譜三卷　（清）汪宗源纂修　清同治七年（1868）木活字印本　一冊

330000－4729－0001946　普1947　經部/四書類/論語之屬

止子路宿殺雞一卷　（清）王潤等撰　清抄本　一冊

330000－4729－0001950　普1936　集部/曲類/曲藝之屬

天緣配一卷捆龍記二卷　清抄本　一冊

330000－4729－0001952　普1939　子部/宗教類/道教之屬

道教齋刻一卷　清乾隆二十年（1755）抄本　一冊

330000－4729－0001953　普1940　子部/宗教類/佛教之屬/諸宗

禪林重刻寶訓筆說二卷　（清）釋智祥撰　清刻本　一冊　存一卷（二）

330000－4729－0001958　普1953　集部/小說類/長篇之屬

繡像說唐小英雄傳□□卷　清末石印本　一冊　存一卷（一）

330000－4729－0001960　普1955　集部/小說類/長篇之屬

雙鳳奇緣二十卷八十回　（清）饒雲風撰　清刻本　一冊　存三卷（十八至二十）

330000－4729－0001962　普1982　集部/總集類/選集之屬/通代

合刻蒙辨韻千家詩讀本二卷　清末刻本　一冊

330000－4729－0001967　普1961　集部/小說類/長篇之屬

繪圖前義妖傳□□卷　清末石印本　二冊　存二卷（二、四）

330000－4729－0001968　普1960　集部/小說類/長篇之屬

繡像評演濟公前傳四卷一百二十回　（清）郭廣瑞撰　清末石印本　一冊　存一卷（四）

330000－4729－0001969　普1962　集部/曲類/曲藝之屬

繪圖真真活神仙四卷　題（清）天花藏翠編次　清末石印本　一冊

330000－4729－0001970　普1963　集部/戲劇類/雜劇之屬

增廣繪像十美圖傳二十卷　（清）松筠氏撰　清末石印本　一冊　存五卷（十一至十五）

遂昌縣圖書館

古籍普查登記目録

全國古籍普查登記目録·浙江麗水

國家圖書館出版社
National Library of China Publishing House

歌詩編第二

吳絲蜀桐張

愁李憑中國彈箜篌

蘭笑十二門前融冷光二十三絲動紫皇女媧鍊石

補天處石破天驚逗秋雨夢入神山教神嫗老魚跳

波瘦蛟舞吳質不眠倚桂樹露腳斜飛濕寒兔

殘絲曲

垂楊葉老鶯啼見殘絲欲斷黃蜂歸緣驤少年金釵

《遂昌縣圖書館古籍普查登記目録》

主　編：王曉紅

編　委：王曉紅　葉　飆

《遂昌縣圖書館古籍普查登記目録》

前　言

　　遂昌縣圖書館是浙西南地區館藏古籍和民國文獻較多的單位，其古籍和民國時期傳統裝幀書籍主要來源於中華人民共和國成立後的政府徵集和民間捐贈。

　　2012 年，我館啓動館藏古籍保護工作，建立古籍保護制度，改善古籍保護條件，加強古籍保護人才培養，提高古籍普查和修復水準。經過兩年的努力，2014 年 12 月底，我館著録完成全部古籍和民國文獻普查數據，成爲浙江省首批完成古籍普查的單位。2015年，我館入選第二批"浙江省古籍保護達標單位"。

　　經普查，我館共收藏明清時期古籍 474 部 2575 册。從文獻類別來看，經、史、子、集、類叢、新學各類無所不包；從版本類型來看，主要爲刻本、石印本、鉛印本，另外還有部分木活字印本、抄本、影印本、朱墨套印本、拓印本、彙印本。

　　我館所藏清乾隆十九年（1754）佩古堂刻本《集虛齋學古文》十卷附《離騷經解畧》一卷入選第三批《浙江省珍貴古籍名録》，具有一定版本價值。通過本次普查，我館也新發現部分地方刊刻本，如明末永思堂刻本《國策膾》四卷、清光緒十年（1884）項氏永思堂刻民國十一年（1922）項堂補刻本《問夜草》七卷、清光緒十三年（1887）王人泰刻本《月洞詩集》二卷、清宣統三年（1911）平昌刻本《栩園芰臘草》六卷等，具有一定的地方史料價值。

　　本次出版的《遂昌縣圖書館古籍普查登記目録》，以館藏 1912 年以前古籍爲收録範圍，爲讀者利用館藏古籍提供便利。由於普查人員水平有限，錯漏之處，敬請專家、讀者批評指正。

遂昌縣圖書館

2018 年 2 月

330000 – 4730 – 0000001　集/別集/32　集部/別集類/宋別集

月洞詩集二卷二十一世祖暤如公詩一十四首一卷 （宋）王鎡撰　清光緒十三年(1887)王人泰刻本　二冊

330000 – 4730 – 0000002　集/別集/22　集部/別集類/清別集

窺園詩鈔五卷詞鈔一卷四六一卷 （清）王夢篆撰　清刻本　三冊

330000 – 4730 – 0000003　史/編年/54　史部/編年類/通代之屬

資治通鑑綱目發明五十九卷 （宋）尹起莘撰　清雍正八年至十一年(1730 – 1733)刻嘉慶重修同治十三年(1874)補刻光緒續補刻本　六冊

330000 – 4730 – 0000004　史/詔令奏議/112　史部/詔令奏議類/奏議之屬

問夜草七卷 （明）項應祥撰　清光緒十年(1884)項氏永思堂刻民國十一年(1922)項堂補刻本　四冊

330000 – 4730 – 0000006　史/地理/118　史部/地理類/方志之屬/郡縣志

[光緒]處州府志三十卷首一卷末一卷 （清）潘紹詒修　（清）周榮椿纂　清光緒三年(1877)刻本　二十八冊

330000 – 4730 – 0000008　集/別集/2、3　集部/別集類/唐五代別集

昌黎先生集四十卷外集十卷遺文一卷 （唐）韓愈撰　（宋）廖瑩中校正　**朱子校昌黎先生集傳一卷** （宋）朱熹撰　**韓集點勘四卷** (清)陳景雲撰　清同治八年至九年(1869 – 1870)江蘇書局刻本　十一冊

330000 – 4730 – 0000009　集/總集/38　集部/總集類/選集之屬/通代

古文苑二十一卷 （宋）章樵注　清光緒十二年(1886)江蘇書局刻本　四冊

330000 – 4730 – 0000010　集/別集/7　集部/別集類/宋別集

歐陽文忠公全集一百五十三卷附錄五卷 （宋）歐陽修撰　**附廬陵歐陽文忠公年譜一卷** （宋）胡柯編　清歐陽衡刻本　三十一冊

330000 – 4730 – 0000011　集/別集/4、6　集部/別集類/唐五代別集

昌黎先生集四十卷外集十卷遺文一卷 （唐）韓愈撰　（宋）廖瑩中校正　**朱子校昌黎先生集傳一卷** （宋）朱熹撰　**韓集點勘四卷** (清)陳景雲撰　清宣統二年(1910)上海掃葉山房石印本　十一冊　缺五卷(遺文、韓集點勘一至四)

330000 – 4730 – 0000012　集/別集/8　集部/別集類/唐五代別集

溫飛卿詩集七卷別集一卷集外詩一卷附錄諸家詩評一卷 （唐）溫庭筠撰　（明）曾益注（清）顧予咸補注　（清）顧嗣立續注　清康熙三十六年(1697)長洲顧氏秀野草堂刻本　四冊　缺一卷(諸家詩評)

330000 – 4730 – 0000013　集/別集/12　集部/別集類/清別集

滑疑集八卷 （清）韓錫胙撰　（清）宗稷辰重編　清同治十三年(1874)瀨江處州府署刻本　三冊　缺二卷(三至四)

330000 – 4730 – 0000014　集/別集/17　集部/別集類/唐五代別集

駱賓王文集十卷 （唐）駱賓王撰　**考異一卷** （清）顧廣圻撰　清宣統三年(1911)上海文瑞樓石印本　二冊

330000 – 4730 – 0000016　集/別集/25　集部/別集類/清別集

曠觀樓詩存八卷 （清）朱霖撰　清光緒六年(1880)刻十六年(1890)補刻本　四冊

330000 – 4730 – 0000017　集/別集/26　集部/別集類/清別集

劫餘存稿二卷 （清）吳受藻　（清）王鼎詩撰　（清）吳積鑑　（清）朱世萱編　清同治七年(1868)錢塘汪氏振綺堂刻本　一冊

330000 – 4730 – 0000018　集/別集/30　集

部/別集類/宋別集

王臨川文集四卷 （宋）王安石撰　清宣統二年（1910）上海會文堂書局石印本　四冊

330000－4730－0000023　子/儒家/250　子部/儒家類/儒學之屬/蒙學

小學六卷附文公朱夫子年譜一卷小學總論一卷 （清）高愈注　清同治八年（1869）江蘇書局刻本　二冊　缺一卷（總論）

330000－4730－0000027　集/別集/15　集部/別集類/宋別集

曾南豐文集四卷 （宋）曾鞏撰　清宣統二年（1910）上海會文堂書局石印本　二冊

330000－4730－0000030　經/38、46，史/68、69、85，集/9、39，子/127、128、129、136、137　類叢部/叢書類/彙編之屬

新斠平津館叢書十集三十四種 （清）孫星衍編　清光緒十年至十五年（1884－1889）吳縣朱氏槐廬家塾刻本　三十六冊　存十二種

330000－4730－0000031　集/別集/57　集部/別集類/唐五代別集

杜詩鏡銓二十卷附錄一卷年譜一卷 （清）楊倫撰　清乾隆五十七年（1792）九柏山房刻本　李湘生題記並過錄清紀昀批　四冊　缺十一卷（十一至二十、附錄）

330000－4730－0000032　集/別集/58　集部/別集類/唐五代別集

杜詩鏡銓二十卷附錄一卷年譜一卷 （清）楊倫撰　**讀書堂杜工部文集註解二卷** （清）張溍評註　清同治十一年（1872）望三益齋刻本　八冊

330000－4730－0000034　集/總集/39　集部/總集類/選集之屬/通代

續古文苑二十卷 （清）孫星衍輯　清光緒九年（1883）江蘇書局刻本　五冊　缺三卷（十八至二十）

330000－4730－0000035　集/總集/80　集部/總集類/選集之屬/通代

古文淵鑒六十四卷 （清）徐乾學等輯注　清

同治十二年（1873）浙江書局刻本　十九冊　缺十六卷（十九至三十四）

330000－4730－0000037　集/總集/45　集部/總集類/選集之屬/通代

古文辭類纂七十四卷 （清）姚鼐輯　**續古文辭類纂三十四卷** 王先謙輯　清光緒三十三年（1907）上海商務印書館鉛印本　九冊　缺二十六卷（三十五至四十四、續一至十六）

330000－4730－0000038　集/總集/46、138　集部/總集類/選集之屬/通代

古文辭類纂十五卷 （清）姚鼐輯　**續古文辭類纂十卷** 王先謙輯　清光緒二十年（1894）上海圖書集成印書局鉛印本　九冊　缺四卷（古文辭類纂七至十）

330000－4730－0000040　集/總集/47　集部/總集類/選集之屬/通代

駢體文鈔三十一卷 （清）李兆洛輯　清道光元年（1821）合河康氏家塾刻同治六年（1867）婁江徐氏補刻本　八冊

330000－4730－0000043　集/別集/88　子部/藝術類/遊藝之屬/聯語

楹聯叢話十二卷續話四卷 （清）梁章鉅輯　清道光二十年（1840）環碧軒刻本　四冊　缺四卷（續話一至四）

330000－4730－0000044　集/別集/89　子部/藝術類/遊藝之屬/聯語

楹聯叢話十二卷續話四卷 （清）梁章鉅輯　清道光二十三年（1843）刻本　二冊　存四卷（續話一至四）

330000－4730－0000045　集/別集/90　子部/藝術類/遊藝之屬/聯語

巧對錄八卷 （清）梁章鉅撰　清道光二十二年（1842）刻本　二冊

330000－4730－0000046　集/別集/84　子部/儒家類/儒學之屬

婺學治事文編二卷 （清）繼良輯　清光緒二十四年（1898）金華府署刻本　二冊

330000－4730－0000047　集/別集/10　集

部/別集類/宋別集

蘇文忠詩合註五十卷首一卷目錄一卷 （宋）
蘇軾撰 （清）馮應榴輯 清乾隆五十八年
(1793)桐鄉馮氏踵息齋刻同治九年(1870)補
修本 二十冊

330000 - 4730 - 0000048 史/地理/119 史
部/地理類/方志之屬/郡縣志

[光緒]遂昌縣志十二卷首一卷外編四卷
(清)胡壽海 （清）史恩緯修 （清）褚成允
纂 清光緒二十二年(1896)尊經閣刻本 九
冊 缺三卷(外編一至三)

330000 - 4730 - 0000060 集/別集/32 - 1、
205 集部/別集類/宋別集

**月洞詩集二卷二十一世祖皞如公詩一十四首
一卷** （宋）王鎡撰 清光緒十三年(1887)王
人泰刻本 二冊

330000 - 4730 - 0000063 集/別集/55 集
部/別集類/明別集

太師誠意伯劉文成公集二十卷首一卷 （明）
劉基撰 清光緒二十六年(1900)浙江書局刻
民國五年(1916)印本 十冊

330000 - 4730 - 0000066 集/別集/5、6、135
集部/別集類/唐五代別集

昌黎先生集四十卷外集十卷遺文一卷 （唐）
韓愈撰 （宋）廖瑩中校正 **朱子校昌黎先生
集傳一卷** （宋）朱熹撰 **韓集點勘四卷**
(清)陳景雲撰 清宣統二年(1910)上海掃葉
山房石印本 十冊 缺十一卷(三十至三十
五、遺文、韓集點勘一至四)

330000 - 4730 - 0000067 集/別集/24 集
部/別集類/清別集

錦霞閣詩集五卷詞集一卷 （清）包蘭瑛撰
清宣統二年(1910)杭州刻本 二冊

330000 - 4730 - 0000078 集/別集/150 - 1
集部/別集類/宋別集

曾南豐文集四卷 （宋）曾鞏撰 清宣統二年
(1910)上海會文堂書局石印本 二冊

330000 - 4730 - 0000079 集/別集/15 - 1、

150 - 2 集部/別集類/宋別集

曾南豐文集四卷 （宋）曾鞏撰 清宣統二年
(1910)上海會文堂書局石印本 二冊

330000 - 4730 - 0000080 集/別集/15 - 2、
150 - 3 集部/別集類/宋別集

曾南豐文集四卷 （宋）曾鞏撰 清宣統二年
(1910)上海會文堂書局石印本 二冊

330000 - 4730 - 0000081 集/別集/21、157
集部/別集類/清別集

**三魚堂文集十二卷賸言十二卷外集六卷附錄
一卷** （清）陸隴其撰 清宣統三年(1911)上
海掃葉山房石印本 四冊 存二十五卷(文
集一至十二、賸言一至十二、附錄)

330000 - 4730 - 0000082 集/總集/41 集
部/總集類/選集之屬/通代

古文釋義新編八卷 （清）余誠輯 清光緒六
年(1880)上洋紫文閣刻本 七冊 缺一卷
(四)

330000 - 4730 - 0000083 集/別集/135 集
部/別集類/唐五代別集

昌黎先生集四十卷外集十卷遺文一卷 （唐）
韓愈撰 （宋）廖瑩中校正 **朱子校昌黎先生
集傳一卷** （宋）朱熹撰 **韓集點勘四卷**
(清)陳景雲撰 清末上海掃葉山房石印本
八冊 缺十六卷(一、二十至二十四、三十六
至四十,遺文、韓集點勘一至四)

330000 - 4730 - 0000084 集/總集/91、92、99
集部/總集類/郡邑之屬

**兩浙輶軒續錄五十四卷補遺六卷姓氏韻編二
卷** （清）潘衍桐輯 清光緒十七年(1891)浙
江書局刻本 二十五冊 缺十八卷(十四至
十八、二十三、二十八至三十八、四十二)

330000 - 4730 - 0000085 集部/總集/61、187
集部/總集類/選集之屬/斷代

全唐詩九百卷目錄十二卷 （清）曹寅等輯
清光緒十三年(1887)上海同文書局石印本
八冊 存八卷(一、六、十至十一、十九、二十
二、二十七、三十)

330000－4730－0000086　集／別集／28、201 集部／別集類／清別集

亭林詩集五卷文集六卷餘集一卷 （清）顧炎武撰　清宣統二年(1910)上海掃葉山房石印本　二冊　缺五卷(詩集一至五)

330000－4730－0000087　集／別集／207　集部／詞類／別集之屬

栩園芟賸草六卷 陳栩撰　清宣統三年(1911)平昌刻本　二冊

330000－4730－0000088　集／總集／164　集部／總集類／選集之屬／通代

籍古齋古文觀止十二卷 （清）吳乘權 （清）吳大職輯　清光緒七年(1881)浙蘭籍古齋刻本　三冊　缺六卷(三至八)

330000－4730－0000091　集／別集／190　集部／別集類／清別集

韻香閣詩草一卷 （清）孔祥淑撰　清光緒十二年(1886)刻本　一冊

330000－4730－0000092　集／別集／119　集部／詞類／別集之屬

洞仙詞六卷 （清）陳星涵撰　清光緒十四年(1888)永嘉沙氏刻本　二冊

330000－4730－0000093　集／別集／108　類叢部／叢書類／彙編之屬

振綺堂叢刊八種 清嘉慶至光緒汪氏振綺堂刻本　一冊　存一種

330000－4730－0000094　集／總集／66、107 集部／總集類／選集之屬／斷代

唐詩三百首注疏六卷 （清）孫洙編 （清）章燮注　清道光十五年(1835)近仁堂刻本　三冊　缺三卷(三至四、六)

330000－4730－0000095　集／南北曲／113 集部／戲劇類／傳奇之屬

儒酸福傳奇二卷 （清）汪繩武正譜 （清）魏熙元填詞 （清）倪星垣評文　清光緒七年(1881)玉玲瓏館刻本　一冊

330000－4730－0000110　集／別集／123　集部／別集類／清別集

滄然齋別體雜詩一卷 （清）吳煥文撰　清光緒十四年(1888)吳氏滄然齋刻本　一冊

330000－4730－0000113　集／別集／198　集部／別集類／唐五代別集

追昔遊集三卷 （唐）李紳撰　清宣統二年(1910)上海著易堂石印本　一冊

330000－4730－0000124　集／別集／196　集部／別集類／唐五代別集

孟東野集十卷附一卷 （唐）孟郊撰　**追昔遊集三卷** （唐）李紳撰　清宣統二年(1910)上海著易堂石印本　二冊　存七卷(五至十、附)

330000－4730－0000127　集／總集／117　集部／總集類／選集之屬／通代

繪像正文千家詩二卷 清末寶彝堂刻本　一冊

330000－4730－0000128　集／總集／62　集部／總集類／選集之屬／斷代

唐詩三百首注釋六卷 （清）孫洙編　**唐詩三百首續選二卷** （清）于慶元編　清末大文堂刻本　一冊　存四卷(一、三、五至六)

330000－4730－0000135　集／別集／182　類叢部／叢書類／自著之屬

隨園三十八種 （清）袁枚撰　清宣統二年(1910)上海鴻文書局石印本　四冊　存四種

330000－4730－0000142　經／易經／1　經部／叢編

五經旁訓辨體合訂 （清）徐立綱輯　清刻本　二冊　存一種

330000－4730－0000143　經／書類／3、94　經部／書類／傳說之屬

書經旁訓辨體合訂四卷 （清）徐立綱輯　清光緒二十一年(1895)文奎堂刻本　二冊　存二卷(一、四)

330000－4730－0000144　經／書類／4　經部／書類／傳說之屬

書經集傳六卷 （宋）蔡沈撰　清光緒三年(1877)永康胡氏退補齋刻本　四冊

330000－4730－0000145　經/書類/6　經部/書類/傳說之屬

書經精華六卷 （清）薛嘉穎撰　清同治七年(1868)蘇州綠潤堂刻本　四冊

330000－4730－0000147　經/詩經/8　經部/詩類/傳說之屬

詩經集傳八卷 （宋）朱熹撰　清光緒二十六年(1900)立言堂刻　四冊

330000－4730－0000148　經/詩經/9　經部/詩類/傳說之屬

詩經集註八卷首一卷 （宋）朱熹撰　清魏文星堂刻本　四冊

330000－4730－0000149　經/詩經/11、30、54,經/書類/7,經/易經/44　經部/叢編

三經精華 （清）薛嘉穎輯　清光緒二年(1876)浙寧簡香齋刻本　十一冊

330000－4730－0000150　經/易經/14　經部/叢編

御纂七經 （清）李光地等纂修　清同治六年至九年(1867－1870)浙江書局刻本　五冊　存一種

330000－4730－0000151　經/禮類/16　經部/禮記類/傳說之屬

禮記集說十卷 （元）陳澔撰　清刻本　三冊　缺七卷(二至三、五至八、十)

330000－4730－0000152　經/禮類/17、63　經部/禮記類/傳說之屬

禮記增訂旁訓六卷 （清）徐立綱撰　清文奎堂刻本　四冊　缺二卷(二至三)

330000－4730－0000156　經/春秋類/24　經部/春秋公羊傳類/傳說之屬

春秋公羊經傳解詁十二卷 （漢）何休撰 (唐)陸德明音義　**重刊宋紹熙公羊傳注附音本校記一卷** （清）魏彥撰　清光緒二十一年(1895)金陵書局刻本　二冊

330000－4730－0000160　經/五經總義/27、43、109　經部/叢編

重刊宋本十三經注疏四百十六卷　附十三經

注疏校勘記四百十六卷 （清）阮元撰　（清）盧宣旬摘錄　**校勘記識語四卷** （清）汪文臺撰　清光緒十三年(1887)上海脈望仙館石印本　三十二冊

330000－4730－0000161　經/春秋類/47　子部/叢編

二十二子(二十二子彙函) （清）浙江書局編　清光緒元年至三年(1875－1877)浙江書局刻本　二冊　存一種

330000－4730－0000162　經/禮類/16－1、61－1　經部/禮記類/傳說之屬

禮記集說十卷 （元）陳澔撰　清刻本　三冊　存三卷(二、八、十)

330000－4730－0000163　經/禮類/62　經部/禮記類/傳說之屬

禮記增訂旁訓六卷 （清）徐立綱撰　清浙蘭慎言堂刻本　六冊

330000－4730－0000168　經/春秋類/26　經部/春秋左傳類/傳說之屬

春秋繁露十七卷 （漢）董仲舒撰　清刻本　三冊

330000－4730－0000169　經/四書/31、32、79　經部/四書類/總義之屬/傳說

四書集註(四書章句集註、四書)十九卷 (宋)朱熹撰　清光緒三十二年(1906)上海商務印書館鉛印本　三冊　存十二卷(大學、中庸、論語一至十)

330000－4730－0000170　經/詩經/55　經部/詩類/傳說之屬

詩經集傳八卷 （宋）朱熹撰　清刻本　三冊　缺三卷(六至八)

330000－4730－0000171　經/四書/31、79　經部/四書類/總義之屬/傳說

四書集註(四書章句集註、四書)十九卷 (宋)朱熹撰　清光緒三十二年(1906)上海商務印書館鉛印本　三冊　存十三卷(論語一至十、孟子一至三)

330000－4730－0000172　經/詩經/10　經

部/詩類/傳說之屬

詩經集傳八卷 （宋）朱熹撰　清刻本　三冊
缺二卷（一至二）

330000－4730－0000173　經/四書/35　經
部/四書類/總義之屬/傳說

**四書釋地補一卷續補一卷又續補一卷三續補
一卷** （清）閻若璩撰　（清）樊廷枚校補　清
嘉慶二十一年（1816）梅陽海涵堂刻本　五冊

330000－4730－0000174　經/小學/36　經
部/小學類/訓詁之屬/爾雅

爾雅三卷 （晉）郭璞注　（唐）陸德明音義
清光緒二十一年（1895）金陵書局刻本　三冊

330000－4730－0000175　經/五經總義/37、
164、165　子部/雜著類/雜纂之屬

經餘必讀八卷二編八卷 （清）雷琳　（清）錢樹
棠　（清）錢樹立輯　**三編四卷** （清）趙在翰輯
清光緒二年（1876）退補齋刻本　七冊　缺七
卷（經餘必讀三至四、七至八,三編二至四）

330000－4730－0000176　經/小學/39　經
部/小學類/文字之屬/說文

說文引經攷證七卷說文引經互異說一卷
（清）陳瑑撰　清同治十三年（1874）湖北崇文
書局刻本　二冊

330000－4730－0000177　經/小學/41　經
部/小學類/訓詁之屬/方言

輶軒使者絕代語釋別國方言箋疏十三卷
（漢）揚雄撰　（清）錢繹箋疏　清光緒十六年
（1890）王文韶紅蝠山房刻本　四冊

330000－4730－0000178　經/小學/42　經
部/小學類/文字之屬/說文

說文外編十五卷補遺一卷 （清）雷浚撰　**說
文辨疑一卷** （清）顧廣圻撰　**劉氏碎金一卷**
（清）劉禧延撰　清光緒二年（1876）刻本
四冊　缺一卷（說文辨疑）

330000－4730－0000179　經/禮類/141　經
部/禮記類/傳說之屬

禮記約編十卷 （清）汪基撰　清光緒鑄記書
局石印本　六冊

330000－4730－0000182　經/四書/110　經
部/群經總義類/傳說之屬

四書五經義策論續編不分卷 （清）崇實齋輯
清光緒二十八年（1902）浙杭編譯局鉛印本
四冊

330000－4730－0000183　經/小學/106　類
叢部/類書類/通類之屬

御定駢字類編二百四十卷 （清）吳士玉
（清）沈宗敬等輯　清光緒十三年（1887）上海
同文書局石印本　四十三冊　缺二十九卷
（一至六、三十二至三十五、四十一至四十六、
一百三十四至一百四十三、二百三十三至二
百三十五）

330000－4730－0000186　經/四書/114　經
部/四書類/總義之屬/傳說

四書圖考十三卷 （清）杜炳撰　清光緒十三
年（1887）鴻文書局石印本　三冊　缺七卷
（七至十三）

330000－4730－0000188　經/四書/116　類
叢部/叢書類/自著之屬

陸子全書十八種 （清）陸隴其撰　清光緒二
十七年（1901）上海圖書集成印書局鉛印本
三冊　存一種

330000－4730－0000189　經/小學/115　經
部/小學類/文字之屬/字書/字體

六書通十卷首一卷附百體福壽全圖 （清）閔
齊伋撰　（清）畢弘述篆訂　清光緒十九年
（1893）上海校經山房石印本　四冊　存八卷
（一至二、五至十）

330000－4730－0000190　經/書類/123　經
部/書類/傳說之屬

書經集傳六卷 （宋）蔡沈撰　清宣統三年
（1911）上海會文堂粹記書局石印本　三冊

330000－4730－0000191　經/易經/126　經
部/易類/傳說之屬

周易本義四卷附圖說一卷 （宋）朱熹撰　清
宣統二年（1910）上海廣益書局石印本　二冊

330000－4730－0000194　經/書類/3－1　經

部/書類/傳說之屬

書經集傳六卷 （宋）蔡沈撰　清文奎堂刻本
　三冊　存四卷（二至五）

330000－4730－0000197　經/書類/3－2　經
部/書類/傳說之屬

書經集傳六卷 （宋）蔡沈撰　清乾隆五十七
年（1792）存心齋刻本　二冊　存三卷（一、五
至六）

330000－4730－0000198　經/書類/3－3　經
部/書類/傳說之屬

書經集傳六卷 （宋）蔡沈撰　清慎怡堂刻本
　三冊　存四卷（二至五）

330000－4730－0000199　經/書類/3、91　經
部/書類/傳說之屬

書經集傳六卷 （宋）蔡沈撰　清刻本　二冊
　存四卷（二至三、五至六）

330000－4730－0000200　經/書類/3－4　經
部/書類/傳說之屬

書經集傳六卷 （宋）蔡沈撰　清刻本　一冊
　存一卷（四）

330000－4730－0000201　經/書類/5　經部/
書類/傳說之屬

書經集傳六卷 （宋）蔡沈撰　清刻本　二冊
　存三卷（四至六）

330000－4730－0000202　經/書類/91　經
部/書類/傳說之屬

書經集傳六卷 （宋）蔡沈撰　清慎怡堂刻本
　三冊　存四卷（三至六）

330000－4730－0000203　經/詩經/13、59
經部/叢編

五經體注大全 （清）嚴氏家塾主人輯　清刻
本　二冊　存一種

330000－4730－0000204　經/禮類/18　經
部/禮記類/傳說之屬

漱芳軒合纂禮記體註四卷 （清）范翔撰　清
嘉慶二十二年（1817）文奎堂刻本　二冊　存
二卷（一、四）

330000－4730－0000205　經/易經/2　經部/
易類/傳說之屬

易經體註大全合纂四卷 （清）李兆賢撰　清
刻本　一冊　存三卷（二至四）

330000－4730－0000206　經/禮類/63　經
部/禮記類/傳說之屬

禮記增訂旁訓六卷 （清）徐立綱撰　清文奎
堂刻本　五冊　缺一卷（三）

330000－4730－0000207　經/四書/34　經
部/四書類/總義之屬/傳說

四書集註（四書章句集註、四書）十九卷
（宋）朱熹撰　清文奎堂刻本　二冊　存五卷
（孟子一至三、六至七）

330000－4730－0000208　經/禮類/61　經
部/禮記類/傳說之屬

禮記集說十卷 （元）陳澔撰　清刻本　六冊
　存六卷（三至四、六至九）

330000－4730－0000209　經/四書/67　經
部/四書類/總義之屬/傳說

四書體註合講十九卷 （清）翁復編　清同治
八年（1869）刻本　五冊　缺二卷（孟子六至
七）

330000－4730－0000210　經/四書/66　經
部/四書類/總義之屬/傳說

四書體註合講十九卷 （清）翁復編　清立言
堂刻本　三冊　缺十三卷（論語一至十、孟子
一至三）

330000－4730－0000211　經/書類/98　經
部/書類/傳說之屬

書經集傳六卷 （宋）蔡沈撰　清刻本　一冊
　存二卷（五至六）

330000－4730－0000212　經/小學/53　經
部/小學類/文字之屬/說文

說文解字注十五卷附六書音韻表五卷 （清）
段玉裁撰　**說文部目分韻一卷** （清）陳煥編
　清嘉慶二十年（1815）刻本　六冊　缺十卷
（一至九、十一）

330000－4730－0000213　經/書類/95　經

部/書類/傳說之屬

尚書離句六卷 (清)錢在培輯解 清光緒二十年(1894)立言堂刻本 二冊 缺一卷(四)

330000－4730－0000214 經/春秋類/104 經部/春秋左傳類/傳說之屬

春秋左傳(春秋左傳杜林註釋)五十卷 (晉)杜預 (宋)林堯叟註釋 (唐)陸德明音義 (明)鍾惺 (明)孫鑛 (明)韓范評點 清兩儀堂刻本 六冊 存二十四卷(一至八、十五至二十、三十七至三十九、四十四至五十)

330000－4730－0000216 經/小學/40 經部/小學類/文字之屬/字書/字體

隸辨八卷 (清)顧藹吉撰 清刻本 三冊 缺三卷(六至八)

330000－4730－0000217 經/小學/107 經部/小學類/文字之屬/說文

說文解字注十五卷附六書音韻表五卷 (清)段玉裁撰 **說文部目分韻一卷** (清)陳煥編 **說文通檢十四卷首一卷末一卷** (清)黎永椿編 **說文解字注匡謬八卷** (清)徐承慶撰 清光緒三十四年(1908)上海文盛書局石印本 四冊 缺十卷(一至六、十五、六書音韻表一至二、部目分韻)

330000－4730－0000219 經/春秋類/25 經部/春秋穀梁傳類/傳說之屬

春秋穀梁傳十二卷 (晉)范甯集解 (唐)陸德明音義 清光緒二十一年(1895)金陵書局刻本 二冊

330000－4730－0000220 經/春秋類/21、100 經部/春秋左傳類/傳說之屬

左繡三十卷首一卷 (清)馮李驊 (清)陸浩評輯 清芸生堂刻本 五冊 缺五卷(二十六至三十)

330000－4730－0000221 經/詩經/12、58 經部/叢編

五經旁訓 (清)徐立綱旁訓 清刻本 二冊 存一種

330000－4730－0000222 經/詩經/57 經

部/詩類/傳說之屬

旁訓辨體合訂毛詩讀本四卷 清文奎堂刻本 一冊 存一卷(一)

330000－4730－0000223 經/詩經/56 經部/詩類/傳說之屬

詩經增訂旁訓四卷 (清)徐立綱撰 (清)□□增訂 清會賢堂刻本 二冊 缺一卷(一)

330000－4730－0000224 經/詩經/56－1 經部/詩類/傳說之屬

詩經增訂旁訓四卷 (清)徐立綱撰 (清)□□增訂 清刻本 一冊 缺三卷(一、三至四)

330000－4730－0000225 經/詩經/56－2 經部/詩類/傳說之屬

詩經增訂旁訓四卷 (清)徐立綱撰 (清)□□增訂 清刻本 一冊 缺三卷(一至二、四)

330000－4730－0000226 經/春秋類/22、103 經部/春秋總義類/傳說之屬

春秋五傳十七卷首一卷 (明)張岐然編 (清)張璞重編 清刻本 十冊 缺四卷(首，一、十六至十七)

330000－4730－0000227 經/春秋類/23 經部/春秋左傳類/傳說之屬

寄傲山房塾課纂輯春秋備旨十二卷 (清)邵聖脈纂輯 清刻本 二冊 缺七卷(六至十二)

330000－4730－0000228 經/詩經/55－1 經部/詩類/傳說之屬

詩經集傳八卷 (宋)朱熹撰 清刻本 一冊 缺六卷(一至三、六至八)

330000－4730－0000229 經/禮類/64 經部/禮記類/傳說之屬

全本禮記體註十卷 (清)徐瑄撰 清刻本 一冊 存一卷(三)

330000－4730－0000230 經/四書/68 經部/四書類/總義之屬/傳說

新訂四書補注備旨十卷 （明）鄧林撰 （清）杜定基增訂 清善成堂刻本 六冊

330000－4730－0000231 經/四書/68－1 經部/四書類/總義之屬/傳說
新訂四書補注備旨十卷 （明）鄧林撰 （清）杜定基增訂 清刻本 一冊 存二卷(論語三至四)

330000－4730－0000232 經/四書/71、81 經部/四書類/總義之屬/傳說
四書集註（四書章句集註、四書）十九卷 （宋）朱熹撰 清刻本 四冊 缺七卷(大學、中庸、論語一至五)

330000－4730－0000233 經/四書/73 經部/四書類/總義之屬/傳說
四書集註（四書章句集註、四書）十九卷 （宋）朱熹撰 清刻本 二冊 存二卷(孟子六至七)

330000－4730－0000234 經/書類/92 經部/書類/傳說之屬
書經旁訓辨體合訂四卷 （清）徐立綱輯 清刻本 一冊 缺二卷(一至二)

330000－4730－0000235 經/春秋類/105 經部/春秋左傳類/傳說之屬
太史張天如詳節春秋綱目句解左傳彙雋六卷 （明）張溥重訂 （清）韓菼重編 清刻本 四冊 存四卷(二至五)

330000－4730－0000237 經/詩經/57－1 經部/詩類/傳說之屬
旁訓辨體合訂毛詩讀本四卷 清文奎堂刻本 二冊 存二卷(一至二)

330000－4730－0000238 經/書類/91－1 經部/書類/傳說之屬
書經集傳六卷 （宋）蔡沈撰 清刻本 一冊 存二卷(五至六)

330000－4730－0000239 經/小學/52 經部/小學類/文字之屬/說文
說文解字校錄十五卷說文刊誤一卷說文玉篇校錄一卷 （清）鈕樹玉撰 清刻本 一冊

存一卷(十二)

330000－4730－0000240 經/四書/69 經部/四書類/總義之屬/傳說
四書讀本十九卷 （宋）朱熹章句 清筠盛堂刻本 一冊 存二卷(大學、中庸)

330000－4730－0000241 經/書類/97 經部/書類/傳說之屬
書經集傳六卷 （宋）蔡沈撰 清寶文堂刻本 一冊 缺五卷(二至六)

330000－4730－0000242 經/春秋類/102 經部/春秋左傳類/傳說之屬
評點春秋綱目左傳句解彙雋六卷 （清）韓菼重訂 清刻本 一冊 存一卷(五)

330000－4730－0000245 經/四書/86 經部/四書類/總義之屬/傳說
四書集註（四書章句集註、四書）十九卷 （宋）朱熹撰 清刻本 一冊 存二卷(大學、中庸)

330000－4730－0000246 經/四書/85 經部/四書類/總義之屬/傳說
四書集註（四書章句集註、四書）十九卷 （宋）朱熹撰 清慎詒堂刻本 九冊

330000－4730－0000247 經/四書/129 經部/四書類/總義之屬/專著
大文堂四書讀本十九卷 清宣統三年(1911)大文堂刻本 一冊 存一卷(孟子五)

330000－4730－0000249 經/孝經/130、經/小學/119 子部/儒家類/儒學之屬/蒙學
小學集注六卷 （明）陳選集注 **忠經一卷** （漢）鄭玄集注 **孝經一卷** （明）陳選集注 清光緒三十二年(1906)鴻寶齋石印本 二冊 缺三卷(四至六)

330000－4730－0000250 經/小學/138 經部/小學類/文字之屬/說文
說文通訓定聲十八卷分部柬韻一卷說雅一卷古今韻準一卷 （清）朱駿聲撰 （清）朱鏡蓉參訂 **行述一卷** （清）朱孔彰撰 清光緒十三年(1887)上海積山書局石印本 四冊 缺

十卷(四至五、八至九、十三至十八)

330000－4730－0000252　經/四書/121　經部/四書類/總義之屬/傳說

四書便蒙十九卷　(宋)朱熹注　清末浙蘭慎言堂刻本　二冊

330000－4730－0000253　經/小學/152　經部/小學類/音韻之屬

切音捷訣一卷附幼學切音便讀一卷　(清)酈珩輯　清光緒六年(1880)諸暨攄古堂刻本　一冊

330000－4730－0000254　經/易經/160　經部/叢編

五經旁訓　(清)徐立綱輯　清刻本　一冊存一種

330000－4730－0000255　經/易經/161　經部/易類/傳說之屬

周易本義四卷附圖說一卷卦歌一卷筮儀一卷五贊一卷　(宋)朱熹撰　清刻本　二冊　存三卷(一至三)

330000－4730－0000256　經/易經/159　經部/易類/傳說之屬

易經體註大全合纂四卷　(清)李兆賢撰　清末刻本　一冊　存三卷(二至四)

330000－4730－0000257　經/禮類/143　經部/周禮類/傳說之屬

周禮讀本六卷　(清)黃叔琳撰　清宣統元年(1909)上海會文學社石印本　一冊　缺二卷(一至二)

330000－4730－0000258　經/易經/159－1經部/易類/傳說之屬

易經體註大全合纂四卷　(清)李兆賢撰　清末刻本　二冊　存三卷(二至四)

330000－4730－0000259　經/小學/153　子部/儒家類/儒學之屬/蒙學

小學集注六卷首一卷　(明)陳選集注　清刻本　二冊

330000－4730－0000260　經/五經總義/157

類叢部/類書類/專類之屬

五經類編二十八卷　(清)周世樟撰　清刻本一冊　存三卷(十一至十三)

330000－4730－0000261　經/五經總義/156類叢部/類書類/專類之屬

五經類編二十八卷　(清)周世樟撰　清刻本一冊　存三卷(九至十一)

330000－4730－0000262　經/小學/154　子部/儒家類/儒學之屬/蒙學

小學六卷　(宋)朱熹撰　(明)陳選集注(清)高愈纂注　清刻本　一冊　存二卷(五至六)

330000－4730－0000263　經/五經總義/155集部/總集類/課藝之屬

詁經精舍課藝七集十二卷　(清)俞樾編次清末刻本　一冊　存二卷(四至五)

330000－4730－0000268　經/四書/127　經部/四書類/論語之屬/傳說

講書詳解論語四卷　(清)劉忠輯　清刻本一冊　存一卷(三)

330000－4730－0000270　經/四書/89　子部/儒家類/儒學之屬/經濟

大學衍義四十三卷　(宋)真德秀撰　清刻本一冊　存五卷(三十四至三十八)

330000－4730－0000272　經/四書/120　經部/四書類/總義之屬/傳說

四書便蒙七卷　(宋)朱熹注　清末甌城黃魁元堂刻本　一冊　存一卷(論語二)

330000－4730－0000273　經/四書/78　經部/四書類/總義之屬/傳說

四書集註(四書章句集註、四書)十九卷(宋)朱熹撰　清光緒三十二年(1906)上海商務印書館鉛印本　一冊　存三卷(孟子一至三)

330000－4730－0000274　經/小學/119　子部/儒家類/儒學之屬/蒙學

小學集注六卷　(明)陳選集注　清石印本一冊　存一卷(五)

330000－4730－0000275　經/禮類/141－1 經部/禮記類/傳說之屬

禮記節本十卷　（清）汪基撰　清末石印本 一冊　存二卷（八至九）

330000－4730－0000276　經/四書/80、87 經部/四書類/總義之屬/傳說

四書集註（四書章句集註、四書）十九卷 （宋）朱熹撰　清文奎閣刻本　五冊　存十一 卷（中庸、論語一至十）

330000－4730－0000277　經/四書/70　經 部/四書類/總義之屬/傳說

新增四書備旨靈捷解八卷　（清）張素存撰 （清）鄒蒼崖補　清刻本　一冊　存一卷（三）

330000－4730－0000278　經/144、145、146、 147、148、149　經部/叢編

重刊宋本十三經注疏四百十六卷　附十三經 注疏校勘記四百十六卷　（清）阮元撰　（清） 盧宣旬摘錄　**校勘記識語四卷**　（清）汪文臺 撰　清光緒十三年（1887）上海點石齋石印本 十冊　存六種

330000－4730－0000279　經/四書/150　經 部/群經總義類/傳說之屬

皇朝五經彙解二百七十卷　（清）朱鏡清輯 清石印本　一冊　存十一卷（八十二至九十 二）

330000－4730－0000280　集/總集/76、141 集部/總集類/選集之屬/通代

文選六十卷　（南朝梁）蕭統輯　（唐）李善注 　**文選考異十卷**　（清）胡克家撰　清上海鴻 文書局石印本　四冊　缺二十四卷（十二至 三十五）

330000－4730－0000281　集/總集/40、76－1、 141－1　集部/總集類/選集之屬/通代

文選五卷首一卷　（南朝梁）蕭統輯　（唐）李 善注　**文選考異一卷**　（清）胡克家撰　清光 緒十四年（1888）同文書局石印本　六冊

330000－4730－0000285　集/別集/158　集 部/別集類/唐五代別集

河東先生文集六卷　（唐）柳宗元撰　清宣統 二年（1910）上海會文堂書局石印本　三冊 存三卷（三、五至六）

330000－4730－0000288　經/162、集/129 集部/別集類/清別集

集虛齋全稿合刻六卷　（清）方楘如撰　（清） 朱桓　（清）何忠相編次　清光緒二十年 （1894）浙江書局刻本　二冊

330000－4730－0000289　集/總集/99　集 部/總集類/選集之屬/通代

文選六十卷　（南朝梁）蕭統輯　（唐）李善注 　清金陵書局刻本　五冊　缺二十九卷（一 至六、十三至二十九、五十五至六十）

330000－4730－0000290　集/總集/102　集 部/總集類/選集之屬/通代

重訂文選集評十五卷首一卷末一卷　（清）于 光華輯　清末刻本　三冊　存三卷（六至七、 十四）

330000－4730－0000291　集/總集/107　集 部/總集類/選集之屬/斷代

唐詩三百首注疏六卷　（清）孫洙編　（清）章 燮注　清刻本　一冊　存一卷（四）

330000－4730－0000292　集/別集/100　集 部/別集類/明別集

太師誠意伯劉文成公集二十卷首一卷　（明） 劉基撰　清光緒二十六年（1900）浙江書局刻 民國五年（1916）印本　五冊　缺九卷（首，一 至二、五至八、十九至二十）

330000－4730－0000293　集/別集/100－1 集部/別集類/明別集

太師誠意伯劉文成公集二十卷首一卷　（明） 劉基撰　清刻本　一冊　存一卷（十三）

330000－4730－0000294　集/總集/72、101 集部/總集類/選集之屬/通代

唐宋八家文讀本三十卷　（清）沈德潛輯　清 乾隆十五年（1750）小醽林刻本　八冊　缺六 卷（二十五至三十）

330000－4730－0000295　集/總集/122　集

部/總集類/選集之屬/通代

重訂古文釋義新編八卷 （清）余誠輯　清末埽葉山房石印本　一冊　存一卷（四）

330000 – 4730 – 0000296　集/總集/120、166　集部/總集類/選集之屬/通代

古文析義六卷二編八卷 （清）林雲銘輯並注　清刻本　四冊　缺十卷（二至六、二編四至八）

330000 – 4730 – 0000297　集/總集/130　集部/總集類/選集之屬/通代

古文辭類纂七十五卷 （清）姚鼐輯　**古文辭類纂校勘記一卷** （清）李承淵撰　清光緒二十七年（1901）滁州李氏求要堂刻本　二冊　存十一卷（一至三、三十二至三十九）

330000 – 4730 – 0000298　集/別集/134　集部/別集類

飲冰室壬寅文集十八卷 梁啓超撰　清光緒三十一年（1905）上海維新學社石印本　十四冊

330000 – 4730 – 0000299　集/別集/133　集部/別集類

飲冰室文集不分卷 梁啓超撰　清宣統元年（1909）上海普新端記書局石印本　十五冊　缺一冊

330000 – 4730 – 0000300　集/別集/132　集部/別集類

飲冰室文集二十卷 梁啓超撰　清日本東京新智學社石印本　十九冊　缺一卷（壬寅七）

330000 – 4730 – 0000301　集/別集/137　集部/總集類/選集之屬/通代

古文辭類纂七十四卷 （清）姚鼐輯　**續古文辭類纂三十四卷** 王先謙輯　清光緒三十三年（1907）上海商務印書館鉛印本　六冊　存五十七卷（十一至六十七）

330000 – 4730 – 0000302　集/總集/136　集部/總集類/選集之屬/通代

古文辭類纂十三卷 （清）姚鼐輯　**續古文辭類纂十卷** 王先謙輯　清末石印本　二冊

存六卷（古文辭類纂三至八）

330000 – 4730 – 0000306　集/總集/42　集部/總集類/選集之屬/通代

御選唐宋文醇五十八卷目録一卷 （清）高宗弘曆輯　清刻本　五冊　存十五卷（三十一至四十五）

330000 – 4730 – 0000307　集/別集/19　集部/別集類/明別集

汲古堂集二十八卷 （明）何白撰　清刻本　一冊　存三卷（二十四至二十六）

330000 – 4730 – 0000309　集/別集/35、213　集部/別集類/清別集

太鶴山人集十三卷 （清）端木國瑚撰　清道光二十年（1840）瑞安洪坤刻本　二冊　存七卷（一至七）

330000 – 4730 – 0000310　集/總集/163　集部/總集類/選集之屬/通代

大文堂古文觀止六卷 （清）吳乘權　（清）吳大職輯　清大文堂刻本　六冊

330000 – 4730 – 0000311　集/總集/165　集部/總集類/選集之屬/通代

友益齋古文觀止十二卷 （清）吳乘權　（清）吳大職輯　清乾隆五十年（1785）友益齋刻本　一冊　存二卷（三至四）

330000 – 4730 – 0000313　集/別集/209　集部/總集類/選集之屬/斷代

七家詩選（硃批七家詩選箋注） （清）張熙宇輯評　清末大文堂刻朱墨套印本　一冊　存二種

330000 – 4730 – 0000314　集/別集/208　集部/總集類/選集之屬/斷代

七家詩選（硃批七家詩選箋注） （清）張熙宇輯評　清刻朱墨套印本　二冊　存三種

330000 – 4730 – 0000315　集/別集/202　集部/總集類/課藝之屬

近科館閣詩鈔□□卷 （清）蔣立鏞撰　清刻本　一冊　存三卷（十九至二十一）

330000－4730－0000320　集/別集/204　集部/總集類/選集之屬/斷代

韻蘭賦鈔二卷　（清）屈塵菴評選　清刻本　一冊

330000－4730－0000321　集/別集/210、211　類叢部/叢書類/自著之屬

隨園三十六種　（清）袁枚撰　清光緒十九年(1893)倉山舊主石印本　二冊　存七種

330000－4730－0000324　集/總集/106　集部/別集類/清別集

墨花吟館詩鈔十六卷　（清）嚴辰撰　清刻本　一冊　存四卷(十三至十六)

330000－4730－0000325　集/總集/87　史部/傳記類/科舉錄之屬

光緒元年舉行乙亥恩科浙江闈墨不分卷　(清)逢奎鑒定　清聚奎堂刻本　一冊

330000－4730－0000326　集/總集/87－1　史部/傳記類/科舉錄之屬

光緒二十八年補行庚子辛丑恩正併科浙江闈墨不分卷　（清）朱李鑒定　清光緒聚奎堂刻本　一冊

330000－4730－0000328　集/別集/68、69、70　集部/別集類/唐五代別集

杜詩詳注二十五卷首一卷附編二卷　（唐）杜甫撰　（清）仇兆鰲輯注　清刻本　二十三冊　缺五卷(首、一、十五、二十四至二十五)

330000－4730－0000329　集/總集/67　集部/總集類/選集之屬/通代

古唐詩合解古詩四卷唐詩十二卷　（清）王堯衢注　清刻本　一冊　存四卷(古詩一至四)

330000－4730－0000330　集/總集/65　集部/總集類/選集之屬/通代

古唐詩合解古詩四卷唐詩十二卷　（清）王堯衢注　清刻本　四冊　存八卷(唐詩三至十)

330000－4730－0000331　集/別集/184　集部/詩文評類/詩評之屬

隨園詩話十六卷補遺十卷　（清）袁枚撰　清刻本　一冊　存三卷(補遺八至十)

330000－4730－0000332　集/別集/124　集部/總集類/選集之屬/通代

詠物詩選八卷　（清）俞琰輯　清刻本　一冊　存二卷(二至三)

330000－4730－0000333　集/別集/53　集部/別集類/清別集

集虛齋學古文十卷附離騷經解署一卷　（清）方㮣如撰　清乾隆十九年(1754)佩古堂刻本　三冊

330000－4730－0000334　集/楚辭/96　集部/楚辭類

楚辭燈四卷　（清）林雲銘撰　清康熙刻本　一冊　存二卷(一至二)

330000－4730－0000335　集/總集/95　新學/雜著/叢編

新學大叢書一百二十卷　清光緒二十九年(1903)上海積山喬記書局石印本　二十六冊　缺二十六卷(十六至十八、五十二至五十四、八十一至八十八、九十七至一百八)

330000－4730－0000336　集/總集/59、60、186　集部/總集類/選集之屬/斷代

全唐詩九百卷目錄十二卷　（清）曹寅等輯　清乾隆至道光刻本　一百十七冊　缺十九卷(第五函第八冊一卷、第七函第四冊五卷、第十二函第八冊十三卷)

330000－4730－0000337　集/總集/77　集部/總集類/彙編之屬

六朝四家全集　（清）胡鳳丹輯　清同治九年(1870)永康胡氏退補齋刻本　四冊　存四種

330000－4730－0000338　經/小學/135　經部/小學類/音韻之屬/注音

詩韻音義註二十卷　（清）朱奎撰　清刻本　一冊　存二卷(十三至十四)

330000－4730－0000339　經/小學/137　經部/小學類/音韻之屬/注音

詩韻音義註二十卷　（清）朱奎撰　清刻本　一冊　存二卷(十五至十六)

330000－4730－0000342　經/四書/83　經

部/四書類/總義之屬/傳說

四書集註（四書章句集註、四書）十九卷
（宋）朱熹撰　清文奎堂刻本　一冊　存五卷
（論語一至五）

330000－4730－0000343　經/小學/134　經
部/小學類/音韻之屬/韻書

詩韻五卷　（清）余照輯　（清）朱德蕃增訂
虛字韻藪一卷　（清）潘維城輯　清末石印本
　　一冊　存一卷（二）

330000－4730－0000344　經/四書/82　經
部/四書類/總義之屬/傳說

四書集註（四書章句集註、四書）十九卷
（宋）朱熹撰　清刻本　一冊　存五卷（論語
六至十）

330000－4730－0000345　經/四書/75　經
部/四書類/總義之屬/傳說

四書集註（四書章句集註、四書）十九卷
（宋）朱熹撰　清刻本　一冊　存一卷（孟子
四）

330000－4730－0000346　經/四書/74　經
部/四書類/總義之屬/傳說

四書集註（四書章句集註、四書）十九卷
（宋）朱熹撰　清刻本　一冊　存二卷（孟子
六至七）

330000－4730－0000347　經/四書/72　經
部/四書類/總義之屬/傳說

四書集註（四書章句集註、四書）十九卷
（宋）朱熹撰　清簡香齋刻本　一冊　存一卷
（孟子一）

330000－4730－0000348　經/四書/72－1
經部/四書類/總義之屬/傳說

四書集註（四書章句集註、四書）十九卷
（宋）朱熹撰　清刻本　一冊　存二卷（孟子
六至七）

330000－4730－0000350　經/書類/128　經
部/書類/正文之屬

立達堂書經六卷　清刻本　一冊　存一卷
（四）

330000－4730－0000351　經/四書/66－1
經部/四書類/總義之屬/傳說

四書體註合講十九卷　（清）翁復編　清刻本
　　一冊　存五卷（論語六至十）

330000－4730－0000352　經/四書/88　經
部/四書類/總義之屬/傳說

宋十一家四書義□□卷　清光緒二十四年
（1898）刻本　一冊　存一卷（初集）

330000－4730－0000353　史/地理/122　史
部/地理類/山川之屬/水志

湖山便覽十二卷　（清）翟灝等撰　清刻本
三冊　缺四卷（一至四）

330000－4730－0000354　史/詔令奏議/139
史部/詔令奏議類/奏議之屬

問夜草七卷　（明）項應祥撰　清光緒十年
（1884）項氏永思堂刻民國十一年（1922）項堂
補刻本　四冊

330000－4730－0000355　史/詔令奏議/139－1
史部/詔令奏議類/奏議之屬

問夜草七卷　（明）項應祥撰　清光緒十年
（1884）項氏永思堂刻民國十一年（1922）項堂
補刻本　四冊

330000－4730－0000356　史/詔令奏議/139－2
史部/詔令奏議類/奏議之屬

問夜草七卷　（明）項應祥撰　清光緒十年
（1884）項氏永思堂刻民國十一年（1922）項堂
補刻本　二冊　存三卷（四至六）

330000－4730－0000358　史/4、8、11、13、15、
17、19、20、23、24、26、29、31、33、35、37、39、41、
43、45、174　史部/紀傳類/正史之屬

二十四史附考證　清光緒二十八年（1902）史
學會社石印本　一百四十二冊　存二十種

330000－4730－0000360　史/正史/9　史部/
紀傳類/正史之屬

欽定三國志六十五卷　（晉）陳壽撰　（南朝
宋）裴松之注　清光緒十四年（1888）上海蜚
英館石印本　二冊　缺二十八卷（魏志一至
十三、蜀志一至十五）

330000 - 4730 - 0000361　史/編年/46、160
史部/編年類/通代之屬

御批歷代通鑑輯覽一百二十卷　（清）傅恒等
撰　清光緒二十八年（1902）上海寶善書局石
印本　十一冊　缺五十六卷（十六至三十三、
五十二至五十六、八十四至一百三、一百八至
一百二十）

330000 - 4730 - 0000362　史/編年/50、160
史部/編年類/通代之屬

御批歷代通鑑輯覽一百二十卷　（清）傅恒等
撰　清光緒二十五年（1899）美華賓記石印本
六冊　缺九十二卷（七至四十、四十七至七
十二、八十四至九十五、一百一至一百二十）

330000 - 4730 - 0000363　史/編年/47、48
史部/編年類/通代之屬

御批歷代通鑑輯覽一百二十卷　（清）傅恒等
撰　清光緒二十七年（1901）上海經香閣石印
本　七冊　缺六十二卷（二十一至二十七、三
十六至四十二、五十一至五十六、六十四至一
百五）

330000 - 4730 - 0000364　史/編年/47 - 1、48 - 1、
160　史部/編年類/通代之屬

御批歷代通鑑輯覽一百二十卷　（清）傅恒等
撰　清光緒二十八年（1902）天章書局石印本
十六冊　缺二十四卷（二十八至四十、六十
三至七十三）

330000 - 4730 - 0000365　史/編年/49、161
史部/編年類/通代之屬

御批歷代通鑑輯覽一百二十卷　（清）傅恒等
撰　清末石印本　七冊　缺八十卷（一至五、
十三至十七、三十四至四十三、四十九至六十
六、七十二至一百十三）

330000 - 4730 - 0000366　史/編年/49　史
部/編年類/通代之屬

御批歷代通鑑輯覽一百二十卷　（清）傅恒等
撰　清末石印本　一冊　存五卷（二十四至
二十八）

330000 - 4730 - 0000367　史/編年/161　史
部/編年類/通代之屬

御批歷代通鑑輯覽一百二十卷　（清）傅恒等
撰　清末石印本　一冊　存五卷（四十六至
五十）

330000 - 4730 - 0000368　史/27　史部/紀傳
類/正史之屬

二十四史　清同治至光緒五省官書局據汲古
閣本等合刻光緒五年（1879）湖北書局彙印本
二十四冊　存一種

330000 - 4730 - 0000371　史/編年/52　史
部/編年類/通代之屬

御批資治通鑑綱目全書一百二十九卷　（清）
宋犖校刊　清光緒二十八年（1902）上海掃葉
山房石印本　七冊　存三十一卷（正編首,一
至十三、三十四至五十）

330000 - 4730 - 0000372　史/編年/53　史
部/編年類/通代之屬

綱鑑會纂三十九卷首一卷　（明）王世貞編
清刻本　十二冊　存十二卷（三、六、八至九、
十一至十五、二十二、二十四、二十六）

330000 - 4730 - 0000373　史/編年/55　史
部/編年類/通代之屬

御批資治通鑑綱目全書一百二十九卷　清末
石印本　五冊　存三十八卷（正編首,一至
三、五十三至五十九;續編一至二十七）

330000 - 4730 - 0000374　史/編年/56　史
部/編年類/通代之屬

綱鑑易知錄九十二卷明鑑易知錄十五卷
(清)吳乘權　(清)周之炯　(清)周之燦輯
清浙省務本堂刻本　七冊　缺九十卷（一
至八、十一至二十四、二十七至四十五、四十
八至五十五、五十九至九十二,明鑑易知錄三
至九）

330000 - 4730 - 0000378　史/紀事本末/59、
60、61、62、63、64、66、183　史部/紀事本末類

歷朝紀事本末九種　（清）陳如升　（清）朱記
榮輯　（清）捷記主人增輯　清光緒二十九年
（1903）上海文盛書局石印本　二十六冊　存
八種

330000－4730－0000379　史/1、3、5、7、10、12、14、16、18、19、21、28、30、32、34、36、38、40、42、192、193、196、195、197、198　史部/紀傳類/正史之屬

二十四史　清光緒三十四年(1908)上海集成圖書公司鉛印本　一百十三冊　存二十一種

330000－4730－0000380　史/編年/65　史部/編年類/通代之屬

御批歷代通鑑輯覽一百二十卷　（清）傅恒等撰　清同治十三年(1874)湖南書局刻本　五十四冊　缺十九卷(十三至十四、二十七至三十一、六十、七十二至七十三、八十四至八十五、九十四至九十五、一百十四至一百十五、一百十八至一百二十)

330000－4730－0000382　史/史鈔/67　史部/紀事本末類/通代之屬

繹史一百六十卷世系圖一卷年表一卷　（清）馬驌撰　清光緒三十年(1904)浙江書局刻本　三十冊　缺四十五卷(八十七至一百三十一)

330000－4730－0000383　史/金石/70、71、72、73、74、75、76、77、78、79、80、81、82、86、87、88、89　史部/金石類

行素草堂金石叢書(孫溪朱氏金石叢書)十九種　（清）朱記榮輯　清光緒吳縣朱氏刻十四年(1888)彙印本　四十冊　存十八種

330000－4730－0000384　史/金石/84　史部/金石類

金石三例三種　（清）盧見曾輯　（清）王芑孫評　清光緒四年(1878)南海馮氏讀有用書齋刻朱墨套印本　二冊　存一種

330000－4730－0000385　史/地理/90　史部/編年類/通代之屬

資治通鑑地理今釋十六卷　（清）吳熙載撰　清光緒八年(1882)江蘇書局刻本　三冊

330000－4730－0000386　史/91、92、100、101、170、171、172、173　史部/政書類

九通　（清）□□輯　清光緒二十八年(1902)上海鴻寶書局石印本　一百六冊　存五種

330000－4730－0000387　史/詔令奏議/95、164　集部/總集類/選集之屬/斷代

皇朝經世文編一百二十卷姓名總目二卷　（清）賀長齡輯　清末石印本　十冊　缺十九卷(一至十九)

330000－4730－0000389　史/96、163　集部/總集類/選集之屬/斷代

皇朝經世文續編一百二十卷　（清）葛士濬輯　清光緒二十四年(1898)上海宏文閣鉛印本　二十二冊　缺九卷(六十二至六十七、一百三至一百五)

330000－4730－0000390　史/詔令奏議/99　史部/政書類/通制之屬

資治新書十四卷首一卷二集二十卷　（清）李漁輯　清寶文堂刻本　十二冊　缺十三卷(二集四至五、七至十、十三至十六、十八至二十)

330000－4730－0000391　史/98、137　史部/詔令奏議類/奏議之屬

同治中興京外奏議約編八卷　（清）陳弢輯　清光緒元年(1875)篋劍囊琴之室刻本　八冊

330000－4730－0000392　史/載記/99　史部/雜史類/通代之屬

十國春秋一百十四卷　（清）吳任臣撰　**附拾遺一卷備考一卷拾遺備考補**　（清）周昂輯　清刻本　十二冊　缺六十卷(一至六十)

330000－4730－0000393　史/傳記/102　史部/傳記類/總傳之屬/斷代

國朝先正事略六十卷　（清）李元度撰　清同治五年至八年(1866－1869)循陔草堂刻本　二十四冊

330000－4730－0000394　史/傳記/106、203　史部/傳記類/總傳之屬/仕宦

歷代名臣言行錄二十四卷　（清）朱桓編輯　（清）潘永季校定　（清）許時庚重校　清光緒二十八年(1902)雙桂軒石印本　八冊

330000－4730－0000396　史/傳記/103、202　史部/傳記類/總傳之屬/仕宦

歷代名臣言行錄二十四卷　（清）朱桓輯　清光緒二十九年（1903）上海吳雲記鉛印本十冊

330000－4730－0000397　史/傳記/106－1、203－1　史部/傳記類/總傳之屬/仕宦

歷代名臣言行錄二十四卷　（清）朱桓編輯（清）潘永季校定　清光緒二十八年（1902）上海寶善書局石印本　五冊　缺八卷（十二至十六、二十二至二十四）

330000－4730－0000398　史/104　史部/傳記類/總傳之屬/仕宦

歷代名臣言行錄二十四卷　（清）朱桓輯　清光緒三十年（1904）上海同文升記書局鉛印本十一冊　缺二卷（二十三至二十四）

330000－4730－0000399　史/203　史部/傳記類/總傳之屬/仕宦

歷代名臣言行錄二十四卷　（清）朱桓輯　清末石印本　二冊　存二卷（九、二十二）

330000－4730－0000401　史/史評/108　史部/史評類/史論之屬

重刊讀史論畧一卷　（清）杜詔撰　清同治五年（1866）永康胡氏退補齋刻本　一冊

330000－4730－0000402　史/傳記/107、145　史部/傳記類/總傳之屬/郡邑

浙江忠義錄十卷表八卷又一卷續編二卷續表九卷　（清）浙江采訪忠義總局編　清同治六年（1867）浙江采訪忠義總局刻光緒元年（1875）續刻本　二十九冊　缺五卷（九至十、表三至四、又）

330000－4730－0000404　類叢部/叢書類/自著之屬

振綺堂遺書五種　（清）汪遠孫撰　清道光刻民國十一年（1922）錢唐汪氏彙印本　五冊存一種

330000－4730－0000405　史/114　史部/地理類/山川之屬/水志

水經注圖一卷附錄一卷　（清）汪士鐸撰　清咸豐十一年（1861）刻同治元年（1862）補刻本

一冊

330000－4730－0000406　史/110、135　史部/雜史類/斷代之屬

戰國策十卷　（宋）鮑彪校注　（元）吳師道補正　清刻本　四冊

330000－4730－0000407　史/135－1　史部/雜史類/斷代之屬

戰國策三十三卷　（漢）高誘注　札記三卷（清）黃丕烈撰　清刻本　一冊　存一卷（七）

330000－4730－0000408　史/傳記/116　史部/傳記類/別傳之屬/事狀

忠義集八卷　（清）周之冕輯　（清）周金章重修　清光緒三年（1877）荊溪半日靜坐之樓刻本　二冊　缺四卷（五至八）

330000－4730－0000409　史/115、141　經部/儀禮類/傳說之屬

欽定儀禮義疏四十八卷首二卷　（清）朱軾等撰　清刻本　二十七冊　缺一卷（四十七）

330000－4730－0000410　史/169　史部/紀傳類/正史之屬

四史　清光緒二十四年（1898）上海點石齋石印本　三冊　存一種

330000－4730－0000412　史/117　史部/地理類/總志之屬/斷代

天下一統志九十卷　（明）萬安等纂修　明萬壽堂刻清初印本　二十九冊　缺六卷（三至四、五十至五十三）

330000－4730－0000413　史/政書/108　史部/政書類/邦計之屬/荒政

得一錄十六卷　（清）余治輯　清同治八年（1869）姑蘇得見齋刻本　八冊

330000－4730－0000417　史/167　史部/雜史類/斷代之屬

最近支那史二卷　（日本）河野通之　（日本）石村貞一輯　清光緒上海振東室學社影印本四冊

330000－4730－0000418　史/別史/199　史

部/政書類/儀制之屬/典禮

南巡盛典一百二十卷 （清）高晉等纂修　清光緒八年(1882)上海點石齋影印本　三冊　存四十一卷(三十四至六十五、八十五至九十三)

330000－4730－0000419　史/編年/131、150　子部/儒家類/儒學之屬/蒙學

正蒙必讀初二三編十二卷 （清）陳蔚文編　清光緒二十七年至二十八年(1901－1902)杞廬刻本　三冊　缺四卷(史鑑節要三至四、地球韻言三至四)

330000－4730－0000421　史/200　史部/政書類/律令之屬/律例

欽定六部處分則例五十二卷 （清）文孚等修　（清）清平等纂　清光緒二十一年(1895)紫英山房鉛印本　八冊

330000－4730－0000425　史/177　類叢部/叢書類/彙編之屬

高安朱文端公校輯藏書(朱文端公藏書)十三種 （清）朱軾撰輯　清石印本　一冊　存一種

330000－4730－0000426　史/136　史部/雜史類/斷代之屬

國語二十一卷 （三國吳）韋昭注　（宋）宋庠補音　清刻本　四冊

330000－4730－0000428　史/182　史部/史抄類

史鑑節要便讀六卷 （清）鮑東里撰　清光緒二十四年(1898)上海書局石印本　一冊　存三卷(一至三)

330000－4730－0000429　史/152　新學/史志/諸國史

西洋史要四卷 （日本）小川銀次郎撰　（清）薩端等譯　清光緒二十九年(1903)上海金粟齋鉛印本　二冊

330000－4730－0000430　史/地理/151　史部/地理類/雜志之屬

帝京景物畧八卷 （明）劉侗　（明）于奕正撰

清刻本　一冊　存一卷(四)

330000－4730－0000431　史/地理/153　新學/史志/別國史

節本泰西新史攬要八卷 （英國）李提摩太譯　周慶雲節錄　清光緒二十七年(1901)周慶雲夢坡室刻本　二冊

330000－4730－0000435　史/正史/175　類叢部/叢書類/彙編之屬

古香齋袖珍十種 清同治至光緒南海孔氏刻本　一冊　存一種

330000－4730－0000436　史/181　史部/雜史類/斷代之屬

戰國策十卷 （宋）鮑彪校注　（元）吳師道補正　清刻本　一冊　存二卷(二至三)

330000－4730－0000437　史/141　經部/禮記類/傳說之屬

欽定禮記義疏八十二卷首一卷 （清）聖祖玄燁撰　清刻本　二冊　存五卷(二至六)

330000－4730－0000438　史/154　史部/雜史類/通代之屬

支那通史七卷 （日本）那珂通世編　清石印本　四冊　存三卷(二至四)

330000－4730－0000440　史/157　類叢部/類書類/通類之屬

記事珠十卷 （清）張以謙輯　清刻本　一冊　存一卷(三)

330000－4730－0000445　史/政書/156　史部/政書類/公牘檔冊之屬

浙江諮議局議決案不分卷 （清）浙江諮議局編　清宣統鉛印本　一冊

330000－4730－0000446　史/148、217　史部/地理類/方志之屬/郡縣志

[嘉慶]松江府志八十四卷首二卷圖一卷 （清）宋如林修　（清）孫星衍　（清）莫晉纂　清刻本　四冊　存七卷(四十六至五十二)

330000－4730－0000447　史/133　集部/小說類/長篇之屬

東周列國志二十三卷　（清）蔡元放評點　清刻本　二冊　存二卷（十一、十三）

330000－4730－0000448　史/編年/132　史部/編年類/通代之屬

御批歷代通鑑輯覽一百二十卷　（清）傅恒等撰　清刻本　一冊　存三卷（一百十八至一百二十）

330000－4730－0000450　子/儒家/3、6　子部/儒家類/儒學之屬/性理

近思錄集注十四卷考訂朱子世家一卷　（清）江永撰　**校勘記一卷**　（清）王炳撰　清同治八年（1869）江蘇書局刻本　四冊

330000－4730－0000451　子/7　子部/儒家類/儒學之屬/性理

增補五子近思錄詳解十四卷　（明）汪佑撰　清同文堂刻本　六冊

330000－4730－0000452　子/儒家/159　子部/儒家類/儒學之屬/性理

朱子原訂近思錄十四卷　（清）江永撰　清光緒二十五年（1899）浙江官書局刻本　四冊　存三卷（一至三）

330000－4730－0000455　子/5、158　史部/傳記類/總傳之屬/儒林

理學宗傳二十六卷　（清）孫奇逢撰　（清）魏一鼇等編　清光緒六年（1880）浙江書局刻本　十二冊

330000－4730－0000456　子/15　子部/天文曆算類/天文之屬

高厚蒙求九種　（清）徐朝俊撰　清同治五年（1866）雲間徐氏刻本　五冊　存八種

330000－4730－0000457　子/雜家/20、132、133、134、135　類叢部/叢書類/彙編之屬

湖海樓叢書十二種　（清）陳春編　清嘉慶蕭山陳氏刻二十四年（1819）彙印本　十六冊　存五種

330000－4730－0000458　子/儒家/13、14、131、157　子部/叢編

二十二子（二十二子彙函）　（清）浙江書局編

清光緒元年至三年（1875－1877）浙江書局刻本　十四冊　存四種

330000－4730－0000460　子/儒家/11、125、126、218、220、221　子部/叢編

二十五子彙函（子書二十五種）　（清）鴻文書局編　清光緒十九年（1893）上海鴻文書局石印本　六冊　存七種

330000－4730－0000461　子/9、10、219、222、224、229　子部/叢編

二十五子彙函（子書二十五種）　（清）鴻文書局編　清光緒十九年（1893）上海鴻文書局石印本　六冊　存八種

330000－4730－0000462　子/儒家/227　子部/叢編

子書二十八種　（清）育文書局編　清宣統三年（1911）育文書局石印本　一冊　存一種

330000－4730－0000464　子/19　經部/小學類/文字之屬/字書/字典

續復古編四卷　（元）曹本撰　清光緒十二年（1886）歸安姚氏咫進齋刻本　八冊

330000－4730－0000466　子/17　史部/傳記類/總傳之屬/通代

尚友錄二十二卷補遺一卷　（明）廖用賢輯　（清）張伯琮補輯　清浙蘭林天祿齋刻本　二十二冊

330000－4730－0000467　子/138　子部/農家農學類/蠶桑之屬

桑志十卷首一卷　（清）李聿求纂　清虎溪山房刻本　一冊

330000－4730－0000468　子/139　子部/農家農學類/蠶桑之屬

蠶桑萃編十五卷首一卷　（清）衛杰撰　清光緒二十六年（1900）浙江書局刻本　七冊　缺一卷（二）

330000－4730－0000469　子/18　子部/儒家類/儒學之屬/禮教/鑑戒

悔言辨正六卷首一卷附記一卷　夏震武識　清光緒十六年（1890）刻本　一冊

330000－4730－0000473　子/247　子部/醫家類/本草之屬/歷代綜合本草

本草綱目五十二卷附圖三卷瀕湖脈學一卷脈訣攷證一卷奇經八脈攷一卷　（明）李時珍撰　**本草萬方鍼線八卷**　（清）蔡烈先輯　**本草綱目拾遺十卷**　（清）趙學敏輯　清宣統元年（1909）上海經香閣石印本　一冊　存十卷（拾遺一至十）

330000－4730－0000474　子/小說/145　子部/小說家類/異聞之屬

酉陽雜俎二十卷續集十卷　（唐）段成式撰　清道光二十九年（1849）小嬛嬛山館刻本　五冊

330000－4730－0000475　子/雜家/147　子部/雜著類/雜考之屬

陔餘叢考四十三卷　（清）趙翼撰　清刻本　十冊　缺九卷（一至九）

330000－4730－0000477　子/雜家/156　子部/雜著類/雜考之屬

十駕齋養新錄二十卷餘錄三卷　（清）錢大昕撰　**錢辛楣先生年譜一卷**　（清）錢大昕編　（清）錢慶曾校註　**竹汀居士年譜續編一卷**　（清）錢慶曾撰　清光緒二年（1876）浙江書局刻本　六冊　缺六卷（十二至十七）

330000－4730－0000480　子/130　類叢部/叢書類/彙編之屬

武英殿聚珍版書一百三十八種　清乾隆武英殿木活字印本　一冊　存一種

330000－4730－0000482　子/雜家/141、211　子部/雜著類/雜考之屬

日知錄三十二卷　（清）顧炎武撰　清刻本　九冊　缺十八卷（一至六、八至九、十二、十四、十七、二十至二十四、三十一至三十二）

330000－4730－0000483　子/雜家/142、143、212　子部/雜著類/雜考之屬

日知錄集釋三十二卷刊誤二卷續刊誤二卷　（清）黃汝成撰　清光緒三年（1877）刻本　十冊　缺十卷（五至六、九至十二、二十三至二十四、二十七至二十八）

330000－4730－0000484　集/別集/13、112　類叢部/叢書類/郡邑之屬

金華叢書（退補齋金華叢書）七十種　（清）胡鳳丹編　清同治七年至光緒八年（1868－1882）永康胡氏退補齋刻民國補刻本　二冊　存一種

330000－4730－0000486　子/醫家/22　子部/醫家類/婦科之屬/通論

濟陰綱目十四卷　（明）武之望撰　（清）汪淇箋釋　**保生碎事一卷**　（清）汪淇輯　清光緒三十三年（1907）上海文瑞樓石印本　二冊　存四卷（一、十至十二）

330000－4730－0000488　子/醫家/24、238　子部/醫家類/類編之屬

徐洄谿先生十三種　（清）徐大椿撰　清光緒二十二年（1896）珍藝書局石印本　八冊　存十二種

330000－4730－0000491　子/醫家/27　子部/醫家類/本草之屬/歷代綜合本草

珍珠囊指掌補遺藥性賦四卷　（金）李杲輯　**雷公炮製藥性解六卷**　（明）李中梓輯　清光緒三十三年（1907）錦文堂石印本　一冊　存四卷（珍珠囊指掌補遺藥性賦一至四）

330000－4730－0000493　子/27－2　子部/醫家類/本草之屬/歷代綜合本草

珍珠囊指掌補遺藥性賦四卷　（金）李杲輯　**雷公炮製藥性解六卷**　（明）李中梓輯　清宣統三年（1911）上海會文堂書局石印本　一冊　缺六卷（雷公炮製藥性解一至六）

330000－4730－0000495　子/醫家/29、119　子部/醫家類/綜合之屬/通論

醫門法律六卷尚論篇四卷首一卷尚論後篇四卷寓意草一卷　（清）喻昌撰　清光緒二十六年（1900）上海掃葉山房石印本　四冊　存十三卷（一至二，五至六，尚論篇一至四，首，尚論後篇一至四）

330000－4730－0000496　子/醫家/29、38、74

子部/醫家類/綜合之屬/通論

醫門法律六卷尚論篇四卷首一卷尚論後篇四卷寓意草一卷 （清）喻昌撰　清上海簡青齋書局石印喻氏醫書三種本　三冊　存六卷（六、尚論後篇一至四、寓意草）

330000－4730－0000501　子/醫家/30－2
子部/醫家類/綜合之屬/通論

御纂醫宗金鑑內科七十四卷外科十六卷首一卷 （清）吳謙等撰　清宣統元年（1909）簡青齋書局石印本　四冊　缺五十一卷（內科一至三、二十四至三十四、四十五至五十四、六十四至七十四，外科一至十六）

330000－4730－0000506　子/醫家/33－2
子部/醫家類/綜合之屬/通論

醫學心悟六卷 （清）程國彭撰　清光緒二十年（1894）上海圖書集成印書局石印本　一冊　存二卷（一至二）

330000－4730－0000509　子/醫家/33－6
子部/醫家類/綜合之屬/通論

醫學心悟六卷 （清）程國彭撰　清務本堂刻本　四冊

330000－4730－0000510　子/醫家/33－7
子部/醫家類/綜合之屬/通論

醫學心悟六卷 （清）程國彭撰　清刻本　一冊　存一卷（二）

330000－4730－0000511　子/醫家/33－8
子部/醫家類/綜合之屬/通論

醫學心悟六卷 （清）程國彭撰　清務本堂刻本　一冊　存一卷（二）

330000－4730－0000513　子/醫家/30、240
子部/醫家類/綜合之屬/通論

御纂醫宗金鑑內科七十四卷外科十六卷首一卷 （清）吳謙等撰　清宣統元年（1909）簡青齋書局石印本　二冊　存九卷（內科三十至三十四、外科七至十）

330000－4730－0000515　子/醫家/35－1
子部/醫家類/綜合之屬/通論

辨證奇聞十卷 （清）陳士鐸撰　（清）錢松刪

定　清宣統元年（1909）上海廣益書局石印本　一冊

330000－4730－0000520　子/醫家/56　子部/醫家類/本草之屬/歷代綜合本草

增訂童氏本草備要八卷 （清）汪昂撰　（清）李保常增輯　清石印本　二冊

330000－4730－0000521　子/43、56－1　子部/醫家類/類編之屬

增評醫方集解二十三卷增補本草備要八卷重校舊本湯頭歌訣一卷 （清）汪昂編　清光緒三十三年（1907）上海同文書局石印本　二冊　存三卷（一至二、本草備要一）

330000－4730－0000524　子/57　子部/醫家類/本草之屬/歷代綜合本草

增訂本草備要九卷湯頭歌訣一卷經絡歌訣一卷 （清）汪昂著輯　（清）汪端　（清）汪桓訂　（清）汪惟寵　（清）鄭會慶同訂　（清）仇瀿天同校　清大文堂刻本　四冊　存四卷（一至四）

330000－4730－0000528　子/醫家/73　子部/醫家類/綜合之屬/通論

重校醫宗必讀十卷 （明）李中梓撰　清光緒三十年（1904）千頃堂石印本　四冊　缺二卷（五至六）

330000－4730－0000532　子/62、95、242　子部/醫家類/類編之屬

陳修園醫書二十一種 （清）陳念祖等撰　清光緒二十二年（1896）珍藝書局鉛印本　六冊　存七種

330000－4730－0000538　子/醫家/83－1
子部/醫家類/方書之屬/單方驗方

校正增廣驗方新編十六卷首一卷 （清）鮑相璈輯　清宣統三年（1911）上海會文堂書局石印本　二冊　存七卷（首，一至二、十三至十六）

330000－4730－0000542　子/92　子部/醫家類/外科之屬/通論

瘍醫大全四十卷 （清）顧世澄撰　清乾隆三

十八年(1773)光華堂刻本　三十八冊　缺二卷(二十、二十七)

330000－4730－0000543　子/92－1、234　子部/醫家類/外科之屬/通論

瘍醫大全四十卷　(清)顧世澄撰　清刻本　三冊　存三卷(九、十三、二十一)

330000－4730－0000549　子/醫家/64、244　子部/醫家類/兒科之屬/通論

鼎鍥幼幼集成六卷　(清)陳復正輯　清光緒二十八年(1902)上海醉六堂石印本　二冊　存二卷(一至二)

330000－4730－0000551　子/醫家/64　子部/醫家類/兒科之屬/通論

鼎鍥幼幼集成六卷　(清)陳復正輯　清光緒三十三年(1907)上海文海閣石印本　三冊　存三卷(一、五至六)

330000－4730－0000552　子/71　子部/醫家類/傷寒金匱之屬/金匱要略

金匱翼八卷　(清)尤怡撰　清末石印本　一冊　存一卷(六)

330000－4730－0000558　子/醫家/100　子部/醫家類/眼科之屬

銀海精微四卷　題(唐)孫思邈撰　清金閶耕讀堂刻本　二冊

330000－4730－0000559　子/醫家/101　子部/醫家類/眼科之屬

秘傳眼科龍木醫書總論十卷附葆光道人秘傳眼科一卷　(明)葆光道人撰　清大文堂刻本　四冊

330000－4730－0000560　子/醫家/60　子部/醫家類/綜合之屬/雜著

筆花醫鏡四卷　(清)江涵暾撰　清刻本　一冊　存二卷(一至二)

330000－4730－0000561　子/醫家/241　子部/醫家類/類編之屬

陳修園醫書五十種　(清)陳念祖等撰　清光緒三十一年(1905)上海商務印書館鉛印本　一冊　存二種

330000－4730－0000562　子/醫家/243　子部/醫家類/醫案之屬

三家醫案合刻三種附二種　(清)吳金壽編　清光緒二十五年(1899)上海書局石印本　一冊

330000－4730－0000563　子/醫家/108、109、168　子部/醫家類/本草之屬/神農本草經

本經疏證十二卷續疏六卷本經序疏要八卷　(清)鄒澍撰　清道光二十九年(1849)刻本　十冊　缺十六卷(本經疏證一至十二,續疏一、四至五,本經序疏要五)

330000－4730－0000582　子/163　新學/算學/代數

代數備旨不分卷　(美國)狄考文選譯　(清)鄒立文　(清)生福維筆述　清光緒三十三年(1907)上海美華書館鉛印本　一冊

330000－4730－0000583　子/217　子部/宗教類/其他宗教之屬/基督教

頌主聖歌不分卷附篇不分卷　清宣統二年(1910)鉛印本　一冊

330000－4730－0000587　子/177　子部/宗教類/道教之屬/戒律

太上感應篇直講一卷　清光緒二十年(1894)常州培本堂善書局刻本　一冊

330000－4730－0000588　子/177－1　子部/宗教類/道教之屬/戒律

太上感應篇直講一卷　清光緒二十年(1894)常州培本堂善書局刻本　一冊

330000－4730－0000589　子/178　子部/宗教類/道教之屬/戒律

感應篇圖說八卷　清刻本　三冊　存三卷(弟、信、義)

330000－4730－0000590　子/類書/210　類叢部/類書類/專類之屬

新增說文韻府群玉二十卷　(元)陰時夫輯(元)陰中夫注　清刻本　十八冊　缺二卷(十三、十七)

330000－4730－0000591　子/200　史部/地

理類/遊記之屬/紀行

雲海東遊紀二卷 （清）江慕洵撰　清光緒三十二年(1906)鉛印本　一冊

330000－4730－0000592　子/201　子部/雜著類/雜纂之屬

陔蘭書屋筆記一卷 （清）潘曾綬撰　清刻本　一冊

330000－4730－0000593　子/200－1　史部/地理類/遊記之屬/紀行

雲海東遊紀二卷 （清）江慕洵撰　清光緒三十二年(1906)鉛印本　一冊

330000－4730－0000597　子/小說/203　集部/小說類/長篇之屬

四大奇書第一種十九卷一百二十回首一卷 （明）羅本撰　（清）毛宗崗評　清刻本　九冊　存九卷(三、六至七、十至十二、十四、十七至十八)

330000－4730－0000598　子/204　集部/小說類/長篇之屬

水滸後傳十卷首一卷 （明）陳忱撰　清刻本　一冊　存一卷(四)

330000－4730－0000601　子/149、150　類叢部/叢書類/彙編之屬

說鈴前集三十七種後集十六種 （清）吳震方編　清刻本　十七冊　存二十一種

330000－4730－0000602　子/146　子部/儒家類/儒學之屬/俗訓

人譜一卷人譜類記二卷 （明）劉宗周撰　清刻本　一冊　存一卷(人譜類記二)

330000－4730－0000603　子/醫家/151　子部/醫家類/傷寒金匱之屬/金匱要略

金匱方歌括六卷 （清）陳念祖撰　清刻本　一冊　存三卷(一至三)

330000－4730－0000604　子/醫家/93　子部/醫家類/方書之屬

時方歌括二卷 （清）陳念祖撰　清刻本　一冊　缺一卷(二)

330000－4730－0000605　子/醫家/59　子部/醫家類/兒科之屬/通論

鼎鍥幼幼集成六卷 （清）陳復正輯　清刻本　一冊　存二卷(二、四)

330000－4730－0000606　子/醫家/58　子部/醫家類/方書之屬/單方驗方

新編救急奇方五卷 （清）徐文弼輯　清刻本　二冊　缺二卷(一至二)

330000－4730－0000607　子/166　史部/政書類/律令之屬/法驗

洗冤錄詳義四卷首一卷 （清）許槤輯　清刻本　二冊　存二卷(一至二)

330000－4730－0000609　子/醫家/40、169　子部/醫家類/醫經之屬/内經

内經翼註十二卷圖翼一卷 （清）周長友撰　清道光六年(1826)種德堂刻本　三冊　存四卷(六、十一至十二,圖翼)

330000－4730－0000610　子/78　新學/醫學/内科

肺病問答一卷 （日本）石神亨撰　（清）沙曾詒譯　清光緒二十年(1894)上海文明書局鉛印本　一冊

330000－4730－0000611　子/醫家/39　子部/醫家類/綜合之屬/通論

醫宗說約五卷首一卷 （清）蔣示吉撰　清刻本　三冊　存四卷(首、三至五)

330000－4730－0000612　子/醫家/66　子部/醫家類/綜合之屬/通論

醫學實在易八卷 （清）陳念祖撰　清刻本　三冊　存四卷(三至四、七至八)

330000－4730－0000613　子/醫家/65　子部/醫家類/溫病之屬/其他溫疫病證

問心堂溫病條辨六卷首一卷 （清）吳瑭撰　清同治十年(1871)古渝槐蔭書屋刻本　二冊　存三卷(首、一至二)

330000－4730－0000614　子/63　子部/醫家類/傷寒金匱之屬/傷寒論

傷寒醫訣串解六卷 （清）陳念祖撰　清刻本

二冊

330000－4730－0000615　子/醫家/81　子部/醫家類/傷寒金匱之屬/金匱要略

金匱要略淺注十卷　（清）陳念祖撰　清刻本　二冊　缺四卷(一至四)

330000－4730－0000616　子/醫家/82　子部/醫家類/傷寒金匱之屬/金匱要略

金匱要略淺注補正九卷　（漢）張機撰　（清）陳念祖注　唐宗海補注　清末石印本　一冊　存三卷(七至九)

330000－4730－0000617　子/醫家/94　子部/醫家類/傷寒金匱之屬/傷寒論

張仲景傷寒論原文淺注六卷　（清）陳念祖集注　清同治元年(1862)經綸堂刻本　一冊　存一卷(一)

330000－4730－0000618　子/醫家/96　子部/醫家類/内科之屬/其他内科病證

血證論八卷　唐宗海撰　清刻本　一冊　存三卷(四至六)

330000－4730－0000619　子/103　子部/醫家類/兒科之屬/痘疹

治疹全書三卷首一卷尾一卷　（清）錢沛錦增補　清咸豐八年(1858)錢氏遺經堂刻本　二冊

330000－4730－0000620　子/醫家/98　子部/醫家類/類編之屬

張氏醫書七種　（清）張璐等撰　清刻本　一冊　存一種

330000－4730－0000621　子/醫家/105　子部/醫家類/醫理之屬/綜合

醫書滙参輯成二十四卷　（清）蔡宗玉輯　清刻本　一冊　存一卷(六)

330000－4730－0000622　子/102　子部/醫家類/傷寒金匱之屬/傷寒論

注解傷寒論十卷圖解運氣圖一卷　（漢）張機撰　（晉）王叔和輯　（金）成無己注　**傷寒明理論四卷**　（金）成無己撰　清光緒六年(1880)掃葉山房刻本　一冊　存二卷(一、圖解運氣圖)

330000－4730－0000623　子/醫家/110　子部/醫家類/醫案之屬

臨證指南醫案十卷種福堂公選溫熱論醫案四卷　（清）葉桂撰　（清）徐大椿評　清光緒二十二年(1896)寶善書局石印本　二冊　缺十卷(五至十、種福堂公選溫熱論醫案一至四)

330000－4730－0000624　子/醫家/111　子部/醫家類/醫案之屬

臨證指南醫案十卷　（清）葉桂撰　（清）徐大椿評　清刻本　七冊　缺三卷(一、七至八)

330000－4730－0000625　子/醫家/114　子部/醫家類/綜合之屬/通論

東醫寶鑑二十三卷目錄二卷　（朝鮮）許浚撰　清刻本　一冊　存一卷(雜病篇五)

330000－4730－0000626　子/醫家/117　子部/醫家類/方書之屬

時方妙用四卷　（清）陳念祖撰　清刻本　二冊　存二卷(二、四)

330000－4730－0000627　子/醫家/121　子部/醫家類/方書之屬/單方驗方

驗方新編十六卷　（清）鮑相璈輯　清刻本　三冊　存八卷(二至八、十)

330000－4730－0000628　子/121　子部/醫家類/方書之屬/單方驗方

增廣驗方新編十六卷　（清）鮑相璈輯　清刻本　三冊　存七卷(二至五、十、十五至十六)

330000－4730－0000629　子/121－1　子部/醫家類/方書之屬/單方驗方

增廣驗方新編十六卷　（清）鮑相璈輯　清刻本　一冊　存三卷(二至四)

330000－4730－0000630　子/醫家/107　子部/醫家類/方書之屬/歷代方書

醫方集解三卷　（清）汪昂撰　清刻本　一冊　存一卷(二)

330000－4730－0000631　子/99　子部/醫家類/外科之屬/通論

解運氣圖)

重訂外科正宗十二卷　（明）陳實功撰　（清）張鷟翼重訂　清刻本　一冊　存一卷（二）

330000－4730－0000636　子/醫家/173　子部/醫家類/方書之屬/單方驗方

丸散全集不分卷　清光緒石印本　一冊

330000－4730－0000639　子/釋家/183　子部/宗教類/道教之屬/方法

濬性淵源一卷　（明）涵谷子撰　清刻本　一冊

330000－4730－0000640　子/釋家/181　子部/宗教類/道教之屬/經文

三官寶經一卷　清光緒十二年（1886）東甌延生會刻本　一冊

330000－4730－0000641　子/釋家/174　子部/儒家類/儒學之屬/性理

儒門法語輯要一卷　（清）彭定求撰　（清）湯金釗輯　清光緒十六年（1890）浙江書局刻本　一冊

330000－4730－0000644　子/儒家/223　子部/儒家類/儒家之屬

孔氏家語十卷　（三國魏）王肅注　清光緒十八年（1892）上海掃葉山房據宋刻本影印本　一冊　存一卷（三）

330000－4730－0000645　子/醫家/236　子部/醫家類/綜合之屬/通論

醫學三字經四卷　（清）陳念祖撰　清光緒三年（1877）漁古山房刻本　一冊　存二卷（一至二）

330000－4730－0000647　子/儒家/162　子部/儒家類/儒學之屬/經濟

新書十卷　（漢）賈誼撰　清刻本　一冊　存五卷（一至五）

330000－4730－0000648　子/儒家/235　子部/儒家類/儒學之屬/蒙學

三字經注解備要一卷　（清）賀興思注解　清光緒十五年（1889）上海廣百宋齋鉛印本　一冊

330000－4730－0000649　子/醫家/50－3　子部/醫家類/類編之屬

吳氏醫學述　（清）吳儀洛輯　清刻本　二冊　存一種

330000－4730－0000650　子/醫學/50－4　子部/醫家類/類編之屬

吳氏醫學述　（清）吳儀洛輯　清刻本　二冊　存一種

330000－4730－0000651　子/醫家/233　子部/醫家類/醫案之屬

臨證指南醫案十卷種福堂公選良方四卷　（清）葉桂撰　清刻本　一冊　存二卷（種福堂公選良方一至二）

330000－4730－0000653　子/釋家/207　子部/宗教類/其他宗教之屬/基督教

續天路歷程官話六卷　（英國）賓威廉譯　清光緒三十一年（1905）上海美華書館鉛印本　一冊

330000－4730－0000654　子/釋家/191　子部/宗教類/道教之屬

大洞經示讀註釋三卷　（清）劉體恕輯　清光緒十七年（1891）浙常聽泉山房刻本　一冊

330000－4730－0000655　子/釋家/232　子部/宗教類/佛教之屬/經

佛說高王觀世音經一卷附觀音大士應驗神方一卷　清咸豐十年（1860）樂山堂刻本　一冊

330000－4730－0000656　子/釋家/209　子部/宗教類/道教之屬/經文

三官經註解一卷　清光緒二十一年（1895）刻本　一冊

330000－4730－0000657　子/釋家/188　子部/雜著類

敬信錄不分卷　清同治十三年（1874）刻光緒二十年（1894）印本　一冊

330000－4730－0000658　子/釋家/188－1　子部/雜著類

敬信錄不分卷　清同治十三年（1874）刻光緒二十年（1894）印本　一冊

330000 – 4730 – 0000659　子/術數/193　子部/術數類/陰陽五行之屬

通德類情十三卷　（清）沈重華輯　清刻本　二冊　存三卷（二、九至十）

330000 – 4730 – 0000662　子/醫家/75　子部/醫家類/類編之屬

陳修園醫書四十八種　（清）陳念祖等撰　清光緒三十一年（1905）上海文盛堂書局石印本　一冊　存二種

330000 – 4730 – 0000663　子/醫家/76　子部/醫家類/方書之屬/單方驗方

景岳新方砭四卷　（清）陳念祖撰　清末石印本　一冊

330000 – 4730 – 0000666　子/醫家/46　子部/醫家類/類編之屬

陳修園醫書四十八種　（清）陳念祖等撰　清末石印本　一冊　存五種

330000 – 4730 – 0000676　子/醫家/89　子部/醫家類/類編之屬

薛氏醫按二十四種　（明）吳琯編　明末刻本　一冊　存一種

330000 – 4730 – 0000677　子/醫家/90　子部/醫家類/婦科之屬

傅青主女科二卷產後編二卷　（清）傅山撰　清刻本　一冊　存一卷（女科二）

330000 – 4730 – 0000678　子/藝術/213 – 3　子部/藝術類/書畫之屬/畫譜

醉墨軒畫稿四卷　（清）胡郯卿撰　清石印本　二冊　存二卷（三至四）

330000 – 4730 – 0000679　子/藝術/213　子部/藝術類/書畫之屬/畫譜

芥子園畫傳初集六卷二集九卷三集六卷四集四卷　（清）王槩　（清）王蓍　（清）王臬輯　清光緒十四年（1888）上海天寶書局石印本　八冊　存十五卷（一至二、二集一至八、三集一至二、四集二至四）

330000 – 4730 – 0000680　子/藝術/213 – 1　子部/藝術類/書畫之屬/畫譜

芥子園畫傳初集六卷二集九卷三集六卷四集四卷　（清）王槩　（清）王蓍　（清）王臬輯　清末石印本　二冊　存二卷（初集四、四集二）

330000 – 4730 – 0000683　子/術數/194　子部/天文曆算類/曆法之屬

新鐫曆法便覽象吉備要通書二十九卷　（清）魏鑑撰　清刻本　一冊　存一卷（十一）

330000 – 4730 – 0000684　子/術數/164　子部/天文曆算類/曆法之屬

新鐫曆法便覽象吉備要通書二十九卷　（清）魏鑑撰　清刻本　二冊　存二卷（六至七）

330000 – 4730 – 0000685　子/醫家/87　子部/醫家類/綜合之屬/通論

御纂醫宗金鑑內科七十四卷外科十六卷首一卷　（清）吳謙等撰　清刻本　十二冊　存十二卷（外科一至五、九至十五）

330000 – 4730 – 0000686　子/醫家/34、237　子部/醫家類/綜合之屬/通論

御纂醫宗金鑑內科七十四卷外科十六卷首一卷　（清）吳謙等撰　清刻本　五冊　存十一卷（外科二十五至二十九、四十二至四十三、四十九至五十二）

330000 – 4730 – 0000687　子/醫家/38　子部/醫家類/醫案之屬

寓意草一卷　（清）喻昌撰　清刻本　一冊

330000 – 4730 – 0000688　子/醫家/38、171　子部/醫家類/醫案之屬

寓意草一卷　（清）喻昌撰　清刻本　二冊

330000 – 4730 – 0000689　子/醫家/34 – 3　子部/醫家類/綜合之屬/通論

御纂醫宗金鑑內科七十四卷外科十六卷首一卷　（清）吳謙等撰　清刻本　六冊　存七卷（內科一至二、四、六、十二、十五至十六）

330000 – 4730 – 0000690　子/醫家/34 – 2　子部/醫家類/綜合之屬/通論

御纂醫宗金鑑內科七十四卷外科十六卷首一卷　（清）吳謙等撰　清刻本　三冊　存五卷

（外科三、九至十、十五至十六）

330000－4730－0000691　　子/醫家/34－1、237－1　子部/醫家類/綜合之屬/通論
御纂醫宗金鑑内科七十四卷外科十六卷首一卷　（清）吳謙等撰　清刻本　二冊　存二卷（内科一至二）

330000－4730－0000692　　子/醫家/34－4　子部/醫家類/綜合之屬/通論
御纂醫宗金鑑内科七十四卷外科十六卷首一卷　（清）吳謙等撰　清刻本　一冊　存一卷（外科四）

330000－4730－0000693　　子/醫家/104　子部/醫家類/類編之屬
古今醫統正脈全書四十五種　（明）王肯堂編　清刻本　一冊　存二種

330000－4730－0000694　　子/醫家/88　子部/醫家類/方書之屬
丹溪先生金匱鈎玄三卷　（元）朱震亨撰　（明）戴元禮録　清刻本　一冊

330000－4730－0000695　　子/醫家/170　子部/醫家類/綜合之屬/通論
醫學發明一卷　（元）朱震亨撰　清刻本　一冊

330000－4730－0000696　　子/醫家/172　子部/醫家類/本草之屬/歷代綜合本草
本草綱目五十二卷　（明）李時珍撰　清刻本　一冊　存一卷（三）

330000－4730－0000697　　子/醫家/122　子部/醫家類/本草之屬/歷代綜合本草
本草綱目五十二卷附圖三卷瀕湖脈學一卷脈訣攷證一卷奇經八脈攷一卷　（明）李時珍撰　**本草萬方鍼線八卷**　（清）蔡烈先輯　**本草綱目拾遺十卷**　（清）趙學敏輯　清石印本　四冊　存十五卷（十六至十八、三十一至三十五，圖二至三,拾遺六至十）

330000－4730－0000698　　子/醫家/120、122－1　子部/醫家類/本草之屬/歷代綜合本草
本草綱目五十二卷附圖三卷瀕湖脈學一卷脈

訣攷證一卷奇經八脈攷一卷　（明）李時珍撰　**本草萬方鍼線八卷**　（清）蔡烈先輯　**本草綱目拾遺十卷**　（清）趙學敏輯　清漁古山房刻本　三冊　存五卷（一至二、瀕湖脈學、脈訣攷證、奇經八脈攷）

330000－4730－0000699　　子/譜録類/154、161　子部/農家農學類/園藝之屬/總志
二如亭群芳譜三十卷　（明）王象晉撰　清沙村草堂刻本　二冊　存四卷（天部首、一,花部首、一）

330000－4730－0000700　　子/譜録類/161　子部/農家農學類/園藝之屬/總志
二如亭群芳譜三十卷　（明）王象晉撰　清刻本　四冊　存五卷（天部二至三、蔬譜二、花部四、卉部一）

330000－4730－0000701　　子/譜録類/161－1　子部/農家農學類/園藝之屬/總志
佩文齋廣群芳譜一百卷目録二卷　（清）汪灝等撰　清刻本　一冊　存二卷（二十六至二十七）

330000－4730－0000702　　子/釋家/182　子部/宗教類/佛教之屬
五大部直音二卷附諸般經懺直音一卷　清刻本　一冊　缺一卷（五大部直音一）

330000－4730－0000703　　子/釋家/208　子部/宗教類/道教之屬
重刻盤山棲雲王真人語録一卷　（元）王志謹述　（元）論志煥輯　清同治元年（1862）寧鄉同善分社刻本　一冊

330000－4730－0000704　　子/釋家/186　子部/宗教類/佛教之屬/大藏
徑山藏　明萬曆十七年（1589）至清嘉慶五臺、嘉興、徑山等地刻本　一冊　存一種

330000－4730－0000705　　子/釋家/195　子部/宗教類/道教之屬/方法
元化指南五卷　（清）一了山人輯　清刻本　一冊　存二卷（一至二）

330000－4730－0000706　　子/醫家/34－5

子部/醫家類/綜合之屬/通論

御纂醫宗金鑑內科七十四卷外科十六卷首一卷 (清)吳謙等撰 清刻本 一冊 存一卷(內科六十一)

330000－4730－0000710 史/編年/54－1 史部/編年類/通代之屬

資治通鑑綱目發明五十九卷 (宋)尹起莘撰 清雍正八年至十一年(1730－1733)刻嘉慶重修同治十三年(1874)補刻光緒續補刻本 四冊 缺十八卷(一至十八)

330000－4730－0000711 史/編年/54－2 史部/編年類/通代之屬

資治通鑑綱目發明五十九卷 (宋)尹起莘撰 清雍正八年至十一年(1730－1733)刻嘉慶重修同治十三年(1874)補刻光緒續補刻本 二冊 缺四十卷(一至三十一、四十一至四十九)

330000－4730－0000712 集/別集/32－2 集部/別集類/宋別集

月洞詩集二卷二十一世祖皞如公詩一十四首一卷 (宋)王鎡撰 清光緒十三年(1887)王人泰刻本 二冊

330000－4730－0000714 子/總集/93 類叢部/叢書類/自著之屬

宋金仁山先生遺書八種附六種 (宋)金履祥撰 清雍正、乾隆間金華金氏刻光緒十三年(1887)鎮海謝駿德補刻本 一冊 存一種

330000－4730－0000715 集/別集/116 集部/總集類/酬唱之屬

西湖集覽 (清)丁丙輯 清光緒九年(1883)錢塘丁氏嘉惠堂刻本 一冊 存一種

330000－4730－0000717 子/醫家/79 子部/醫家類/傷寒金匱之屬/傷寒論

傷寒來蘇集不分卷 (清)柯琴撰 清抄本 三冊

330000－4730－0000719 集/別集/11、史/158 集部/別集類/明別集

宋文憲公全集八十卷年譜三卷潛溪錄七卷 (明)宋濂撰 孫鏘輯 清宣統三年(1911)奉化孫鏘七千卷樓刻本 三冊 存三卷(潛溪錄二、四至五)

330000－4730－0000720 史/121 史部/雜史類/通代之屬

國策膽四卷 (明)項應祥纂 明末永思堂刻本 一冊 存一卷(一)

330000－4730－0000722 集/總集/85 集部/總集類/課藝之屬

錢清書院課藝不分卷 (清)錢清書院編 清光緒三十年(1904)錢清書院刻本 一冊

330000－4730－0000723 集/別集/33 集部/別集類/清別集

又其次齋詩集七卷 (清)吳世涵撰 清刻本 一冊 存二卷(二至三)

330000－4730－0000724 集/別集/33－1 集部/別集類/清別集

又其次齋時文不分卷 (清)吳世涵撰 清咸豐元年(1851)刻本 一冊

330000－4730－0000725 經/四書五經/49 經部/群經總義類

四書五經義滙海不分卷 (清)亦園居士輯 清光緒杭州崇實學社石印本 六冊

330000－4730－0000726 經/四書五經/49－1、50 經部/群經總義類

四書五經義滙海不分卷 (清)亦園居士輯 清光緒杭州崇實學社石印本 四冊

330000－4730－0000727 子/釋家/198 子部/宗教類/道教之屬

勤輔壇鸞書□□卷 清光緒二十六年(1900)龍游勤輔壇刻本 一冊 存一種

330000－4730－0000731 集/總集/86 集部/總集類/選集之屬

隆萬文觳珠囊一卷天崇文觳珠囊一卷 (清)謝溶編 清道光二年(1822)梯雲閣刻本 一冊

330000－4730－0000732 子/醫家/106 子

部/醫家類/方書之屬/單方驗方

應驗藥方一卷孫真人海上仙方一卷　清刻本
一冊

330000－4730－0000733　　經/166　　經部/四
書類/總義之屬/傳說

松陽講義十二卷　（清）陸隴其撰　清刻本
三冊　存七卷（一至七）

330000－4730－0000736　　史/206　　史部/地
理類/方志之屬/郡縣志

[康熙]龍游縣誌十二卷首一卷　（清）盧燦修
（清）余恂等纂　清光緒八年（1882）刻本
二冊　存三卷（三至四、十一）

330000－4730－0000738　　史/209　　史部/金
石類/郡邑之屬

栝蒼金石志十二卷續志四卷　（清）李遇孫輯
（清）鄒柏森校補　清同治十三年（1874）浙
江處州府署刻本　一冊　存二卷（十一至十
二）

330000－4730－0000739　　史/208　　史部/地
理類/方志之屬/郡縣志

[光緒]嚴州府志三十八卷首一卷　（清）吳士
進原本　（清）吳世榮續修　（清）鄒柏森
（清）馬斯臧等續纂　清光緒九年（1883）刻本
一冊　存三卷（二十五至二十七）

330000－4730－0000740　　史/210　　史部/地
理類/方志之屬/郡縣志

[光緒]處州府志三十卷首一卷末一卷　（清）
潘紹詒修　（清）周榮椿纂　清光緒三年
（1877）刻本　一冊　存一卷（三）

330000－4730－0000742　　史/211　　史部/地
理類/方志之屬/郡縣志

[光緒]處州府志三十卷首一卷末一卷　（清）
潘紹詒修　（清）周榮椿纂　清光緒三年
（1877）刻本　四冊　存四卷（二十一、二十六
至二十七、二十九）

330000－4730－0000746　　集/215　　集部/總
集類/尺牘之屬

國朝名人小簡二卷　吳曾祺輯　清宣統元年

（1909）上海商務印書館鉛印本　二冊

330000－4730－0000753　　經/168　　經部/小
學類/音韻之屬/注音

新學三字經音註圖解二編一卷　（清）俞樾鑒
定　清光緒英商藻文印書局石印本　一冊

330000－4730－0000757　　史/214　　史部/地
理類/方志之屬/郡縣志

[光緒]處州府志三十卷首一卷末一卷　（清）
潘紹詒修　（清）周榮椿纂　清光緒三年
（1877）刻本　一冊　存一卷（首）

330000－4730－0000758　　子/260　　子部/藝
術類/書畫之屬/畫譜

芥子園畫傳初集六卷二集九卷三集六卷
（清）王槩　（清）王蓍　（清）王臬輯　清末
石印本　五冊　存十卷（二集一至四、六至
八,三集一至二、五）

330000－4730－0000759　　子/261　　子部/藝
術類/書畫之屬/畫譜

芥子園畫傳初集六卷二集九卷三集六卷
（清）王槩　（清）王蓍　（清）王臬輯　清末
石印本　一冊　存二卷（二集八至九）

330000－4730－0000762　　史/218　　史部/地
理類/方志之屬/郡縣志

[光緒]遂昌縣志十二卷首一卷外編四卷
（清）胡壽海　（清）史恩緯修　（清）褚成允
纂　清光緒二十二年（1896）尊經閣刻朱印本
三冊　存二卷（四、八）

330000－4730－0000763　　史/219　　史部/地
理類/方志之屬/郡縣志

[光緒]遂昌縣志十二卷首一卷外編四卷
（清）胡壽海　（清）史恩緯修　（清）褚成允
纂　清光緒二十二年（1896）尊經閣刻本　六
冊　存十卷（二、六至十二,外編二至三）

330000－4730－0000764　　史/119－1、220
史部/地理類/方志之屬/郡縣志

[光緒]遂昌縣志十二卷首一卷外編四卷
（清）胡壽海　（清）史恩緯修　（清）褚成允
纂　清光緒二十二年（1896）尊經閣刻本　六

冊　存七卷(三至四、六至九,外編一)

330000 - 4730 - 0000765　史/221　史部/地理類/方志之屬/郡縣志
[光緒]遂昌縣志十二卷首一卷外編四卷
(清)胡壽海　(清)史恩緯修　(清)褚成允纂　清光緒二十二年(1896)尊經閣刻本　五冊　存七卷(二、六至九,外編二至三)

330000 - 4730 - 0000766　史/222　史部/地理類/方志之屬/郡縣志
[光緒]遂昌縣志十二卷首一卷外編四卷
(清)胡壽海　(清)史恩緯修　(清)褚成允纂　清光緒二十二年(1896)尊經閣刻本　一冊　存一卷(八)

330000 - 4730 - 0000767　集/32 - 3　集部/別集類/宋別集
月洞詩集二卷二十一世祖皞如公詩一十四首一卷　(宋)王鎡撰　清光緒十三年(1887)王人泰刻本　一冊　存一卷(月洞詩集一)

330000 - 4730 - 0000768　集/131、史/155　子部/儒家類/儒學之屬
婺學治事文編□□卷續編□□卷　(清)繼良輯　清刻本　二冊　存二卷(二、續編一)

330000 - 4730 - 0000769　史/223　史部/地理類/總志之屬/斷代
天下一統志九十卷　(明)萬安等纂修　明萬壽堂刻清初印本　一冊　存二卷(三至四)

330000 - 4730 - 0000772　子/144　經部/小學類/文字之屬/說文
說文解字校錄十五卷說文刊誤一卷說文玉篇校錄一卷　(清)鈕樹玉撰　清光緒十一年(1885)江蘇書局刻本　七冊　存七卷(一至七)

330000 - 4730 - 0000773　子/2　子部/儒家類/儒學之屬/經濟
大學衍義四十三卷　(宋)真德秀撰　清同治十一年(1872)浙江書局刻本　七冊　缺九卷(十至十三、三十四至三十八)

330000 - 4730 - 0000774　史/165　經部/群

經總義類/傳說之屬
皇朝五經彙解二百七十卷　(清)朱鏡清輯　清光緒石印本　十三冊　缺一百五十三卷(一至五、十四至三十一、五十至六十、八十二至九十二、一百三十六至一百四十、一百五十二至一百六十、一百六十七至二百十一、二百二十二至二百七十)

330000 - 4730 - 0000776　經/易經/160 - 1　經部/叢編
五經旁訓辨體合訂　(清)徐立綱輯　清刻本　一冊　存一種

330000 - 4730 - 0000777　經/禮類/65　經部/禮記類/傳說之屬
漱芳軒合纂禮記體註四卷　(清)范翔撰　清嘉慶二十二年(1817)文奎堂刻本　一冊　存一卷(四)

330000 - 4730 - 0000778　集/別集/118　集部/別集類/唐五代別集
杜詩鏡銓二十卷附錄一卷年譜一卷　(清)楊倫撰　**讀書堂杜工部文集註解二卷**　(清)張溍評註　清同治十一年(1872)望三益齋刻本　一冊　存二卷(十八至十九)

330000 - 4730 - 0000779　集/137　集部/總集類/選集之屬/通代
古文辭類纂七十四卷　(清)姚鼐輯　**續古文辭類纂三十四卷**　王先謙輯　清光緒三十三年(1907)上海商務印書館鉛印本　一冊　存十卷(三十五至四十四)

330000 - 4730 - 0000783　經/172　經部/小學類/文字之屬/字書/字典
康熙字典十二集三十六卷總目一卷檢字一卷辨似一卷等韻一卷補遺一卷備考一卷　(清)張玉書等纂修　清宣統二年(1910)上海天寶石印書局石印本　五冊　缺六卷(未集一至三、申集一至三)

330000 - 4730 - 0000784　經/173　經部/小學類/文字之屬/字書/字典
康熙字典十二集三十六卷總目一卷檢字一卷辨似一卷等韻一卷補遺一卷備考一卷　(清)

張玉書等纂修　清光緒二十九年（1903）上海文瀾書局石印本　六冊

330000 - 4730 - 0000837　集/161　新 學/學校

中國文典不分卷　商務印書館編譯所編纂清光緒三十二年（1906）上海商務印書館鉛印本　一冊　存第一編

330000 - 4730 - 0000838　集/162　集部/總集類/選集之屬/通代

小學千家詩人生必讀二卷　（清）余晦齋輯清上海宏大善書局石印本　一冊

330000 - 4730 - 0000845　子/286　子部/醫家類/綜合之屬/通論

醫門法律六卷尚論篇四卷首一卷尚論後篇四卷寓意草一卷　（清）喻昌撰　清光緒二十六年（1900）上海掃葉山房石印本　一冊　存二卷（醫門法律三至四）

330000 - 4730 - 0000847　經/178　經部/小學類/文字之屬/說文

說文解字注十五卷附六書音韻表五卷　（清）段玉裁撰　**說文部目分韻一卷**　（清）陳煥編　**說文通檢十四卷首一卷末一卷**　（清）黎永椿編　**說文解字注匡謬八卷**　（清）徐承慶撰　清光緒三十四年（1908）上海文盛書局石印本　一冊　存六卷（十五、六書音韻表一至五）

松陽縣圖書館
古籍普查登記目錄

全國古籍普查登記目錄·浙江麗水

國家圖書館出版社
National Library of China Publishing House

330000－4731－0000003　普 03　史部/傳記類/總傳之屬/家乘

[浙江松陽]高陽紀氏宗譜不分卷　（清）紀心浩等纂修　清光緒十五年（1889）木活字印本
　　一冊

330000－4731－0000004　普 04　子部/醫家類/本草之屬/歷代綜合本草

本草綱目五十二卷　（明）李時珍撰　清芥子園刻本　一冊　存一卷（十六）

雲和縣圖書館古籍普查登記目錄

全國古籍普查登記目錄·浙江麗水

國家圖書館出版社
National Library of China Publishing House

吳絲蜀桐張高秋，愁李憑中國彈箜篌。崑山玉碎鳳凰叫，芙蓉泣露香蘭笑。十二門前融冷光，二十三絲動紫皇。女媧鍊石補天處，石破天驚逗秋雨。夢入神山教神嫗，老魚跳波瘦蛟舞。吳質不眠倚桂樹，露腳斜飛濕寒兔。

殘絲曲

垂楊葉老鶯哺兒，殘絲欲斷黃蜂歸。綠嬌少年金釵

《雲和縣圖書館古籍普查登記目録》

編委會

主　編：潘麗敏

副主編：梅和娟　林　蘊

《雲和縣圖書館古籍普查登記目錄》

前　言

　　雲和,明景泰三年(1452)置縣。清代屬處州府。抗日戰爭期間,浙江省政府移駐雲和,使雲和成爲浙西南文化重鎮。多元文化的涌入、多民族的聚居交流,逐漸形成了雲和大氣包融的文化個性。

　　雲和縣圖書館館藏古籍基本上來源於中華人民共和國成立後二十年間的政府徵收和民間捐贈,當初這批書在老圖書館中束之高閣,保存條件堪憂。隨着全國古籍保護工作的全面實施,雲和縣圖書館的古籍保護工作也在 2009 年 9 月啓動,2011 年底古籍普查項目立項,古籍普查工作正式開始。在館內普查人員的共同努力下, 2013 年 11 月完成了全部館藏古籍的普查著録工作,提前 7 個月完成古籍普查項目,成爲浙江省第一家完成古籍普查的單位。同年,雲和縣圖書館入選首批"浙江省古籍保護達標單位",2014 年被文化部評爲"全國古籍保護工作先進單位"。

　　通過古籍的整理與普查,我們在館藏古籍中發現了一批特色文獻,包括道教抄本、稀見家族譜牒、畬族文獻等。值得矚目的是從明末傳承延續至今的道教抄本近 400 部,這批抄本成書年代自明末至民國,內容前後相繼,反映了近 400 年來雲和地區民間道教活動的發展變化,也爲研究道教的發展演變歷史提供了重要的參考依據。家族譜牒保存了明清時期麗水地區人口活動的豐富信息,其中明崇禎抄本《[浙江龍泉]劉氏家譜》,清康熙四十二年(1703)稿本《[浙江景寧]葉氏宗譜》,皆入選第一批《浙江省珍貴古籍名録》。

　　《雲和縣圖書館古籍普查登記目録》收録館藏 1912 年以前古籍 865 部 1583 册,是雲和縣圖書館古籍普查的重要成果,是普查人員汗水的結晶。本書的編纂,對更好地傳承利用雲和縣歷史文化遺產、滿足群衆精神文化需求、促進經濟社會發展,都具有十分重要的意義。

　　我們的古籍普查和保護工作得到了浙江省古籍保護中心各位老師的悉心指導和大力支持,藉此機會向他們表示衷心的感謝!

　　在本次古籍普查過程中,由於我們普查員的學識水平所限,難免存在紕漏差錯之處,敬請方家批評指正。

雲和縣圖書館
2017 年 12 月

330000－4732－0000001　0003　經部/小學類/文字之屬/字書/字典

字彙十二卷首一卷末一卷韻法直圖一卷
(明)梅膺祚撰　**韻法橫圖一卷**　(明)李世澤撰　清刻本　十二冊　存十三卷(字彙一至十二、末)

330000－4732－0000002　0001　史部/地理類/方志之屬/郡縣志

[同治]雲和縣志十六卷首一卷　(清)伍承吉修　(清)涂冠續修　(清)王士鈖纂　清咸豐七年(1857)修同治三年(1864)續修刻本　周賡昌題記　六冊

330000－4732－0000003　0002　集部/總集類/選集之屬/通代

唐宋八大家類選十四卷　(清)儲欣輯　清乾隆五十一年(1786)寶章堂刻本　九冊　存十二卷(一至二、四至七、九至十四)

330000－4732－0000004　0004　子部/宗教類/道教之屬/表章讚頌

香讚總科一卷　清陳法成抄本　一冊

330000－4732－0000005　0005　子部/宗教類/道教之屬/戒律

太上慈悲功德焰口真科全本一卷　清光緒二十二年(1896)陳法成抄本　清陳法成觀款　一冊

330000－4732－0000006　0006　子部/宗教類/道教之屬

各處地頭簿一卷　清陳法成抄本　一冊

330000－4732－0000007　0007　子部/宗教類/道教之屬/表章讚頌

三夜關燈科全卷一卷　清光緒二十二年(1896)陳法成抄本　一冊

330000－4732－0000008　0008　子部/宗教類/道教之屬

太上靈寶補謝竈王妙懺一卷　清光緒二十六年(1900)陳法成抄本　一冊

330000－4732－0000009　0009　子部/宗教類/道教之屬

太上三官真經全錄一卷　清光緒二十六年(1900)陳法成抄本　一冊

330000－4732－0000010　0010　子部/宗教類/道教之屬/戒律

文昌斗懺一卷　清楊雷震抄本　一冊

330000－4732－0000013　0013　集部/總集類/課藝之屬

小題正鵠初集不分卷二集不分卷三集不分卷四集不分卷　(清)李元度輯　清道光二十七年(1847)李元度刻本　五冊

330000－4732－0000014　0014　子部/儒家類/儒學之屬/蒙學

蒲編堂訓蒙草不分卷　(清)路德撰　清道光十七年(1837)刻本　一冊

330000－4732－0000016　0017　史部/傳記類/總傳之屬/家乘

[浙江雲和]豐源劉氏宗譜二卷　(清)王芳桂纂修　清同治十二年(1873)木活字印本　清劉正名題記　二冊

330000－4732－0000017　0018　子部/宗教類/道教之屬/經文

三官經註解一卷　清宣統元年(1909)刻本　一冊

330000－4732－0000018　0020　子部/叢編

二十二子(二十二子彙函)　(清)浙江書局編　清光緒新化三味書室刻本　十二冊　存一種

330000－4732－0000019　0019　子部/宗教類/道教之屬/經文

三官經註解一卷　清宣統元年(1909)刻本　一冊

330000－4732－0000020　0016　史部/傳記類/總傳之屬/家乘

[浙江青田]故沛劉氏宗譜三卷　(清)劉家治等纂修　(清)陳煜廷續修　清抄本　一冊

330000－4732－0000023　0023　集部/總集類/選集之屬/通代

重訂文選集評十五卷首一卷末一卷　（清）于光華輯　清末刻本　八冊　存八卷（四至六、八至十一、十三）

330000－4732－0000024　0024　經部/書類/傳說之屬

書經體注大全合參六卷　（宋）蔡沈集傳（清）錢希祥輯注　清刻本　三冊　缺一卷（五）

330000－4732－0000025　0025　經部/易類/傳說之屬

御纂周易述義十卷　（清）傅恒等撰　清刻本　錦文題籤並記　三冊　缺二卷（一至二）

330000－4732－0000027　0027　史部/傳記類/總傳之屬/斷代

國朝先正事略六十卷　（清）李元度撰　清同治五年至八年（1866－1869）循陔草堂刻本　九冊　存二十卷（一至五、二十至二十四、二十七至二十九、四十至四十三、五十二至五十四）

330000－4732－0000029　0029　史部/地理類/方志之屬/郡縣志

[同治]景寧縣志十四卷首一卷末一卷　（清）周杰修　（清）嚴用光　（清）葉篤貞纂　清同治十一年（1872）刻本　七冊　缺二卷（四至五）

330000－4732－0000030　0030　史部/地理類/方志之屬/郡縣志

[同治]景寧縣志十四卷首一卷末一卷　（清）周杰修　（清）嚴用光　（清）葉篤貞纂　清同治十一年（1872）刻本　五冊　存八卷（二至三、六至八、十一至十三）

330000－4732－0000032　0032　集部/總集類/選集之屬/通代

續古文辭類纂三十四卷　王先謙輯　清光緒三十三年（1907）上海商務印書館鉛印本　一冊　存七卷（一至七）

330000－4732－0000035　0035　經部/春秋左傳類/傳說之屬

東萊博議四卷　（宋）呂祖謙撰　增補虛字註釋一卷　（清）馮泰松點定　清光緒二十四年（1898）上海祥記書莊石印本　二冊　存二卷（一、三）

330000－4732－0000036　0036　經部/春秋左傳類/傳說之屬

增批輯注東萊博議四卷　（宋）呂祖謙撰（清）劉鍾英輯注　清宣統三年（1911）上海會文堂書局石印本　二冊　存二卷（一、三）

330000－4732－0000037　0037　史部/地理類/方志之屬/郡縣志

[同治]景寧縣志十四卷首一卷末一卷　（清）周杰修　（清）嚴用光　（清）葉篤貞纂　清同治十一年（1872）刻本　二冊　存三卷（十一至十三）

330000－4732－0000042　0042　史部/地理類/方志之屬/郡縣志

[乾隆]重修景寧縣志十二卷首一卷　（清）張九華修　（清）吳嗣範纂　清乾隆四十三年（1778）刻本　一冊　存二卷（十一至十二）

330000－4732－0000044　0044　史部/地理類/方志之屬/郡縣志

[同治]景寧縣志十四卷首一卷末一卷　（清）周杰修　（清）嚴用光　（清）葉篤貞纂　清同治十一年（1872）刻本　一冊　存二卷（四至五）

330000－4732－0000046　0057　經部/叢編

五經旁訓　（清）徐立綱旁訓　清匠門書屋刻本　三冊　存一種

330000－4732－0000047　0046　經部/小學類/文字之屬/說文

說文解字注十五卷附六書音韻表五卷　（清）段玉裁撰　清嘉慶二十年（1815）刻本　十三冊　缺七卷（一、十一,六書音韻表一至五）

330000－4732－0000050　0048　經部/春秋左傳類/傳說之屬

春秋左傳（春秋左傳杜林合註）五十卷　（晉）杜預　（宋）林堯叟註釋　（唐）陸德明音義

（明）鍾惺　（明）孫鑛　（明）韓范評點　清
光緒二十四年(1898)浙蘭慎言堂刻本　趙慶
咸觀款　十一冊　缺三卷（三十四至三十六）

330000－4732－0000051　0051　經部/春秋
左傳類/傳說之屬

春秋左傳杜注三十卷首一卷　（清）姚培謙撰
　清刻本　八冊　存二十四卷（一至十八、二
十五至三十）

330000－4732－0000052　0052　經部/春秋
左傳類/傳說之屬

**如西所刻諸名家評點春秋綱目左傳句解彙雋
六卷**　（清）韓葵重訂　清刻本　一冊　存一
卷（一）

330000－4732－0000053　0053　史部/紀傳
類/正史之屬

前漢書一百卷　（漢）班固撰　（唐）顏師古注
　清光緒三十一年(1905)上海久敬齋石印本
　十冊　存八十五卷（一至三十、四十三至九
十七）

330000－4732－0000054　0054　史部/紀傳
類/正史之屬

欽定二十四史　清光緒三十一年(1905)上海
久敬齋石印本　十五冊　存二種

330000－4732－0000056　0056　經部/春秋
左傳類/傳說之屬

太史張天如詳節春秋綱目句解左傳彙雋六卷
　（明）張溥重訂　（清）韓葵重編　清刻本
達三題簽並記　二冊　存二卷（三至四）

330000－4732－0000057　0058　史部/編年
類/通代之屬

御批歷代通鑑輯覽一百二十卷　（清）傅恒等
撰　清光緒三十年(1904)上海錦章書局石印
本　二十三冊　存九十五卷（一至五、十七至
二十一、二十六至五十一、五十六至一百十
四）

330000－4732－0000058　0059　史部/紀傳
類/正史之屬

史記一百三十卷　（漢）司馬遷撰　（南朝宋）

裴駰集解　（唐）司馬貞索隱　（唐）張守節正
義　明刻本　一冊　存八卷（八十至八十七）

330000－4732－0000059　0060　史部/紀傳
類/正史之屬

欽定二十四史　清光緒二十八年(1902)上海
文瀾書局石印本　四冊　存一種

330000－4732－0000060　0061　子部/醫家
類/方書之屬/單方驗方

驗方新編十六卷　（清）鮑相璈輯　清刻本
一冊　存二卷（十五至十六）

330000－4732－0000061　0062　史部/紀傳
類/正史之屬

四史　清光緒十四年(1888)上海蜚英館石印
本　十二冊　存一種

330000－4732－0000065　0065　子部/宗教
類/道教之屬

迎佛宮前奏聖科一卷　（清）□□撰　王吉真
重訂　清抄本　一冊

330000－4732－0000066　0066　子部/宗教
類/道教之屬

煉火接神法書一卷　清光緒十年(1884)李根
琴抄本　一冊

330000－4732－0000067　0067　子部/宗教
類/道教之屬/雜著

早午二朝科一卷　清光緒二十一年(1895)季
道產抄本　一冊

330000－4732－0000069　0069　子部/宗教
類/道教之屬

欄街表簿一卷　清宣統抄本　一冊

330000－4732－0000070　0070　子部/宗教
類/道教之屬

水宮式一卷　清道光九年(1829)抄本　一冊

330000－4732－0000071　0071　子部/宗教
類/道教之屬

水宮符過関疏式誠意科一卷　清乾隆五十一
年(1786)吳得真抄本　一冊

330000－4732－0000072　0075　子部/宗教

類/道教之屬

誠意一卷　清嘉慶十九年（1814）徐輝山抄本
　一冊

330000 – 4732 – 0000074　0077　子部/宗教
類/道教之屬

供王進表玄科一卷　清吳顯真抄本　一冊

330000 – 4732 – 0000076　0072　子部/宗教
類/道教之屬

太上靈寶冶煉座頭斟科一卷　清光緒十一年
（1885）林道貞抄本　一冊

330000 – 4732 – 0000079　0084　子部/宗教
類/道教之屬

過關科書一卷　清咸豐七年（1857）陳法耀抄
本　一冊

330000 – 4732 – 0000080　0085　子部/宗教
類/道教之屬

功德符告疏式一卷　清光緒二十四年（1898）
抄本　一冊

330000 – 4732 – 0000081　0086　子部/宗教
類/道教之屬/經文

廟靈經書一卷　清嘉慶十六年（1811）藍氏抄
本　一冊

330000 – 4732 – 0000084　0080　子部/宗教
類/道教之屬

送星科書一卷　清光緒十一年（1885）吳法盛
抄本　一冊

330000 – 4732 – 0000085　0081　子部/宗教
類/道教之屬

捵撮二十八宿星度歌訣一卷　清光緒十六年
（1890）陳正軒抄本　一冊

330000 – 4732 – 0000086　0082　子部/宗教
類/道教之屬

靈寶清醮玄科一卷　清光緒元年（1875）吳旺
真誠心堂抄本　一冊

330000 – 4732 – 0000087　0083　子部/宗教
類/道教之屬

功德焰口真科一卷　清陳法成抄本　一冊

330000 – 4732 – 0000088　0088　子部/宗教
類/道教之屬

清醮發奏科一卷　清嘉慶二十四年（1819）吳
顯真抄本　一冊

330000 – 4732 – 0000089　0089　子部/宗教
類/道教之屬

祈禳過關科書一卷　清同治四年（1865）洪法
進抄本　一冊

330000 – 4732 – 0000092　0095　子部/宗教
類/道教之屬

答款獻疏一卷　清光緒八年（1882）陳法真抄
本　一冊

330000 – 4732 – 0000094　0092　子部/宗教
類/道教之屬

求晴雨牒謝雨設醮式一卷　清道光何火法抄
本　一冊

330000 – 4732 – 0000095　0093　子部/宗教
類/道教之屬

攔街清醮供王科一卷　清道光十五年（1835）
葉葵秀抄本　一冊

330000 – 4732 – 0000096　0094　子部/宗教
類/道教之屬

諸天左班科一卷　清吳旺真抄本　一冊

330000 – 4732 – 0000097　0101　子部/宗教
類/道教之屬

奏聖借兵法書一卷　清抄本　一冊

330000 – 4732 – 0000098　0102　子部/宗教
類/道教之屬

論宅開門放水經拆水進益斷訣一卷　清光緒
二十八年（1902）雷震聲抄三十四年（1908）藍
新清補抄本　一冊

330000 – 4732 – 0000101　0098　子部/宗教
類/道教之屬

太上說三官經一卷　清抄本　一冊

330000 – 4732 – 0000102　0099　子部/宗教
類/道教之屬/經文

經本一卷　清光緒二十三年（1897）雷元京抄

本 一冊

330000 - 4732 - 0000103　0100　子部/宗教類/道教之屬

召魂牒靈寶玄壇一卷　清光緒七年（1881）吳龍興抄本　一冊

330000 - 4732 - 0000104　0104　子部/宗教類/道教之屬

申發科一卷　清光緒二十五年（1899）吳長城抄本　一冊

330000 - 4732 - 0000107　0107　子部/宗教類/道教之屬

結界請四聖科一卷　清吳旺真抄本　一冊

330000 - 4732 - 0000108　0108　子部/宗教類/道教之屬

次夜關燈科一卷　清光緒二十二年（1896）陳法成抄本　一冊

330000 - 4732 - 0000110　0110　子部/宗教類/道教之屬

金書少科存法一卷　清吳旺真抄本　一冊

330000 - 4732 - 0000116　0116　子部/宗教類/道教之屬

七夕慶賀玄科一卷　清乾隆五十九年（1794）林增元抄本　一冊

330000 - 4732 - 0000117　0117　子部/宗教類/道教之屬

靈寶滌穢建壇玄科一卷　清光緒二十四年（1898）吳長城抄本　一冊

330000 - 4732 - 0000118　0118　子部/宗教類/道教之屬/經文

九經書一卷　清道光二十七年（1847）藍新玉抄本　一冊

330000 - 4732 - 0000119　0119　子部/宗教類/道教之屬

水蓋宮真科一卷　清梅定真抄本　一冊

330000 - 4732 - 0000121　0125　子部/宗教類/道教之屬

關牒疏式一卷　清光緒七年（1881）吳世琰抄

本 一冊

330000 - 4732 - 0000122　0126　子部/宗教類/道教之屬

普唵祖師咒一卷　清道光五年（1825）王法興抄本　一冊

330000 - 4732 - 0000123　0121　子部/宗教類/道教之屬

打奈橋書一卷　清乾隆五十八年（1793）葉顯真抄本　一冊

330000 - 4732 - 0000125　0123　子部/宗教類/道教之屬

天醫院真科一卷　清乾隆四十三年（1778）潘貴抄本　一冊

330000 - 4732 - 0000126　0124　子部/宗教類/道教之屬

靈寶下廚科一卷　清乾隆四十四年（1779）李富抄本　一冊

330000 - 4732 - 0000127　0132　子部/宗教類/道教之屬

訣詩書一卷　清末李寶豐抄本　一冊

330000 - 4732 - 0000128　0133　子部/宗教類/道教之屬

欄街上堂變食請聖科一卷　清嘉慶李葉明本　一冊

330000 - 4732 - 0000130　0135　子部/宗教類/道教之屬

清醮綱目一卷　明天啓二年（1622）抄本一冊

330000 - 4732 - 0000132　0137　子部/宗教類/道教之屬

太上過關科大全一卷　清吳旺真抄本　一冊

330000 - 4732 - 0000133　0138　子部/宗教類/道教之屬

做唪書一卷　清宣統二年（1910）藍新清抄本一冊

330000 - 4732 - 0000134　0127　子部/宗教類/道教之屬

靈觀大帝醮流霞醮科一卷　清同治元年（1862）抄本　一冊

330000－4732－0000135　0128　子部/宗教類/道教之屬

收瘟請法立坦科書一卷　清抄本　一冊

330000－4732－0000136　0129　子部/宗教類/道教之屬

靈寶諾宣欵玄科一卷　清抄本　一冊

330000－4732－0000137　0130　子部/宗教類/道教之屬

敢宮疏試一卷　清抄本　一冊

330000－4732－0000138　0131　子部/宗教類/道教之屬

外面再錄奏安廟玄科一卷　清乾隆五十四年（1789）嚴法行抄本　一冊

330000－4732－0000139　0139　子部/宗教類/道教之屬

請仸書一卷　清光緒二十八年（1902）朱鴻真抄本　一冊

330000－4732－0000142　0142　子部/宗教類/道教之屬

太上血湖真經拔罪妙懺一卷　清同治七年（1868）陳法成抄本　一冊

330000－4732－0000144　0144　子部/宗教類/道教之屬

奏妖章表一卷　清道光十二年（1832）盧法顯抄本　一冊

330000－4732－0000145　0145　子部/宗教類/道教之屬

靈寶坐晴玄科一卷　清末王成真抄本　一冊

330000－4732－0000146　0146　子部/宗教類/道教之屬

靈寶天皇醮科一卷　清康熙四十一年（1702）嚴達昉抄本　一冊

330000－4732－0000149　0149　子部/宗教類/道教之屬

靈寶通衢上堂變煉科一卷　清光緒二十四年

（1898）吳長城抄本　一冊

330000－4732－0000150　0150　子部/宗教類/道教之屬

散念書一卷　清光緒十七年（1891）楊紹崧抄本　一冊

330000－4732－0000151　0151　子部/宗教類/道教之屬

祈福清醮度星科一卷　清光緒十八年（1892）抄本　一冊

330000－4732－0000152　0152　子部/宗教類/道教之屬

水晶宮玄科一卷　清末林悟真抄本　一冊

330000－4732－0000153　0153　子部/宗教類/道教之屬

諸天右班科一卷　清光緒吳旺真抄本　一冊

330000－4732－0000154　0154　子部/宗教類/道教之屬

靈寶右諸天班科一卷　清光緒吳旺真抄本　一冊

330000－4732－0000155　0155　子部/宗教類/道教之屬

度星表關牒疏式一卷　清光緒吳盛真抄本　一冊

330000－4732－0000156　0156　子部/宗教類/道教之屬

鎮妖招將判案書一卷　清光緒十五年（1889）吳法盛抄本　一冊

330000－4732－0000157　0157　子部/宗教類/道教之屬

懺諸天書一卷　清道光十二年（1832）吳法應抄本　一冊

330000－4732－0000159　0159　子部/宗教類/道教之屬

倒煉甲拔鬼劍科一卷　清光緒十七年（1891）吳昌林抄本　一冊

330000－4732－0000161　0161　子部/宗教類/道教之屬

延生送星科書一卷　清抄本　一冊

330000－4732－0000162　0162　子部/宗教類/道教之屬

九幽懺科一卷　清季成真抄本　一冊

330000－4732－0000163　0163　子部/宗教類/道教之屬

樓頭噭借兵願訣科一卷　清光緒三十二年(1906)吳法盛抄本　一冊

330000－4732－0000165　0165　子部/宗教類/道教之屬

打綿繩法書一卷　清咸豐十年(1860)翁永讓抄本　一冊

330000－4732－0000166　0166　子部/宗教類/道教之屬

太上三五都功經籙一卷　清吳旺真抄本　一冊

330000－4732－0000167　0167　子部/宗教類/道教之屬

武教接聖科一卷　清光緒十年(1884)柳法明抄本　一冊

330000－4732－0000168　0168　子部/宗教類/道教之屬

度亡血湖懺三卷　清道光二十一年(1841)林法金抄本　一冊

330000－4732－0000171　0179　子部/宗教類/道教之屬

做五續繞樓造壇科全本一卷　清光緒二十六年(1900)陳法成抄本　一冊

330000－4732－0000174　0174　子部/宗教類/道教之屬/雜著

造街尤科一卷　清抄本　一冊

330000－4732－0000177　0177　子部/宗教類/道教之屬

變爐科一卷　清抄本　一冊

330000－4732－0000178　0178　子部/宗教類/道教之屬

打入門法書一卷　清翁道真抄本　一冊

330000－4732－0000182　0182　子部/宗教類/道教之屬

做三界五臺九樓七塔召師文書一卷　清乾隆五十三年(1788)李新泰抄本　一冊

330000－4732－0000183　0183　子部/宗教類/道教之屬

藏身禁房變花圓法書一卷　清宣統元年(1909)張玉正抄本　一冊

330000－4732－0000184　0184　子部/宗教類/道教之屬

酊陳夫人醮科一卷　清抄本　一冊

330000－4732－0000188　0188　子部/宗教類/道教之屬

使公頭書一卷　清末抄本　一冊

330000－4732－0000190　0190　子部/宗教類/道教之屬

度星疏式一卷　清吳世琰抄本　一冊

330000－4732－0000193　0193　子部/宗教類/道教之屬/神符

雜覽法書符諱總本簿一卷　清光緒三年(1877)徐應真抄本　一冊

330000－4732－0000194　0194　子部/宗教類/道教之屬/雜著

雜塔塔詩一卷　清同治十一年(1872)吳思緒抄本　一冊

330000－4732－0000198　0198　子部/宗教類/道教之屬

下卷甲子歌一卷　清光緒二十年(1894)藍新青抄本　藍有奎觀款　一冊

330000－4732－0000199　0199　子部/宗教類/道教之屬

上堂啟聖玄科一卷　清光緒元年(1875)葉全真抄本　一冊

330000－4732－0000200　0200　子部/宗教類/道教之屬

北斗延生醮燈科一卷　清盧法盛抄本　一冊

330000－4732－0000201　0201　子部/宗教

類/道教之屬

靈寶告斗醮科一卷　清同治十一年（1872）抄本　金新貴觀款　一冊

330000－4732－0000202　0202　子部/宗教類/道教之屬

南昌鍊度真科一卷　清光緒二年（1876）項紹章抄本　一冊

330000－4732－0000204　0204　子部/宗教類/道教之屬

靈寶答醮玄科一卷　清葉元增抄本　一冊

330000－4732－0000205　0205　子部/宗教類/道教之屬

安灶經科一卷　清抄本　一冊

330000－4732－0000206　0206　子部/宗教類/道教之屬/神符

三十六傷科一卷　清乾隆十年（1745）李元翔抄本　一冊

330000－4732－0000212　0212　子部/宗教類/道教之屬

祈雨奏章變樓語一卷　清道光三十年（1850）張廷蘭抄本　一冊

330000－4732－0000213　0213　子部/宗教類/道教之屬

□□觧究法書一卷　清乾隆七年（1742）葉法仁抄本　一冊

330000－4732－0000214　0214　子部/宗教類/道教之屬

做醮法書一卷　清光緒十二年（1886）雷法漾抄本　一冊

330000－4732－0000216　0216　子部/宗教類/道教之屬

太上靈寶補謝竈王妙經一卷　清光緒十四年（1888）陳法成抄本　一冊

330000－4732－0000218　0218　子部/宗教類/道教之屬

靈寶亡生共填庫科一卷　清光緒二十四年（1898）陳和叔抄本　一冊

330000－4732－0000219　0219　子部/宗教類/道教之屬

發符真科一卷　清光緒十年（1884）陳法成抄本　一冊

330000－4732－0000220　0220　子部/宗教類/道教之屬

迎神請祭法書一卷　清抄本　吳昌林題記　一冊

330000－4732－0000221　0221　子部/宗教類/道教之屬

梨園疏式一卷　清光緒三十年（1904）吳應真抄本　一冊

330000－4732－0000222　0222　子部/宗教類/道教之屬

表式一卷　清宣統三年（1911）季道璠抄本　一冊

330000－4732－0000236　0236　子部/宗教類/道教之屬

出外祈赦玄科一卷　清抄本　一冊

330000－4732－0000238　0238　子部/宗教類/道教之屬

迎仙出宮歸宮正科一卷　清乾隆三十八年（1773）吳元真抄本　一冊

330000－4732－0000239　0239　子部/宗教類/道教之屬

第三夜科書一卷　清咸豐十年（1860）潘大庫抄本　項法□題記　一冊

330000－4732－0000240　0240　子部/宗教類/道教之屬

關文總錄一卷　清嘉慶二十年（1815）葉全真抄本　一冊

330000－4732－0000245　0245　子部/宗教類/道教之屬

靈寶脫朝宿啟科一卷　清嘉慶二十五年（1820）葉方朋抄本　一冊

330000－4732－0000247　0247　子部/宗教類/道教之屬

收各瘟書一卷　清嘉慶四年（1799）劉顯真抄本　一冊

330000－4732－0000248　0248　子部/宗教類/道教之屬

星辰保懺一卷　清吳旺真抄本　一冊

330000－4732－0000249　0249　子部/宗教類/道教之屬

斷瘟細法一卷　清嘉慶十七年（1812）季廷光抄本　一冊

330000－4732－0000250　0250　子部/宗教類/道教之屬

大演油湖燈科書一卷　清光緒十二年（1886）季可倉抄本　一冊

330000－4732－0000251　0251　子部/宗教類/道教之屬

晚朝頒赦科一卷　清同治二年（1863）葉明真抄本　一冊

330000－4732－0000252　0252　子部/宗教類/道教之屬

鎮妖遷竹科一卷　清盧法盛抄本　一冊

330000－4732－0000254　0259　子部/宗教類/道教之屬

祈福清醮度星科一卷　清光緒三十二年（1906）吳德興抄本　一冊

330000－4732－0000256　0261　子部/宗教類/道教之屬

靈寶滌穢真科一卷　清光緒八年（1882）葉武魁抄本　一冊

330000－4732－0000258　0263　子部/宗教類/道教之屬

太上慈悲水懺三卷　清抄本　林法揚、林王新、林法金觀款　一冊

330000－4732－0000261　0273　子部/宗教類/道教之屬/雜著

造舡科書一卷　清光緒十四年（1888）吳法盛抄本　一冊

330000－4732－0000264　0255　子部/宗教類/道教之屬

太上正一祈禳水宮科一卷　清乾隆五十一年（1786）吳得真抄本　一冊

330000－4732－0000265　0256　子部/宗教類/道教之屬

報本申天招亡科一卷　清光緒十九年（1893）吳法盛抄本　一冊

330000－4732－0000267　0274　子部/宗教類/道教之屬

梨園疏式一卷　清光緒二十四年（1898）陳一真抄本　一冊

330000－4732－0000269　0277　子部/宗教類/道教之屬

放赦科一卷　清末李德真抄本　一冊

330000－4732－0000270　0278　子部/宗教類/道教之屬

亡師故過九宮科書一卷　清光緒二十年（1894）項法榮抄本　一冊

330000－4732－0000273　0267　子部/宗教類/道教之屬

奏名三十六戒書一卷　清宣統三年（1911）吳法盛抄本　一冊

330000－4732－0000274　0268　子部/宗教類/道教之屬

靈寶溟滓斛文一卷　清乾隆二十年（1755）樹松林抄本　一冊

330000－4732－0000277　0271　子部/宗教類/道教之屬

東嶽寶懺一卷　清張福倉抄本　一冊

330000－4732－0000278　0272　子部/宗教類/道教之屬/雜著

造船法書科一卷　清光緒七年（1881）張元真抄本　一冊

330000－4732－0000280　0276　子部/宗教類/道教之屬

靈寶供王玄科一卷　清光緒十六年（1890）吳長城抄本　一冊

330000－4732－0000281　0281　子部/宗教類/道教之屬

度星禳災蓋宮科書一卷　清光緒十九年(1893)抄本　一冊

330000－4732－0000282　0282　子部/宗教類/道教之屬

諸神諸侟神呪全科一卷　清光緒四年(1878)陳海松抄本　一冊

330000－4732－0000283　0283　子部/宗教類/道教之屬

太上靈寶冶煉座頭斛科一卷　清乾隆五十一年(1786)吳得真抄本　一冊

330000－4732－0000284　0284　子部/宗教類/道教之屬

禳星表一卷　清抄本　一冊

330000－4732－0000287　0287　子部/宗教類/道教之屬

第一夜五苦燈科一卷　清光緒六年(1880)季普真抄本　一冊

330000－4732－0000296　0296　子部/宗教類/道教之屬

求雨法書一卷　清乾隆五十一年(1786)李彥真抄本　一冊

330000－4732－0000297　0297　子部/宗教類/道教之屬

太上玄靈北斗本命延生真經一卷　清陳□□抄本　一冊

330000－4732－0000299　0299　子部/宗教類/道教之屬

奏聖科書一卷　清王□真抄本　一冊

330000－4732－0000300　0300　子部/宗教類/道教之屬

粧社文書一卷　清乾隆五十三年(1788)李彥真抄本　一冊

330000－4732－0000301　0301　子部/宗教類/道教之屬

收曬書一卷　清末抄本　季道洪題記　一冊

330000－4732－0000302　0302　子部/宗教類/道教之屬

設醮接太子玄科一卷　清光緒二十四年(1898)梅定真抄本　一冊

330000－4732－0000303　0303　子部/宗教類/道教之屬

收瘟造落垟城造舡書一卷　清嘉慶十六年(1811)吳法應抄本　一冊

330000－4732－0000307　0307　子部/宗教類/道教之屬

治顛法文一卷　清抄本　一冊

330000－4732－0000308　0308　子部/宗教類/道教之屬

起神投法書一卷　清光緒十四年(1888)吳讚英抄本　一冊

330000－4732－0000309　0309　子部/宗教類/道教之屬

打綿繩法書一卷　清光緒十二年(1886)林徐妹抄本　一冊

330000－4732－0000310　0310　子部/宗教類/道教之屬

清醮綱目一卷　清同治十一年(1872)鄭元真抄本　一冊

330000－4732－0000311　0311　子部/宗教類/道教之屬

做醮移星鮮厄大吉利科文一卷　清光緒十四年(1888)雷震利抄本　一冊

330000－4732－0000312　0312　子部/宗教類/道教之屬/神符

灶墩設醮科一卷　清抄本　一冊

330000－4732－0000313　0313　子部/宗教類/道教之屬/威儀

騎門清醮科一卷　清光緒三十一年(1905)鄭誠真抄本　一冊

330000－4732－0000314　0314　子部/宗教類/道教之屬

打逼師臺床金鍾水晶石匣穿山等項法書一卷

清嘉慶四年(1799)李新穆抄本　一册

330000－4732－0000315　0315　史部/傳記
類/總傳之屬/家乘

[浙江龍泉]劉氏家譜不分卷　明崇禎抄本
一册

330000－4732－0000317　0317　史部/傳記
類/總傳之屬/家乘

[浙江景寧]葛山劉氏宗譜四卷　（清）林森纂
修　清光緒十年(1884)木活字印本　四册

330000－4732－0000318　0318　史部/傳記
類/總傳之屬/家乘

[浙江景寧]續添劉氏宗譜不分卷　清末敬業
堂抄本　一册

330000－4732－0000319　0319　史部/傳記
類/總傳之屬/家乘

[浙江景寧]葉氏宗譜不分卷　（清）張文齡纂
修　清康熙四十二年(1703)稿本　一册

330000－4732－0000320　0320　史部/傳記
類/總傳之屬/家乘

[浙江景寧]坑下劉氏宗譜不分卷　清光緒二
十四年(1898)抄本　一册

330000－4732－0000321　0321　史部/傳記
類/總傳之屬/家乘

[浙江雲和]豐源劉氏宗譜二卷　清道光十九
年(1839)惇敘堂木活字印本　一册　存一卷
(二)

330000－4732－0000322　0322　史部/傳記
類/總傳之屬/家乘

[浙江雲和]豐源劉氏宗譜四卷　（清）藍文蔚
纂修　清光緒三十二年(1906)木活字印本
四册

330000－4732－0000328　0328　史部/傳記
類/總傳之屬/家乘

[浙江景寧]葉氏續修宗譜不分卷　（清）葉梁
纂修　清嘉慶十六年(1811)抄本　一册

330000－4732－0000329　0329　史部/傳記
類/總傳之屬/家乘

[浙江景寧]石梯下村南陽葉氏宗譜六卷
（清）葉德立纂修　稿本　一册

330000－4732－0000330　0330　史部/傳記
類/總傳之屬/家乘

[浙江雲和]葉氏宗譜二卷　（清）劉昌壽纂修
清同治七年(1868)抄本　一册

330000－4732－0000334　0334　史部/傳記
類/總傳之屬/家乘

[浙江景寧]隆川林氏宗譜二卷　（清）吳敦諄
纂修　清道光十六年(1836)稿本　一册

330000－4732－0000336　0336　史部/傳記
類/總傳之屬/家乘

[浙江景寧]林氏宗譜二卷　清抄本　一册
存一卷(二)

330000－4732－0000341　0341　史部/傳記
類/總傳之屬/家乘

[浙江雲和]下邨余氏宗譜四卷　（清）余桂茂
（清）余宗海監修　清同治十一年(1872)木
活字印本　二册

330000－4732－0000345　0345　史部/傳記
類/總傳之屬/家乘

[浙江景寧]徐氏家譜三卷　（清）徐延壽纂修
清末抄本　一册

330000－4732－0000346　0347　史部/傳記
類/總傳之屬/家乘

[浙江景寧]柳氏宗譜四卷　（清）林茂纂修
清嘉慶十四年(1809)培本齋稿本　一册

330000－4732－0000347　0346　史部/傳記
類/總傳之屬/家乘

[浙江景寧]朱氏宗譜四卷　（清）□□纂修
清光緒三十三年(1907)木活字印本　一册
存一卷(四)

330000－4732－0000349　0349　史部/傳記
類/總傳之屬/家乘

[浙江雲和]楊氏宗譜三卷　（清）劉昌壽纂修
（清）劉肇康增修　清同治十三年(1874)抄
光緒三十一年(1905)增修本　一册

330000 - 4732 - 0000351　0351　史部/傳記類/總傳之屬/家乘

[浙江雲和]褚氏宗譜三卷　（清）褚邦榮主修（清）褚士春編輯　清宣統三年（1911）木活字印本　一冊　存二卷（一至二）

330000 - 4732 - 0000353　0353　史部/傳記類/總傳之屬/家乘

[浙江雲和]沙埔項氏宗譜不分卷　（清）胡亦雅纂修　清咸豐五年（1855）敦行堂木活字印本　一冊

330000 - 4732 - 0000358　0358　史部/傳記類/總傳之屬/家乘

[浙江青田]大瀇沈氏宗譜不分卷　（清）□□纂修　清同治十二年（1873）木活字印本二冊

330000 - 4732 - 0000363　0363　史部/傳記類/總傳之屬/家乘

[浙江景寧]汝南梅氏宗譜不分卷　（清）陳璧書纂修　清光緒二十八年（1902）抄本　三冊

330000 - 4732 - 0000364　0364　史部/傳記類/總傳之屬/家乘

[浙江景寧]梅氏宗譜不分卷　（清）潘澴纂修清道光八年（1828）抄本　一冊

330000 - 4732 - 0000365　0365　史部/傳記類/總傳之屬/家乘

[福建上杭]上杭白砂袁氏族譜十卷首一卷清光緒二十三年（1897）刻本　十一冊

330000 - 4732 - 0000366　0366　史部/傳記類/總傳之屬/家乘

[福建上杭]上杭白砂袁氏族譜十卷首一卷清同治十二年（1873）木活字印本　九冊　缺三卷（長房二至四）

330000 - 4732 - 0000367　0367　史部/傳記類/總傳之屬/家乘

[福建上杭]上杭白砂袁氏族譜九卷首一卷清道光五年（1825）刻本　十一冊　二房卷三缺二冊

330000 - 4732 - 0000375　0375　史部/傳記

類/總傳之屬/郡邑

[浙江景寧]周氏家譜八卷　清道光二十七年（1847）抄本　一冊

330000 - 4732 - 0000377　0377　史部/傳記類/總傳之屬/家乘

吳氏家譜不分卷　（清）吳繼恒較纂　（清）吳繼材　（清）吳繼發　（清）吳繼友修訂（清）葉喬嶸纂著　清道光二十六年（1846）抄本　一冊

330000 - 4732 - 0000378　0378　史部/傳記類/總傳之屬/家乘

[浙江]新修坑下吳氏宗譜不分卷　（清）吳鈞纂修　清同治八年（1869）抄本　一冊

330000 - 4732 - 0000380　0380　史部/傳記類/總傳之屬/家乘

[浙江景寧]彭氏宗譜□□卷　清木活字印本一冊　存二卷（四至五）

330000 - 4732 - 0000386　0386　史部/傳記類/總傳之屬/家乘

[浙江雲和]隴西李氏宗譜二卷　（清）李永叢（清）李先厚等纂修　清光緒二十九年（1903）木活字印本　一冊

330000 - 4732 - 0000387　0387　史部/傳記類/總傳之屬/家乘

[浙江雲和]豐源李氏宗譜二卷　（清）林鍾奎纂修　清光緒二十七年（1901）敘倫堂木活字印本　二冊

330000 - 4732 - 0000388　0388　史部/傳記類/總傳之屬/家乘

[浙江景寧]隴西李氏宗譜不分卷　（清）□□纂修　清光緒七年（1881）木活字印本　一冊

330000 - 4732 - 0000389　0389　史部/傳記類/總傳之屬/家乘

[浙江雲和]重修鄭氏宗譜八卷首一卷末一卷清光緒二十一年（1895）木活字印本　一冊存三卷（首、一至二）

330000 - 4732 - 0000390　0390　史部/傳記類/總傳之屬/家乘

[浙江雲和]箬溪鉅鹿魏氏宗譜十四卷首一卷末一卷　清光緒十六年(1890)亦政堂木活字印本　四冊　缺七卷(七至八、十一至十四、末)

330000－4732－0000391　0391　史部/傳記類/總傳之屬/家乘

[浙江景寧]儒溔徐氏新修宗譜不分卷　(清)陳廷政纂修　清抄本　一冊

330000－4732－0000394　0394　史部/傳記類/總傳之屬/家乘

[浙江雲和]魏氏宗譜一卷首一卷　(清)魏顯揚等纂修　清同治三年(1864)木活字印本　一冊

330000－4732－0000395　0395　史部/傳記類/總傳之屬/家乘

[浙江雲和]箬溪鉅鹿魏氏宗譜十四卷首一卷末一卷　清光緒十六年(1890)亦政堂木活字印本　一冊　存二卷(四至五)

330000－4732－0000396　0396　經部/禮記類/傳說之屬

禮記旁訓辨體合訂六卷　(清)徐立綱輯　清刻本　五冊　缺一卷(一)

330000－4732－0000397　0397　子部/宗教類/道教之屬/經文

三官經註解一卷　清宣統元年(1909)刻本　一冊

330000－4732－0000398　0398　經部/禮記類/傳說之屬

禮記集說十卷　(元)陳澔撰　清京都文成堂刻本　九冊　缺一卷(十)

330000－4732－0000399　0399　史部/史抄類

廿一史約編八卷首一卷　(清)鄭元慶撰　清光緒六年(1880)得月樓刻本　七冊　存八卷(首、金、石、絲、竹、匏、土、革)

330000－4732－0000400　0400　史部/傳記類/總傳之屬/儒林

理學宗傳二十六卷　(清)孫奇逢撰　(清)魏

一鼇等編　清光緒六年(1880)浙江書局刻本　一冊　存二卷(一至二)

330000－4732－0000402　0402　集部/總集類/課藝之屬

目耕齋讀本初集不分卷二刻不分卷　(清)徐楷評註　(清)沈叔眉選刊　清汲綆齋刻本　一冊　存二刻

330000－4732－0000403　0403　史部/地理類/方志之屬/郡縣志

[乾隆]溫州府志三十卷首一卷　(清)李琬修　(清)齊召南　(清)汪沆纂　清乾隆二十七年(1762)刻同治四年(1865)修版印本　一冊　存一卷(首)

330000－4732－0000404　0404　經部/禮記類/傳說之屬

禮記集說十卷　(元)陳澔撰　清紫巖存心齋刻本　王大振觀款　九冊　缺一卷(九)

330000－4732－0000405　0405　經部/禮記類/傳說之屬

禮記增訂旁訓六卷　(清)徐立綱撰　清文奎堂刻本　四冊　缺二卷(一、三)

330000－4732－0000406　0406　經部/禮記類/傳說之屬

禮記旁訓辨體合訂六卷　(清)徐立綱輯　清靈蘭堂刻本　二冊　存二卷(三、六)

330000－4732－0000407　0407　經部/三禮總義類

三禮約編喈鳳十九卷　(清)汪基編　清同治十三年(1874)刻本　觀漣題款　三冊　存十一卷(禮記六至十、周禮一至六)

330000－4732－0000408　0408　經部/禮記類/傳說之屬

全本禮記體註十卷　(清)徐瑄撰　清刻本　二冊　存二卷(六、八)

330000－4732－0000409　0409　經部/禮記類/傳說之屬

節本禮記十卷　(清)汪基節鈔　(清)江永校纂　清末石印本　一冊　存三卷(一至三)

330000－4732－0000410　0410　經部/禮記類/傳說之屬

禮記便讀二卷　(清)王一清輯　清刻本　一冊　存一卷(一)

330000－4732－0000413　0413　經部/叢編

五經旁訓　(清)徐立綱旁訓　清同治十二年(1873)聚奎堂刻本　范氏題簽並觀款　四冊　存一種

330000－4732－0000414　0414　經部/詩類/傳說之屬

詩經體註大全合叅八卷　(清)高朝瓔定　(清)沈世楷輯　清光緒二十一年(1895)經文堂刻本　孫福壬題簽並記　四冊

330000－4732－0000415　0415　經部/詩類/傳說之屬

詩經集傳八卷　(宋)朱熹撰　清刻本　二冊　存四卷(一至二、六至七)

330000－4732－0000416　0416　經部/詩類/傳說之屬

詩經集傳八卷　(宋)朱熹撰　清末煥文書局石印本　二冊　存五卷(三至四、六至八)

330000－4732－0000418　0418　經部/詩類/傳說之屬

詩經集註八卷　(宋)朱熹撰　清文奎堂刻本　三冊　缺一卷(三)

330000－4732－0000421　0421　子部/醫家類/綜合之屬/通論

御纂醫宗金鑑內科七十四卷外科十六卷首一卷　(清)吳謙等撰　清刻本　十六冊　存二十七卷(內科十九至二十一、二十四至二十五、二十九至三十一、三十五至四十、五十一至五十四、五十九至六十三、七十四,外科一、八至九)

330000－4732－0000422　0422　經部/詩類/傳說之屬

詩經八卷詩經體註大全合叅八卷　(清)高朝瓔定　(清)沈世楷輯　清刻本　一冊　存四卷(一至二、詩經體註大全合叅一至二)

330000－4732－0000424　0424　子部/醫家類/綜合之屬/通論

御纂醫宗金鑑內科七十四卷外科十六卷首一卷　(清)吳謙等撰　清末石印本　一冊　存四卷(內科七至十)

330000－4732－0000425　0425　經部/詩類/傳說之屬

詩經瑯環體註大全八卷　(清)范翔鑒定　(清)沈世楷輯　清末刻本　一冊　存三卷(六至八)

330000－4732－0000426　0426　經部/詩類/傳說之屬

詩經集傳八卷　(宋)朱熹撰　清末刻本　一冊　存二卷(一至二)

330000－4732－0000427　0427　經部/詩類/傳說之屬

監本詩經全文五卷　(宋)朱熹撰　清書蘭亭刻本　一冊　存二卷(四至五)

330000－4732－0000428　0428　經部/詩類/傳說之屬

監本詩經全文四卷　(宋)朱熹撰　清文元堂刻本　潘憲忠題簽並記　一冊　存一卷(一)

330000－4732－0000430　0430　經部/詩類/傳說之屬

監本詩經全文四卷　(宋)朱熹撰　清末鼎邑文成堂刻本　徐師儒題簽並記　一冊　存一卷(三)

330000－4732－0000431　0431　經部/叢編

監本五經五種　清刻本　一冊　存一種

330000－4732－0000432　0432　經部/叢編

監本五經五種　清末錦春齋刻本　二冊　存一種

330000－4732－0000435　0435　經部/叢編

四經精華　(清)薛嘉穎輯　清光緒二年(1876)浙寧簡香齋刻本　五冊　存二種

330000－4732－0000436　0436　經部/詩類/傳說之屬

監本詩經全文八卷 （宋）朱熹撰　清刻本
季道勳題簽並記　一冊　存一卷(二)

監本詩經全文四卷 （宋）朱熹撰　清文名堂
刻本　一冊　存一卷(三)

周易本義四卷附圖說一卷 （宋）朱熹撰　清
宣統二年(1910)上海廣益書局石印本　吳承
楊題款　一冊

**周易本義四卷附圖說一卷卦歌一卷筮儀一卷
五贊一卷** （宋）朱熹撰　清刻本　柳壽臻題
簽並記　二冊　存三卷(二至四)

易經大全會解四卷 （清）來爾繩纂輯　（清）
朱采治　（清）朱之澄編訂　清末刻本　一冊
存二卷(三至四)

書經集傳六卷 （宋）蔡沈撰　清刻本　二冊
存三卷(四至六)

書經集傳六卷 （宋）蔡沈撰　清刻本　二冊
缺一卷(一)

書經體注大全合參六卷 （宋）蔡沈集傳
(清）錢希祥輯注　清刻本　三冊　存三卷
(二至三、六)

書經體注大全合參六卷 （宋）蔡沈集傳
(清）錢希祥輯注　清刻本　一冊　存一卷
(一)

尚書離句六卷 （清）錢在培輯解　清刻本
陳占魁題簽並題款　二冊　存三卷(三、五至
六)

**御纂醫宗金鑑內科七十四卷外科十六卷首一
卷** （清）吳謙等撰　清刻本　穀文觀款　六
冊　存十五卷(內科五至七、十七至十八、二
十一至二十二、四十六至四十八、六十三至六
十四、六十八至七十)

書經集註六卷 （宋）蔡沈撰　**尚書體註約解
合叅六卷** （清）洪佐聖　（清）洪輔聖
(清)洪翼聖撰　（清）洪文衡增訂　清刻本
一冊　存二卷(一、尚書體註約解合叅一)

書經旁訓辨體合訂四卷 （清）徐立綱輯　清
刻本　一冊　存一卷(一)

書經集傳六卷 （宋）蔡沈撰　清刻本　一冊
存二卷(五至六)

春秋增訂旁訓四卷 （清）徐立綱撰　（清）竺
靜甫　（清）竺子壽增訂　清留耕堂刻本
二冊

春秋體註大全四卷 （清）徐寅寶纂　清刻本
二冊　存二卷(一至二)

春秋增訂旁訓四卷 （清）徐立綱撰 （清）竺靜甫 （清）竺子壽增訂 清大□堂刻本 一冊

330000－4732－0000459 0459 經部/春秋總義類/傳說之屬

春秋體註四卷 清刻本 一冊 存一卷(三)

330000－4732－0000460 0460 經部/春秋總義類/傳說之屬

欽定春秋傳說彙纂三十八卷首二卷 （清）王揆等撰 清康熙六十年(1721)武英殿刻本 一冊 存二卷(二十四至二十五)

330000－4732－0000461 0461 集部/小說類/短篇之屬

聊齋志異評注十六卷 （清）蒲松齡撰 （清）王士禎評 （清）呂湛恩注 （清）但明倫批 清刻本 二冊 存二卷(六、十三)

330000－4732－0000462 0462 集部/小說類/短篇之屬

聊齋志異新評十六卷 （清）蒲松齡撰 （清）王士禎評 （清）呂湛恩注 （清）但明倫批 清刻本 一冊 存一卷(十一)

330000－4732－0000463 0463 集部/小說類/短篇之屬

聊齋志異新評十六卷 （清）蒲松齡撰 （清）王士禎評 （清）呂湛恩注 （清）但明倫批 清刻朱墨套印本 二冊 存二卷(十三至十四)

330000－4732－0000465 0465 子部/雜家類

呂氏春秋二十六卷 （漢）高誘注 清刻本 二冊 存七卷(十四至二十)

330000－4732－0000466 0466 經部/春秋總義類/傳說之屬

春秋擬題集傳二卷 清道光二十六年(1846)刻本 一冊

330000－4732－0000467 0467 經部/叢編

五經備旨四十五卷 （清）鄒聖脉纂輯 清光緒十二年(1886)上海點石齋石印本 二冊

存七卷(易經一至七)

330000－4732－0000468 0468 經部/叢編

五經備旨四十五卷 （清）鄒聖脉纂輯 清光緒十三年(1887)上海大同書局石印本 范銘題記 五冊 存十九卷(禮記一至十一、春秋五至十二)

330000－4732－0000470 0470 經部/叢編

五經味根錄 關蔚煌輯 清末同文書局石印本 二冊 存一種

330000－4732－0000471 0471 子部/儒家類/儒家之屬

孔氏家語十卷 （三國魏）王肅注 清乾隆四十六年(1781)書業堂刻本 一冊 存五卷(一至五)

330000－4732－0000475 0475 經部/四書類/總義之屬/傳說

增補四書精繡圖像人物備考十二卷 （明）薛應旂撰 （明）陳仁錫增定 清鳳藻書屋刻本 夏正寅題簽 八冊

330000－4732－0000524 0524 子部/儒家類/儒學之屬/禮教/女範

女四書四卷 （清）王相箋註 清金陵奎壁齋刻本 梅百魁題簽、記並批 一冊

330000－4732－0000532 0532 經部/四書類/總義之屬/傳說

新訂四書補注備旨十卷 （明）鄧林撰 （清）杜定基增訂 清文奎堂刻本 綠天、魏達興題記 四冊 缺三卷(論語一至二、孟子三)

330000－4732－0000533 0533 經部/四書類/總義之屬/傳說

新訂四書補注備旨十卷 （明）鄧林撰 （清）杜定基增訂 清文奎堂刻本 王登梯批、題簽並記 王祿題記 三冊 存六卷(論語一至四、孟子一至二)

330000－4732－0000534 0534 經部/四書類/總義之屬/傳說

新訂四書補注備旨十卷 （明）鄧林撰 （清）杜定基增訂 清刻本 福壬題簽並記 二冊

存四卷(論語一至四)

330000－4732－0000535　0535　經部/四書類/總義之屬/傳說

新訂四書補注備旨十卷　(明)鄧林撰　(清)杜定基增訂　清文奎堂刻本　王步雲題簽並記　三冊　缺六卷(論語一至四、孟子一至二)

330000－4732－0000536　0536　經部/四書類/總義之屬/傳說

新訂四書補注備旨十卷　(明)鄧林撰　(清)杜定基增訂　清刻本　一冊　存一卷(孟子四)

330000－4732－0000537　0537　經部/四書類/總義之屬/傳說

永言堂四書體註合講十九卷附圖考一卷　(清)翁復編　清文奎堂刻本　二冊　存二卷(大學、中庸)

330000－4732－0000538　0538　經部/四書類/總義之屬/傳說

學源堂四書體註合講十九卷　(清)翁復編　清末文奎堂刻本　一冊　存五卷(論語一至五)

330000－4732－0000539　0539　經部/四書類/總義之屬/傳說

永言堂四書遵註合講十九卷附圖考一卷　(清)翁復編　清永言堂刻本　林煥題記並批　一冊　存五卷(論語一至五)

330000－4732－0000540　0540　經部/四書類/總義之屬/傳說

寶章堂四書遵註合講十九卷　(清)翁復編　清寶章堂刻本　達三題記　一冊　存四卷(論語一至四)

330000－4732－0000541　0541　經部/四書類/總義之屬/傳說

桂月樓四書體註合講十九卷　(清)翁復編　清桂月樓刻本　一冊　存五卷(論語一至五)

330000－4732－0000542　0542　經部/四書類/總義之屬/傳說

四書體註合講十九卷　(清)翁復編　清學源堂刻本　二冊　存九卷(論語五至十、孟子一至三)

330000－4732－0000543　0543　經部/四書類/總義之屬/傳說

四書體註合講十九卷　(清)翁復編　清末永言堂刻本　一冊　存二卷(孟子六至七)

330000－4732－0000544　0544　經部/四書類/總義之屬/傳說

攷正增圖四書合講十九卷圖考一卷　(清)翁復編　清刻本　二冊　存四卷(孟子四至七)

330000－4732－0000545　0545　經部/四書類/總義之屬/傳說

天祿齋四書遵註合講十九卷　(清)翁復編次　清天祿齋刻本　商世恩題記　三冊　缺十二卷(論語一至十、孟子四至五)

330000－4732－0000546　0546　經部/四書類/總義之屬/傳說

天祿齋四書遵註合講十九卷　(清)翁復編次　清天祿齋刻本　四冊　存十二卷(論語一至五、孟子一至七)

330000－4732－0000547　0547　經部/四書類/總義之屬/傳說

漱芳軒合纂四書體註□□卷　(清)范翔糸訂　清刻本　一冊　存二卷(大學、中庸)

330000－4732－0000548　0548　經部/四書類/總義之屬/傳說

漱芳軒合纂四書體註□□卷　(清)范翔糸訂　清刻本　一冊　存三卷(孟子一至三)

330000－4732－0000550　0550　經部/四書類/總義之屬/傳說

文林堂寫刻辨字白文四書七卷　清刻本　柳金培題簽並記　二冊　存二卷(論語下、孟子下)

330000－4732－0000551　0551　經部/四書類/總義之屬/傳說

文林堂寫刻辨字白文四書七卷　清刻本　清梅永瑤題簽並記　一冊　存一卷(論語下)

330000－4732－0000552　0552　經部/四書類/總義之屬/傳說

四書集註（四書章句集註、四書）十九卷
（宋）朱熹撰　清碧梧齋刻本　嚴繁題簽並記　一冊　存三卷（孟子一至三）

330000－4732－0000553　0553　經部/四書類/總義之屬/傳說

監本四書四種　（宋）朱熹撰　清光緒八年（1882）蘇州綠蔭堂刻本　一冊　存二種

330000－4732－0000555　0555　經部/四書類/總義之屬/傳說

新訂四書補注備旨十卷　（明）鄧林撰　（清）杜定基增訂　清末刻本　清張光鑫、清張光炎題簽並記　三冊　存五卷（論語一至四、孟子四）

330000－4732－0000556　0556　經部/四書類/總義之屬/傳說

四書體註合講十九卷　（清）翁復編　清道光八年（1828）酌雅齋刻本　吳□題簽並記　一冊　存二卷（孟子四至五）

330000－4732－0000557　0557　經部/四書類/總義之屬/傳說

四書便蒙七卷　（宋）朱熹注　清末文明堂刻本　梅盛東題簽、記並句讀　一冊　存一卷（中庸）

330000－4732－0000558　0558　經部/四書類/總義之屬/傳說

四書便蒙七卷　（宋）朱熹注　清東甌文華堂刻本　林鳳標題簽、題記並句讀　一冊　存一卷（論語二）

330000－4732－0000559　0559　經部/四書類/總義之屬/傳說

文明堂監本四書正文七卷　（宋）朱熹章句　清刻本　朱學有題簽並記　一冊　存一卷（大學）

330000－4732－0000560　0560　經部/四書類/總義之屬/傳說

四書便蒙七卷　（宋）朱熹注　清末甌城黃魁元堂刻本　梅盛東題簽並記　二冊　存二卷（孟子一至二）

330000－4732－0000561　0561　經部/四書類/總義之屬/傳說

四書便蒙七卷　（宋）朱熹注　清末甌城黃魁元堂刻本　二冊　存二卷（孟子一至二）

330000－4732－0000562　0562　經部/四書類/總義之屬/傳說

四書便蒙七卷　（宋）朱熹注　清末甌城黃魁元堂刻本　錢慶良題簽並記　二冊　存一卷（孟子一）

330000－4732－0000563　0563　經部/四書類/總義之屬/傳說

四書便蒙七卷　（宋）朱熹注　清末魁元堂刻本　一冊　存二卷（大學、中庸）

330000－4732－0000564　0564　經部/四書類/總義之屬/傳說

四書便蒙七卷　（宋）朱熹注　清刻本　楊正昌題簽並記　一冊　存一卷（孟子二）

330000－4732－0000565　0565　經部/四書類/總義之屬/傳說

四書便蒙七卷　（宋）朱熹注　清刻本　一冊　存一卷（論語一）

330000－4732－0000566　0566　經部/四書類/總義之屬/傳說

四書便蒙七卷　（宋）朱熹注　清刻本　王存璋題簽並記　一冊　存一卷（孟子二）

330000－4732－0000567　0567　經部/四書類/總義之屬/傳說

四書便蒙七卷　（宋）朱熹注　清刻本　一冊　存一卷（孟子一）

330000－4732－0000568　0568　經部/四書類/總義之屬/傳說

監本四書正文四種　（宋）朱熹撰　清刻本　一冊　存一種

330000－4732－0000569　0569　經部/四書類/總義之屬/傳說

監本四書正文四種　（宋）朱熹撰　清末刻本
一冊　存一種

330000－4732－0000570　0570　經部/四書
類/總義之屬/傳說

四書正文七卷　清刻本　一冊　存一卷(孟
子二)

330000－4732－0000571　0571　經部/四書
類/總義之屬/傳說

四書正文七卷　清福州集新堂刻本　徐茂宸
題記　一冊　存一卷(孟子二)

330000－4732－0000572　0572　經部/四書
類/總義之屬/傳說

新鐫部頒監本四書正文　（宋）朱熹撰　清末
鼎邑文成堂刻本　徐可進題簽並記　三冊
存二種

330000－4732－0000573　0573　經部/四書
類/總義之屬/傳說

新鐫部頒監本四書正文　（宋）朱熹撰　清末
鼎邑文成堂刻本　徐可鑛題簽並記　四冊
存二種

330000－4732－0000574　0574　經部/四書
類/總義之屬/傳說

新鐫部頒監本四書正文　（宋）朱熹撰　清末
鼎邑文成堂刻本　徐可□題簽並記　三冊
存二種

330000－4732－0000575　0575　經部/四書
類/總義之屬/傳說

監本四書正文四種　（宋）朱熹撰　清末文成
堂刻本　二冊　存一種

330000－4732－0000576　0576　經部/四書
類/總義之屬/傳說

新鐫部頒監本四書正文　（宋）朱熹撰　清泰
邑魏恒興刻本　一冊　存一種

330000－4732－0000577　0577　經部/四書
類/總義之屬/傳說

四書正文七卷　清文元堂刻本　一冊　存一
卷(孟子一)

330000－4732－0000578　0578　經部/四書
類/總義之屬/傳說

四書全註不分卷　清刻本　一冊　存論語下

330000－4732－0000579　0579　經部/四書
類/總義之屬/傳說

新鐫部頒監本四書全文　（宋）朱熹撰　清末
文奎堂刻本　毛祥麟題簽並記　一冊　存
一種

330000－4732－0000580　0580　經部/四書
類/總義之屬/傳說

文名堂較正監韻分章分節四書正文　清末德
記刻本　梅盛東題簽　一冊　存一種

330000－4732－0000581　0581　經部/四書
類/總義之屬/傳說

新鐫部頒監本四書全文　（宋）朱熹撰　清末
歲寒堂刻本　一冊　存一種

330000－4732－0000582　0582　經部/四書
類/總義之屬/傳說

新鐫部頒監本四書全文　（宋）朱熹撰　清末
歲寒堂刻本　梅盛東題簽並記　一冊　存
一種

330000－4732－0000583　0583　經部/四書
類/總義之屬/傳說

寶文堂遵依國子監銅板原本四書正文四種
清末寶文堂刻本　吳志松題記　一冊　存
一種

330000－4732－0000584　0584　經部/四書
類/總義之屬/傳說

文華堂較正監韻分章分節四書正文四種　清
刻本　徐增庝題記　一冊　存一種

330000－4732－0000585　0585　經部/四書
類/總義之屬/傳說

文華堂較正監韻分章分節四書正文四種　清
刻本　梅永題記　一冊　存一種

330000－4732－0000586　0586　經部/四書
類/總義之屬/傳說

文華堂較正監韻分章分節四書正文四種　清
刻本　二冊　存三種

330000 – 4732 – 0000587　0587　經部/四書類/總義之屬/傳說

鄭錦春遵依國子監銅板原本四書正文　清末鄭錦春刻本　一冊　存一種

330000 – 4732 – 0000588　0588　經部/四書類/總義之屬/傳說

鄭錦春遵依國子監銅板原本四書正文　清末鄭錦春刻本　一冊　存一種

330000 – 4732 – 0000589　0589　經部/四書類/總義之屬/傳說

處郡鄭錦春較正監韻分章分節四書正文四種　清末錦春齋刻本　項仁山題簽並記　一冊　存一種

330000 – 4732 –'0000590　0590　經部/四書類/總義之屬/傳說

處郡鄭錦春較正監韻分章分節四書正文四種　清末錦春齋刻本　藍君子題簽、批並記　一冊　存一種

330000 – 4732 – 0000591　0591　經部/四書類/總義之屬/傳說

處郡鄭錦春較正監韻分章分節四書正文四種　清末錦春齋刻本　一冊　存一種

330000 – 4732 – 0000592　0592　經部/四書類/總義之屬/傳說

錦春齋較正字典字韻分章分節四書正文　清末刻本　二冊　存二種

330000 – 4732 – 0000593　0593　經部/四書類/總義之屬/傳說

四書正文七卷　清末刻本　一冊　存一卷（論語一）

330000 – 4732 – 0000594　0594　經部/四書類/孟子之屬/傳說

告子正文一卷　清光緒二年（1876）處郡錦春齋刻本　一冊

330000 – 4732 – 0000595　0595　經部/四書類/孟子之屬/傳說

告子正文一卷　清光緒二年（1876）處郡錦春齋刻本　一冊

330000 – 4732 – 0000596　0596　經部/四書類/總義之屬/傳說

四書正體十九卷附四書正體校定　（清）呂世鏞輯　清漳文林堂刻本　梅百魁題簽並記　二冊　存五卷（孟子一至三、六至七）

330000 – 4732 – 0000597　0597　經部/四書類/總義之屬/傳說

四書人物類典串珠四十卷　（清）臧志仁輯　清末刻本　一冊　存五卷（三十六至四十）

330000 – 4732 – 0000598　0598　類叢部/類書類/專類之屬

四書典制類聯音註三十三卷　（清）閻其淵輯　清刻本　三冊　存八卷（十二至十八、二十二）

330000 – 4732 – 0000599　0599　類叢部/類書類/專類之屬

四書典制類聯音註三十三卷　（清）閻其淵輯　清刻本　一冊　存三卷（十六至十八）

330000 – 4732 – 0000600　0600　類叢部/類書類/專類之屬

四書典制類聯音註三十三卷　（清）閻其淵輯　清刻本　一冊　存四卷（十二至十五）

330000 – 4732 – 0000601　0601　經部/四書類/總義之屬/傳說

四書義淵海十卷　清光緒二十八年（1902）會文學社石印本　翊卿氏題記　二冊　存二卷（一、十）

330000 – 4732 – 0000602　0602　經部/四書類/總義之屬/傳說

制藝鎔裁十六卷　清末刻本　三冊　存三卷（上論五至六、八）

330000 – 4732 – 0000603　0603　經部/書類/傳說之屬

書經體注大全合參六卷　（宋）蔡沈集傳　（清）錢希祥輯注　清刻本　一冊　存一卷（四）

330000 – 4732 – 0000604　0604　經部/四書類/總義之屬/傳說

四書集註（四書章句集註、四書）十九卷
（宋）朱熹撰　清末二酉堂刻本　一冊　存二卷（孟子六至七）

330000 – 4732 – 0000605　0605　經部/四書類/總義之屬/傳說
四書集註（四書章句集註、四書）十九卷
（宋）朱熹撰　清刻本　一冊　存二卷（孟子四至五）

330000 – 4732 – 0000606　0606　經部/四書類/總義之屬/傳說
四書集註（四書章句集註、四書）十九卷
（宋）朱熹撰　清慎詒堂刻本　一冊　存二卷（孟子四至五）

330000 – 4732 – 0000607　0607　經部/四書類/總義之屬/傳說
四書集註（四書章句集註、四書）十九卷
（宋）朱熹撰　清刻本　一冊　存二卷（孟子四至五）

330000 – 4732 – 0000608　0608　經部/四書類/總義之屬/傳說
四書集註（四書章句集註、四書）十九卷
（宋）朱熹撰　清光緒寶章堂刻本　三冊　缺七卷（論語一至五、孟子四至五）

330000 – 4732 – 0000609　0609　經部/四書類/總義之屬/傳說
四書集註（四書章句集註、四書）十九卷
（宋）朱熹撰　清刻本　一冊　存三卷（孟子一至三）

330000 – 4732 – 0000610　0610　經部/四書類/總義之屬/傳說
四書集註（四書章句集註、四書）十九卷
（宋）朱熹撰　清刻本　一冊　存二卷（孟子四至五）

330000 – 4732 – 0000611　0611　經部/四書類/總義之屬/傳說
四書集註（四書章句集註、四書）十九卷
（宋）朱熹撰　清刻本　一冊　存五卷（論語六至十）

330000 – 4732 – 0000612　0612　經部/四書類/總義之屬/傳說
文名堂遵依國子監銅板原本四書正文　清末德記刻本　二冊　存一種

330000 – 4732 – 0000613　0613　經部/四書類/總義之屬/傳說
四書集註（四書章句集註、四書）十九卷
（宋）朱熹撰　清文林堂刻本　一冊　存五卷（論語六至十）

330000 – 4732 – 0000615　0615　經部/四書類/總義之屬/傳說
四書集註（四書章句集註、四書）十九卷
（宋）朱熹撰　清末石印本　二冊　存五卷（孟子一至三、六至七）

330000 – 4732 – 0000618　0618　集部/總集類/選集之屬/通代
新刻千家詩二卷　清末刻本　一冊　存一卷（上）

330000 – 4732 – 0000620　0620　子部/儒家類/儒學之屬/蒙學
小學千家詩人生必讀二卷　（清）余晦齋輯　清東甌郭文元堂刻本　一冊

330000 – 4732 – 0000621　0621　集部/總集類/選集之屬/通代
新鐫五言千家詩箋注二卷　（清）王相選注
諸名家百花詩二卷　清刻本　洪汝驤題記　一冊　存一卷（下）

330000 – 4732 – 0000622　0622　子部/儒家類/儒學之屬/蒙學
重刻醒世千家詩二卷　（清）晦齋學人輯　清光緒十八年（1892）雲和箬溪書院刻本　一冊

330000 – 4732 – 0000626　0626　集部/總集類/選集之屬/通代
尺木堂古文觀止十二卷　（清）吳乘權　（清）吳大職輯　清刻本　一冊　存二卷（七至八）

330000 – 4732 – 0000627　0627　集部/總集類/選集之屬/通代
繪圖增批古文觀止十二卷　（清）吳乘權

（清）吳大職輯　清宣統三年（1911）浙紹明達書莊石印本　三冊　缺六卷（五至十）

330000－4732－0000628　0628　集部/總集類/選集之屬/通代

大成齋古文觀止十二卷　（清）吳乘權　（清）吳大職輯　清刻本　周理鄉題記並句讀　五冊　缺二卷（一至二）

330000－4732－0000629　0629　史部/史評類/考訂之屬

廿二史考異二十三卷　（清）錢大昕撰　清上海鴻寶齋石印本　吳翊卿題記　三冊　存十五卷（四至十八）

330000－4732－0000631　0631　史部/編年類/斷代之屬

御撰資治通鑑綱目三編二十卷　（清）張廷玉等撰　清末石印本　一冊　存三卷（三至五）

330000－4732－0000634　0634　子部/醫家類/綜合之屬/合刻、合抄

景岳全書六十四卷　（明）張介賓撰　清刻本　玉振題簽並記　二冊　存三卷（五十至五十一、五十四）

330000－4732－0000636　0636　集部/小說類/長篇之屬

東周列國全志二十三卷一百八回　（清）蔡昇評點　清末刻本　春盛題簽並記　一冊　存一卷（十三）

330000－4732－0000641　0641　子部/儒家類/儒學之屬

婺學治事文編二卷　（清）繼良輯　清光緒刻本　清乃泉氏題簽並記　四冊

330000－4732－0000647　0647　集部/總集類/選集之屬/通代

古文辭類纂七十四卷　（清）姚鼐輯　**續古文辭類纂三十四卷**　王先謙輯　清光緒三十三年（1907）上海商務印書館鉛印本　二冊　存二十卷（二十一至三十、五十一至六十）

330000－4732－0000654　0654　經部/四書類/總義之屬/傳說

文名堂較正監韻分章分節四書正文　清末刻本　一冊　存一種

330000－4732－0000656　0656　集部/別集類/清別集

百美新詠不分卷　（清）顏希源撰　清刻本　二冊

330000－4732－0000664　0664　史部/金石類/金之屬/文字

積古齋鐘鼎彝器款識十卷　（清）阮元　（清）朱爲弼撰　清刻本　一冊　存二卷（五至六）

330000－4732－0000669　0669　集部/總集類/選集之屬/斷代

唐詩三百首續選一卷　（清）于慶元編　清刻本　一冊

330000－4732－0000670　0670　集部/總集類/選集之屬/斷代

唐詩三百首注疏六卷　（清）孫洙編　（清）章燮注　清刻本　啟員句讀、題簽並記　三冊　缺二卷（一、三）

330000－4732－0000671　0671　集部/總集類/選集之屬/斷代

唐詩三百首注疏六卷　（清）孫洙編　（清）章燮注　清末上海掃葉山房刻本　六冊

330000－4732－0000672　0672　集部/總集類/選集之屬/斷代

唐詩三百首注疏六卷　（清）孫洙編　（清）章燮注　清刻本　宅心題簽並記　二冊　存二卷（五至六）

330000－4732－0000673　0673　集部/總集類/選集之屬/斷代

唐詩三百首注疏六卷　（清）孫洙編　（清）章燮注　清末刻本　一冊　存一卷（六）

330000－4732－0000674　0674　子部/宗教類/道教之屬/戒律

戒書一卷　清抄本　一冊

330000－4732－0000677　0677　子部/宗教類/道教之屬

夫人醮科一卷　清抄本　一冊

330000 – 4732 – 0000679　0679　子部/術數
類/命書相書之屬

賀書一卷　清抄本　一冊

330000 – 4732 – 0000680　0680　子部/宗教
類/道教之屬

打催□法書一卷　清乾隆五十三年(1788)抄
本　一冊

330000 – 4732 – 0000681　0681　子部/術數
類/相宅相墓之屬

九龍經吉凶日分居入宅全用一卷　清抄本
一冊

330000 – 4732 – 0000682　0682　子部/宗教
類/道教之屬

道書一卷　清抄本　一冊

330000 – 4732 – 0000686　0686　子部/宗教
類/道教之屬

天錫鴻禧一卷　清抄本　一冊

330000 – 4732 – 0000687　0687　子部/宗教
類/道教之屬

道書一卷　清宣統二年(1910)抄本　一冊

330000 – 4732 – 0000688　0688　集部/總集
類/選集之屬/斷代

皇朝經世文編一百二十卷姓名總目二卷
(清)賀長齡輯　清光緒二十四年(1898)上海
宏文閣鉛印本　二十三冊　缺六卷(八十八
至九十三)

330000 – 4732 – 0000689　0689　子部/藝術
類/書畫之屬/法帖

草字彙十二卷　(清)石梁輯　清宣統三年
(1911)同文書局石印本　耀廷題記　二冊
存四卷(一至二、九至十)

330000 – 4732 – 0000694　0694　經部/小學
類/文字之屬/字書/字典

字彙十二卷首一卷末一卷　(明)梅膺祚撰
清刻本　好古題記　二冊　存四卷(子、丑、
寅、卯)

330000 – 4732 – 0000695　0695　經部/小學
類/文字之屬/字書/字典

字彙十二卷首一卷末一卷　(明)梅膺祚撰
清刻本　三冊　存三卷(寅、戌、亥)

330000 – 4732 – 0000696　0696　經部/小學
類/文字之屬/字書/字典

字彙十二卷首一卷末一卷　(明)梅膺祚撰
清刻本　一冊　存一卷(十二)

330000 – 4732 – 0000697　0697　經部/小學
類/文字之屬/字書/字典

字彙十二卷首一卷末一卷　(明)梅膺祚撰
清刻本　一冊　存一卷(四)

330000 – 4732 – 0000698　0698　經部/小學
類/文字之屬/字書/字典

字彙十二卷首一卷末一卷　(明)梅膺祚撰
清刻本　羽儀題記　一冊　存一卷(七)

330000 – 4732 – 0000699　0699　經部/小學
類/文字之屬/字書/字典

增補字彙四卷　(明)梅膺祚撰　(清)陳淏子
考訂　清福建寶章堂刻本　嚴品□題簽並記
一冊　存一卷(一)

330000 – 4732 – 0000700　0700　經部/小學
類/文字之屬/字書/字典

增補字彙四卷　(明)梅膺祚撰　(清)陳淏子
考訂　清汪氏德成堂刻本　一冊　存一卷
(一)

330000 – 4732 – 0000714　0714　經部/小學
類/文字之屬/字書/字典

康熙字典十二集三十六卷總目一卷檢字一卷
辨似一卷等韻一卷補遺一卷備考一卷　(清)
張玉書等纂修　清道光七年(1827)刻本　鮑
憲章觀款　三十七冊　缺三卷(卯集上、巳集
中、未集上)

330000 – 4732 – 0000719　0719　經部/小學
類/文字之屬/字書/字典

康熙字典十二集三十六卷總目一卷檢字一卷
辨似一卷等韻一卷補遺一卷備考一卷　(清)
張玉書等纂修　清道光七年(1827)刻本　二

十五冊　缺十五卷(子集上、丑集中下、寅集
上下、卯集下、辰集上、午集中下、未集上、申
集下、戌集上中、亥集中,等韻)

330000－4732－0000722　0722　經部/小學
類/文字之屬/字書/字典
**康熙字典十二集三十六卷總目一卷檢字一卷
辨似一卷等韻一卷補遺一卷備考一卷　（清）**
張玉書等纂修　清道光七年(1827)刻本　王
大振題簽並跋　二十九冊　缺十一卷(子集
中、寅集中、卯集中下、辰集中、巳集上、未集
下、酉集上中下、亥集下)

330000－4732－0000723　0723　經部/小學
類/文字之屬/字書/字典
**康熙字典十二集三十六卷總目一卷檢字一卷
辨似一卷等韻一卷補遺一卷備考一卷　（清）**
張玉書等纂修　清道光七年(1827)刻本　十
冊　存十卷(卯集上中、巳集上、午集下、未集
上中下、酉集上中下)

330000－4732－0000724　0724　經部/小學
類/文字之屬/字書/字典
**康熙字典十二集三十六卷總目一卷檢字一卷
辨似一卷等韻一卷補遺一卷備考一卷　（清）**
張玉書等纂修　清道光七年(1827)刻本　五
冊　存五卷(卯集中下、巳集中、戌中、亥下)

330000－4732－0000725　0725　經部/小學
類/文字之屬/字書/字典
**康熙字典十二集三十六卷總目一卷檢字一卷
辨似一卷等韻一卷補遺一卷備考一卷　（清）**
張玉書等纂修　清道光七年(1827)刻本　二
冊　存二卷(酉集上下)

330000－4732－0000726　0726　經部/小學
類/文字之屬/字書/字典
**康熙字典十二集三十六卷總目一卷檢字一卷
辨似一卷等韻一卷補遺一卷備考一卷　（清）**
張玉書等纂修　清道光七年(1827)刻本　二
冊　存二卷(申集中、戌集中)

330000－4732－0000727　0727　經部/小學
類/文字之屬/字書/字典
康熙字典十二集三十六卷總目一卷檢字一卷

辨似一卷等韻一卷補遺一卷備考一卷　（清）
張玉書等纂修　清道光七年(1827)刻本　三
冊　存三卷(丑集上中、午集上)

330000－4732－0000728　0728　經部/小學
類/文字之屬/字書/字典
**康熙字典十二集三十六卷總目一卷檢字一卷
辨似一卷等韻一卷補遺一卷備考一卷　（清）**
張玉書等纂修　清道光七年(1827)刻本　一
冊　存一卷(申集中)

330000－4732－0000729　0729　經部/小學
類/文字之屬/字書/字典
**康熙字典十二集三十六卷總目一卷檢字一卷
辨似一卷等韻一卷補遺一卷備考一卷　（清）**
張玉書等纂修　清道光七年(1827)刻本　一
冊　存一卷(申集上)

330000－4732－0000730　0730　經部/小學
類/文字之屬/字書/字典
**康熙字典十二集三十六卷總目一卷檢字一卷
辨似一卷等韻一卷補遺一卷備考一卷　（清）**
張玉書等纂修　清道光七年(1827)刻本　一
冊　存一卷(酉集上)

330000－4732－0000736　0736　經部/詩類/
傳說之屬
御纂詩義折中二十卷　（清）高宗弘曆撰
(清)傅恒　(清)陳兆崙等纂　清刻本　一冊
存二卷(十九至二十)

330000－4732－0000737　0737　子部/術數
類/命書相書之屬
新刊校正增釋合并麻衣先生人相編四卷
(清)陸位崇輯　清道光二十四年(1844)刻本
一冊

330000－4732－0000738　0738　子部/術數
類/相宅相墓之屬
**增補地理直指原真(增補地理直指原真大全)
三卷首一卷　（清）釋如玉撰　清康熙三十五
年(1696)裕文堂刻本　許信祥題簽、題記並
批　一冊　缺三卷(增補地理直指原真一至
三)**

330000－4732－0000739　0739　子部/術數類/相宅相墓之屬

增補地理直指原真(增補地理直指原真大全)
三卷首一卷　(清)釋如玉撰　清刻本　二冊　存二卷(一至二)

330000－4732－0000740　0740　子部/術數類/相宅相墓之屬

增補地理原真□□卷　(清)釋如玉撰　清末刻本　一冊　存二卷(四至五)

330000－4732－0000742　0742　子部/雜著類/雜纂之屬

不可錄一卷　(清)陳海曙輯　清刻本　一冊

330000－4732－0000749　0749　集部/小說類/長篇之屬

增像全圖三國演義十六卷一百二十回　(明)羅本撰　(清)毛宗崗評　清末天寶書局石印本　戴仁氏題簽並記　一冊　存八卷(九至十六)

330000－4732－0000752　0752　集部/小說類/長篇之屬

四大奇書第一種六十卷一百二十回首一卷
(明)羅本撰　(清)毛宗崗評　清刻本　四冊　存十二卷(七至九、四十三至四十八、五十六至五十八)

330000－4732－0000753　0753　集部/小說類/長篇之屬

第一才子書六十卷一百二十回　(明)羅本撰　(清)毛宗崗評　清末刻本　一冊　存二卷(十二至十三)

330000－4732－0000757　0757　子部/儒家類/儒學之屬/蒙學

寄傲山房塾課新增幼學故事瓊林四卷首一卷　(清)程允升撰　(清)鄒聖脈增補　清光緒十五年(1889)文奎堂刻本　一冊　缺二卷(三至四)

330000－4732－0000758　0758　類叢部/類書類/專類之屬

新增幼學故事瓊林四卷首一卷　(清)程允升

撰　(清)鄒聖脈增補　清末刻本　二冊　存二卷(三至四)

330000－4732－0000775　0775　經部/春秋左傳類/傳說之屬

左傳□□卷　清刻本　一冊　存一卷(四)

330000－4732－0000782　0782　子部/術數類/相宅相墓之屬

地理五訣八卷　(清)趙廷棟撰　清刻本　一冊　存四卷(一至四)

330000－4732－0000784　0784　子部/術數類/相宅相墓之屬

地理五訣八卷　(清)趙廷棟撰　清刻本　梅九思題簽　一冊　存二卷(三至四)

330000－4732－0000795　0795　子部/天文曆算類/曆法之屬

新鎸曆法便覽象吉備要通書大全二十九卷
(清)魏鑑撰　清刻本　二冊　存五卷(一至五)

330000－4732－0000796　0796　子部/天文曆算類/曆法之屬

新鎸曆法便覽象吉備要通書大全三十二卷
(清)魏鑑撰　清三餘堂刻本　梅永吉題簽並記　三冊　存八卷(一至二、十二至十四、十七至十九)

330000－4732－0000797　0797　子部/天文曆算類/曆法之屬

新鎸曆法便覽象吉備要通書大全二十九卷
(清)魏鑑撰　清刻本　三冊　存四卷(一至二、九、十一)

330000－4732－0000798　0798　子部/天文曆算類/曆法之屬

新鎸曆法便覽象吉備要通書大全二十九卷
(清)魏鑑撰　清刻本　二冊　存二卷(一、九)

330000－4732－0000799　0799　子部/天文曆算類/曆法之屬

新鎸曆法便覽象吉備要通書大全二十九卷
(清)魏鑑撰　清刻本　七冊　缺十卷(七至

十、十五至二十）

330000 – 4732 – 0000800　0800　子部/天文
曆算類/曆法之屬

新鎸曆法便覽象吉備要通書大全二十九卷
（清）魏鑑撰　清刻本　九冊　缺八卷（十五
至十七、二十五至二十九）

330000 – 4732 – 0000801　0801　子部/天文
曆算類/曆法之屬

新鎸曆法便覽象吉備要通書二十九卷　（清）
魏鑑撰　清刻本　四冊　存十卷（十一至十
三、十八至二十四）

330000 – 4732 – 0000802　0802　子部/天文
曆算類/曆法之屬

新鎸曆法便覽象吉備要通書二十九卷　（清）
魏鑑撰　清刻本　三冊　存七卷（十二至十
五、十八至二十）

330000 – 4732 – 0000803　0803　子部/天文
曆算類/曆法之屬

新鎸曆法便覽象吉備要通書二十九卷　（清）
魏鑑撰　清刻本　□守仁題記　五冊　存十
三卷（三至六、十一、十三、十五至十七、二十
六至二十九）

330000 – 4732 – 0000804　0804　子部/天文
曆算類/曆法之屬

新鎸象吉備要通書二十九卷　（清）魏鑑彙述
　清刻本　項顯□題簽並記　五冊　存十卷
（七至九、十二至十五、十七至十九）

330000 – 4732 – 0000805　0805　子部/天文
曆算類/曆法之屬

新鎸象吉備要通書二十九卷　（清）魏鑑彙述
　清刻本　二冊　存四卷（九至十二）

330000 – 4732 – 0000806　0806　子部/天文
曆算類/曆法之屬

新鎸曆法便覽象吉備要通書大全二十九卷
（清）魏鑑撰　清刻本　張傳寶題記　四冊
存十二卷（七至九、十一至十三、二十四至二
十九）

330000 – 4732 – 0000807　0807　子部/天文

曆算類/曆法之屬

新鎸曆法便覽象吉備要通書二十九卷　（清）
魏鑑撰　清刻本　一冊　存二卷（十二至十
三）

330000 – 4732 – 0000808　0808　子部/天文
曆算類/曆法之屬

新鎸曆法便覽象吉備要通書二十九卷　（清）
魏鑑撰　清刻本　一冊　存二卷（十二至十
三）

330000 – 4732 – 0000814　0814　子部/醫家
類/本草之屬/歷代綜合本草

增訂本草備要四卷　（清）汪昂撰　清刻本
四冊

330000 – 4732 – 0000818　0818　集部/小說
類/長篇之屬

新刻鍾伯敬先生批評封神演義十九卷一百回
　（明）許仲琳撰　（明）鍾惺評　清末□文堂
刻本　十三冊　缺六卷（三至四、十、十三至
十四、十九）

330000 – 4732 – 0000822　0822　子部/醫家
類/醫案之屬

臨證指南醫案十卷　（清）葉桂撰　（清）徐大
椿評　清末刻本　一冊　存一卷（七）

330000 – 4732 – 0000823　0823　集部/別集
類/清別集

養雲山館試帖四卷　（清）許球撰　（清）王榮
枚注　清同治上洋掃葉山房刻本　一冊　存
一卷（一）

330000 – 4732 – 0000828　0828　子部/醫家
類/婦科之屬/通論

濟陰綱目十四卷　（明）武之望撰　（清）汪淇
箋釋　**保生碎事一卷**　（清）汪淇輯　清雍正
天德堂刻本　三冊　存四卷（七至八、十至十
一）

330000 – 4732 – 0000829　0829　子部/醫家
類/婦科之屬/通論

濟陰綱目十四卷　（明）武之望撰　（清）汪淇
箋釋　**保生碎事一卷**　（清）汪淇輯　清刻本

二冊　存四卷(八至九、十二至十三)

330000－4732－0000830　0830　子部/宗教
類/道教之屬

玉露金盤二卷　悟道真人撰　清末鉛印本
一冊

330000－4732－0000831　0831　子部/術數
類/相宅相墓之屬

山法全書八卷首二卷　(清)葉泰輯　清末刻
本　梅廷標、梅百魁題記　二冊　存三卷
(一、五至六)

330000－4732－0000832　0832　子部/儒家
類/儒學之屬/性理

淵鑒齋御纂朱子全書六十六卷　(宋)朱熹撰
　(清)李光地等輯　清刻本　一冊　存二卷
(十六至十七)

330000－4732－0000833　0833　史部/史評
類/史論之屬

二十四史論新編二十三卷　(清)朱鈞輯　清
末石印本　一冊　存四卷(二十至二十三)

330000－4732－0000834　0834　子部/術數
類/命書相書之屬

新編評注通玄先生張果星宗大全十卷　題
(唐)張果撰　(明)陸位刪補　清乾隆五十二
年(1787)刻本　三冊　缺四卷(五至八)

330000－4732－0000835　0835　集部/詩文
評類/文法之屬/函牘格式

最新正草商賈尺牘二卷　(清)望月樓主人撰
清宣統二年(1910)上海姚文海書局石印本
佐成題記　一冊　存一卷(一)

330000－4732－0000836　0836　子部/術數
類/相宅相墓之屬

**重鐫官板地理天機會元續篇雜錄備覽三十五
卷**　(宋)廖瑀撰　清刻本　養吾題籤　四冊
存七卷(二十三、二十五至二十八、三十至
三十一)

330000－4732－0000838　0838　子部/術數
類/相宅相墓之屬

重鐫官板地理天機會元續篇雜錄備覽三十五

卷　(宋)廖瑀撰　清刻本　一冊　存三卷
(二十三至二十五)

330000－4732－0000842　0842　集部/詩文
評類/詩評之屬

說詩晬語二卷　(清)沈德潛撰　清末刻本
一冊　存一卷(一)

330000－4732－0000843　0843　子部/術
數類

三彈子傳心三集六卷　(唐)何令通撰　清刻
本　一冊　存二卷(鐵彈子一至二)

330000－4732－0000852　0852　子部/術數
類/陰陽五行之屬

增廣玉匣記通書六卷　清刻本　一冊

330000－4732－0000854　0854　子部/術數
類/相宅相墓之屬

地理正義鉛彈子砂水要訣七卷　(清)張鳳藻
撰　清刻本　一冊　存一卷(四)

330000－4732－0000856　0856　子部/術數
類/陰陽五行之屬

欽定協紀辨方書三十六卷　(清)允祿　(清)
張照等纂修　清刻朱墨套印本　四冊　存五
卷(四、十六、十八、二十八至二十九)

330000－4732－0000863　0863　子部/宗教
類/道教之屬

感應篇直講一卷首一卷　清光緒二十三年
(1897)刻本　一冊

330000－4732－0000873　0873　子部/宗教
類/道教之屬

感應篇直講一卷首一卷　清刻本　一冊

330000－4732－0000877　0877　經部/叢編

重刊宋本十三經注疏四百十六卷　附十三經
注疏校勘記四百十六卷　(清)阮元撰　(清)
盧宣旬摘錄　校勘記識語四卷　(清)汪文臺
撰　清嘉慶二十年(1815)江西南昌府學刻本
二冊　存一種

330000－4732－0000886　0886　類叢部/叢
書類/彙編之屬

武英殿聚珍版書一百三十八種　清乾隆浙江刻本　一冊　存一種

330000－4732－0000900　0900　子部/農家農學類/總論之屬

重訂增補陶朱公致富全書四卷　（明）陳繼儒輯　（清）石巖逸叟增補　清光緒杭城聚文堂刻本　三冊　缺一卷（二）

330000－4732－0000901　0901　子部/農家農學類/總論之屬

重訂增補陶朱公致富全書四卷　（明）陳繼儒輯　（清）石巖逸叟增補　清光緒杭城聚文堂刻本　二冊　缺二卷（一至二）

330000－4732－0000902　0902　子部/儒家類/儒學之屬/蒙學

養正草一卷續養正草一卷　（清）李元度撰　清刻本　二冊

330000－4732－0000905　0905　子部/儒家類/儒學之屬/蒙學

新刻訓蒙增廣賢文一卷　清光緒三十四年（1908）東甌魁元堂刻本　一冊

330000－4732－0000906　0906　子部/儒家類/儒學之屬/蒙學

錦春齋新刻昔時賢文一卷　清光緒二年（1876）錦春齋刻本　一冊

330000－4732－0000908　0908　子部/儒家類/儒學之屬/蒙學

昔時賢文一卷　清光緒七年（1881）商永諜抄本　一冊

330000－4732－0000909　0909　子部/儒家類/儒學之屬/蒙學

昔時賢文一卷　清光緒七年（1881）劉楊高抄本　一冊

330000－4732－0000911　0911　子部/醫家類/綜合之屬/通論

羣玉山房重校醫宗必讀十卷　（明）李中梓撰　清光緒九年（1883）羣玉山房刻本　四冊　存八卷（一至八）

330000－4732－0000912　0912　新學/地學/地志學

地理全志不分卷　（英國）慕維廉撰　清光緒二十八年（1902）上海美華書館鉛印本　一冊

330000－4732－0000916　0916　子部/醫家類/綜合之屬/通論

瀛經堂詳校醫宗必讀十卷　（明）李中梓撰　清嘉慶十二年（1807）裕文堂刻本　清陳玉賢題簽　一冊　存二卷（一至二）

330000－4732－0000917　0917　子部/醫家類/兒科之屬/通論

鼎鍥幼幼集成六卷　（清）陳復正輯　清刻本　王義豐題簽並記　一冊　存二卷（一至二）

330000－4732－0000918　0918　子部/醫家類/醫經之屬/難經

圖註八十一難經辨真四卷　（明）張世賢撰　清刻本　一冊　存一卷（三）

330000－4732－0000922　0922　子部/醫家類/診法之屬/脈經脈訣

圖注脈訣辨真四卷脈訣附方一卷　題（晉）王叔和撰　（明）張世賢注　清刻本　一冊　存二卷（三至四）

330000－4732－0000923　0923　子部/醫家類/診法之屬/脈經脈訣

圖注脈訣辨真四卷脈訣附方一卷　題（晉）王叔和撰　（明）張世賢注　清刻本　一冊　缺二卷（一至二）

330000－4732－0000924　0924　子部/醫家類/綜合之屬/通論

增補醫方一盤珠全集十卷　（清）洪金鼎撰　清末石印本　一冊　存三卷（三至五）

330000－4732－0000928　0928　子部/宗教類/道教之屬

敬竈全書不分卷　（清）惕心憫世道人編　清刻本　一冊

330000－4732－0000932　0932　子部/醫家類/兒科之屬/痘疹

種痘新書十二卷　（清）張琰輯　清道光十二

年(1832)桂芳齋刻本　緝齋題簽　三冊　存五卷(一至四、十二)

330000－4732－0000936　0936　子部/醫家類/喉科口齒之屬/通論
喉科杓指四卷　(清)包永泰撰　清刻本　春林題記　三冊　存三卷(一至三)

330000－4732－0000943　0943　史部/編年類/通代之屬
尺木堂綱鑑易知錄九十二卷明鑑易知錄十五卷　(清)吳乘權　(清)周之炯　(清)周之燦輯　清刻本　十七冊　存三十五卷(三至六、十二至十七、二十二至二十三、三十至三十一、三十四至三十八、四十四至四十五、六十七至六十八、七十一至七十四、七十九至八十、八十三至八十六、八十九至九十)

330000－4732－0000945　0945　史部/編年類/通代之屬
萬國綱鑑易知錄二十卷　(日本)岡本監輔撰　清光緒五年(1879)申江書局石印本　三冊　存十卷(一至三、七至九、十三至十六)

330000－4732－0000946　0946　子部/小說家類/雜事之屬
世說新語六卷　(南朝宋)劉義慶撰　(南朝梁)劉孝標注　清末上海掃葉山房石印本　伏生題記　四冊　存四卷(二、四至六)

330000－4732－0000947　0947　史部/編年類/通代之屬
尺木堂綱鑑易知錄九十二卷明鑑易知錄十五卷　(清)吳乘權　(清)周之炯　(清)周之燦同輯　清末鉛印本　一冊　存七卷(七十八至八十四)

330000－4732－0000949　0949　集部/總集類/選集之屬/通代
敬書堂古文十二卷　(清)吳乘權　(清)吳大職輯　清刻本　二冊　存四卷(一至二、十一至十二)

330000－4732－0000954　0954　集部/別集類/清別集
有正味齋詩集十六卷　(清)吳錫麒撰　清末刻本　一冊　存三卷(九至十一)

330000－4732－0000957　0957　新學/學校
最新高等小學地理教科書四卷　杜芝庭編輯　清光緒三十二年(1906)上海會文書局石印本　四冊

330000－4732－0000958　0958　新學/學校
最新地理教科書四卷　謝洪賚編纂　清宣統二年(1910)上海商務印書館鉛印本　柳培題記　四冊

330000－4732－0000965　0965　子部/醫家類/方書之屬/單方驗方
重訂驗方新編十八卷　(清)鮑相璈等輯　清光緒三十三年(1907)上海鑄記書局石印本　季賓題記　二冊　存八卷(一至八)

330000－4732－0000968　0968　史部/傳記類/總傳之屬/列女
典故列女傳四卷　清末刻本　居雲題簽並記　一冊　存二卷(三至四)

330000－4732－0000969　0969　史部/編年類/斷代之屬
竹書紀年二卷　(南朝梁)沈約注　清刻本　林鵬翥句讀、圈點並批　一冊　存一卷(一)

330000－4732－0000971　0971　類叢部/類書類/通類之屬
類纂精華三十卷　(清)吳壽昌　(清)高大爵　(清)吳壽國纂　清末刻本　四冊　存二十卷(六至二十五)

330000－4732－0000972　0972　集部/總集類/選集之屬/通代
碧梧齋古文觀止十二卷　(清)吳乘權　(清)吳大職輯　清刻本　一冊　存二卷(十一至十二)

330000－4732－0000974　0974　子部/宗教類/道教之屬/戒律
太上感應篇一卷　清刻本　一冊

330000－4732－0000979　0979　集部/小說

類/短篇之屬

繡圖今古奇觀六卷四十回 （明）抱甕老人輯
清末石印本　一冊　存一卷（六）

330000－4732－0000981　0981　子部/宗教
類/其他宗教之屬/基督教

約翰福音不分卷　清光緒三十一年（1905）聖
書公會石印本　一冊

330000－4732－0000983　0983　經部/易類

總統易三卷首一卷　（清）毛異賓訂撰　清光
緒十三年（1887）江山縣署刻本　一冊

330000－4732－0000984　0984　史部/編年
類/斷代之屬

御撰資治通鑑綱目三編二十卷　（清）張廷玉
等撰　清末石印本　理齋題記　二冊　存五
卷（五至六、十六至十八）

330000－4732－0000985　0985　集部/小說
類/短篇之屬

龍圖公案十卷　清刻本　三冊　存三卷（四、
六至七）

330000－4732－0000986　0986　集部/小說
類/短篇之屬

龍圖公案八卷　清刻本　一冊　存一卷（四）

330000－4732－0000987　0987　集部/小說
類/短篇之屬

龍圖公案八卷　清刻本　一冊　存二卷（五
至六）

330000－4732－0000989　0989　新學/學校

初等女子國文教科書八卷　何琪編輯　清光
緒三十二年（1906）上海會文學社石印本　魏
琴題記　七冊　缺一卷（七）

330000－4732－0000990　0990　新學/學校

初等女子國文教科書八卷　何琪編輯　清光
緒三十二年（1906）上海會文學社石印本　三
冊　存三卷（三至四、七）

330000－4732－0000991　0991　子部/儒家
類/儒學之屬/禮教

新刻正旁訓訓蒙六字經不分卷　（清）葉向高

輯　清道光二十五年（1845）步青堂刻本　余
希題記　一冊

330000－4732－0000995　0995　新學/學校

初等女子修身教科書二卷　何琪編輯　清光
緒三十二年（1906）上海會文編譯社石印本
魏琴題記　一冊　存一卷（一）

330000－4732－0000998　0998　子部/醫家
類/方書之屬/單方驗方

普濟應驗良方八卷　（清）德軒氏輯　清末刻
本　一冊　存二卷（四至五）

330000－4732－0000999　0999　類叢部/類
書類/通類之屬

增補萬寶全書二十卷　（明）陳繼儒撰　（清）
毛煥文增補　清刻本　一冊　存五卷（五至
九）

330000－4732－0001002　1002　集部/總集
類/選集之屬/通代

詩林韶濩選二十卷　（清）顧嗣立輯　（清）周
煌重輯　清刻本　二冊　存七卷（九至十五）

330000－4732－0001003　1003　集部/總集
類/選集之屬/通代

御選唐宋詩醇四十七卷目錄二卷　（清）高宗
弘曆輯　清刻本　一冊　存二卷（十四至十
五）

330000－4732－0001008　1008　子部/術數
類/相宅相墓之屬

地理指明□□卷　清末刻本　一冊　存一卷
（二）

330000－4732－0001022　1022　子部/天文
曆算類/曆法之屬

御定萬年書不分卷　（清）欽天監編　清末刻
本　一冊

330000－4732－0001023　1023　子部/術
數類

劉氏家藏八卷　清刻本　一冊　存一卷（八）

330000－4732－0001025　1025　子部/天文
曆算類/曆法之屬

御定七政四餘萬年歷不分卷　清刻本　二册

330000 - 4732 - 0001028　1028　子部/宗教類/其他宗教之屬/基督教

新約聖書不分卷　（英國）坎伯摩根撰　詹正義譯　清光緒三十一年(1905)聖書公會鉛印本　三册

330000 - 4732 - 0001032　1032　子部/雜著類/雜說之屬

冷盧雜識八卷續編一卷　（清）陸以湉撰　清咸豐六年(1856)刻本　四册　存四卷(三至五、七)

330000 - 4732 - 0001034　1034　子部/術數類/陰陽五行之屬

揀選切用通書玉匣不求人一卷　清刻本　嚴思庚題記　一册

330000 - 4732 - 0001039　1039　子部/醫家類/方書之屬/單方驗方

種福堂精選良方兼刻古吳名醫精論四卷　（清）葉桂撰　清刻本　一册　存一卷(一)

330000 - 4732 - 0001044　1044　子部/儒家類/儒學之屬/性理

朱子原訂近思錄十四卷　（清）江永撰　清光緒二十五年(1899)浙江官書局刻本　二册　存三卷(一至三)

330000 - 4732 - 0001045　1045　集部/別集類/清別集

八指頭陀詩集十卷詩集述一卷補遺一卷詞附存一卷雜文一卷　（清）釋敬安撰　清光緒十四年(1888)義寧陳三立刻二十四年(1898)湘潭葉德輝續刻本　一册　存五卷(一至五)

330000 - 4732 - 0001046　1046　子部/術數類/相宅相墓之屬

羅經指南撥霧集三卷　（明）吳天洪批點　清刻本　葉三達題簽　一册　存一卷(一)

330000 - 4732 - 0001047　1047　子部/術數類/相宅相墓之屬

羅經指南撥霧集三卷　（明）吳天洪批點　清刻本　一册　存一卷(一)

330000 - 4732 - 0001052　1052　經部/詩類/傳說之屬

詩經集傳八卷　（宋）朱熹撰　清慎詒堂刻本　一册　存二卷(四至五)

330000 - 4732 - 0001053　1053　經部/詩類/傳說之屬

詩經集傳八卷　（宋）朱熹撰　清刻本　一册　存二卷(四至五)

330000 - 4732 - 0001055　1055　子部/醫家類/本草之屬/本草藥性

雷公炮製藥性解六卷　（明）李中梓撰　清末石印本　二册

330000 - 4732 - 0001058　1058　集部/總集類/氏族之屬

三蘇文集　（清）邵希雍輯　清宣統元年(1909)上海會文學社石印本　二册　存一種

330000 - 4732 - 0001078　1078　集部/詩文評類/文法之屬/函牘格式

最新應用尺牘教科書四卷　杜元炳撰　杜瀚生增訂　清光緒三十三年(1907)上海會文學社石印本　軒南題記　三册　存三卷(二至四)

330000 - 4732 - 0001081　1081　子部/儒家類/儒學之屬/蒙學

朱子小學白話解六卷　（宋）朱熹撰　秦鍾瑞演義　清末上海廣益書局石印本　一册　存一卷(四)

330000 - 4732 - 0001084　1084　類叢部/類書類/專類之屬

新鐫校正評注分類百子金丹全書十卷　（明）郭偉選注　（明）郭中吉編　（明）王星聚校訂　清光緒二十九年(1903)上海書局石印本　一册　存三卷(一至三)

330000 - 4732 - 0001086　1086　子部/術數類/命書相書之屬

三命通會十二卷　（明）萬民英撰　清刻本　一册　存一卷(五)

330000 - 4732 - 0001088　1088　史部/史

抄類

史鑑節要便讀六卷　（清）鮑東里撰　清光緒
二十四年(1898)上海書局石印本　漢瑞題簽
二冊

330000－4732－0001091　1091　集部/別集
類/清別集

曾文正公文集三卷詩集一卷　（清）曾國藩撰
清末上海掃葉山房石印本　一冊　存一卷
（三）

330000－4732－0001096　1096　新學/議論/
通論

自西徂東五卷　（德國）花之安撰　清光緒十
九年(1893)上海廣學會鉛印本　五冊

330000－4732－0001097　1097　經部/禮記
類/傳說之屬

禮記體註大全四卷　（清）范翔原本　（清）曹
士瑋纂輯　（清）徐旦參訂　清刻本　嚴保善
句讀、題簽並記　嚴德輝題簽並記　一冊
存一卷（三）

330000－4732－0001098　1098　新學/學校

女子自立教科書一卷　徐珂撰　何琪編　清
光緒三十二年(1906)會文政記石印本　一冊

330000－4732－0001101　1101　集部/總集
類/尺牘之屬

近世名人尺牘教本五卷　顧鳴盛輯　清光緒
三十四年至宣統元年(1908－1909)上海文明
書局石印本　四冊　存四卷（二至五）

330000－4732－0001104　1104　新學/史志

最新中國歷史教科書四卷　姚祖義編　清宣
統二年(1910)上海商務印書館石印本　柳滋
生題記　三冊　存三卷（一至三）

330000－4732－0001110　1110　子部/小說
家類/異聞之屬

燕山外史注釋八卷　（清）陳球撰　（清）傅聲
谷注　清光緒三十二年(1906)上海海左書局
石印本　鄭憲章題記　一冊

330000－4732－0001111　1111　經部/小學
類/文字之屬/字書/字典

分韻字彙撮要四卷　（清）溫儀鳳編輯　江湖
輯要四卷　清光緒三十三年(1907)上海文宜
書局石印本　逢春題簽　一冊

330000－4732－0001113　1113　子部/小說
家類/異聞之屬

續太平廣記八卷　（清）陸壽名輯　清刻本
二冊　存二卷（三至四）

330000－4732－0001114　1114　子部/雜著
類/雜纂之屬

孟搭從新七卷　（清）述舊齋主人輯　清刻本
二冊　存六卷（一至六）

330000－4732－0001115　1115　子部/雜著
類/雜纂之屬

孟搭從新七卷　（清）述舊齋主人輯　清刻本
一冊　存二卷（一至二）

330000－4732－0001116　1116　子部/儒家
類/儒學之屬/蒙學

小學集注六卷　（明）陳選集注　忠經一卷
(漢)鄭玄集注　孝經一卷　（明）陳選集注
清光緒三十二年(1906)鴻寶齋石印本　楊正
昌題記並批　一冊

330000－4732－0001118　1118　子部/儒家
類/儒學之屬/蒙學

小學集注六卷　（明）陳選集注　清光緒三十
二年(1906)鴻寶齋石印本　一冊　存三卷
（一至三）

330000－4732－0001123　1123　集部/小說
類/長篇之屬

鏡花緣二十卷一百回　（清）李汝珍撰　清刻
本　一冊　存一卷（一）

330000－4732－0001124　1124　子部/儒家
類/儒學之屬/蒙學

童子問路四卷　（清）鄭之琮輯　清文明堂刻
本　一冊　存一卷（一）

330000－4732－0001125　1125　子部/儒家
類/儒學之屬/蒙學

童子問路四卷　（清）鄭之琮輯　清刻本　一
冊　存二卷（三至四）

330000－4732－0001126　1126　子部/儒家類/儒學之屬/蒙學

童子問路四卷　（清）鄭之琮輯　清文明堂刻本　一冊　存二卷（一至二）

330000－4732－0001127　1127　子部/宗教類/佛教之屬/經

地藏菩薩本願經三卷　題（唐）釋實叉難陀譯　清光緒三十年（1904）金陵刻經處刻本　魏志玄題記　一冊

330000－4732－0001130　1130　經部/小學類/文字之屬/字書

字學舉隅不分卷　（清）黃本驥　（清）龍啓瑞撰　清刻本　一冊

330000－4732－0001131　1131　子部/宗教類/佛教之屬/經

金剛般若波羅蜜經一卷　（後秦）釋鳩摩羅什譯　清末刻本　一冊

330000－4732－0001134　1134　子部/宗教類/佛教之屬/經

佛說高王觀世音經一卷附觀音大士應驗神方一卷　清咸豐十年（1860）樂山堂刻本　一冊

330000－4732－0001137　1137　類叢部/類書類/通類之屬

增補萬寶全書二十卷續編五卷　（明）陳繼儒撰　（清）毛煥文增補　清光緒二十六年（1900）上海書局石印本　一冊　存二卷（萬寶全書一至二）

330000－4732－0001141　1141　類叢部/類書類/通類之屬

增補萬寶全書二十卷　（明）陳繼儒撰　（清）毛煥文增補　清刻本　一冊　存二卷（一至二）

330000－4732－0001147　1147　集部/總集類/尺牘之屬

普通官商學界尺牘不分卷　清宣統元年（1909）敬業書社石印本　四冊

330000－4732－0001152　1152　新學/史志/諸國史

萬國史記二十卷　（日本）岡本監輔撰　清光緒二十四年（1898）上海書局石印本　二冊　存五卷（一至三、八至九）

330000－4732－0001156　1156　集部/戲劇類/雜劇之屬

新刻辰州胡知府白扇記二卷　清黃文運堂刻本　一冊

330000－4732－0001162　1162　子部/雜著類/雜纂之屬

傳家寶二卷　（清）金天基撰　清末上海宏大善書局石印本　一冊　缺一卷（二）

330000－4732－0001165　1165　集部/總集類/選集之屬/通代

古唐詩合解古詩四卷唐詩十二卷　（清）王堯衢注　清刻本　一冊　存二卷（唐詩八至九）

330000－4732－0001175　1175　子部/術數類/相宅相墓之屬

雪心賦正解四卷　（唐）卜應天撰　（清）孟浩註　辯論三十篇一卷　（清）孟浩撰　清刻本　一冊　存一卷（一）

330000－4732－0001176　1176　經部/小學類/文字之屬/說文

說文解字注十五卷附六書音韻表五卷　（清）段玉裁撰　**說文通檢十四卷首一卷末一卷**　（清）黎永椿編　**說文解字注匡謬八卷**　（清）徐承慶撰　清光緒三十四年（1908）上海江左書林石印本　一冊　存十九卷（首、通檢一至十四、末,匡謬一、七至八）

330000－4732－0001177　1177　子部/宗教類/其他宗教之屬/基督教

舊約全書不分卷　清光緒三十一年（1905）聖書公會鉛印本　一冊

330000－4732－0001180　1180　集部/總集類/選集之屬/斷代

韻蘭集賦鈔六卷　（清）陸雲槎輯　（清）宋淮三考典　清末刻本　一冊　存二卷（五至六）

330000－4732－0001181　1181　集部/總集類/課藝之屬

長搭正軌一卷　清光緒二年（1876）刻本
二冊

330000 - 4732 - 0001185　1185　子部/術數
類/陰陽五行之屬
日兇道書一卷　清抄本　一冊

330000 - 4732 - 0001187　1187　子部/宗教
類/道教之屬
靈寶遠棺啟聖玄科一卷　清抄本　一冊

330000 - 4732 - 0001188　1188　經部/詩類
癸木一卷　清抄本　一冊

330000 - 4732 - 0001191　1191　子部/術
數類
日子書一卷　清抄本　一冊

330000 - 4732 - 0001199　1199　史部/政書
類/公牘檔冊之屬
帳簿不分卷　清咸豐元年（1851）抄本　一冊

330000 - 4732 - 0001202　1202　子部/宗教
類/道教之屬
請卦神一卷　清抄本　一冊

330000 - 4732 - 0001203　1203　子部/宗教
類/道教之屬
請神書一卷　清抄本　一冊

330000 - 4732 - 0001206　1206　子部/宗教
類/道教之屬
送星回星一卷　清抄本　一冊

330000 - 4732 - 0001208　1208　子部/宗教
類/道教之屬
收瘟粧身金科一卷　清抄本　一冊

330000 - 4732 - 0001219　1219　子部/術數
類/相宅相墓之屬
新刊地理五經四書解義郭璞葬經二卷　（明）
吳文正刪定　（明）鄭謐注釋　清刻本　一冊
　　存一卷（一）

330000 - 4732 - 0001220　1220　新學/學校
初等小學修身教科書十卷　（清）學部編譯圖
書局編纂　清宣統二年（1910）浙江學務公所
石印本　一冊　存一卷（一）

330000 - 4732 - 0001221　1221　集部/總集
類/選集之屬/通代
古文啽鳳新編八卷　（清）汪基鈔輯　清刻本
　三冊　存三卷（四至六）

330000 - 4732 - 0001226　1226　子部/宗教
類/其他宗教之屬/基督教
新約聖書不分卷　（英國）坎伯摩根撰　詹正
義譯　清光緒二十八年（1902）聖書公會鉛印
本　一冊

330000 - 4732 - 0001227　1227　子部/宗教
類/其他宗教之屬/基督教
新約聖書不分卷　（英國）坎伯摩根撰　詹正
義譯　清光緒二十二年（1896）聖書公會鉛印
本　一冊

330000 - 4732 - 0001228　1228　子部/宗教
類/其他宗教之屬/基督教
新約聖書不分卷　（英國）坎伯摩根撰　詹正
義譯　清光緒三十一年（1905）聖書公會鉛印
本　一冊

330000 - 4732 - 0001236　1236　集部/詩文
評類/文法之屬/函牘格式
最新應用女子尺牘教科書二卷　杜芝庭著
清光緒三十三年（1907）上海會文學社石印本
　魏琴題記　一冊　存一卷（二）

330000 - 4732 - 0001240　1240　集部/總集
類/選集之屬/斷代
元詩別裁八卷遺補一卷　（清）張景星等輯
清刻本　一冊　存二卷（五至六）

330000 - 4732 - 0001241　1241　集部/總集
類/課藝之屬
經文二編不分卷　清刻本　三冊

330000 - 4732 - 0001243　1243　集部/總集
類/選集之屬/斷代
詩不分卷　清刻本　范敬題記　一冊

330000 - 4732 - 0001246　1246　史部/史評
類/史論之屬
通鑑論三卷附稽古錄一卷　（宋）司馬光撰
（清）伍耀光輯　清光緒二十七年（1901）上海

文淵山房石印本　　一冊　　存一卷(一)

330000－4732－0001247　1247　類叢部/類書類/通類之屬
仰止子詳考古今名家潤色韻林正宗□□卷
(明)余象斗輯　清末刻本　一冊　存一卷(十五)

330000－4732－0001248　1248　新學/學校
普通體操學教科書一卷　(日本)日本師範學校撰　(清)王肇鋐譯　清光緒三十年(1904)上海文明書局石印本　醒愚題記　一冊

330000－4732－0001251　1251　子部/醫家類
士材三書　(明)李中梓等撰　(清)尤乘編
清刻本　一冊　存一種

330000－4732－0001252　1252　集部/總集類/課藝之屬
經文求是不分卷　清刻本　一冊

330000－4732－0001256　1256　集部/總集類/課藝之屬
小試文筌二編□□卷　清刻本　一冊　殘

330000－4732－0001257　1257　子部/儒家類/儒學之屬/蒙學
鄞㽵山房校正箋註幼學詳解訂本□□卷
(清)程允升撰　清刻本　一冊　存二卷(一至二)

330000－4732－0001258　1258　類叢部/類書類/通類之屬
增廣試帖詩海三十二卷　(清)經訓堂主人選輯　清光緒十四年(1888)石印本　三冊　存十四卷(一、十七至二十四、二十八至三十二)

330000－4732－0001261　1261　集部/總集類/課藝之屬
目耕齋讀本不分卷　(清)徐楷評註　(清)沈叔眉選刊　清刻本　一冊

330000－4732－0001264　1264　子部/宗教類/道教之屬/經文
玉清勝境元始天尊一卷　清乾隆五十七年

(1792)林培金抄本　一冊

330000－4732－0001270　1270　史部/編年類/通代之屬
御批歷代通鑑輯覽一百二十卷　(清)傅恒等撰　清末上海廣益書局石印本　三冊　存九卷(二十五至二十七、五十二至五十四、八十七至八十九)

330000－4732－0001272　1272　子部/術數類/相宅相墓之屬
陽宅三要四卷　(清)趙廷棟撰　清末刻本　一冊　存二卷(一至二)

330000－4732－0001273　1273　子部/儒家類/儒學之屬/蒙學
新編五言訓蒙纂輯一卷　清錦春齋刻本　葉德法題簽並記　一冊

330000－4732－0001274　1274　子部/術數類/命書相書之屬
增補星平會海命學全書十卷首一卷　(清)水中龍撰　清刻本　一冊　缺八卷(三至十)

330000－4732－0001275　1275　子部/儒家類/儒學之屬/蒙學
純正蒙求三卷　(元)胡炳文撰　清光緒五年(1879)茹古閣鉛印本　一冊

330000－4732－0001276　1276　類叢部/類書類/通類之屬
廣事類賦四十卷　(清)華希閔撰　清刻本　一冊　存五卷(二十七至三十一)

330000－4732－0001278　1278　子部/天文曆算類/曆法之屬
日用指明一卷　(美國)赫顯理撰　清宣統元年(1909)上海美華書館鉛印本　一冊

330000－4732－0001280　1280　集部/總集類/課藝之屬
鄉會文統不分卷　清石印本　一冊

330000－4732－0001281　1281　經部/四書類/總義之屬/傳說
文名堂較正監韻分章分節四書正文　清刻本

一冊　存二種

330000－4732－0001284　1284　集部/總集類/課藝之屬

藝林珠玉不分卷　清刻本　四冊　存論語

330000－4732－0001285　1285　集部/總集類/課藝之屬

藝林珠玉不分卷　清同治六年(1867)刻本　二冊　存中庸

330000－4732－0001286　1286　集部/總集類/課藝之屬

藝林珠玉不分卷　清刻本　二冊　存孟子

330000－4732－0001287　1287　史部/史評類/史論之屬

史學論不分卷　清光緒二十八年(1902)新型書局石印本　吳翊卿題記　一冊

330000－4732－0001288　1288　子部/醫家類/醫經之屬/内經

素問靈樞類纂約註三卷　(清)汪昂撰　清光緒二十二年(1896)上海圖書集成印書局鉛印本　柳運湘題簽並記　一冊

330000－4732－0001289　1289　集部/總集類/課藝之屬

目耕齋二刻不分卷　(清)徐楷評註　(清)沈叔眉選刊　清刻本　一冊

330000－4732－0001290　1290　經部/叢編

重刊宋本十三經注疏四百十六卷　附十三經注疏校勘記四百十六卷　(清)阮元撰　(清)盧宣旬摘錄　**校勘記識語四卷**　(清)汪文臺撰　清光緒十三年(1887)上海脈望仙館石印本　一冊　存一種

330000－4732－0001291　1291　集部/詩文評類

經藝標新不分卷　(清)古草堂主人輯　清刻本　一冊　存詩經

330000－4732－0001292　1292　子部/雜家類

桂杏聯芳不分卷　清刻本　一冊

330000－4732－0001294　1294　集部/總集類

論語制藝不分卷　清刻本　一冊

330000－4732－0001295　1295　集部/總集類/課藝之屬

江左校士錄二卷　(清)黃體芳輯　清光緒三十年(1904)上海書局石印本　一冊　存一卷(一)

330000－4732－0001296　1296　子部/醫家類/本草之屬/歷代綜合本草

本草綱目五十二卷　(明)李時珍撰　清刻本　一冊　存一卷(三)

330000－4732－0001298　1298　經部/群經總義類/文字音義之屬

十三經集字□卷　清刻本　一冊　存一卷(二)

330000－4732－0001299　1299　經部/四書類/論語之屬/傳說

二論詳解四卷　(清)劉忠輯　清舊學山房刻本　一冊　存一卷(三)

330000－4732－0001300　1300　集部/曲類/寶卷之屬

達摩祖卷一卷　清末刻本　一冊

330000－4732－0001301　1301　集部/總集類/課藝之屬

新墨正軌不分卷　(清)黃淦選　清刻本　一冊

330000－4732－0001302　1302　子部/術數類/相宅相墓之屬

地理青囊經十卷　(清)杜銓釋　清刻本　一冊　存二卷(九至十)

330000－4732－0001304　1304　集部/總集類/課藝之屬

目耕小題不分卷　(清)沈叔眉編次　清光緒京都琉璃廠化甲堂刻本　一冊

330000－4732－0001306　1306　史部/政書類/邦計之屬/錢幣

圜法□□卷　清末石印本　一冊　存二卷
（一至二）

330000－4732－0001307　1307　集部/總集
類/課藝之屬

延經堂塾課不分卷　（清）朱鴻儒撰　清道光
二十八年(1848)文星堂刻本　一冊

330000－4732－0001308　1308　集部/總集
類/課藝之屬

巧搭脫穎不分卷　（清）李秖香編　清末刻本
　一冊

330000－4732－0001309　1309　史部/政書
類/律令之屬/律例

大清律例不分卷　（清）三泰等撰　清末抄本
　一冊

330000－4732－0001310　1310　史部/政書
類/律令之屬/律例

大清律例通纂四十卷　（清）胡肇楷　（清）周
孟隣編　清刻本　一冊　存一卷(三十七)

330000－4732－0001311　1311　集部/總
集類

求是齋墨醇不分卷　清刻本　一冊

330000－4732－0001313　1313　子部/醫家
類/傷寒金匱之屬/傷寒論

傷寒醫訣串解六卷傷寒真方歌括六卷　（清）
陳念祖撰　清末石印本　一冊　缺二卷(傷
寒真方歌括五至六)

330000－4732－0001314　1314　集部/總
集類

五經文府　清末石印本　七冊　存三種

330000－4732－0001315　1315　集部/總
集類

春秋不分卷　清刻本　一冊

330000－4732－0001316　1316　集部/總集
類/課藝之屬

大題文府不分卷　清末石印本　一冊　存
下論

330000－4732－0001317　1317　史部/地理
類/總志之屬/斷代

輿地易知一卷　魏蘭編輯　清光緒三十二年
(1906)上海石印本　一冊

330000－4732－0001318　1318　子部/醫
家類

靈素節要淺註十二卷　（清）陳念祖撰　清末
石印本　一冊　缺四卷(一至四)

330000－4732－0001319　1319　經部/詩類/
正文之屬

詩經不分卷　清末刻本　載陽範題簽並記
二冊

330000－4732－0001320　1320　子部/宗教
類/道教之屬/戒律

慾海慈航一卷　（清）黃正元撰　清同治十二
年(1873)刻本　一冊

330000－4732－0001324　1324　子部/宗教
類/道教之屬/戒律

太上寶筏圖說八卷首一卷　（清）黃正元纂
（清）毛金蘭補　清光緒十八年(1892)石印本
　二冊　存二卷(一、五)

330000－4732－0001330　1330　集部/曲類/
寶卷之屬

何仙姑寶卷二卷　（清）□□撰　清末上海翼
化堂刻本　一冊

330000－4732－0001333　1333　子部/術數
類/相宅相墓之屬

地理孝思集□□卷　（清）舒鳳儀著　清刻本
　一冊　存二卷(古青囊經註解、法古羅經詳
解正義)

330000－4732－0001334　1334　集部/別集
類/清別集

知愧軒尺牘十六卷　（清）管士駿撰　清刻本
　一冊　存四卷(九至十二)

330000－4732－0001335　1335　史部/政書
類/律令之屬/法驗

洗冤錄義證四卷校記四卷　（清）剛毅輯
（清）諸可寶校　清末刻本　一冊　存六卷
(二至四、校記二至四)

330000－4732－0001336　1336　經部/小學類/文字之屬/字書/訓蒙

澄衷蒙學堂字課圖說四卷檢字一卷類字一卷　（清）劉樹屏撰　（清）吳子城繪圖　清光緒三十年(1904)崇實書局刻本　葉鶴生題簽並記　四冊　缺二卷(三至四)

330000－4732－0001337　1337　子部/術數類/占卜之屬

增刪卜易六卷　（清）野鶴老人撰　（清）李文輝增刪　清刻本　一冊　存四卷(一至四)

330000－4732－0001338　1338　集部/總集類/課藝之屬

小題三萬選不分卷　（清）求是齋主人輯　清光緒二十一年(1895)芸碧山房石印本　三十一冊

330000－4732－0001342　1342　經部/詩類/傳說之屬

御案詩經備旨八卷　（清）鄒聖脉纂輯　（清）鄒廷猷編次　清光緒十二年(1886)上海點石齋石印本　二冊

330000－4732－0001343　1343　集部/小說類/長篇之屬

新刻說唐全傳□□卷　清刻本　一冊　存一卷(七)

330000－4732－0001346　1346　經部/禮記類/傳說之屬

禮記不分卷　（漢）鄭玄注　清末刻本　清范敬題記　三冊

330000－4732－0001347　1347　集部/總集類

春秋不分卷　清末刻本　二冊

330000－4732－0001348　1348　子部/醫家類/傷寒金匱之屬/傷寒論

再重訂傷寒集註十卷附五卷　（清）舒詔撰　清刻本　二冊　存五卷(二至三、七至九)

330000－4732－0001349　1349　子部/雜著類

敬信錄二卷　清末刻本　一冊　缺一卷(一)

330000－4732－0001352　1352　子部/術數類/相宅相墓之屬

新刻石函平砂玉尺經全書真機三卷　題(元)劉秉忠撰　（明）劉基解　（明）賴從謙發揮　清刻本　陳玉賢題記　二冊　缺一卷(三)

330000－4732－0001353　1353　經部/四書類/孟子之屬/傳說

孟子文梗七卷　清刻本　四冊　存四卷(一至四)

330000－4732－0001354　1354　經部/四書類/中庸之屬/傳說

中庸文梗不分卷　清刻本　一冊

330000－4732－0001355　1355　集部/總集類/課藝之屬

小題清新集一卷　（清）顧聽泉　（清）王瘦石編次　清刻本　一冊

330000－4732－0001356　1356　集部/總集類/選集之屬

近科館律詩鈔不分卷　王先謙輯　清刻本　一冊

330000－4732－0001357　1357　子部/宗教類/道教之屬

祖師收三魂一卷　清末抄本　一冊

330000－4732－0001358　1358　子部/宗教類/道教之屬

關元師咒念一卷　清末抄本　一冊

330000－4732－0001361　1361　集部/別集類/清別集

巢溪詩草不分卷　（清）江紹華撰　清同治七年(1868)刻本　一冊

330000－4732－0001362　1362　子部/術數類/相宅相墓之屬

四秘全書十二種　（清）尹有本輯　清刻本　一冊　存一種

330000－4732－0001363　1363　史部/傳記類/科舉錄之屬/歷科登科錄

近科鄉會墨僅見不分卷　（清）謝輔坫選評

清同治刻本　一冊

330000－4732－0001368　1368　集部/總集類/課藝之屬

精選格致課藝讀本□□卷　清末石印本　二冊　存二卷(三、七)

330000－4732－0001371　1371　史部/地理類/外紀之屬

泰西各國采風記五卷紀程感事詩一卷時務論一卷　宋育仁撰　清光緒二十一年(1895)袖海山房石印本　一冊　存一卷(一)

330000－4732－0001373　1373　子部/術數類/陰陽五行之屬

新訂崇正闢謬通書十四卷　(清)李奉來編　清刻本　一冊　存二卷(六至七)

330000－4732－0001374　1374　子部/宗教類/其他宗教之屬/基督教

天路指明一卷　清末鉛印本　一冊

330000－4732－0001375　1375　經部/四書類/總義之屬/傳說

繪圖四書正文　清刻本　一冊　存二種

330000－4732－0001376　1376　經部/四書類/總義之屬/傳說

繪圖四書正文　清刻本　一冊　存一種

330000－4732－0001377　1377　經部/四書類/總義之屬/傳說

繪圖四書正文　清刻本　一冊　存一種

330000－4732－0001378　1378　經部/四書類/總義之屬/傳說

繪圖四書正文　清刻本　一冊　存二種

330000－4732－0001379　1379　經部/四書類/總義之屬/傳說

繪圖四書正文　清刻本　二冊　存三種

330000－4732－0001380　1380　經部/四書類/總義之屬/傳說

繪圖四書正文　清刻本　一冊　存一種

330000－4732－0001381　1381　子部/宗教類/道教之屬/經文

赦罪免劫經一卷　清刻本　一冊

330000－4732－0001382　1382　子部/儒家類/儒學之屬/蒙學

亦陶書室新增幼學故事羣芳四卷　(清)程允升撰　(清)周達用增訂　清末刻本　一冊　存一卷(三)

330000－4732－0001383　1383　子部/術數類/命書相書之屬

新刻星平合訂命學須知二卷　(清)胡柏齡錄　清光緒十六年(1890)文奎堂刻本　劉廣云題記　一冊　存一卷(一)

330000－4732－0001384　1384　子部/儒家類/儒學之屬/禮教/家訓

朱子家訓衍義一卷　(清)朱鳳鳴註　(清)張氏增改　清末上海宏大善書局石印本　楊正昌、楊葉枝題記　一冊

330000－4732－0001387　1387　集部/總集類/選集之屬/斷代

國朝分體文約不分卷　清刻本　一冊

330000－4732－0001389　1389　子部/雜著類/雜編之屬

不求人一卷　清末石印本　一冊

330000－4732－0001391　1391　集部/總集類

試讀立誠編不分卷　清末刻本　五冊

330000－4732－0001393　1393　經部/詩類/傳說之屬

監本詩經全文八卷　(宋)朱熹撰　清光緒二年(1876)錦春齋刻本　一冊　存一卷(二)

330000－4732－0001394　1394　經部/叢編

監本五經五種　清末鄭錦齋刻本　一冊　存一種

330000－4732－0001396　1396　經部/叢編

監本五經五種　清刻本　一冊　存一種

330000－4732－0001398　1398　子部/宗教類/道教之屬

過關玄科一卷　清吳旺真抄本　一冊

330000 – 4732 – 0001399　1399　經部/詩類/傳說之屬

錦春齋新校詩經正文八卷　清光緒四年(1878)處郡錦春齋刻本　二冊　存一卷(一)

330000 – 4732 – 0001400　1400　經部/詩類/傳說之屬

錦春齋新校詩經正文八卷　清光緒四年(1878)處郡錦春齋刻本　一冊　存一卷(一)

330000 – 4732 – 0001403　1403　經部/詩類/傳說之屬

詩經集傳八卷　(宋)朱熹撰　清慎詒堂刻本　二冊　存三卷(三至五)

330000 – 4732 – 0001407　1407　子部/術數類/陰陽五行之屬

欽定協紀辨方書三十六卷　(清)允祿　(清)張照等纂修　清末刻本　二冊　存二卷(八、三十六)

330000 – 4732 – 0001408　1408　子部/宗教類/道教之屬

長遣試一卷　清光緒三十四年(1908)吳法盛抄本　一冊

330000 – 4732 – 0001409　1409　集部/別集類/唐五代別集

杜工部集二十卷附錄一卷　(唐)杜甫撰(清)錢謙益箋註　**少陵先生年譜一卷諸家詩話一卷唱酬題詠附錄一卷**　清宣統三年(1911)時中書局石印本　一冊　存三卷(附錄、少陵先生年譜、諸家詩話)

330000 – 4732 – 0001412　1412　史部/傳記類/總傳之屬/姓名

校正百家姓不分卷　清末魁元堂刻本　饒雲蒼題記　一冊

330000 – 4732 – 0001414　1414　子部/宗教類/其他宗教之屬/基督教

基督教會綱領不分卷　(加拿大)季理斐著　清宣統元年(1909)石印本　一冊

330000 – 4732 – 0001415　1415　子部/術數類/陰陽五行之屬

切用通書一卷　清刻本　一冊

330000 – 4732 – 0001416　1416　子部/雜著類/雜纂之屬

酬世寶要全書七卷　(清)姚時勉輯　清末刻本　一冊　存二卷(六至七)

330000 – 4732 – 0001418　1418　子部/天文曆算類/曆法之屬

趨避通書不分卷　清末繼成堂刻本　一冊

330000 – 4732 – 0001419　1419　子部/天文曆算類/曆法之屬

趨避通書不分卷　清末繼成堂刻本　一冊

330000 – 4732 – 0001420　1420　子部/術數類

多福通書不分卷　清末刻本　一冊

330000 – 4732 – 0001421　1421　子部/天文曆算類/曆法之屬

趨避通書不分卷　清末刻本　一冊

330000 – 4732 – 0001422　1422　子部/術數類/相宅相墓之屬

官板地理琢玉斧不分卷　清刻本　一冊

330000 – 4732 – 0001423　1423　子部/術數類

增刪通書一卷　清光緒集福堂球記刻本　一冊

330000 – 4732 – 0001425　1425　子部/儒家類/儒學之屬/蒙學

六字經一卷　清末刻本　一冊

330000 – 4732 – 0001426　1426　子部/宗教類/道教之屬/戒律

太上感應篇一卷　清末刻本　一冊

330000 – 4732 – 0001429　1429　集部/小說類/長篇之屬

綠野仙蹤八十回　(清)李百川撰　清末刻本　一冊　存四回(三十三至三十六)

330000 – 4732 – 0001431　1431　子部/術數類/命書相書之屬

子平淵海五卷　(清)夏青山子編　(清)林庵

藏重校　清刻本　一冊　存三卷(一至三)

330000 – 4732 – 0001436　1436　類叢部/類書類/通類之屬

鑄史駢言十二卷　(清)孫玉田編　清刻本　一冊　存二卷(一至二)

330000 – 4732 – 0001438　1438　子部/宗教類/道教之屬/雜著

造起雜項山歌書一卷　清道光二十六年(1846)項希□抄本　一冊

330000 – 4732 – 0001441　1441　新學/幼學

蒙學三字經歷史圖說一卷　清末上海普新書局石印本　一冊

330000 – 4732 – 0001442　1442　子部/天文曆算類/曆法之屬

文林堂通書一卷　清宣統元年(1909)文林堂刻本　錢盛昌題簽並記　一冊

330000 – 4732 – 0001444　1444　子部/天文曆算類/曆法之屬

鰲頭通書大全十卷　(明)熊宗立編　清末刻本　一冊　存一卷(二)

330000 – 4732 – 0001448　1448　類叢部/類書類/通類之屬

策學纂要正續編十六卷　(清)戴朋　(清)黃卷輯　清末刻本　一冊　存五卷(十二至十六)

330000 – 4732 – 0001449　1449　史部/史評類/史論之屬

歷代史學新論一卷　(清)姚來庭輯　清光緒二十四年(1898)杭城衢樽石印本　一冊

330000 – 4732 – 0001451　1451　史部/傳記類/科舉錄之屬

光緒十九年癸巳恩科浙江闈墨一卷　(清)王夢魁等撰　清圖書集成局鉛印本　一冊

330000 – 4732 – 0001456　1456　集部/曲類/散曲之屬

新刊說唱擺花張四姐出身二卷　清酉山堂刻本　一冊

330000 – 4732 – 0001458　1458　子部/天文曆算類/曆法之屬

趨避通書不分卷　清末繼成堂刻本　一冊

330000 – 4732 – 0001464　1464　子部/宗教類/道教之屬

文昌帝君天戒錄一卷　(清)蓮池大師註　清末刻本　一冊

330000 – 4732 – 0001467　1467　史部/政書類/公牘檔冊之屬

賣契書一卷　清末抄本　一冊

330000 – 4732 – 0001468　1468　子部/宗教類/道教之屬

請龍神式一卷　清末抄本　一冊

330000 – 4732 – 0001469　1469　子部/宗教類/道教之屬/經文

玉樞懺科一卷觀音懺科一卷　清同治三年(1864)葉正真抄本　一冊

330000 – 4732 – 0001470　1470　子部/宗教類/道教之屬

超度亡魂一卷　清末抄本　一冊

330000 – 4732 – 0001471　1471　子部/宗教類/道教之屬

繞棺科全本一卷　清光緒十六年(1890)夏法達抄本　一冊

330000 – 4732 – 0001473　1473　子部/宗教類/道教之屬

起慈尊醮科一卷　清末抄本　一冊

330000 – 4732 – 0001476　1476　史部/政書類/公牘檔冊之屬

義房分鬮一卷　清光緒四年(1878)葉金煬抄本　一冊

330000 – 4732 – 0001478　1478　子部/宗教類/道教之屬

符諱一卷　清末抄本　一冊

330000 – 4732 – 0001480　1480　子部/宗教類/道教之屬

向來情旨宣露一卷　清末抄本　一冊

330000－4732－0001481　1481　子部/宗教類/道教之屬

太上三元三品三官寶懺一卷　清光緒十三年（1887）刻本　一冊

330000－4732－0001482　1482　史部/政書類/公牘檔冊之屬

借錢賬本一卷　清抄本　一冊

330000－4732－0001483　1483　子部/宗教類/道教之屬

祭亡魂燒燒紙一卷　清末抄本　一冊

330000－4732－0001485　1485　子部/宗教類/道教之屬

靈寶大法司一卷　清末抄本　一冊

330000－4732－0001488　1488　子部/宗教類/道教之屬

立春天帝艮太陽女六壬一卷　清咸豐十年（1860）抄本　一冊

330000－4732－0001489　1489　子部/宗教類/道教之屬

仰啟雷霆諸司一卷　清末抄本　一冊

330000－4732－0001490　1490　史部/政書類/公牘檔冊之屬

記賬行用一卷　清光緒二十八年（1902）雷震聲手抄本　一冊

330000－4732－0001491　1491　子部/宗教類/道教之屬

下本甲子歌二卷　清嘉慶二十年（1815）雷仕清抄本　一冊　存一卷（二）

330000－4732－0001492　1492　子部/宗教類/道教之屬

符諱一卷　清末抄本　一冊

330000－4732－0001494　1494　子部/宗教類/道教之屬

符書一卷　清末抄本　一冊

330000－4732－0001495　1495　集部/戲劇類/傳奇之屬

玉帶記一卷　清光緒二十三年（1897）練忠璠

抄本　一冊

330000－4732－0001496　1496　子部/宗教類/道教之屬

黑泮鎮妖打竹法科一卷　清末抄本　一冊

330000－4732－0001497　1497　史部/傳記類/科舉錄之屬/歷科登科錄

庚辰會墨不分卷　清光緒六年（1880）石印本　一冊

330000－4732－0001501　1501　子部/宗教類/道教之屬/戒律

帝君救劫章等一卷　清末刻本　一冊

330000－4732－0001504　1504　子部/醫家類/方書之屬/單方驗方

驗方錄要七卷　（清）糜崧甫　（清）方詵枝訂　清刻本　一冊　存六卷（一至六）

330000－4732－0001506　1506　集部/總集類

蘇秦張儀合論等不分卷　清末刻本　一冊

330000－4732－0001508　1508　子部/術數類/命書相書之屬

星平要訣一卷百年經一卷　清光緒刻本　一冊

330000－4732－0001509　1509　子部/宗教類/佛教之屬/經疏

金剛般若波羅密經淺解旁註一卷　清末刻本　一冊

330000－4732－0001510　1510　集部/總集類/選集之屬

浙江詩課十卷浙江考卷一卷　（清）阮元訂　清嘉慶再到亭刻本　一冊

330000－4732－0001511　1511　經部/四書類/總義之屬/傳說

監本四書四種　清刻本　徐可禮題記　一冊　存一種

330000－4732－0001512　1512　集部/詩文評類/文法之屬/函牘格式

最新商務尺牘教科書正集二卷續集二卷　周

天鵬著　清光緒紹興奎照樓書坊上海會文學社石印本　一冊　存一卷（正集二）

330000－4732－0001513　1513　經部/書類/傳說之屬

書集傳六卷　（宋）蔡沈撰　清刻本　一冊　存一卷（一）

330000－4732－0001514　1514　子部/宗教類/道教之屬/衆術

灑淨請聖一卷　清末抄本　一冊

330000－4732－0001515　1515　子部/宗教類/道教之屬

祝監口訣全科一卷　清光緒二十七年（1901）葉明真抄本　一冊

330000－4732－0001516　1516　子部/宗教類/道教之屬

五音所屬超長生一卷　清光緒八年（1882）林潘宛抄本　一冊

330000－4732－0001518　1518　子部/宗教類/道教之屬

靈寶進表供王玄科一卷　清同治四年（1865）吳顯真抄本　一冊

330000－4732－0001519　1519　子部/宗教類/道教之屬

八駕用一卷　清末抄本　一冊

330000－4732－0001520　1520　子部/宗教類/道教之屬

五行天下看一卷　清末季迪抄本　一冊

330000－4732－0001521　1521　子部/宗教類/道教之屬

天師正傳妙述一卷　清末抄本　一冊

330000－4732－0001522　1522　子部/宗教類/道教之屬

捉赫咒一卷　清末抄本　一冊

330000－4732－0001525　1525　子部/宗教類/道教之屬

掌訣一卷附玄空五行所局訣一卷　清末抄本　一冊

330000－4732－0001526　1526　子部/宗教類/道教之屬

方土公宮南方土母殿一卷　清末抄本　一冊

330000－4732－0001531　1531　集部/曲類/曲藝之屬

二出引一卷　清末彭學俊抄本　一冊

330000－4732－0001538　1538　集部/別集類/清別集

曠視山房制藝二集四卷　（清）丁守存撰　清刻本　一冊　存一卷（一）

330000－4732－0001541　1541　子部/宗教類/道教之屬

功德科一卷　清抄本　一冊

330000－4732－0001543　1543　集部/曲類/曲藝之屬

新刻梅之行魯小姐手巾記一卷　清末抄本　一冊

330000－4732－0001547　1547　集部/曲類

念榮夫妻即便說一卷　清末抄本　一冊

330000－4732－0001548　1548　集部/曲類/寶卷之屬

梁山伯與祝英台一卷　清末抄本　一冊

330000－4732－0001550　1550　子部/宗教類/道教之屬

鎖黃泉法書一卷　清光緒十六年（1890）抄本　一冊

330000－4732－0001555　1555　集部/總集類/課藝之屬

五言雜字一卷　清光緒二十八年（1902）應鍾月抄本　一冊

330000－4732－0001558　1558　集部/總集類/選集之屬

考卷咀華集不分卷　清抄本　一冊

330000－4732－0001560　1560　子部/宗教類/道教之屬

颿旛九詁文一卷附旛牒式一卷　清抄本　一冊

330000－4732－0001568　1568　子部/宗教類/道教之屬

做大皇法落禁細法一卷　清抄本　一冊

330000－4732－0001570　1570　集部/總集類/課藝之屬

大學之道節一卷　清嘉慶二十二年（1817）林日蔥抄本　一冊

330000－4732－0001574　1574　子部/宗教類/道教之屬

古樓二用人星君一卷　清末抄本　一冊

330000－4732－0001575　1575　子部/宗教類/道教之屬/雜著

再遮身一卷　清抄本　一冊

330000－4732－0001576　1576　集部/曲類/曲藝之屬

李七娘一卷　清光緒三十三年（1907）邱立倫抄本　一冊

330000－4732－0001579　1579　集部/詩文評類/制藝之屬

能與集不分卷　清抄本　一冊

330000－4732－0001584　1584　子部/宗教類/佛教之屬/經

金剛經一卷　（後秦）釋鳩摩羅什譯　清末刻本　一冊

330000－4732－0001585　1585　子部/宗教類/道教之屬

奏聖玄科一卷　清末抄本　一冊

330000－4732－0001586　1586　子部/術數類/命書相書之屬

柳莊相書三卷　清光緒四年（1878）陳國財抄本　陳國財題簽　一冊　存一卷（一）

330000－4732－0001588　1588　史部/政書類/公牘檔冊之屬

坤房分券一卷　清光緒二十二年（1896）抄本　一冊

330000－4732－0001595　1595　類叢部/類書類/通類之屬

330000－4732－0001598　1598　集部/總集類/選集之屬

新編四言時用雜字一卷　清末抄本　一冊

無友不如己者過一卷　清末抄本　一冊

330000－4732－0001600　1600　史部/政書類/公牘檔冊之屬

葉茂釗戶冊一卷　清末抄本　一冊

330000－4732－0001601　1601　集部/曲類

同台分別一卷　清抄本　一冊

330000－4732－0001602　1602　集部/曲類/曲選之屬

擂鼓罵曹一卷　清抄本　一冊

330000－4732－0001604　1604　史部/政書類/公牘檔冊之屬

立分關合同一卷　清同治五年（1866）抄本　一冊

330000－4732－0001606　1606　子部/宗教類/道教之屬

姜太公遁水晶宮秘法科一卷　清抄本　一冊

330000－4732－0001607　1607　子部/宗教類/道教之屬

請五姓一卷　清光緒三十年（1904）闕法賜抄本　一冊

330000－4732－0001608　1608　史部/政書類/公牘檔冊之屬

承分田田頭簿一卷　清末抄本　一冊

330000－4732－0001609　1609　子部/宗教類/道教之屬

借方判榜式一卷　清抄本　一冊

330000－4732－0001610　1610　史部/地理類

各州府地名錄一卷　清末抄本　一冊

330000－4732－0001611　1611　集部/總集類

精選雜文一卷　清末抄本　一冊

330000－4732－0001615　1615　子部/術數

類/相宅相墓之屬

嫁娶起屋安葬等通書一卷　清末葉可奎抄本
一冊

330000－4732－0001616　1616　史部/政書
類/公牘檔冊之屬

各種契式一卷　清抄本　一冊

330000－4732－0001633　1633　集部/總集
類/課藝之屬

巧搭分品一卷　（清）史鑑撰　清末抄本
一冊

330000－4732－0001636　1636　子部/宗教
類/道教之屬

法書一卷　清嘉慶十四年（1809）李□明抄本
一冊

330000－4732－0001638　1638　子部/宗教
類/道教之屬

說鬼名書一卷　清末抄本　一冊

330000－4732－0001640　1640　集部/曲類

禁河船一卷　清末抄本　一冊

330000－4732－0001641　1641　子部/儒家
類/儒學之屬

玉逼記一卷　清咸豐七年（1857）抄本　一冊

330000－4732－0001644　1644　經部/小學
類/文字之屬/字書

百家姓帖一卷　清末抄本　一冊

330000－4732－0001645　1645　子部/儒家
類/儒學之屬/蒙學

古傳天文一卷　清末抄本　一冊

330000－4732－0001646　1646　子部/宗教
類/道教之屬

求籤書一卷　清末抄本　一冊

330000－4732－0001647　1647　子部/宗教
類/道教之屬

勸魂科書一卷　清光緒十九年（1893）吳法盛
抄本　一冊

330000－4732－0001648　1648　子部/宗教
類/道教之屬

真三寶玄科一卷　清乾隆四十七年（1782）梅
慶雲抄本　一冊

330000－4732－0001650　1650　子部/宗教
類/道教之屬

煉火書一卷　清抄本　一冊

330000－4732－0001651　1651　子部/宗教
類/道教之屬

招魂牒一卷　清抄本　一冊

330000－4732－0001653　1653　子部/宗教
類/道教之屬/方法

月德一卷　清抄本　一冊

330000－4732－0001656　1656　子部/宗教
類/道教之屬

一聲龍角一卷　清抄本　一冊

330000－4732－0001658　1658　子部/宗教
類/道教之屬

點起東朝天子兵一卷　清末抄本　一冊

330000－4732－0001661　1661　子部/儒家
類/儒學之屬/蒙學

撮要賬目一卷　清末抄本　一冊

330000－4732－0001662　1662　子部/術數
類/相宅相墓之屬

地理五訣八卷　（清）趙廷棟撰　清末抄本
一冊　存一卷（七）

330000－4732－0001665　1665　子部/宗教
類/道教之屬

五行相生訣一卷　清光緒二十年（1894）張紹
洙抄本　一冊

330000－4732－0001667　1667　子部/宗教
類/道教之屬/方法

禳瘟鎮詰式一卷　清末抄本　一冊

330000－4732－0001670　1670　子部/宗教
類/道教之屬

二十四山一卷　清末抄本　一冊

330000－4732－0001674　1674　子部/宗教
類/道教之屬

大悲呪一卷　清光緒十六年（1890）嚴思忠抄

本　一册

330000 - 4732 - 0001675　1675　子部/儒家類/儒學之屬/禮教

蒙子誠曰一卷　清末抄本　一册

330000 - 4732 - 0001677　1677　子部/宗教類/道教之屬

焚香拜請一卷　清末抄本　一册

330000 - 4732 - 0001678　1678　子部/天文曆算類/天文之屬

天文書不分卷　清末周正徒抄本　一册

330000 - 4732 - 0001680　1680　集部/曲類/諸宫調之屬

孤王結掌城都地一卷　清末抄本　一册

330000 - 4732 - 0001689　1689　子部/宗教類/道教之屬

心存法變不為難一卷　清末抄本　一册

330000 - 4732 - 0001691　1691　子部/儒家類/儒學之屬

張百川先生訓子三十篇不分卷　（清）張江撰　清抄本　一册

330000 - 4732 - 0001694　1694　集部/曲類/彈詞之屬

賣花記一卷　清抄本　一册

330000 - 4732 - 0001695　1695　集部/曲類

□裏陽繪一卷　清咸豐五年（1855）抄本　一册

330000 - 4732 - 0001698　1698　子部/宗教類/道教之屬

商永謀一卷　清末抄本　一册

330000 - 4732 - 0001700　1700　子部/儒家類/儒學之屬

松溪知縣勸世文一卷　清抄本　一册

330000 - 4732 - 0001702　1702　集部/曲類

花鼓歌書一卷　清宣統三年（1911）抄本　一册

330000 - 4732 - 0001704　1704　子部/宗教

類/道教之屬

伏以一卷　清同治六年（1867）抄本　一册

330000 - 4732 - 0001705　1705　集部/曲類

我就本州并本縣一卷　清抄本　一册

330000 - 4732 - 0001706　1706　子部/宗教類/道教之屬

陰公德師主書一卷　清光緒十二年（1886）藍日元抄本　一册

330000 - 4732 - 0001707　1707　子部/宗教類/道教之屬

羅天大進日一卷　清抄本　一册

330000 - 4732 - 0001711　1711　子部/儒家類/儒學之屬/蒙學

撮要賬目一卷　清光緒二十四年（1898）劉德林抄本　一册

330000 - 4732 - 0001714　1714　子部/宗教類/道教之屬

奉香火一卷　清乾隆四十三年（1778）抄本　一册

330000 - 4732 - 0001717　1717　子部/宗教類/道教之屬

魯班三郎親請到一卷　清光緒二十四年（1898）吳志誠抄本　一册

330000 - 4732 - 0001723　1723　子部/宗教類/道教之屬

五行生冠歌一卷　清末抄本　一册

330000 - 4732 - 0001730　1730　子部/儒家類/儒學之屬/蒙學

出門行禮一卷　清光緒十六年（1890）抄本　一册

330000 - 4732 - 0001731　1731　集部/戲劇類/雜劇之屬

羅怕記世出一卷　清末抄本　一册

330000 - 4732 - 0001732　1732　子部/術數類/陰陽五行之屬

擇吉書一卷　清道光四年（1824）梅嘉猷抄本　一册

330000－4732－0001733　1733　史部/政書類/公牘檔冊之屬

祭墳祝文一卷存拾契簿一卷　清末抄本　一冊

330000－4732－0001735　1735　子部/宗教類/道教之屬

靈寶仙壇一卷　清末抄本　一冊

330000－4732－0001737　1737　子部/宗教類/道教之屬

亡人死歸終忌打鼓一卷　清末抄本　一冊

330000－4732－0001740　1740　史部/政書類/公牘檔冊之屬

嚴氏呈文一卷　清抄本　一冊

330000－4732－0001743　1743　史部/政書類/公牘檔冊之屬

各式稟文一卷　清末抄本　一冊

330000－4732－0001745　1745　史部/政書類/公牘檔冊之屬

呈文集一卷　清抄本　一冊

330000－4732－0001747　1747　子部/宗教類/道教之屬

馱地神王快一卷　清末抄本　一冊

330000－4732－0001748　1748　集部/曲類

年兄家主何坊地一卷　清末抄本　一冊

330000－4732－0001751　1751　集部/曲類

萬歲君王開金口一卷　清光緒二年(1876)劉金何抄本　一冊

330000－4732－0001752　1752　子部/宗教類/道教之屬

一聲龍角一卷　清宣統三年(1911)商達真抄本　一冊

330000－4732－0001753　1753　集部/總集類/選集之屬

賦得鳳凰來儀一卷　清抄本　一冊

330000－4732－0001757　1757　集部/別集類/清別集

吟詩一卷　清末抄本　一冊

330000－4732－0001759　1759　子部/天文曆算類/曆法之屬

趨避通書不分卷　清末繼成堂刻本　一冊

330000－4732－0001761　1761　子部/術數類

除靈罷服吉日一卷　清末抄本　一冊

330000－4732－0001762　1762　子部/術數類/命書相書之屬

星平要訣一卷百年經一卷　清光緒文林堂刻本　一冊

330000－4732－0001765　1765　集部/曲類

高機與吳三春一卷　清末抄本　一冊

330000－4732－0001766　1766　集部/別集類/元別集

蘭雪集二卷後附一卷　（元）張玉娘撰　清道光二十六年(1846)松城沈作霖刻本　一冊

330000－4732－0001767　1767　集部/總集類/選集之屬/通代

古文釋義新編八卷　（清）余誠輯　清文奎堂刻本　一冊　存一卷(三)

330000－4732－0001768　1768　子部/醫家類

撮要說約一卷　清抄本　一冊

330000－4732－0001769　1769　子部/儒家類/儒學之屬/禮教

家禮大成□□卷　清刻本　一冊　存一卷(三)

330000－4732－0001770　1770　經部/小學類/文字之屬/字書/字典

字彙十二卷補遺備考一卷　清刻本　一冊　存一卷(補遺備考)

330000－4732－0001771　1771　經部/小學類/文字之屬/字書/字典

康熙字典十二集三十六卷總目一卷檢字一卷辨似一卷等韻一卷補遺一卷備考一卷　（清）張玉書等纂修　清道光七年(1827)刻本　二冊　存二卷(未集中下)

330000 – 4732 – 0001773　　1773　　經部/四書類/總義之屬/傳說

文林堂寫刻辨字白文四書七卷　　清刻本　　一冊　　存一卷（論語下）

330000 – 4732 – 0001774　　1774　　經部/四書類/總義之屬/傳說

四書正文七卷　　清光緒三十四年（1908）上海點石齋書局石印本　　一冊　　存二卷（大學、中庸）

330000 – 4732 – 0001775　　1775　　集部/總集類

考課吏治等一卷　　清末刻本　　一冊

330000 – 4732 – 0001777　　1777　　子部/術數類

相命相墓一卷　　清刻朱墨套印本　　藍文堂題記　　一冊

330000 – 4732 – 0001778　　1778　　子部/術數類

相命相墓一卷　　清刻朱墨套印本　　藍文堂題記　　一冊

330000 – 4732 – 0001780　　1780　　集部/曲類

高機與吳三春一卷　　清末抄本　　一冊

330000 – 4732 – 0001783　　1783　　史部/政書類/公牘檔冊之屬

徐炳有分關書一卷　　清同治二年（1863）邱維青寫十一年（1872）補寫本　　一冊

330000 – 4732 – 0001784　　1784　　史部/傳記類/總傳之屬/家乘

家譜一卷　　清末抄本　　一冊

330000 – 4732 – 0001785　　1785　　史部/傳記類/總傳之屬/家乘

尚仁公派下續守廉公第四世支系圖一卷　　清抄本　　一冊

330000 – 4732 – 0001787　　1787　　史部/傳記類/總傳之屬/家乘

孟房茂墀公派下支系圖一卷　　清末抄本　　一冊

330000 – 4732 – 0001789　　1789　　史部/傳記類/總傳之屬/家乘

孟房茂墀公派下支系圖一卷　　清末抄本　　一冊

330000 – 4732 – 0001791　　1791　　史部/傳記類/別傳之屬

行狀墓銘一卷　　清末抄本　　一冊

330000 – 4732 – 0001796　　1796　　史部/傳記類/總傳之屬/家乘

［浙江雲和］項氏宗譜不分卷　　（清）劉達延輯　　清宣統三年（1911）抄本　　一冊

慶元縣圖書館
古籍普查登記目録

全國古籍普查登記目録·浙江麗水

國家圖書館出版社
National Library of China Publishing House

《慶元縣圖書館古籍普查登記目録》
編委會

主　編：吳祥錦

副主編：蔡紅梅　張　虹

《慶元縣圖書館古籍普查登記目錄》

前　言

　　慶元縣,位於浙江省西南部,宋慶元二年(1196)置縣,以年號爲名。《慶元縣圖書館古籍普查登記目錄》收錄館藏 1912 年以前古籍 219 部 4053 册,文獻内容廣泛,涉及政治、經濟、哲學、歷史、地理等多個領域,是我館古籍普查的重要成果。

　　目前,我館已經實現了館藏 356 部 5188 册古籍(含民國時期傳統裝幀書籍)網上著録,爲實現全省乃至全國聯網檢索奠定了基礎,爲讀者檢索利用提供了便利。

慶元縣圖書館

2018 年 2 月

330000－4733－0000003　00002　史部/政書
類/律令之屬/刑制

大清現行刑律案語不分卷　沈家本　俞廉三
輯　清宣統三年(1911)普政社鉛印本　十
九冊

330000－4733－0000004　00003　子部/兵家
類/兵法之屬

軍禮司馬灋攷徵二卷　(清)黃以周撰　清光
緒十八年(1892)黃氏試館刻本　一冊

330000－4733－0000005　00004　經部/三禮
總義類/通論之屬

禮書通故五十篇一百卷　(清)黃以周撰　清
光緒十九年(1893)黃氏試館刻本　二十二冊
　缺十八卷(八十三至一百)

330000－4733－0000006　00005　類叢部/叢
書類/郡邑之屬

武林掌故叢編一百九十種　(清)丁丙編　清
光緒三年至二十六年(1877－1900)錢塘丁氏
嘉惠堂刻本([乾道]臨安志卷四至十五、南宋
館閣錄卷一原缺)　二百七冊　存一百八十
一種

330000－4733－0000007　00006　子部/儒家
類/儒學之屬/禮教

五種遺規　(清)陳弘謀輯並撰　清光緒二十
一年(1895)浙江書局刻本　十冊

330000－4733－0000008　00007　史部/傳記
類/總傳之屬/列女

越女表微錄五卷　(清)汪輝祖撰　清光緒十
八年(1892)杭州浙江學院刻本　一冊

330000－4733－0000009　00008　史部/地理
類/山川之屬/水志

南湖考一卷　(明)陳幼學撰　**節錄餘杭縣南
湖事略一卷南湖誌考一卷**　(清)陳善撰　清
光緒五年(1879)浙江官書局刻本　一冊

330000－4733－0000010　00009　集部/總集
類/氏族之屬

沈氏三先生文集六十一卷附錄一卷　(宋)
□□輯　清光緒二十二年(1896)浙江書局刻

本(長興集卷四至十二、三十一、三十三至四
十一原缺)　十冊

330000－4733－0000011　00010　子部/儒家
類/儒學之屬/經濟

大學衍義四十三卷　(宋)真德秀撰　清同治
十一年(1872)浙江書局刻本　十冊

330000－4733－0000012　00011　子部/儒家
類/儒學之屬/蒙學

小學六卷　(清)高愈注　**文公朱夫子年譜一
卷**　題(宋)李方子撰　清同治十一年(1872)
浙江書局刻本　二冊

330000－4733－0000014　00013　經部/春秋
左傳類/傳說之屬

東萊博議四卷　(宋)呂祖謙撰　**增補虛字註
釋一卷**　(清)馮泰松點定　清光緒三十一年
(1905)上海商務印書館鉛印本　二冊

330000－4733－0000015　00014　史部/政書
類/軍政之屬/兵制

杭州八旗駐防營志略二十五卷　(清)張大昌
輯　清光緒十九年(1893)浙江書局刻本
六冊

330000－4733－0000016　00015　史部/目錄
類/專錄之屬

小學考五十卷　(清)謝啟昆撰　清光緒十四
年(1888)浙江書局刻本　二十冊

330000－4733－0000017　00016　類叢部/叢
書類/自著之屬

徐位山先生(徐位山先生叢書)七種　(清)徐
文靖撰　清光緒刻彙印本　四冊　存一種

330000－4733－0000019　00018　類叢部/叢
書類/自著之屬

儆季雜著五種附二種　(清)黃以周撰　清光
緒二十年至二十一年(1894－1895)江蘇南菁
講舍刻本　十冊

330000－4733－0000020　00019　集部/別集
類/明別集

太師誠意伯劉文成公集二十卷首一卷　(明)
劉基撰　清光緒二十六年(1900)浙江書局刻

民國五年(1916)印本　十冊

330000－4733－0000024　00023　子部/雜著類/雜考之屬

十駕齋養新錄二十卷餘錄三卷　（清）錢大昕撰　**錢辛楣先生年譜一卷**　（清）錢大昕編（清）錢慶曾校註　**竹汀居士年譜續編一卷**（清）錢慶曾撰　清光緒二年(1876)浙江書局刻本　八冊

330000－4733－0000025　00024　史部/紀傳類/正史之屬

漢書疏證三十六卷後漢書疏證三十卷　（清）沈欽韓撰　清光緒二十六年(1900)浙江官書局刻本　四十冊

330000－4733－0000028　00027　集部/別集類/宋別集

曾南豐文集四卷　（宋）曾鞏撰　清宣統二年(1910)上海會文堂書局石印本　二冊

330000－4733－0000030　00029　集部/總集類/選集之屬/通代

漢魏六朝女子文選二卷　張維輯　清宣統三年(1911)海鹽朱是刻本　一冊

330000－4733－0000032　00031　經部/書類/專著之屬

尚書考異六卷　（明）梅鷟撰　清光緒十八年(1892)浙江書局刻本　四冊

330000－4733－0000033　00032　經部/三禮總義類/名物制度之屬

天子肆獻祼饋食禮三卷　（清）任啟運撰　清光緒十一年(1885)浙江書局刻本　一冊

330000－4733－0000034　00033　集部/別集類/清別集

趙恭毅公剩藁八卷　（清）趙申喬撰　清光緒十八年(1892)浙江書局刻本　四冊

330000－4733－0000035　00034　集部/別集類/清別集

湖唐林館駢體文二卷　（清）李慈銘撰　清光緒十年(1884)刻本　一冊

330000－4733－0000036　00035　新學/政治法律/律例

日本帝國憲法義解一卷　（日本）伊藤博文撰（清）沈紘譯　清光緒三十一年(1905)上海商務印書館鉛印本　一冊

330000－4733－0000038　00037　史部/目錄類/總錄之屬/官修

欽定四庫全書總目二百卷首四卷　（清）紀昀等撰　清宣統二年(1910)存古齋石印本　三十一冊　缺六卷(一百二至一百七)

330000－4733－0000039　00038　子部/叢編

二十二子(二十二子彙函)　（清）浙江書局編　清光緒元年至三年(1875－1877)浙江書局刻本　十一冊　存四種

330000－4733－0000040　00039　史部/政書類/邦交之屬

各國通商條約十六卷　（清）督辦浙江通商洋務總局編　清光緒二十八年(1902)浙江官書局刻本　十冊

330000－4733－0000041　00040　史部/政書類/律令之屬/刑制

明刑管見錄一卷　（清）穆翰撰　清光緒三十年(1904)浙江官書局刻本　一冊

330000－4733－0000042　00041　史部/傳記類/總傳之屬/儒林

理學宗傳二十六卷　（清）孫奇逢撰　（清）魏一鰲等編　清光緒六年(1880)浙江書局刻本　十二冊

330000－4733－0000044　00043　子部/兵家類/兵法之屬

武經集要一卷　（清）徐亦撰　清光緒十五年(1889)浙江書局刻本　一冊

330000－4733－0000045　00044　子部/叢編

二十二子(二十二子彙函)　（清）浙江書局編　清光緒元年至三年(1875－1877)浙江書局刻本　一冊　存一種

330000－4733－0000046　00045　子部/儒家類/儒學之屬/性理

勵志録二卷　（清）沈近思撰　**沈端恪公年譜二卷**　（清）沈曰富編　清同治十二年(1873)浙江書局刻本　二冊

330000－4733－0000047　00046　集部/別集類/清別集

傳樸堂詩稿四卷補遺一卷竹樊山莊詞一卷附録一卷　（清）葛金烺撰　**弢華館詩稿一卷**　（清）葛嗣浵撰　清光緒二十一年(1895)刻本　二冊

330000－4733－0000049　00048　史部/政書類/儀制之屬/典禮

文廟通考六卷首一卷　（清）牛樹梅撰　清同治十一年(1872)浙江書局刻本　二冊

330000－4733－0000051　00050　子部/儒家類/儒學之屬/禮教/女範

聶氏重編家政學二卷　曾紀芬編　清光緒三十年(1904)浙江官書局刻本　二冊

330000－4733－0000054　00053　經部/儀禮類/傳說之屬

儀禮十七卷　（漢）鄭玄註　（明）金蟠（明）葛鼒訂　清永懷堂刻浙江書局補刻本　四冊

330000－4733－0000056　00055　經部/易類/傳說之屬

易憲四卷卦歌一卷圖說一卷　（明）沈泓撰　清光緒十四年(1888)泉唐卓德徵刻本　三冊

330000－4733－0000057　00056　集部/別集類/清別集

吳摯甫文集四卷附鈔深州風土記四篇一卷　（清）吳汝綸撰　清宣統二年(1910)上海國學扶輪社石印本　五冊

330000－4733－0000061　00060　史部/雜史類/斷代之屬

平浙紀略十六卷　（清）秦緗業　（清）陳鍾英撰　清同治十二年(1873)浙江書局刻本　四冊

330000－4733－0000063　00062　集部/總集類/郡邑之屬

續檇李詩繫四十卷　（清）胡昌基輯　清宣統三年(1911)刻本　十七冊　缺五卷(一至五)

330000－4733－0000064　00063　經部/禮記類/傳說之屬

禮記集說十卷　（元）陳澔撰　清光緒十九年(1893)浙江書局刻本　十冊

330000－4733－0000072　00071　史部/紀傳類/正史之屬

五代史七十四卷　（宋）歐陽修撰　（宋）徐無黨注　清同治十一年(1872)湖北崇文書局刻本　八冊

330000－4733－0000075　00074　子部/雜家類

橋西雜記一卷　（清）葉名澧撰　清宣統三年(1911)國學扶輪社鉛印本　一冊

330000－4733－0000076　00075　子部/醫家類/醫經之屬/内經

黃帝内經素問集注九卷　（清）張志聰撰　清光緒十六年(1890)浙江書局刻本　四冊　存五卷(五至九)

330000－4733－0000079　00078　新學/政治法律/律例

比較國法學四卷　（日本）末岡精一撰　清光緒三十二年(1906)上海商務印書館鉛印本　一冊

330000－4733－0000080　00079　集部/總集類/郡邑之屬

兩浙輶軒續録五十四卷補遺六卷姓氏韻編二卷　（清）潘衍桐輯　清光緒十七年(1891)浙江書局刻本　二十四冊　缺二十八卷(十八至三十、三十三至三十七、四十五至五十四)

330000－4733－0000082　00081　類叢部/叢書類/自著之屬

隨園三十八種　（清）袁枚撰　清光緒十八年(1892)勤裕堂鉛印本　十五冊　存二十二種

330000－4733－0000083　00082　經部/叢編

十三經古注　（明）金蟠　（明）葛鼒校　明崇禎十二年(1639)永懷堂刻清同治八年(1869)

浙江書局校修印本　三十四冊　存八種

330000－4733－0000084　00083　史部/政書類/邦交之屬

丁未和會類要四卷　（清）□□編　清光緒三十四年（1908）中國圖書公司鉛印本　三冊　缺一卷（一）

330000－4733－0000086　00085　子部/雜著類/雜說之屬

定香亭筆談四卷　（清）阮元撰　清光緒二十五年（1899）浙江書局刻本　三冊

330000－4733－0000087　00086　子部/農家農學類/蠶桑之屬

蠶桑萃編十五卷首一卷　（清）衛杰撰　清光緒浙江官書局刻本　八冊

330000－4733－0000088　00087　集部/別集類/宋別集

宛陵先生文集六十卷　（宋）梅堯臣撰　清宣統二年（1910）上海據清康熙徐惇復白華書屋刻本影印本　十冊

330000－4733－0000089　00088　經部/書類/傳說之屬

書經集傳六卷　（宋）蔡沈撰　清光緒十九年（1893）浙江書局刻本　四冊

330000－4733－0000090　00089　集部/別集類/宋別集

錢塘韋先生文集十八卷　（宋）韋驤撰　清刻本　一冊　存二卷（十五至十六）

330000－4733－0000091　00090　史部/傳記類/別傳之屬/事狀

鄂國金佗稡編二十八卷續編三十卷　（宋）岳珂編　清光緒九年（1883）浙江書局刻本　十二冊

330000－4733－0000092　00091　新學/農政/蠶務

最新養蠶學八卷　（日本）針塚長太郎　（日本）野浦齋譯　清光緒三十年（1904）浙江官書局鉛印本　一冊

330000－4733－0000093　00092　史部/地理類/專志之屬/祠墓

兩浙防護陵寢祠墓錄一卷　（清）阮元輯　清光緒十五年（1889）浙江書局刻本　二冊

330000－4733－0000094　00093　史部/金石類/石之屬/通考

陶齋藏石記四十四卷首一卷藏甎記二卷　（清）端方輯　清宣統二年（1910）上海商務印書館石印本　十冊　缺八卷（三十五至四十二）

330000－4733－0000095　00095　史部/地理類/外紀之屬

日本國志四十卷首一卷　（清）黃遵憲輯　清光緒二十四年（1898）浙江書局刻本　十冊

330000－4733－0000096　00094　子部/叢編

武備新書十種　（清）廖壽豐輯　清光緒二十三年（1897）浙江書局刻本　五冊

330000－4733－0000097　00096　史部/傳記類/別傳之屬/年譜

朱子年譜四卷考異四卷　（清）王懋竑撰　**朱子論學切要語二卷**　（清）王懋竑輯　清乾隆十七年（1752）寶應王氏白田草堂刻清末浙江書局補刻本　四冊

330000－4733－0000099　00098　史部/史評類/史論之屬

歷代史論十二卷宋史論三卷元史論一卷　(明)張溥撰　**明史論四卷**　（清）谷應泰撰　**左傳史論二卷**　（清）高士奇撰　清光緒二十四年（1898）上海書局石印本　二冊　存六卷（十至十二、宋史論一至三）

330000－4733－0000101　00100　子部/醫家類/類編之屬

黃氏醫書八種　（清）黃元御撰　清咸豐十年（1860）徐樹銘變甦精舍刻本　一冊　存一種

330000－4733－0000102　00101　類叢部/類書類/通類之屬

精選黃眉故事十卷　（明）鄧志謨輯　清刻本　一冊　存三卷（三至五）

330000－4733－0000103　00102　子部/醫家類/類編之屬

圖註難經脈訣二種　清善成堂刻本　三冊　缺二卷（圖註八十一難經辨真三至四）

330000－4733－0000104　00103　史部/金石類/石之屬/通考

語石十卷　葉昌熾撰　清宣統元年（1909）刻蘇州振新書社印本　四冊

330000－4733－0000105　00104　史部/地理類/方志之屬/郡縣志

［光緒］慶元縣志十二卷首一卷　（清）林步瀛（清）史恩緯修　（清）史恩緒等纂　清光緒三年（1877）刻本　八冊　缺三卷（六至八）

330000－4733－0000106　00105　史部/地理類/方志之屬/郡縣志

［光緒］慶元縣志十二卷首一卷　（清）林步瀛（清）史恩緯修　（清）史恩緒等纂　**慶元縣矬書一卷**　清光緒三年（1877）刻本　七冊　缺六卷（四至九）

330000－4733－0000107　00106　史部/政書類/邦交之屬

約章成案匯覽甲篇十卷乙篇四十二卷　（清）北洋洋務局輯　清光緒三十一年（1905）上海點石齋石印本　四十四冊　缺二卷（乙篇十三、三十二）

330000－4733－0000109　00108　史部/編年類/通代之屬

資治通鑑後編校勘記十五卷　夏震武撰　清光緒二十四年（1898）刻本　四冊

330000－4733－0000110　00109　史部/編年類/通代之屬

資治通鑑後編一百八十四卷　（清）徐乾學撰　清光緒二十四年（1898）富陽夏氏刻本　四十七冊　缺四卷（一百三十三至一百三十六）

330000－4733－0000111　00110　史部/政書類

九通　（清）□□輯　清光緒八年至二十二年（1882－1896）浙江書局刻本　四十冊　存一種

330000－4733－0000112　00111　史部/地理類/方志之屬/通志

［雍正］浙江通志二百八十卷首三卷　（清）李衛　（清）嵇曾筠等修　（清）沈翼機　（清）傅王露等纂　清光緒二十五年（1899）浙江書局刻本　一百二十冊　缺五卷（首二至三、一至三）

330000－4733－0000113　00112　經部/禮記類/傳說之屬

續禮記集說一百卷　（清）杭世駿撰　清光緒二十一年至三十年（1895－1904）浙江書局刻本　三十八冊　缺四卷（一至二、九十五至九十六）

330000－4733－0000114　00113　集部/總集類/選集之屬/通代

古文淵鑒六十四卷　（清）徐乾學等輯注　清同治十二年（1873）浙江書局刻本　三十冊缺二卷（五十八至五十九）

330000－4733－0000115　00114　類叢部/叢書類/彙編之屬

邵武徐氏叢書二十三種　（清）徐榦編　清光緒邵武徐氏刻本　三十四冊　存十九種

330000－4733－0000116　00115　史部/政書類

九通　（清）□□輯　清光緒八年至二十二年（1882－1896）浙江書局刻本　一百九十三冊　存一種

330000－4733－0000117　00116　史部/編年類/通代之屬

御批歷代通鑑輯覽一百二十卷　（清）傅恒等撰　清光緒三十一年（1905）上海商務印書館鉛印本　三十冊　存九十卷（四至六十九、九十七至一百二十）

330000－4733－0000118　00117　史部/紀傳類/正史之屬

二十四史　清同治至光緒五省官書局據汲古閣本等合刻光緒五年（1879）湖北書局彙印本

二十五冊　存一種

330000－4733－0000119　00118　史部/政書類/通制之屬

皇朝通典一百卷　（清）嵇璜　（清）曹仁虎等纂修　清刻本　三十七冊　缺十卷（一至十）

330000－4733－0000120　00119　史部/政書類/通制之屬

文獻通考三百四十八卷　（元）馬端臨撰　清刻本　一百四十三冊　缺七卷（一至七）

330000－4733－0000121　00120　經部/叢編

皇清經解一千四百卷　（清）阮元輯　清光緒十三年（1887）石印本　二十五冊　存六十七種

330000－4733－0000125　00124　史部/政書類

九通　（清）□□輯　清光緒八年至二十二年（1882－1896）浙江書局刻本　一冊　存序跋、抄白、表目次

330000－4733－0000126　00125　史部/政書類

九通　（清）□□輯　清光緒八年至二十二年（1882－1896）浙江書局刻本　一百二十九冊　存一種

330000－4733－0000127　00126　史部/地理類/水利之屬

浙西水利備考不分卷　（清）王鳳生撰　清光緒四年（1878）浙江書局刻本　四冊

330000－4733－0000130　00129　子部/叢編

意林逸子　清光緒刻本　一冊　存一種

330000－4733－0000132　00131　史部/地理類/外紀之屬

列國政要續編九十四卷首一卷　（清）戴鴻慈　（清）端方輯　清宣統三年（1911）上海商務印書館鉛印本　三十二冊

330000－4733－0000136　00135　史部/地理類/山川之屬/水志

湖山便覽十二卷　（清）翟灝等撰　清光緒元

年（1875）杭州王維翰槐蔭堂刻本　六冊

330000－4733－0000138　00137　集部/總集類/選集之屬/斷代

宋四六選二十四卷　（清）彭元瑞　（清）曹振鏞輯　清宣統二年（1910）南通州翰墨林書局鉛印本　十冊

330000－4733－0000140　00139　史部/紀傳類/正史之屬

唐書釋音二卷　（宋）董衝撰　清同治十二年（1873）浙江書局刻本　一冊

330000－4733－0000141　00140　史部/金石類/金之屬

西清續鑑甲編二十卷附錄一卷　（清）王杰等纂修　清宣統三年（1911）上海商務印書館石印本　三十七冊　缺一卷（九）

330000－4733－0000142　00141　集部/總集類/郡邑之屬

兩浙輶軒錄四十卷補遺十卷姓氏韻編一卷　（清）阮元輯　清光緒十六年（1890）浙江書局刻本　四十八冊

330000－4733－0000143　00142　類叢部/類書類/通類之屬

玉海二百四卷附刻十三種六十一卷　（宋）王應麟撰　**校補玉海琑記二卷王深寧先生年譜一卷**　（清）張大昌撰　清光緒九年至十六年（1883－1890）浙江書局刻本　九十八冊　存二百二卷（玉海一至三十八、四十三至七十五、八十二至二百，辭學指南一至四、漢制考一至四、踐阼篇集解、六經天文編一至二、王深寧先生年譜）

330000－4733－0000144　00143　集部/別集類/清別集

謝梅莊先生遺集八卷西北域記一卷　（清）謝濟世撰　趙炳麟輯　清光緒三十四年（1908）趙炳麟鉛印本　二冊

330000－4733－0000146　00145　史部/編年類/通代之屬

重訂王鳳洲先生綱鑑會纂四十六卷續宋元紀

二十三卷　（明）王世貞撰　（明）陳仁錫訂

御撰資治通鑑綱目三編四卷　（清）張廷玉等撰　清光緒二十五年(1899)上海富文書局石印本　七冊　缺四卷(三編一至四)

330000－4733－0000147　00146　史部/紀傳類/正史之屬

二十四史　清同治至光緒五省官書局據汲古閣本等合刻光緒五年(1879)湖北書局彙印本　九冊　存一種

330000－4733－0000148　00147　經部/叢編

鄭氏佚書二十三種　（漢）鄭玄撰　（清）袁鈞輯　清光緒十四年(1888)浙江書局刻本　十冊

330000－4733－0000150　00149　經部/春秋左傳類/傳說之屬

春秋左傳杜注三十卷首一卷　（清）姚培謙撰　**春秋名號歸一圖二卷**　（五代）馮繼先撰　**春秋年表一卷**　（宋）岳珂刊補　清光緒十九年(1893)浙江書局刻民國浙江圖書館補刻本　五冊　缺十六卷(十五至三十)

330000－4733－0000151　00150　史部/政書類

九通　（清）□□輯　清光緒八年至二十二年(1882－1896)浙江書局刻本　三十九冊　存一種

330000－4733－0000152　00151　集部/別集類/宋別集

蘇文忠公詩編注集成四十六卷集成總案四十五卷諸家雜綴酌存一卷蘇海識餘四卷牋詩圖一卷　（宋）蘇軾撰　（清）王文誥輯注　清光緒十四年(1888)浙江書局刻本　二十四冊

330000－4733－0000155　00154　類叢部/叢書類/自著之屬

儆居遺書十一種　（清）黃式三撰　清同治至光緒刻本　二十二冊　存三種

330000－4733－0000156　00155　類叢部/叢書類/郡邑之屬

武林往哲遺箸五十六種後編十種　（清）丁丙編　清光緒二十年至二十六年(1894－1900)錢塘丁氏嘉惠堂刻本(錢塘章先生文集卷一至二原缺)　六十一冊　存四十七種

330000－4733－0000157　00156　集部/總集類/郡邑之屬

西泠五布衣遺著　（清）丁丙輯　清同治至光緒錢塘丁氏當歸草堂刻本　一冊　存一種

330000－4733－0000158　00157　子部/叢編

二十二子(二十二子彙函)　（清）浙江書局編　清光緒元年至三年(1875－1877)浙江書局刻本　四冊　存一種

330000－4733－0000159　00158　集部/總集類/選集之屬/通代

御選唐宋詩醇四十七卷目錄二卷　（清）高宗弘曆輯　清光緒七年(1881)浙江書局刻本　十七冊

330000－4733－0000160　00159　史部/編年類/通代之屬

綱鑑正史約三十六卷　（明）顧錫疇撰　（清）陳弘謀增訂　**甲子紀元一卷**　（清）陳弘謀撰　清同治八年(1869)浙江書局刻本　二十冊

330000－4733－0000163　00162　經部/四書類/論語之屬/傳說

朱子論語集注訓詁攷二卷　（清）潘衍桐輯　清光緒十七年(1891)浙江書局刻本　一冊

330000－4733－0000164　00163　類叢部/叢書類/彙編之屬

當歸草堂叢書八種　（清）丁丙編　清同治二年至五年(1863－1866)錢塘丁氏刻本　一冊　存一種

330000－4733－0000165　00164　經部/大戴禮記類/分篇之屬

夏小正通釋一卷　（清）梁章鉅撰　清光緒十三年(1887)浙江書局刻本　一冊

330000－4733－0000166　00165　經部/四書類/論語之屬/傳說

論語古訓十卷附一卷　（清）陳鱣撰　清光緒九年(1883)浙江書局刻本　二冊

330000 - 4733 - 0000167　00166　史部/紀傳類/正史之屬

唐書二百二十五卷　（宋）歐陽修　（宋）宋祁等撰　清刻本　十八冊　存一百二十三卷（四至四十、七十二、八十五至一百六十九）

330000 - 4733 - 0000168　00167　類叢部/叢書類/郡邑之屬

武林往哲遺箸五十六種後編十種　（清）丁丙編　清光緒二十年至二十六年(1894 - 1900)錢塘丁氏嘉惠堂刻本（錢塘韋先生文集卷一至二原缺）　三十二冊　存十種

330000 - 4733 - 0000169　00168　經部/叢編

御纂七經　（清）李光地等纂修　清同治六年至九年(1867 - 1870)浙江書局刻本　一百二十冊　存五種

330000 - 4733 - 0000175　00173　子部/醫家類/眼科之屬

傅氏眼科審視瑤函六卷首一卷　（明）傅仁宇撰　（明）林長生校補　清宣統元年(1909)上海會文書局石印本　四冊　存四卷(二至五)

330000 - 4733 - 0000176　00174　類叢部/類書類/專類之屬

重編留青新集二十四卷　（清）馮善長輯　清光緒十六年(1890)上海鉛印本　二冊　存二卷(一、五)

330000 - 4733 - 0000179　00177　史部/目錄類/專錄之屬

經義考三百卷　（清）朱彝尊撰　**經義考總目二卷**　（清）盧見曾編　清光緒二十三年(1897)浙江書局刻本（卷二百八十六、二百九十九至三百原缺）　二十四冊　缺一百五十九卷(一百三十九至二百八十五、二百八十七至二百九十八)

330000 - 4733 - 0000185　00183　史部/史評類/史論之屬

歷代史論一編四卷　（明）張溥撰　清光緒二十七年(1901)上海書局石印本　二冊

330000 - 4733 - 0000189　00185　史部/紀事本末類/通代之屬

繹史一百六十卷世系圖一卷年表一卷　（清）馬驌撰　清光緒三十年(1904)浙江書局刻本　五十冊

330000 - 4733 - 0000190　00186　史部/政書類

九通　（清）□□輯　清光緒八年至二十二年(1882 - 1896)浙江書局刻本　七十八冊　存一種

330000 - 4733 - 0000192　00187　史部/政書類

九通　（清）□□輯　清光緒八年至二十二年(1882 - 1896)浙江書局刻本　一百十七冊　存一種

330000 - 4733 - 0000193　00188　集部/總集類/選集之屬/通代

涵芬樓古今文鈔一百卷　吳曾祺輯　清宣統二年(1910)上海商務印書館鉛印本　五十冊　存五十卷(一至五十)

330000 - 4733 - 0000194　00189　史部/雜史類/外紀之屬

皇朝藩部要略十八卷世系表四卷　（清）祁韻士撰　清光緒十年(1884)浙江書局刻本　六冊　缺四卷(十五至十八)

330000 - 4733 - 0000196　00191　經部/小學類/訓詁之屬/方言

輶軒使者絕代語釋別國方言箋疏十三卷　(漢)揚雄撰　（清）錢繹箋疏　清光緒十六年(1890)王文韶紅蝠山房刻本　五冊　存十二卷(一至十二)

330000 - 4733 - 0000197　00192　集部/別集類/清別集

學耨堂文集八卷詩稿九卷詩餘二卷　（清）王崇炳撰　清乾隆五十三年(1788)刻本　三冊　缺四卷(文集五至八)

330000 - 4733 - 0000198　00193　史部/地理類/總志之屬/通代

天下郡國利病書一百二十卷　（清）顧炎武撰

清末石印本　二十一冊　缺十六卷(一至四、一百九至一百二十)

330000－4733－0000199　00194　史部/傳記類/總傳之屬

浙江忠義錄十卷表八卷又一卷續編二卷續表九卷　(清)浙江采訪忠義總局編　清同治六年(1867)浙江采訪忠義總局刻光緒元年(1875)續刻本　二十四冊　缺九卷(續表一至九)

330000－4733－0000200　00195　集部/別集類/明別集

宋文憲公全集八十卷年譜三卷潛溪錄七卷　(明)宋濂撰　孫鏘輯　清宣統三年(1911)奉化孫鏘七千卷樓刻本　二十八冊

330000－4733－0000202　00197　子部/雜著類/雜說之屬

浪跡三談六卷　(清)梁章鉅撰　清咸豐七年(1857)福州梁氏刻杭縣鄭氏小琳瑯館印本　二冊

330000－4733－0000203　00198　經部/叢編

十三經古注　(明)金蟠　(明)葛鼐校　明崇禎十二年(1639)永懷堂刻清同治八年(1869)浙江書局校修印本　九冊　存四種

330000－4733－0000204　00199　集部/詩文評類/詩評之屬

緝雅堂詩話二卷　(清)潘衍桐撰　清光緒十七年(1891)杭州刻本　一冊

330000－4733－0000205　00200　子部/藝術類/書畫之屬/題跋

退庵題跋二卷　(清)梁章鉅撰　清福州梁氏刻杭縣鄭氏小琳瑯館印本　一冊

330000－4733－0000208　00203　類叢部/類書類/通類之屬

玉海二百四卷附刻十三種六十一卷　(宋)王應麟撰　**校補玉海瑣記二卷王深寧先生年譜一卷**　(清)張大昌撰　清光緒九年至十六年(1883－1890)浙江書局刻本　一冊　存二卷(校補玉海瑣記一至二)

330000－4733－0000209　00204　經部/詩類/傳說之屬

詩經集傳八卷　(宋)朱熹撰　清光緒十九年(1893)浙江書局刻本　三冊

330000－4733－0000210　00205　集部/別集類/清別集

種樹軒遺集三種四卷　(清)郭長清撰　清光緒二十三年(1897)杭州刻本　二冊

330000－4733－0000212　00207　類叢部/叢書類/自著之屬

儆居遺書十一種　(清)黃式三撰　清同治至光緒刻本　一冊　存一種

330000－4733－0000217　00211　類叢部/叢書類/彙編之屬

半廠叢書初編十種　(清)譚獻編　清同治至光緒仁和譚氏刻本　十六冊　存九種

330000－4733－0000220　00215　史部/編年類/斷代之屬

續資治通鑑長編五百二十卷　(宋)李燾撰　清光緒七年(1881)浙江書局刻本　一百三十冊

330000－4733－0000221　00216　子部/叢編

二十二子(二十二子彙函)　(清)浙江書局編　清光緒元年至三年(1875－1877)浙江書局刻本　六冊　存一種

330000－4733－0000222　00217　史部/史評類/史論之屬

欽定古今儲貳金鑑六卷　(清)高宗弘曆等撰　清刻本　四冊

330000－4733－0000223　00218　集部/別集類/明別集

龍谿王先生全集二十二卷　(明)王畿撰　(明)丁賓編　清光緒八年(1882)刻本　十冊　存二十卷(一至二十)

330000－4733－0000224　00219　集部/別集類/清別集

白田草堂存稿二十四卷　(清)王懋竑撰　**先考王公府君行狀一卷**　(清)王箴聽等撰　清

乾隆十七年（1752）刻本　六冊

330000－4733－0000225　00220　集部/別集類/清別集

陳檢討集二十卷　（清）陳維崧撰　（清）程師恭注　清康熙刻本　六冊　存十四卷（一至十四）

330000－4733－0000226　00221　類叢部/叢書類/彙編之屬

聚學軒叢書六十種　劉世珩編　清光緒貴池劉氏刻本　九十八冊　存五十八種

330000－4733－0000227　00222　新學/政治法律/律例

日本法規大全二十五卷首一卷　劉崇傑等譯　**日本法規解字一卷**　錢恂　董鴻禕編　清宣統三年（1911）上海商務印書館鉛印本　八十一冊

330000－4733－0000229　00224　類叢部/叢書類/自著之屬

二思堂叢書六種五十一卷　（清）梁章鉅撰　清光緒元年（1875）福州梁氏刻本　十五冊　缺四卷（南省公餘錄五至八）

330000－4733－0000230　00225　類叢部/叢書類/彙編之屬

嘯園叢書五十七種　（清）葛元煦編　清光緒二年至七年（1876－1881）仁和葛氏刻本　三十五冊　存五十四種

330000－4733－0000231　00226　類叢部/叢書類/彙編之屬

海山仙館叢書五十六種　（清）潘仕成編　清道光二十五年至咸豐元年（1845－1851）番禺潘氏刻光緒十一年（1885）增刻彙印本　一百十八冊

330000－4733－0000232　00227　經部/群經總義類/傳說之屬

皇朝五經彙解二百七十卷　（清）朱鏡清輯　清石印本　三十一冊　缺六卷（易經一至六）

330000－4733－0000233　00228　史部/編年類/斷代之屬

續資治通鑑長編拾補六十卷　（清）秦緗業等輯注　清光緒九年（1883）浙江書局刻本　十六冊

330000－4733－0000234　00229　史部/編年類/通代之屬

資治通鑑後編一百八十四卷　（清）徐乾學撰　清光緒二十四年（1898）富陽夏氏刻本　一冊　存四卷（一百三十三至一百三十六）

330000－4733－0000237　00232　類叢部/叢書類/自著之屬

施愚山先生全集五種附一種　（清）施閏章撰　清宣統二年至三年（1910－1911）上海國學扶輪社石印本　二十冊

330000－4733－0000238　00233　史部/紀傳類/正史之屬

唐書二百二十五卷　（宋）歐陽修　（宋）宋祁等撰　清刻本　十三冊　存七十六卷（四十一至六十、一百七十至二百二十五）

330000－4733－0000239　00234　史部/政書類

九通　（清）□□輯　清光緒八年至二十二年（1882－1896）浙江書局刻本　一百六十一冊　存一種

330000－4733－0000240　00235　史部/傳記類/總傳之屬/郡邑

兩浙名賢錄六十二卷　（明）徐象梅撰　清刻本　六十二冊

330000－4733－0000241　00236　史部/編年類/通代之屬

袁王綱鑑合編三十九卷　（明）袁黃　（明）王世貞編　**明紀綱目二十卷**　（清）張廷玉等輯　清光緒三十年（1904）上海商務印書館鉛印本　十七冊

330000－4733－0000242　00237　集部/總集類/選集之屬/通代

涵芬樓古今文鈔一百卷　吳曾祺輯　清宣統二年（1910）上海商務印書館鉛印本　四十八冊　存四十八卷（五十一至九十八）

330000－4733－0000244　00239　類叢部/叢書類/彙編之屬

玉海堂景宋元本叢書二十種別行二種　劉世珩編　清光緒至民國貴池劉氏玉海堂影刻本　四冊　存一種

330000－4733－0000249　00244　史部/地理類/方志之屬/郡縣志

[乾隆]龍泉縣志十二卷首一卷　（清）蘇遇龍修　（清）沈光厚纂　清乾隆二十七年（1762）刻本　五冊

330000－4733－0000250　00245　經部/叢編

五經味根錄　關蔚煌輯　清光緒二十九年（1903）崇新書莊石印本　五冊　存四種

330000－4733－0000251　00246　子部/儒家類/儒家之屬

孔氏家語十卷　（三國魏）王肅注　清光緒十八年（1892）上海掃葉山房據宋刻本影印本　一冊　存六卷（一至六）

330000－4733－0000252　00247　集部/總集類/選集之屬/斷代

國朝文匯甲前集二十卷甲集六十卷乙集七十卷丙集三十卷丁集二十卷　（清）上海國學扶輪社輯　清宣統元年（1909）上海國學扶輪社石印本　八十六冊　存一百七十卷（甲前集一至二十，甲集二十一至六十，乙集一至六、十一至七十，丙集一至二、五至二十、二十五至三十，丁集一至二十）

330000－4733－0000253　00248　集部/總集類/郡邑之屬

西泠五布衣遺著　（清）丁丙輯　清同治至光緒錢塘丁氏當歸草堂刻本　九冊　缺七卷（冬心先生雜著一至六、隨筆）

330000－4733－0000254　00249　史部/目錄類/總錄之屬/官修

欽定四庫全書總目二百卷首四卷　（清）紀昀等撰　清宣統二年（1910）存古齋石印本　一冊　存六卷（一百二至一百七）

330000－4733－0000255　00250　經部/叢編

重刊宋本十三經注疏四百十六卷　附十三經注疏校勘記四百十六卷　（清）阮元撰　（清）盧宣旬摘錄　校勘記識語四卷　（清）汪文臺撰　清光緒十三年（1887）上海脈望仙館石印本　三十冊　存十二種

330000－4733－0000258　00253　類叢部/類書類/通類之屬

玉海二百四卷附刻十三種六十一卷　（宋）王應麟撰　校補玉海瑣記二卷王深寧先生年譜一卷　（清）張大昌撰　清光緒九年至十六年（1883－1890）浙江書局刻本　十七冊　存五十四卷（詩考、詩地理考一至六、漢藝文志考證一至十、通鑑地理通釋一至十四、急就篇一至四、周書王會補注、小學紺珠一至十、姓氏急就篇一至二、周易鄭康成注、通鑑答問一至五）

330000－4733－0000261　00256　類叢部/叢書類/彙編之屬

邵武徐氏叢書二十三種　（清）徐榦編　清光緒邵武徐氏刻本　二冊　存一種

330000－4733－0000262　00257　經部/叢編

御纂七經　（清）李光地等纂修　清同治六年至九年（1867－1870）浙江書局刻本　三冊　存二種

330000－4733－0000263　00258　史部/政書類

九通　（清）□□輯　清光緒八年至二十二年（1882－1896）浙江書局刻本　五冊　存一種

330000－4733－0000264　00259　史部/地理類/外紀之屬

列國政要一百三十二卷　（清）戴鴻慈　（清）端方輯　清光緒三十三年（1907）上海商務印書館石印本　二十七冊　存一百七卷（一至九十四、一百二十至一百三十二）

330000－4733－0000265　00260　經部/叢編

十三經注疏　（明）□□輯　明崇禎元年至十二年（1628－1639）古虞毛氏汲古閣刻本　三冊　存一種

330000－4733－0000266　00261　史部/政書類

九通 （清）□□輯　清光緒八年至二十二年（1882－1896）浙江書局刻本　四十八冊　存一種

330000－4733－0000267　00262　史部/政書類/邦交之屬

約章分類輯要三十八卷首一卷　蔡乃煌輯　清光緒二十六年（1900）湖南商務局刻本　三十冊

330000－4733－0000268　00263　類叢部/叢書類/自著之屬

陸子全書十八種　（清）陸隴其撰　清光緒許仁沐刻本　三十六冊

330000－4733－0000269　00264　史部/地理類/總志之屬/通代

讀史方輿紀要一百三十卷輿圖要覽四卷 （清）顧祖禹撰　清光緒二十五年（1899）慎記書莊石印本　十六冊　存五十二卷（十至十八、二十二至二十九、五十二至五十四、七十一至七十四、八十九至一百五、一百二十四至一百三十,輿圖要覽一至四）

330000－4733－0000273　00268　集部/別集類/宋別集

王臨川文集四卷　（宋）王安石撰　清宣統二年（1910）上海會文堂書局石印本　四冊

330000－4733－0000274　00269　類叢部/叢書類/彙編之屬

當歸草堂叢書八種　（清）丁丙編　清同治二年至五年（1863－1866）錢塘丁氏刻本　七冊　缺一卷（程氏家塾讀書分年日程三）

330000－4733－0000275　00270　集部/別集類/明別集

楊忠愍公全集四卷　（明）楊繼盛撰　清道光八年（1828）善成堂刻本　四冊

330000－4733－0000276　00276　史部/傳記類/別傳之屬/年譜

孔孟編年　（清）狄子奇輯　清光緒十三年

（1887）浙江書局刻本　二冊　存二種

330000－4733－0000277　00277　子部/儒家類/儒學之屬/性理

漢學商兌三卷　（清）方東樹撰　清光緒二十六年（1900）浙江書局刻本　四冊

330000－4733－0000287　00287　子部/天文曆算類/算書之屬

算法大成上編十卷下編十卷首一卷末一卷 （清）陳杰撰　清光緒二十四年（1898）浙江官書局刻本　十冊　缺十一卷（下編一至十、末）

330000－4733－0000288　00288　史部/史評類/考訂之屬

廿二史劄記三十六卷補遺一卷　（清）趙翼撰　清光緒二十五年（1899）上海千頃堂石印本　六冊

330000－4733－0000291　00291　經部/叢編

御纂七經　（清）李光地等纂修　清光緒三十年（1904）上海育文書局石印本　二冊　存二種

330000－4733－0000294　00294　集部/別集類/宋別集

林和靖詩集四卷拾遺一卷附錄一卷　（宋）林逋撰　清石印本　一冊　存四卷（二至四、拾遺）

330000－4733－0000295　00295　史部/政書類/律令之屬/刑制

核訂現行刑律不分卷　沈家本編　清鉛印本　一冊

330000－4733－0000303　00303　類叢部/叢書類/自著之屬

曾文正公全集十六種　（清）曾國藩撰　清石印本　十四冊　存三種

330000－4733－0000306　00306　史部/編年類/斷代之屬

御撰資治通鑑綱目三編四卷　（清）張廷玉等撰　清光緒十三年（1887）上海點石齋石印本　一冊

330000－4733－0000307　00307　經部/小學類/音韻之屬/韻書

佩文詩韻釋要五卷　（清）周兆基輯　清光緒十八年(1892)浙江書局刻本　一冊

330000－4733－0000308　00308　子部/醫家類/類編之屬

圖註難經脈訣二種　清善成堂刻本　一冊　存一種

330000－4733－0000309　00309　集部/別集類/清別集

三魚堂文集十二卷外集六卷附錄一卷　（清）陸隴其撰　清刻本　一冊　存四卷(文集一至四)

330000－4733－0000310　00310　類叢部/叢書類/郡邑之屬

武林往哲遺箸五十六種後編十種　（清）丁丙編　清光緒二十年至二十六年(1894－1900)錢塘丁氏嘉惠堂刻本(錢塘韋先生文集卷一至二原缺)　一冊　存一種

330000－4733－0000311　00311　史部/雜史類/外紀之屬

皇朝藩部要略十八卷世系表四卷　（清）祁韻士撰　清光緒十年(1884)浙江書局刻本　二冊　存四卷(十五至十八)

330000－4733－0000313　00313　史部/政書類/邦交之屬

約章成案匯覽甲篇十卷乙篇四十二卷　（清）北洋洋務局輯　清光緒三十一年(1905)上海點石齋石印本　二冊　存二卷(乙篇十三、三十二)

330000－4733－0000314　00314　集部/總集類/選集之屬/通代

古文淵鑒六十四卷　（清）徐乾學等輯注　清同治十二年(1873)浙江書局刻本　二冊　存五卷(五十八至五十九、六十二至六十四)

330000－4733－0000315　00315　類叢部/叢書類/彙編之屬

邵武徐氏叢書二十三種　（清）徐榦編　清光緒邵武徐氏刻本　二冊　存二種

330000－4733－0000316　00316　史部/政書類/通制之屬

皇朝通典一百卷　（清）嵇璜　（清）曹仁虎等纂修　清刻本　三冊　存十卷(一至十)

330000－4733－0000317　00317　經部/禮記類/傳說之屬

續禮記集說一百卷　（清）杭世駿撰　清光緒二十一年至三十年(1895－1904)浙江書局刻本　一冊　存二卷(一至二)

330000－4733－0000318　00318　經部/三禮總義類/通禮雜禮之屬

司馬氏書儀十卷　（宋）司馬光撰　清同治七年(1868)江蘇書局刻本　一冊

330000－4733－0000319　00319　類叢部/叢書類/自著之屬

章氏遺書二種　（清）章學誠撰　清道光十二年至十三年(1832－1833)章華紱刻本　五冊

330000－4733－0000323　00323　子部/醫家類/綜合之屬/通論

醫醇賸義四卷醫方論四卷　（清）費伯雄撰　清光緒三年(1877)刻本　三冊　存三卷(醫醇賸義一至二、四)

330000－4733－0000326　00326　類叢部/類書類/專類之屬

新鐫分類評注文武合編百子金丹十卷　（明）郭偉選注　（明）郭中吉編　（明）王星聚校訂　清刻本　一冊　存一卷(七)

330000－4733－0000327　00327　子部/儒家類/儒學之屬/性理

近思錄集注十四卷　（清）江永撰　清刻本　二冊　缺三卷(一至三)

330000－4733－0000328　00328　經部/小學類/文字之屬/字書/字典

字彙十二卷首一卷末一卷韻法直圖一卷　（明）梅膺祚撰　**韻法橫圖一卷**　（明）李世澤撰　清刻本　十二冊　缺三卷(子集、末、韻法直圖)

330000－4733－0000329　00329　子部/儒家類/儒學之屬/蒙學

寄傲山房塾課新增幼學故事瓊林四卷首一卷
（清）程允升撰　（清）鄒聖脈增補　清刻本
一冊　存二卷（三至四）

330000－4733－0000330　00330　類叢部/類書類/專類之屬

重編留青新集二十四卷　（清）馮善長輯　清光緒十六年（1890）上海鉛印本　一冊　存一卷（十五）

330000－4733－0000332　00332　經部/小學類/訓詁之屬/爾雅

爾雅正郭三卷　（清）潘衍桐撰　清光緒十七年（1891）刻本　一冊

330000－4733－0000333　00333　史部/政書類/邦交之屬

丁未和會類要四卷　（清）□□編　清光緒三十四年（1908）中國圖書公司鉛印本　一冊　存一卷（一）

330000－4733－0000334　00334　子部/醫家類/溫病之屬

時病論八卷　（清）雷豐撰　清石印本　三冊

330000－4733－0000335　00335　史部/地理類/總志之屬/通代

天下郡國利病書一百二十卷　（清）顧炎武撰　清末石印本　三冊　存十七卷（一至四、一百八至一百二十）

330000－4733－0000336　00336　集部/別集類/清別集

學耨堂文集八卷詩稿九卷詩餘二卷　（清）王崇炳撰　清乾隆五十三年（1788）刻本　一冊　存四卷（文集五至八）

330000－4733－0000339　00339　類叢部/叢書類/彙編之屬

聚學軒叢書六十種　劉世珩編　清光緒貴池劉氏刻本　一冊　存二種

330000－4733－0000344　00344　集部/總集類/課藝之屬

試律青雲集四卷　（清）楊逢春輯　（清）沈品華　（清）沈品全　（清）沈品三等注　清刻本　一冊　存一卷（三）

330000－4733－0000350　00350　史部/載記類

雙虹著譜一卷　清光緒二十八年（1902）濛洲同文堂書局刻本　一冊

330000－4733－0000355　00355　子部/叢編

意林逸子　清光緒刻本　一冊　存一種

330000－4733－0000356　00356　子部/藝術類/遊藝之屬/聯語

巧對錄八卷　（清）梁章鉅撰　清道光二十二年（1842）刻本　二冊

330000－4733－0000357　00357　子部/醫家類/類編之屬

黃氏醫書八種　（清）黃元御撰　清刻本　三冊　存一種

330000－4733－0000358　00358　集部/別集類/清別集

攜雪堂文集四卷　（清）吳可讀著　（清）楊慶生箋注　（清）郭嵐　（清）李崇洸輯　清光緒二十六年（1900）浙江書局刻本　四冊

330000－4733－0000359　00359　子部/醫家類/兒科之屬/痘疹

救偏瑣言五卷備用良方一卷　（清）費啟泰撰　清刻本　二冊

330000－4733－0000360　00360　類叢部/叢書類/郡邑之屬

武林往哲遺箸五十六種後編十種　（清）丁丙編　清光緒二十年至二十六年（1894－1900）錢塘丁氏嘉惠堂刻本（錢塘韋先生文集卷一至二原缺）　一冊　存一種

《麗水市圖書館古籍普查登記目録》
書名筆畫字頭索引

262

《麗水市圖書館古籍普查登記目錄》
書名筆畫索引

六畫

七畫

八畫

九畫

十畫

十三畫

十七畫

十八畫

十九畫

二十一畫

二十二畫

二十三畫

二十四畫

《龍泉市圖書館古籍普查登記目錄》
書名筆畫字頭索引

《龍泉市圖書館古籍普查登記目錄》
書名筆畫索引

279

十二畫

十三畫

十四畫

十五畫

十六畫

《青田縣圖書館古籍普查登記目録》
書名筆畫字頭索引

八畫

《青田縣圖書館古籍普查登記目録》
書名筆畫索引

八畫

《縉雲縣圖書館古籍普查登記目錄》
書名筆畫字頭索引

七畫

八畫

九畫

十三畫

十五畫

十四畫

十六畫

十七畫

《縉雲縣圖書館古籍普查登記目錄》
書名筆畫索引

四畫

五畫

七畫

八畫

九畫

十畫

十一畫

十二畫

十三畫

十四畫

十五畫

十六畫

十七畫

十八畫

十九畫

《遂昌縣圖書館古籍普查登記目錄》
書名筆畫字頭索引

313

《遂昌縣圖書館古籍普查登記目錄》
書名筆畫索引

319

十一畫

十二畫

十三畫

十四畫

十五畫

《松陽縣圖書館古籍普查登記目録》
書名筆畫字頭索引

《松陽縣圖書館古籍普查登記目錄》
書名筆畫索引

《雲和縣圖書館古籍普查登記目録》
書名筆畫字頭索引

七畫

八畫

九畫

十一畫

十二畫

十畫

335

《雲和縣圖書館古籍普查登記目録》
書名筆畫索引

五畫

六畫

七畫

八畫

九畫

十畫

十一畫

十二畫

十三畫

十四畫

十五畫

十六畫

十七畫

十八畫

十九畫

《慶元縣圖書館古籍普查登記目録》
書名筆畫字頭索引

《慶元縣圖書館古籍普查登記目錄》
書名筆畫索引